法学实验教学系列教程

总主编：肖永平 冯果

商事法律实训教程

主　　编：李新天

编写人员：李新天　闫梓睿　高　磊　彭丽颖

佘丽萍　孙　聪　杜金星

WUHAN UNIVERSITY PRESS

武汉大学出版社

图书在版编目(CIP)数据

商事法律实训教程/李新天主编. —武汉：武汉大学出版社,2010.7
(2017.7 重印)
法学实验教学系列教程/肖永平 冯果
 ISBN 978-7-307-07725-6

 Ⅰ.商… Ⅱ.李… Ⅲ.商 法—中 国—高 等 学 校—教 材
Ⅳ.D923.99

中国版本图书馆 CIP 数据核字(2010)第 070897 号

责任编辑:钱 静 责任校对:黄添生 版式设计：马 佳

出版发行：**武汉大学出版社** (430072 武昌 珞珈山)
 (电子邮件：cbs22@whu.edu.cn 网址：www.wdp.com.cn)
印刷：武汉市宏达盛印务有限公司
开本：720×1000 1/16 印张:21.25 字数:377 千字 插页:1
版次：2010 年 7 月第 1 版 2017 年 7 月第 4 次印刷
ISBN 978-7-307-07725-6/D·996 定价:32.00 元

目　　录

第一章　商法总论

第一节　商法的特点

实验：商法特殊规则的适用

一、实验目标

熟悉商法的特点。

二、实验要求

结合商法的特点分析案例，总结应当怎样处理民法和商法适用的关系。

三、实验原理

（一）商法的性质

1. 商法是私法。从商法的主要内容来看，商法中关于商号、商业账簿、商代理、商行为等的规定，以及关于商业交易、商事主体间的权利义务等的规定，无疑都属于私法性质。

2. 商法是权利法。商法的权利法属性表现在商法是以权利为中心来设计制度规范的，商法就是一部通过确认商事主体可以通过一定的商行为来为自己设定权利义务的法。

3. 商法是商品经济的法。我国实行社会主义市场经济体制，主要依靠市场实现资源的优化配置，而非国家的行政干预。商法就是市场交易规则的法律化，这是我国现在强调民商法在社会主义市场经济建设中的重要作用的原因。

从上述商法的性质来看，商法与民法是特别法与普通法的关系。

（二）商法的基本特征

1. 技术性。商法是直接把市场交易的规则翻译为法律规范，讲求实用性，

1

与民法、刑法等法律讲求公平、理性不一样，商法条款绝大多数属于技术性规范。商法的技术性特征不仅体现在其规范的内容上，而且表现在其不同系统规则之间的协调上，离开了大量的技术规范的间接调整作用，商法的具体立法目的就难以实现。① 例如，公司法中公司形式的设计、利益的配置、资本的运作、股票市场的操作、责任的追究等，体现出现代企业设计与企业维持的高超水平；票据法中关于票据之文义性、要式性、无因性的规定，关于发票行为、背书行为、承兑行为、票据抗辩、追索权之行使等规范条款，均具有强烈的技术性色彩；保险法中有关保险费用、保险金额、保险标的等规则广泛涉及数学、统计学原理，使社会性和客观性达到统一；海商法中关于船舷、拖带、船舶碰撞、共同海损、理算规则等，也涉及大量技术性规范。

2. 营利性。营利性是指经营该事业的目的和动机及其根本出发点是为获取一定的利益。至于是否获得利益及利益的大小与此无关。不论商个人或商法人都是如此。尤其是商业性公司依法律和公司章程的规定，投资于此事业，就是要以营业收益作为获取盈利的主要目的和途径。由于"营利性"是商法区别于其他调整经济关系的第一性的特征，所以一些国家的商法及其理论，就商法的"营利性"加以详尽规定和说明。

商事法以规定商事主体和商事行为为主要内容，而这些规定的本质，集中地表现为营利。商法和民法虽同为私法，都是规定私权的，并有共同的理念，但是两者的具体性质不同。民法侧重于保护社会公众的一般利益，商法则侧重于保护自然人和企业的营利。商法的营利性并不表现为指导人们如何营利，而在于以法律制度构造自身营利的统一有机体。或者，用法律制度规范以营利为动机的商事行为。如公司法规定的公司，海商法规定的船舶，证券法规定的证券交易，金融法规定的法定利率，都表现了商法的营利性。

3. 国际性。商法最初起源于商事交易习惯，而商事交易本身是一种跨国界的活动。因此，在人类社会早期阶段，商法主要是一种跨国商事交易习惯和惯例，这种状况一直延续到中世纪。西方社会进入资本主义阶段之后，贸易在各国经济生活中的地位日益提高，国家开始重视对贸易的管制，便纷纷制定本国商法。这样，商法才开始成为一种典型的内国法。但这种情况在很大程度上妨碍了世界贸易的发展。21 世纪以来，随着贸易全球化和世界经济一体化趋势愈益加强，商法国际化的呼声日益高涨，最终导致两种趋向：其一，国际商

---

① 参见夏雅丽、丁学军：《论商法的特征及基本原则》，载《西北大学学报（哲学社会科学版）》2002 年第 5 期。

事立法得到加强，制定和缔结了大量的国际商事法律、国际条约、国际惯例；其二，各国不断修改本国商法规则，使其相互之间以及与国际商事法律、惯例之间更为协调。正因为如此，当今世界各国商法都带有较强的国际性色彩。特别是《联合国国际货物销售合同公约》和《国际商事合同通则》的制定，成为各国进行商业贸易的重要的国际准则，也成为各国制定国内法的一个重要参考依据，这也间接地导致了商法的统一化趋势。

4. 公法性。商事法在西方传统法体系上属于商人自治法，是典型的私法。但随着现代经济的发展，社会整体观念的加强，商事法逐渐具有了明显的公法性。在商品经济的发展历程中，随着交换关系的范围和主体的不断开拓，交换关系出现了个体向群体发展的趋势，识别当事人动机真实性与合法性的直接机会相对减少，行为的把握愈为困难，商事关系所隐含的投机性相应增大，利益损害的不特定性、广泛性与弥散性扩大，对商事关系与商事行为的监控难度越来越大。传统商法的商人自治的私法机制已无法满足这一变化的现实。因此，商法必然对自身作出合适的调整，在加强要式主义和严格责任的基础上，又将国家公权力引入商法领域，通过国家干预的形式来弥补商人自治的不足。这样一来，商事法的公法性日益明显，即"商事私法的公法化"，如公司法中关于公司登记的规定以及各种罚则的规定；《保险法》中关于保险业的管理与罚则的规定；《海商法》中对船长处罚的规定，等等，都是商事法公法性的典型表现。

5. 既有任意法规范又有强行法规范。商法中兼有许多任意法规范与强行法规范，这两种法律规范协调共存于商法中。任意法和强行法或者说自由主义与强制主义并存于商法中，在实质上是没有冲突的。德国商法学家德恩（Dahn）曾说："商法是一切法律中之最属方式自由的，而同时又是最为方式严格的法律。"① 而民法，尤其是合同法则以任意法规范为主。

6. 既有组织法又有行为法。商事组织是商事交易的基础，而商事交易是商事组织设立的目的。因此，商事组织和商事交易都不可避免地成为商事法的规范对象，并使商事法既具有组织法的一面，又具有行为法的一面。前者，如公司法的规定，证券法、海商法、保险法的部分规定；后者，如票据法的规定，证券法、海商法、保险法的大部分规定。两者的结合，则构成了商事法的又一个特点。

---

① 转引自张国键：《商事法论》，台湾三民书局 1980 年版，第 24 页。

四、实验材料

（一）案例材料

福建 AA 投资有限公司诉 HH 汽车厂违反出资协议案①

福建 SS 投资有限公司（以下简称 SS 公司）于 1998 年由福州市经济技术开发区国有资产管理局（以下简称国资局）投资成立，注册资本 7552 万元。1999 年 12 月 29 日，SS 公司与经济技术开发服务中心（以下简称经服中心）、HH 汽车厂（以下简称汽车厂）签订了《关于开发区 SS 公司增资扩股协议书》（以下简称《增资扩股协议书》）约定，以公司现有的资本，采取增资扩股的方式吸收经服中心和汽车厂部分国有资产，将 SS 公司改组为由国资局、经服中心和汽车厂作为股东共同出资设立的公司。汽车厂以其所拥有的一块土地使用权及其建筑物价值约计净资产权益 1.3 亿元注入，该项资产总额以资产评估后的实际数额为准。汽车厂以净资产 1.3 亿元作为出资，按每一单位资本认购价格 1.72 元计，可认购 SS 公司注册资本 7552 万元。随后国资局、经服中心和汽车厂签署 SS 公司章程约定，SS 公司为有限责任公司，注册资本增至 16782 万元人民币，其中国资局出资 7552 万元，占 SS 公司 45% 的股份，汽车厂出资 7552 万元，占 SS 公司 45% 的股份，经服中心出资 1678 万元，占 SS 公司 10% 的股份。汽车厂的出资方式是土地和实物资产。2000 年 3 月 13 日，SS 公司、经服中心和汽车厂签订的《关于确认开发区 SS 国有资产运营有限公司增资扩股所注入资产的备忘录》（以下简称《注入资产备忘录》）载明：汽车厂注入的资产为位于某地址的 51 亩土地使用权及地上厂房一座，经经产评估有限公司评估，该项资产的净值为 11129 万元，与应注入 1.3 亿元尚差 1871 万元。

2000 年 11 月 21 日，福建 AA 投资有限公司（以下简称 AA 公司）与国资局签订《股权转让合同书》约定，AA 公司出资 2697 万元受让国资局持有的 SS 公司 16.07% 的股权，成为 SS 公司的股东。随后，SS 公司、经服中心、汽车厂及 AA 公司对公司章程进行了修正并办理了股东变更登

---

① 案例来源于宋晓明主编：《最高人民法院民商审判要案精析》，人民法院出版社 2006 年版，第 139~141 页。

记。2001 年 8 月 8 日，临时股东会决议同意经服中心将全部股权转让福建某房地产开发有限公司（以下简称房地产公司）。

汽车厂用于出资的土地使用权及地上厂房没有过户到 SS 公司名下，现已出售给其他单位。2002 年 9 月 23 日，AA 公司以汽车厂未按规定履行出资义务构成违约，并对其造成经济损失为由，向福建省高级人民法院提起诉讼，请求判令汽车厂不具有 SS 公司股东资格并赔偿经济损失 2218624 元人民币，承担本案诉讼费用。2002 年 11 月 13 日，AA 公司变更诉讼请求为：（1）解除 HH 汽车厂与 AA 公司及国资局、房地产公司间的共同投资关系；（2）请求判令 HH 汽车厂向 AA 公司支付违约金人民币 2218624 元。

一审判决认定：SS 公司最初是由 SS 公司（国资局）、经服中心及 HH 汽车厂三个股东签订的《关于福州开发区 SS 国有资产运营有限公司增资扩股协议书》和公司章程的约定而设立的，之后 AA 公司受让了国资局的一部分股权，即国资局将合同的一部分权利转移给 AA 公司，AA 公司当然享有合同中的权利义务。房地产公司受让了经服中心的全部股份，虽未经变更登记，但已经得到各股东的确认，并多次参加了股东活动，转让合同是有效的，亦享有合同中的权利与义务。HH 汽车厂的出资长期未到位，已严重违反了合同的约定，依据《中华人民共和国合同法》第 94 条的规定，当事人一方迟延履行债务或者有其他违约行为致使不能实现合同目的的，当事人可以解除合同。AA 公司、国资局和房地产公司等已到资股东全部请求解除合同的诉请应当支持。HH 汽车厂违反了合同的规定，未将合同约定的出资物投入 SS 公司，应承担违约责任，虽然 2002 年 3 月 7 日公司董事会同意 HH 汽车厂可以推迟在 2002 年 4 月 30 日出资到位，但并未免除违约方的违约责任，股东仍然可以请求违约责任。HH 汽车厂的抗辩理由不能成立。AA 公司主张按照迟延付款的标准支付违约金是适当的，且 AA 公司仅要求自己份额，该院应当予以支持，综上所述，该院认为：股东出资是股东最基本的义务，股东出资不到位不仅违反了合同与章程的约定，而且给公司的经营带来了严重问题，并给股东造成损害。股东以实物出资的，根据《公司法》第 25 条第 1 款（编者注：新《公司法》为第 28 条第 1 款）的规定，应当依法办理其财产所有权的转移手续。故以土地房产出资应当办理土地使用权和房产所有权过户登记。HH 汽车厂作为 SS 公司的大股东长期未将土地使用权转移给 SS 公司，现金投资也未到位，根据《公司法》第 25 条第 2 款（编者注：新《公司法》为第 28 条第 2 款）的规定，HH 汽车厂已经严重违约。现已到资股东均要求解除与 HH 汽车厂的投资合同关系符合合同法的规定，HH 汽车厂的违约行为给其他股东造成了损害，应当承担违约责任。对于违约金，AA 公司仅主张自己的份额，该院应当支持，房地产公司、国资局未提出主张，该院不予涉及。根据《公司注册资本登记管理办法暂行规定》第 8 条的规定，实物出资最迟应在公司成立后半年内办理过户手续，超过即为违约。AA 公司虽是 2000 年 11 月才加入公司，但是其称收的是开发区国资局股份的一部分，其权利享有同样从共同投资合同生效时开始，现 AA 公司仅要求以 HH 汽车厂违约总金额的每日万分之二点一，从 2001 年 11 月 18 日起算至 2002 年 9 月 30 日止的违约金，应予准许。据此，一审法院根据《中华人民共和国公司法》第 25 条和《中华人民共和国合同法》第 94 条、第 107 条的规定，判决如下：一、解除 HH 汽车厂与 SS 公司其他股东的共同投资合同关系；二、HH 汽车厂在本判决生效之日起 10 日内向 AA 公司支付违约金 2218624 元人民币。

当事人上诉至最高人民法院。二审审理过程中，当事人达成和解协议，本案以和解结案。二审调解书主要内容为：HH 汽车厂终止其与 AA 公司、房地产公司、国资局关于向 SS 公司投资协议的履行，自本调解书生效之日起，HH 汽车厂不具有 SS 股东资格；因 HH 汽车厂中止履行投资协议对 SS 公司产生的股权变更或者减资的法律后果，由 SS 公司及其股东 AA 公司、房地产公司、国资局承担，SS 公司负责办理相关手续，HH 汽车厂应予配合。

（二）法条材料

《公司法》① 第 28 条【有限责任公司股东的出资义务】：股东应当按期足额缴纳公司章程中规定的各自所认缴的出资额。股东以货币出资的，应当将货币出资足额存入有限责任公司在银行开设的账户；以非货币财产出资的，应当依法办理其财产权的转移手续。

股东不按照前款规定缴纳出资的，除应当向公司足额缴纳外，还应当向已

---

① 本书所称《公司法》若不作特别说明，是指 2005 年 10 月 27 日第二次修订通过的《中华人民共和国公司法》。

按期足额缴纳出资的股东承担违约责任。

《公司法》第31条【有限责任公司股东出资不实的责任】：有限责任公司成立后，发现作为设立公司出资的非货币财产的实际价额显著低于公司章程所定价额的，应当由交付该出资的股东补足其差额；公司设立时的其他股东承担连带责任。

《公司法》第36条【禁止抽逃出资】：公司成立后，股东不得抽逃出资。

《公司法》第94条【股份有限公司股东出资不实的责任】：股份有限公司成立后，发起人未按照公司章程的规定缴足出资的，应当补缴；其他发起人承担连带责任。

股份有限公司成立后，发现作为设立公司出资的非货币财产的实际价额显著低于公司章程所定价额的，应当由交付该出资的发起人补足其差额；其他发起人承担连带责任。

《合同法》第94条【法定解除】：有下列情形之一的，当事人可以解除合同……（四）当事人一方迟延履行债务或者有其他违约行为致使不能实现合同目的……

《合同法》第107条【违约责任】：当事人一方不履行合同义务或者履行合同义务不符合约定的，应当承担继续履行、采取补救措施或者赔偿损失等违约责任。

五、实验过程

本案的争议焦点是适用合同法还是公司法来处理股东违反出资协议的案件。

步骤一：一审判决适用合同法是否不妥？

公司法规定，股东负有出资义务。股东不履行出资义务出资瑕疵的，要承担《公司法》第28条、第94条规定的违约责任以及第200条规定的行政处罚责任。从这些规定看来，出资瑕疵、出资不到位并不当然导致股东资格丧失。第200条赋予公司登记机关以责令改正的行政权力，也是建立在保持股东资格的基础之上的。

出资义务不仅仅是约定义务，还应该是由公司法的强制性规定确立的法定义务。公司依法登记成为社会经济活动的一个主体，那么公司就不仅仅是依据协议出资，还要依据登记公示的章程出资，从而保证公司资本的真实和充实。因此，只有没有适当履行法定的出资义务的，有关主管部门才可以责令其改正，作为第三人的债权人才可以主张其在出资不足的范围内承担公司债务。而普通的债权债务关系，不管是主管机关还是债权人都不能任意干涉执行。

本案一审适用合同法判决解除 HH 汽车厂与 SS 公司其他股东的共同投资合同关系显然是不恰当的。错误之根源在于忽略了出资的法定义务特性，仅仅从合同义务的角度处理。HH 汽车厂固然对其他股东违反了合同约定义务，但如果就此判决解除合同关系，那么原本应由 HH 汽车厂向 SS 公司出资 1.3 亿元的义务将无人履行；SS 公司资本真实、资本充实的法定要求将无法满足；SS 公司将面临注册资本不足、出资人缺位的窘境。在这里，我们认为民法尊重的意思自治应当让位于商法追寻的经济效益。

步骤二：调解减资还是判决补缴？

对于出资瑕疵、出资不到位的纠纷进行处理，要坚持公司资本制度基本原则之一的"资本充实原则"。解决资本充实的问题，有三种途径。一是按照公司法的规定强制股东履行出资义务。理论上说，这是保持公司运营能力的最好的办法。然而股东发生纠纷可能使其合作失去基础，正所谓强扭的瓜不甜。关系既已破裂，将其强行促和显然不妥。二是转让股权，即由出资不到位者将相应的股权转让给原告，让原告承担实际出资的义务。三是履行减资程序，减少注册资本，使股东的实际出资与注册资本相一致。

本案二审的调解将第二种和第三种方法相结合。在 HH 汽车厂同意解除其股东身份的同时，AA 公司、房地产公司和国资局等其他几个股东承诺以股权变更或者减资方式处理 HH 汽车厂退出产生的法律后果，确保 SS 公司资本充实。这种方式是妥当的。当然，二审法院判决 HH 汽车厂补缴也未尝不可，前提是必须考虑多方的意愿以及被告的经济能力。

本案还折射出一个问题：在民商事领域，合同法是普通法，公司法为特别法，除非法律明确规定，否则当两法对同一问题作出不同处理时，无疑应当遵从特别法优于普通法的原则。从这个角度看，一审法院判决合同解除，有悖于法律的一般原理。

六、拓展思考

如何理解商法是民法的特别法这一观点？

七、课后训练

1. 参考《德国商法典》、《法国商法典》、《日本商法典》以及我国相关法律的规定，试述大陆法系民商关系的立法体制。

2. 商事法律关系有何特点？

第二节　商法的基本原则

实验：交易安全原则与交易效率原则的贯彻

一、实验目标

熟悉商法的基本原则及其与民法基本原则的差异。

二、实验要求

通过案例分析以及具体法条的分析、比较与运用，掌握商法的基本原则。

三、实验原理

商法的基本原则

（一）商主体法定与维持原则

商主体是商法规定参加商事活动、享有权利并承担义务的人，是构成各种商事法律关系的必需要素。商主体法定的意义首先在于对商主体的法律控制往往关系到一定社会中各种商事法律关系的稳定和统一，关系到社会交易安全和社会第三人利益。商主体法定的意义还在于促进市场有序化和公平竞争。否则，如果允许人们任意进入市场从事商事活动，就会出现党政机关、司法机关经商的局面，滋生官商一体的腐败土壤，无疑有碍于市场经济的发展。因此，商主体法定原则应成为我国商法的首要原则。商主体法定原则的内容应包括商主体类型法定、商主体内容法定和商主体强制公示等方面的要求。

商主体类型法定是指商法对于商主体的类型作出明文规定，商主体的创设或变更只能严格依照法定类型进行，法律禁止当事人任意创设非典型性商主体。也就是说，当事人关于商主体之创设或变更，本质上仅具有法定范围内自由选择的法律可能性。我国目前立法关于商主体的分类标准不一，类型交叉，如企业法按所有制标准来划分企业形态，公司法又按组织形式来划分公司形态，导致实际适用中极为混乱。建议我国今后的商事立法彻底抛弃主体立法不一致的做法，改采行为立法，将商主体分为商自然人、商法人、商合伙人三大类，并在此基础上进一步进行科学分类，以市场标准构建统一而协调的商主体制度。

商主体内容法定是指商法对于各类商主体的财产关系和组织关系加以强行法规制，禁止其创设或变更非规范性的财产关系和组织关系。商主体依法设立以后，其商号、注册资本、内部组织商业账簿、利润分配、税收标准、财产责任等也必须固定下来，商主体欲变更这些内容时，非经变更登记不生效力。因此，商主体内容法定的要求使我们必须强化商主体登记制度，对各种商主体进行统一、规范的登记，明确各种商主体的能力范围，稳定商事交易基础。

商主体强制公示是指对商主体登记内容予以公示，其登记事项不仅应设置于登记机关，还应采用公告、备查、通知等方式令交易当事人或第三人知晓，如我国公司法中要求的公司设立、变更、注销的登记公告。

商主体维持原则是商主体作为市场的健全主体的存续和发展，是贯穿整个商法的基本精神。商法一直致力于发挥企业集中人力、物力、财力的机能，致力于防止因企业的破产、解散造成不必要的损失，这点不仅反映在公司法资本三原则、破产重整与公司更新制度方面，而且还体现在商法的各项具体规定中，如有限责任、共同海损、保险制度。

（二）维护交易安全原则

商事交易与当事人切身利益相关，所以尤其要注重交易安全。商法对于交易安全之维护，主要表现为对商事交易条件采取强制主义、公示主义、外观主义及严格责任主义之统制。

强制主义又称"干预主义"、"要式主义"，它是指国家通过公法手段对商事关系施以强行法规则。它是商法公法化的体现和结果，主要体现在以下几个方面：首先，现代各国商法多通过公法性规范直接调控商事管理关系。其次，现代各国的商法日益偏重于使用强行法规则对商事活动加以控制。例如，各国公司法中对公司设立条件的强制性规定。再次，现代商法在传统的私法责任制度之外，逐步发展起了多种法律责任并存的法律调整机制。如票据法规定，出票人出具空头支票时，依法不仅导致票据法上的赔偿责任，而且将导致行政责任，甚至刑事责任。

商事公示主义是指交易当事人对于涉及利害关系人利益之营业上事实，负有公示告知义务的法律要求。它包括：公司登记的公示，即公司的设立、变更、注销登记公示。股份有限公司的上市公司信息披露、公司债券募集办法的公布、海商法上船舶登记的公告。上述制度的主旨在于通过增强市场交易的透明度，以防止一般公众在交易中受到不测的损害。

外观主义是指交易行为的效果以交易当事人的外观为准。德国学者称为外观法理，日本学者称为外观主义。依外观主义，法律行为完成之后，出于对交易安全的保护，原则上不得撤销。公示于外表的事实，纵然与该事实的实际情形不符合，对于信赖该外观事实而有所作为的人，也应加以保护。①尤其是交易行为，对当事人之间的信用关系必须予以尊重和保护。在各国商法中，关于不实登记的责任、字号借用的责任、表见经理人、表见合伙人、表见代表董事、自称股东或类似股东者的责任、拟制发起人、票据的文义性与要式性等规定，都体现了外观主义的要求。如票据行为如果具备法律要求的形式要件，就不问其记载事项是否与事实相符，即使不相符，也只能遵循票据上的文义，而不能影响票据行为的效力。商行为外观主义原则，其立法宗旨在于维护交易的安全。

商事交易的严格主义，即在商事交易中，债务人无论是否有过错均应对债权人负责。现代商事交易活动，一方面其规模大而复杂，另一方面又多赖于多数负责人，其负责人的责任，若不予以严格规定，势必妨害交易的安全，因此许多国家的商事法都实行严格责任原则。此类原则，在我国商事法中亦有体现，如公司法规定，有限责任公司成立后，发现作为出资的实物、工业产权、非专利技术、土地使用权的实际价额显著低于公司章程所定价额时，应当由该出资股东补足其差额，公司设立时的其他股东对其承担连带责任；股份有限公司不能成立时，发起人对其设立行为所产生的债务和费用负连带责任。出于维护交易动态安全的目的，严格责任作为商事立法的一个特有原则，已在越来越多的商事交易中被广泛运用。②

（三）提高交易效率原则

商事交易以营利为目的，为实现营利目的，必须力求交易迅捷，也就是提高交易的效率。因为只有交易便捷，从事商事交易之人才能多次反复交易而达到营利目的。各国立法都将交易便捷作为商事立法的一个重要原则。它主要体现在：其一，交易简便。各国商法在商行为方面一般采取要式行为方式和文义行为方式，并通过了强行法和推定法对其内容预先予以确定。如商事买卖采取交互计称，以及在商行为中设有大量的强行推定条款和任意推定条款，进而使

---

① 参见赵中孚主编：《商法总论》，中国人民大学出版社1999年版，第28页。

② 参见陈本寒主编：《商法新论》，武汉大学出版社2009年版，第59~61页。

商行为在法律效力上具有可推定性，简化了当事人的协议过程，简便了交易手续，保证了交易的迅捷。其二，短期消灭时效主义。商事交易的短期消灭时效主义，是指使交易行为所生之债权的时效期间缩短，从而迅速确定其行为之效果。① 为促成交易之迅捷，商法多作短期消灭时效主义规定。例如，各国商法对于商事契约的违约求偿权多适用 2 年以内的短期消灭时效；对于票据请求权多适用 6 个月、4 个月甚至 2 个月的短期消灭时效；海商法上对于船舶债权人的先取特权多适用 1 年以内的短期消灭时效；保险法上对于保险金的请求权也适用短于民事时效的短期的时效。其三，交易定型化规则。交易定型化是保障交易迅捷的前提，包括交易形态定型化和交易客体定型化两个方面。交易形态定型化是指商法通过强行法规则预先规定若干类型的典型交易方式，使得任何个人或组织，无论何时从事购买，均可以获得同样的法律效果。所谓交易客体定型化，即指交易客体的商品化和证券化。一方面，若交易之客体是有形物品，必使之商品化，给予统一的规格或特定的标记，使买卖者易于识别该商品，从而实现交易迅捷；另一方面，若交易的客体为无形的权利，则使之证券化，从而简化权利转让程序，形成证券的流通。如公司法上的股票和公司债券，票据法上的各种票据，保险法上的保险单，海商法上的载货证券均为权利证券化的典型。②

（四）维护交易公平原则

商法为了反映价值规律的内在要求，必须贯彻交易公平原则。在商法中它主要表现为平等交易及情势变更等原则。

商法中的平等原则，主要是指商事交易主体间地位平等。此种地位平等是实现交易公平的前提，因为"商品是天生的平等派"。在商法中体现该原则的规定，不胜枚举，如各国公司法中关于股权平等、按股表决的规定；商业登记法中关于准则主义的规定。总之，从理论上讲，平等交易是市场经济必不可少的规则，离开了商主体之间的地位平等，商事活动中的公平、公正、等价有偿将化为乌有。

商法上的情势变更原则，是指商事契约成立后至履行前，如因情况变化，或不可归责于当事人之事由，致发生非当事人所能预料的情势，而使其原有效果显失公平者，该当事人得请求对方将该契约作适当的变更，或由法院判令变

---

① 参见施天涛：《商法学》，法律出版社 2006 年版，第 28 页。
② 参见赵中孚：《商法总论》，中国人民大学出版社 1999 年版，第 23~28 页。

更，使交易得以公平进行。如许多国家的保险法规定，保险契约成立后，如危险减少时，被保险人可以请求保险人重新核定保险费。上述规定，就是为了防范交易中的情势变更，而促进交易之公平。

（五）商主体意思自治原则

基于商法的本质特征，商法最基本的原则为意思自治原则。意思自治，是指商主体有权基于自己的意思形成其私法上的权利义务关系。

意思自治原则贯穿在整个私法领域之中，但在商法中，该原则主要体现在商主体间所发生的契约关系上。不仅买卖、租赁、借贷、陆上运输、仓储、工业产权的许可使用等商事交易适用这一原则，而且公司、海商、票据、保险等行为也同样适用这一原则，在具体的商事交易中，意思自治原则的功能主要体现在：（1）交易契约必须由交易当事人自由意志彼此达成一致才能生效；（2）交易的方式以及交易相对人的选择等由当事人决定，任何人无权干涉；（3）交易的内容由当事人自由决定。

（六）诚实信用原则

诚实信用原则是现代民商法中具有普遍控制作用的一项基本原则。诚实信用原则起源于罗马法，在罗马法的诚信契约中债务人不仅要依照契约条款，更重要的是要依照其内心的诚实信念完成契约所规定的支付。所谓诚实信用，是市场经济活动中形成的道德规则。它要求人们在市场活动中诚实不欺、恪守信用，在不损害他人利益和社会利益的前提下追求自己的利益。诚实信用原则为一切市场参加者树立一个"诚实商人"的道德标准。

按照这一原则，商主体在行使私法上的权利、履行私法上的义务时，应恪守信用、诚实为主。详言之：（1）应依照诚实信用的方式行使权利，商主体行使财产权应尊重国家、集体和他人的利益，以善意的方式行使权利并获得利益，不得以损害他人为目的而滥用权利。（2）应依诚实信用的方式履行义务。如票据法规定，票据的签发、取得和转让，应当遵守诚实信用原则，具有真实交易关系和债权债务关系；保险法规定，投保人于订立保险合同时应遵循最大诚信原则，对保险标的重要事实如实告知等。

诚实信用原则也是对法律规定不足的补救原则。诚实信用原则是商法中的"弹性原则"，具有较强伸缩性。这一弹性原则赋予司法人员一定的自由裁量权，使其在法律规定模糊不清或法律规定存在漏洞时，从商法的宗旨出发，依据诚实信用原则合理地处理商事纠纷。①

（七）强化商事组织原则

这一原则主要表现为以下几项制度：（1）商事主体资产的确保。资本是企业赖以生存的基本条件，更是企业得以实现交易的信用保障。因此，确保企业资产是维护交易安全的重要手段。为确保企业资产，各国公司大都通过规定公司注册资本的最低限额、公司资本三原则、限制公司转投资、打击股东抽逃出资等制度来实现。（2）破产解散风险的回避。避免企业的解体，是维持和强化商事组织的重要措施，也是维持正常的市场交易秩序的基本要求。很明显，如果市场主体经常处于一种变化状态或不确定状态，相对人的合法权益就不能得到有效保护。为了保障市场主体的永续存在，各国商法采取了以下措施：防止公司设立无效、要求公司必须经过清算才能解散、限定企业解散的原因、规定资不抵债企业可以选择重整程序。（3）交易风险负担的分散。这是指有限责任和商业保险等，可以在一定程度上防止企业不致因此风险而趋于倒闭的风险分散措施，以维护其主体人格的永续存在和发展。②

四、实验材料

（一）案例材料

香港某有限公司诉武汉市某公司铝合金窗纱合同争议仲裁案③

1989 年 3 月 5 日，申请人香港某有限公司（买方）与被申请人武汉某公司（卖方）签订了 002 号售货合同。合同规定：被申请人向申请人提供星球牌铝合金窗纱 3000 卷。规格为 14×14，价格条件为 CIF 香港/九龙，每卷单价为 10.8 美元，合同总价 32400 美元，凭信用证付款。

随后申请人通过银行开出第 70205 号信用证后，用电传通知了被申请人，并询问货物的装运期。被申请人复电称，原合同价格太低，要求提高价格至每卷 14 美元。申请人回电坚持原合同价格不变。被申请人复电要求申请人撤销信用证，并表示歉意。申请人称，已同印尼客户签订了买卖

---

① 参见夏雅丽、丁学军：《论商法的特征及基本原则》，载《西北大学学报（哲学社会科学版）》2002 年第 5 期。

② 参见覃有土主编：《商法学》，中国政法大学出版社 2006 年版，第 10 页。

③ 案例来源于 http://www.hecom.gov.cn/hecom/wtofadian/wen/wtoal/al65.htm。转引自叶林、黎建飞主编：《商法学原理与案例教程》，中国人民大学出版社 2006 年版，第 6~7 页。

合同，如撤销信用证，则被申请人要支付给申请人相当于信用证价款20%的赔偿金。1989 年 3 月 25 日，申请人再次电告被申请人，要求其执行合同，但被申请人一直未履行合同，亦未给予赔偿。

申请人遂提起仲裁，要求被申请人按信用证价款的 20%赔偿其经济损失。

被申请人辩称，002 号合同是在小型交易会上签订的，因该公司参加交易会人员有限，仅派一名代表参加，又不熟悉窗纱业务，误将铁窗纱的价格报为铝合金窗纱的价格。被申请人承认对此负有一定责任。由于被申请人签约时对所报价格有重大误解，故所签 002 号合同显失公平，请求依法撤销合同，或变更其内容。因申请人的实际损失仅是开立信用证的手续费，这部分损失可以考虑予以赔偿。

仲裁结果：

1. 被申请人应赔偿申请人信用证价款的 20%，即 6480 美元。
2. 本案仲裁费应由被申请人承担。

（二）法条材料

《合同法》第 54 条【可撤销、可变更的合同】：下列合同，当事人一方有权请求人民法院或者仲裁机构变更或者撤销：

（一）因重大误解订立的；

（二）在订立合同时显失公平的。

一方以欺诈、胁迫的手段或者乘人之危，使对方在违背真实意思的情况下订立的合同，受损害方有权请求人民法院或者仲裁机构变更或者撤销。

当事人请求变更的，人民法院或者仲裁机构不得撤销。

《合同法》第 107 条【违约责任】：当事人一方不履行合同义务或者履行合同义务不符合约定的，应当承担继续履行、采取补救措施或者赔偿损失等违约责任。

五、实验过程

步骤一：被申请人是否构成重大误解、显失公平？

被申请人辩称，002 号合同是在小型交易会上签订的，因该公司参加交易会人员有限，仅派一名代表参加，又不熟悉窗纱业务，误将铁窗纱的价格报为铝合金窗纱的价格。这是典型的重大误解。由于被申请人签约时对所报价格有重大误解，故所签 002 号合同显失公平。

步骤二：仲裁机构未裁决撤销、变更合同，是否不当？

仲裁机构的仲裁结果并无不妥。这是充分考虑商事合同和商法适用的特点作出的判断。若本案为两个民事主体签订的普通买卖合同，那么其变更、撤销对交易安全影响不大。但是本案涉及的是一个典型的商事合同，买方购买窗纱并非为了自用，而是为了转售，因此，如果撤销或变更合同，不仅对交易双方当事人，而且对第三人和交易安全也会造成重大影响。再者，从促进交易便捷的角度看，商事合同的解释更多采取文义原则、外观原则而非探求真意原则，换言之，合同文本怎样规定就应当怎样执行，除非是非常明显的错误。因此，仲裁机构裁决被申请人依据合同承担违约责任是适当的。

步骤三：本案的裁决体现了商法的哪些特有原则？

1. 维护交易安全原则。所谓交易安全，即对善意第三人的保护。印尼客户即为本案的善意第三人。判决被申请人对申请人承担的违约金数额，与印尼客户所主张的违约金数额相等，因而可以对第三人实施有效保护。

2. 提高交易效率原则。商行为要采取要式行为方式和文义行为方式，仲裁机构依据合同裁决正是为了保障交易安全。

六、拓展思考

1. 造成商法特殊原则的原因是商法的特殊调整对象。商法与民法调整对象的主要区别是什么？

2. 试述商事自治规则在商法渊源中的地位。

七、课后训练

尝试分别从商法各单行法中总结可以体现交易安全原则和交易效率原则的制度与条文。

第三节　商行为的特殊规则

实验：商事代理特殊规则的适用

一、实验目标

掌握商行为的特殊规则。特别掌握商事代理的特殊规则。

二、实验要求

熟读案例，分析法条，了解这些特殊规则的出处以及运用方法。

三、实验原理

（一）商事债权行为的特殊规则

1. 法律行为的形式。根据民法典的规定，一般认为保证和债务的承认只有在具有书面形式时方为有效，但口头的保证或者承认债务对商人却有约束力。

2. 意思表示的解释。法律行为是以意思表示为要素的，商行为作为一种法律行为，也包含意思表示。商主体在从事具体的商行为时，必须将自己内心的意思表达于外部。但内心的意思和表达于外部的意思有可能不一致，此时就涉及一个对意思表示的解释问题，一般来说，有主观主义、客观主义和折中主义三种解释方法。主观主义是指探寻当事人的内心真实意思来解释意思表示；客观主义是指以表达于外部的行为的内容来解释意思表示；折中主义是指以意思主义为主辅以表示主义或者以表示主义为主辅以意思主义来进行解释。现在民法学上较为有力的学说是折中主义。商行为的意思表示的解释通说认为应采客观主义，即所谓的外观法理，目的是维护交易安全。

3. 报酬约定不明时的推定。民事合同中就报酬和利息等约定不明或者没有约定时，一般推定不支付报酬或者利息。例如我国《合同法》第 366 条规定：当事人对保管费没有约定或者约定不明确，依照本法第 61 条的规定仍不能确定的，保管是无偿的。该法第 211 条规定：自然人之间的借款合同对支付利息没有约定或者约定不明确的，视为不支付利息。

4. 沉默的承诺。订立合同主要采用要约和承诺的方式，一般而言，承诺必须以通知的方式作出，而且应该在要约规定的期限内作出才能构成有效的承诺。但是商行为法改变了这一规则。如果受要约人是商人，而其业务涉及对他人事务的管理，那么在其不打算接受要约时，必须作出明确的拒绝的表示，对要约的沉默将构成承诺。按照民法的一般理论，迟到的承诺不是有效的承诺，而是一项新的要约，但是对于商人来说，他负有答复这一新要约，或者明确表示不打算接受这一新要约的义务，因此，要约人收到迟到的承诺后的沉默将构成对这一新要约的承诺。与此相类似的一个制度是由法院创制的商业确认书制度，商人之间就以前达成的口头形式的协议会由一方向另外一方发出一个确认的信函，收到信函的一方如果不对信函的内容及时表示异议，推定他同意信函的内容，即使信函的内容对于原来的口头协议作出了某种程度上的变更，合同的内容以信函即确认书的内容为准。除非确认书的内容与原来的口头协议的内容存在根本性的差异以至于通常情况下都不可能期待收信人会同意信函的内容。

5. 标的物瑕疵的通知义务。买卖对当事人双方均为商行为的，买受人应在出卖人交付后不迟延地对商品进行检查，但以此举依通常的营业为可能为限，并在出现瑕疵时，不迟延地向出卖人进行通知。买受人不进行此项通知的，商品视为被承认，但瑕疵在检查时不能辨识的，不在此限。在以后出现此种瑕疵的，必须在发现后不迟延地进行告知；否则，即使存在此种瑕疵，商品仍视为被承认。为保持买受人的权利，及时寄发通知即可。出卖人恶意不告知此种瑕疵的，其不得援用此种规定。此条规定了买受人的及时通知义务，目的是保护货物的出卖人不因买受人的沉默或懈怠而受损害。

6. 保证人的先诉抗辩权。民法上的保证分为一般保证与连带责任保证，其区别就在于债务人到期不履行债务时保证人是否享有先诉抗辩权，又称为检索抗辩权。一般保证的保证人在债权人到期为就债务人的财产到法院诉请强制执行并且仍然不足以偿还债务之前，有权拒绝债权人要求其履行承担保证责任的请求。而连带责任保证的保证人没有此项权利，一旦债务人到期没有履行债务，债权人有权要求债务人或者保证人中的任何一个承担全部责任。在当事人在保证合同中就保证的性质是一般保证还是连带责任保证没有约定或约定不明时，推定承担一般保证。也就是说，除非明确约定属于连带责任保证，一般情况下保证人都享有先诉抗辩权。这一点与我国担保法的规定恰好相反。

7. 约定违约金的效力。按照各国民法典的规定，一般来说当事人事先约定的违约金过高或者过低的，事后当事人可以向法院申请要求适当地减少或者增加。我国《合同法》第114条第2款规定：约定的违约金低于造成的损失的，当事人可以请求人民法院或者仲裁机构予以增加；约定的违约金过分高于造成的损失的，当事人可以请求人民法院或者仲裁机构予以适当减少。而商法的规则是：商人在经营其商业中约定的违约金，不得依民法的规定减少。之所以作这样的区别，是因为立法者认为商人比普通的市场主体更清楚交易的风险，对于违约的后果应该能够预见到，因此不允许减少。

(二) 商事物权行为的特殊规则

1. 动产的善意取得制度。动产善意取得的要件之一就是动产的买受人是

"善意"的。对于何为"善意",依民法学的一般理解,就是指不知情,即买受人不知道出卖人没有处分权。民法一般规定要求买受人相信出卖人是所售物品的所有人。但是在商业活动中,商人常常有权出售属于他人的货物,如行纪代理商等。因此,商法则规定,那些知道出卖人并非所有权人,但善意地相信出卖人有权代表所有权人处分物品的善意买受人,也应得到保护,从而适用民法中关于善意取得的规定。这一规则同样适用于动产的质押的善意取得和证券化权利的善意取得。

2. 商事流质契约。所谓流质契约是指当事人在质押担保合同中约定,当债务人到期不能履行债务,质押标的物的所有权即归质权人所有。民法上一般都禁止流质条款,即质押合同中如果有流质条款的,该项条款视为没有约定,不能发生法律效力,但是不会影响质押合同中其他条款的效力。之所以民法要进行这样的强行性规定,是因为质押担保中的债权人也就是质权人往往利用担保人或者债务人急需用钱的紧迫心理而使其不得不接受这种极不公平的条款,其结果是导致显失公平,因为质物的价值可能远远超出被担保的主债权的数额。但是在商业担保中,就不适用这一规则了。禁流质的规定不适用于为担保商行为债权而设定的担保。这一点在我国现实生活中也不少见,当铺(营业质)的经营就是承认流质契约效力的例子;金融证券交易中,国债的买断式回购交易也是一种典型的流质担保。

3. 商事留置权。商事留置权在以下三个方面与民法中规定的留置权不同:

第一,留置权是一种法定担保物权,其发生不需要当事人之间的担保合同,只要具备了法律规定的成立要件就可以产生留置权。其中一项成立要件就是留置的标的物应该与被担保的主债权存在牵连关系。学界对于何为牵连关系认识不一,按照我国担保法及其司法解释的规定,所谓牵连性应该是指同一合同关系。有学者认为我国法律关于留置权的规定过于严格以致留置权适用范围过窄,这一批评不无道理,但主要所指不是牵连性的同一合同关系,而是指我国担保法规定的留置权仅仅适用于保管合同、运输合同和加工承揽合同及合同法规定的行纪合同。物权法改变了这一状况,该法第231条规定,债权人留置的动产,应当与债权属于同一法律关系,但企业之间留置的除外。即商事留置权可以无须关联性这一要件。

第二,民法上的留置权的行使要求债权人的债权履行期已届满。有的国家的商法典中规定了特别留置权,在履行期到来之前就可以行使留置权。在下列情形,也可以因未到期的债权主张留置权:(1)债务人的财产已开始破产的,或债务人已停止其支付的；（2）尝试强制执行债务人的财产无效果的。

第三，民法上的留置权源于古罗马法上的恶意抗辩制度，原本不具有变价受偿的权能，债权人只能留置债务人的动产而不能变价优先受偿。而商事留置权不仅可以留置动产，而且可以在宽限期之后变价处分该动产以所得的价款优先受偿。

（三）商事代理的特殊规则

1. 商事代理是委托代理。民法上的代理按照代理权的来源的不同可以分为法定代理、委托代理与指定代理。商事代理只是委托代理，不可能是法定代理和指定代理。即商事代理权只可能来源于被代理人（本人）的委托授权，而不可能是基于法律的直接规定或者有关机关的指定。

2. 商事代理的非显名主义。民事代理奉行严格的显名主义，即代理人在与第三人为民事法律行为时，必须向第三人表明自己是代被代理人从事民事活动，从而使第三人知道相对方当事人是被代理人而非代理人。也唯有如此，所产生的法律后果才能直接归属于被代理人。商事代理的代理人在从事代理活动时，并不需要表明自己的代理人身份。商事代理人可以被代理人的名义也可以直接以自己的名义与第三人为交易，商事代理人以自己的名义与第三人为交易时，在民法学上称为隐名代理或者间接代理，是不允许的。行纪是一种典型的商事代理，也是一种间接代理。行纪人是按照委托人的要求以自己的名义直接与第三人为交易，所产生的法律后果直接归属于行纪人，再由行纪人移转给委托人。当然，我国合同法关于行纪合同的规定并没有严格贯彻这一法理。我国《票据法》第5条规定：票据当事人可以委托其代理人在票据上签章，并应当在票据上表明其代理关系。这是商事代理非显名主义规则的一种例外情形。

3. 商事代理是有偿代理。民事代理可以分为有偿代理和无偿代理。有偿代理的被代理人（本人）应该向代理人支付代理费；无偿代理的被代理人不向代理人支付代理费。按照民法通则的规定，未成年人的父母是未成年人的法定代理人，此种代理就是典型的无偿代理。商事代理是一种商行为，以营利为目的，代理人一般都是依法成立的代理商，其目的就是通过完成代理事项而获得代理费。因此，商事代理都是有偿代理。代理商对在合同关系期间成立的、应归因于其从事的活动的或与其作为客户为同一种类的交易争取到的第三人成立的交易，均享有佣金请求权。这一点决定了商事代理的代理人应该尽到商人应有的注意义务，而且，对于代理费债权，代理人可以向本人行使留置权。在合同关系终止后，代理商只因其到期的佣金请求权和费用偿还请求权而对向其提供的文件享有依一般规定存在的留置权。

4. 商事代理人的权限较大。民事代理人必须在代理权限范围之内进行代理活动，超过代理权限范围的代理就会构成无权代理，按照我国民法通则和合同法的规定，无权代理是效力待定的民事行为，需要被代理人的追认才能对被代理人产生法律上的约束力，除非这种无权代理符合表见代理的要件构成了表见代理。商事代理人的代理权限较大，只要代理人的代理活动没有明显违反委托人的授权意思，那么即使委托人没有明确的授权意思，此种代理也是有效的，其法律后果能够归属于被代理人。可见，在商事代理中，表见代理被广泛运用。

5. 本人的死亡不影响商事代理权的存续。在民法上，代理是建立在本人与代理人之间的信赖关系的基础之上的，因此，代理权的存在是以本人的存在为要件的。商事代理与民法上的代理不同，商事代理的代理人与本人之间通常不必有这种严格的人身信赖关系，所以委托人死亡，并不影响商事代理权的存续。

（四）商事时效的特殊规则

时效制度的最重要的价值就在于维护社会经济秩序的稳定和保护交易安全。原则上，民事权利的行使与否取决于权利人的意愿，权利不会因不行使而自动消灭。但是，如果权利人的权利长期不行使，义务人的义务长期不履行，将使当事人之间的权利义务关系长时间处于不确定状态，从而导致当事人之间社会关系的事实状态与法律状态的不一致。而在这种不确定的权利义务关系的基础上，又会发生其他权利义务关系。长此以往，必会影响正常的社会经济秩序和交易的安全。在社会关系的事实状态与法律状态的不一致持续一定期间后，法律应适应现实生活的需要，否认旧的关系，确认新的关系，以维护社会经济秩序和交易的安全。① 商业活动比民事活动更加强调效率价值和交易的安全，这就决定了商事时效与民事时效相比，时效期间普遍偏短。我国民法通则规定的一般诉讼时效期间是 2 年，但是商事单行法规定了许多特别的短期时效期间，例如《票据法》第 17 条规定，持票人对支票出票人的权利，自出票日起 6 个月不行使而消灭；持票人对前手的追索权，自被拒绝承兑或者被拒绝付款之日起 6 个月不行使而消灭；持票人对前手的再追索权，自清偿日或者被提

---

① 参见马俊驹、余延满：《民法原论》，法律出版社 2005 年版，第 243 页。

起诉讼之日起 3 个月不行使而消灭。

四、实验材料

（一）案例材料

中国石油天然气股份有限公司山东某乙销售分公司与 H 市东方加油站、李某某加油站转让合同效力纠纷案①

2001 年 4 月 29 日，中国石油天然气股份有限公司山东某乙销售分公司（原名"中国石油天然气股份有限公司华东销售山东某乙分公司"，2002 年 9 月经 A 市工商行政管理局公告变更为现名，以下简称"某乙分公司"）签发委托书："中国石油天然气股份有限公司（以下简称"中油公司"）华东销售山东某乙分公司委托 A 市金山成品油销售有限公司（李某某）为中油公司收购、租赁加油站业务"。2003 年 11 月 21 日，某乙分公司在当地报纸上刊登委托书作废声明，声明 2001 年 4 月 29 日签发的委托书作废，A 市金山成品油销售有限公司及李某某不得以某乙分公司的名义从事任何经济活动。2004 年 1 月 6 日，李某某以某乙分公司的名义与 H 市东方加油站（以下简称"东方加油站"）签订《加油站转让合同》，约定某乙分公司同意购买位于 H 市的东方加油站，其财产包括加油机、储油罐、罩棚、营业及附属建筑等。转让的总价款为人民币 260 万元。合同同时对转让总价款的支付方式、加油站的占用土地以及需要东方加油站办理的证件、加油站的改造和债权债务以及合同履行分别作了说明。该合同签订后，某乙分公司以李某某没有代理权为由提起诉讼，要求确认《加油站转让合同》无效。

（二）法条材料

《合同法》第 49 条【表见代理】：行为人没有代理权、超越代理权或者代理权终止后以被代理人名义订立合同，相对人有理由相信行为人有代理权的，该代理行为有效。

---

① 案例来源于郝明金主编：《新类型民商事判例评析》，知识产权出版社 2006 年版，第 74~75 页。

五、实验过程

步骤一：李某某是否构成表见代理？

根据《合同法》第49条，构成表见代理须具备两个条件：一是代理人无代理权而以被代理人的名义与相对人订立合同；二是相对人有正当理由相信行为人有代理权。本案中李某某所持有的委托书已经被某乙分公司于2003年11月21日在当地报纸声明作废，李某某已经不再享有代理权，但李某某却于2004年1月6日以某乙分公司的名义与东方加油站签订加油站转让合同，符合表见代理的第一个要件。某乙分公司在终止李某某的代理权后，没有及时将委托书收回，李某某在与东方加油站签订合同时，出示了某乙分公司的委托书，而且该委托书没有授权期限，具备享有代理权的假象，东方加油站基于对该委托书的信赖足以相信李某某享有代理权，符合表见代理的第二个条件。虽然某乙分公司在报纸上刊登了委托书作废的声明，但这并非法律规定的公示形式，不具有推定为社会第三人知悉的法律效力，作为东方加油站而言，并没有义务订阅该报纸，也不必然能看到该声明，因此该声明不能产生对抗东方加油站的法律效力。

步骤二：本案是否可以认定为无权代理？

本案当然可以认定为无权代理，因为所有表见代理一定都是无权代理。认定无权代理的后果是，由李某某承担收购加油站合同的法律后果。然而这样对交易安全无益，同样也无法使经济利益最大化，因为有能力承担本次交易行为的不是李某某，而恰恰是被代理人某乙分公司。正如依照前文商法的特殊行为规则中关于表见代理的论述，在商事代理的纠纷中，仍然应当倾向于认定该类代理行为是"有效"而非"无效"的。

六、拓展思考

1. 商事代理中，表见代理认定的举证责任如何分担？
2. 商行为的特殊规则存在的根本原因是什么？

七、课后训练

1996年10月9日，A公司为履行对B公司的购销合同贷款义务，通过C银行签发了一张银行承兑汇票，收款人为B公司，汇票到期日为1997年4月20日。B公司收票后，为购买原料将汇票背书转让给D公司，在背书栏的首格签章予以背书，注明时间和被背书人的名称。同时，还注明"若D公司交付的该批原料品质不合格则票据转让无效"。后来 D 公司在 1997 年 3 月为偿还银行贷款将此票据再次背书转让给 E 银行。

提问：

（1）票据的第一次背书转让是否有效？

（2）票据的第二次背书是否有效？

第四节　商号权的保护

实验：商号权纠纷的解决

一、实验目标

应初步掌握商号、商号权等概念以及其与商标、商店招牌等相关商事标记之间的区别。

二、实验要求

了解我国商法关于商号登记、选用的相关规定，并在此基础之上把握关于商事人格权方面理论的新发展。

三、实验原理

（一）商号权的概念与特征

所谓商号权，是指商主体对其商号依法享有的专有权利。商号权具有如下特征：

1. 商号权的专有性。商号一经登记，该商号的商主体即对其在一定的范围内享有禁止同行业其他商主体使用相同或近似的商号的权利。这就是商号权的专有性。

2. 商号权的地域性。商号权只在注册所在国内注册登记机关管辖范围内有效。但是，对于驰名商号，应当像驰名商标一样，得到法律的特别保护，而不受地域性的限制。①

3. 商号权的公开性。商号权的公开性是指商号必须经过登记而公布，使

---

① 参见董安生等编著：《中国商法总论》，吉林人民出版社 1994 年版，第 206 页。

社会公众知晓。商号公开，便于社会公众对企业的商号使用进行监督，也有利于保护先取得商号权人的利益。

4. 时间上的永久性。商号必须依附于商主体而存在，离开了商主体就无所谓商号权。从各国立法及其实践来看，商主体资格的存续并没有时间限制，所以商号权也没有时间限制。只要商主体存续，商号就受到法律保护，甚至商主体不存在时，商号权仍可以转让给其他商主体而继续存在。

5. 主体的单一性。商号权是由注册产生的，注册商号时所强调的唯一性，其实质就是要避免商号在原始取得时的共有的。如果商号权是由多个主体共有的，就可能丧失商号所起的标志作用。因此，从理论上来说不应该存在商号权的共有。关于商号权共有的问题，法律一般没有专门的规定。从商号权的特征、意义来说，避免共有商号权的产生，更加有利于维护消费者的利益，维护注册商号应有的信誉。这应当作为商号立法的基本出发点之一。①

（二）商号权的内容

1. 商号设定权。所谓商号设定权是指商主体享有决定其商号的权利。这是商号权的基本内容。商号是商主体人格的外在表现，因此，商主体可以按照自己的意志选取商号，他人不得干预。同时，由于商号的选定和使用是一个社会化的行为，关系到社会公众的利益，因此，法律对商号的选定又设置了诸多限制，已如前述。

2. 商号使用权。商号使用权是指商主体对于商号享有独占使用的权利，其他任何人不得干涉和使用。商号使用权包括积极权利和消极权利两个方面。积极权利是指商号权人有权使用其业已登记的商号。消极权利是指商号权人在核准登记的地域范围内有权禁止他人使用与自己的商号相同或相近似的名称。消极权利又表现在两个方面：一是排斥他人在核准登记的辖区内登记与同行业已有的商号相同或近似的商号。《企业名称登记管理规定》第6条规定，企业在登记主管机关辖区内不得与已登记注册的同行业企业名称相同或近似。二是排斥他人未经许可以营利为目的在核准的辖区内使用与自己商号相同或近似的商号。我国《反不正当竞争法》第5条将擅自使用他人企业名称和姓名造成他人误认的行为视为不正当竞争行为，商号权人有权要求其承担法律责任。

在界定商号的使用权时，应特别注意商号权与商标权相冲突的问题。近年

---

① 参见程开源：《工业产权法》，南开大学出版社1998年版，第369页。

来，一些企业将与他人商号中的字号相同或近似的文字注册为商标，引起相关公众对商号所有人与商标注册人的误认或误解；还有些企业故意将与他人注册商标相同或近似的文字登记为商号中的字号，引起相关公众对商标注册人与商号所有人的误认或误解。这两种行为都违反了诚实信用原则，是对他人先享有的商号权或者商标权的侵犯，均构成不正当竞争行为。对此，应当按照商标法或者反不正当竞争法的有关规定，向商标局或各级工商行政管理机关请求撤销不当注册的商号或者商标。①

3. 商号转让权。商号的一个重要的特征是它总是与商主体特定的经营对象和商誉紧密相连，从而使得商号权具有财产权的属性，可以成为转让的对象。在商号权转让上，存在不同的立法模式。一是绝对转让主义，即商号权应当与营业一并转让，或在企业终止时转让，商号权转让后，出让人不再享有商号权，受让人成为新的权利主体。德国、日本、瑞士、意大利等国采用的是这一立法模式。二是相对转让主义，即商号权可以与营业相分离而单独转让，转让后，转让人和受让人都享有商号权并且多个企业可以使用同一个商号。法国奉行的是这一原则。② 从我国《企业名称登记管理规定》第 23 条的意旨来看，似乎采用的是绝对转让主义。但是，该条规定商号可以随企业的一部分为转让，也就是说，商号权转让后，转让人不得使用原商号，但是仍然可以继续从事原营业。为了避免不正当竞争行为，贯彻绝对转让主义，我国法律应当借鉴日本商法典的规定，规定商号出让人的竞业禁止义务。

4. 商号许可使用权。商号权作为一种财产性权利，也可以许可他人使用。商号权主体可以以协议的方式许可他人在特定的范围内使用其商号。不过为了维护善意第三人的利益和交易安全，这种合同应当采用书面形式，并向登记主管机关登记，才能发生效力。并且，许可使用人应当对被许可使用人在许可范围内以其商号对外所为的行为，承担连带责任。

（三）商号权的保护

1. 国内法保护。各国国内立法大都按照权利设立、权利界定、侵权救济的模式对商号权施加法律保护。我国国内法对商号权的法律保护主要有民法保护、反不正当竞争法保护和行政法保护。商号权的民法保护，是指将商

---

① 参见吴汉东、胡开忠：《无形财产权制度研究》，法律出版社 2001 年版，第 501 页。

② 参见范健：《商法》，高等教育出版社、北京大学出版社 2000 年版，第 60 页。

号权作为一种民事权利来保护，将盗用、假冒他人商号的行为视为民事侵权行为，适用侵权行为法的规定予以处理。商号权的反不正当竞争法保护，是指将擅自使用他人商号，致使消费者误认的行为，作为一种不正当竞争行为，适用反不正当竞争法给予制裁。商号权的行政法保护，是指对侵害商号权的行为，由相关行政机关依据行政法进行罚款、警告、责令停止侵害行为等处理。

商号权的保护除了以上三种外，在民商分立的国家，还存在商号权的商法保护。另外，商号权是一种识别性标记权，因此，有些国家将商号权的保护作为商标法的一项任务。美国就是这一立法模式的代表。①

2. 国际法保护。商号的知识产权国际保护起源于《巴黎公约》。《巴黎公约》不仅首次提出了商号的国际保护问题，也为各成员国制定本国的保护规则划定了一个基本框架。《巴黎公约》第1条确定了工业产权的范围包括商号权。第8条明确提出了保护商号权的最低限度要求——商号权的使用取得主义。第9条、第10条则规定了一系列的保护措施。《巴黎公约》以后，另一个涉及商号保护的国际组织文件是由世界知识产权组织为发展中国家制定的《商标、商号反不正当竞争示范法》。该文件第47条至第49条对商号权保护的规定比《巴黎公约》更加全面和清晰。世界知识产权组织《商标、商号反不正当竞争示范法》加大了商号保护的力度，从而使具有良好声誉的商号可以获得类似于驰名商标的特别保护。

四、实验材料

（一）案例材料

案例1：欧琳公司商号权纠纷案②

宁波欧琳公司拥有"欧琳"厨具的图文注册商标，被浙江省工商局认定为省内著名商标和知名商号；上海欧琳电器公司、厨具公司分别在自己的产品上使用简称的"上海欧琳"或"上海欧琳厨具、电器"，原告认为被告将其注册商标作为企业名称中的字号，具有"搭便车"故意，构

---

① 参见张今：《知识产权新视野》，中国政法大学出版社2000年版，第230页。

② 案例来源于陈枝辉编著：《民商诉讼疑难案件裁判要点与依据》，人民法院出版社2008年版，第584页。

成侵犯商标权和不正当竞争。

案例2：帅康公司商号权纠纷案①

生产热水器的帅康集团拥有"帅康"、"SK"等注册商标，H市帅康公司在其与帅康集团生产的同类热水器产品上广泛使用"SK"、"帅康电器有限公司"等字样。

（二）法条材料

《商标法》第14条【驰名商标的认定】：认定驰名商标应当考虑下列因素：

（一）相关公众对该商标的知晓程度；

（二）该商标使用的持续时间；

（三）该商标的任何宣传工作的持续时间、程度和地理范围；

（四）该商标作为驰名商标受保护的记录；

（五）该商标驰名的其他因素。

《商标法》第52条【侵害商标专用权】：有下列行为之一的，均属侵犯注册商标专用权：

（一）未经商标注册人的许可，在同一种商品或者类似商品上使用与其注册商标相同或者近似的商标的；

（二）销售侵犯注册商标专用权的商品的；

（三）伪造、擅自制造他人注册商标标识或者销售伪造、擅自制造的注册商标标识的；

（四）未经商标注册人同意，更换其注册商标并将该更换商标的商品又投入市场的；

（五）给他人的注册商标专用权造成其他损害的。

《商标法实施条例》第50条【侵害商标专用权】：有下列行为之一的，属于商标法第五十二条第（五）项所称侵犯注册商标专用权的行为：

（一）在同一种或者类似商品上，将与他人注册商标相同或者近似的标志

---

① 案例来源于陈枝辉编著：《民商诉讼疑难案件裁判要点与依据》，人民法院出版社2008年版，第589页。

作为商品名称或者商品装潢使用，误导公众的

……

《反不正当竞争法》第 5 条【混淆行为】：经营者不得采用下列不正当手段从事市场交易，损害竞争对手：

……

（三）擅自使用他人的企业名称或者姓名，引人误认为是他人的商品……

五、实验过程

步骤一：上述两个案例中的行为是否构成侵权行为？

在案例 1 中，"欧琳"文字是原告系列商标中的显著部分，起到识别原告商品的作用，两被告将与原告注册商标相同的文字作为企业的字号在相同或类似商品上突出使用，其行为足以使相关公众误认为其生产的产品来源于原告或与原告有某种联系，构成商标侵权。同时，将与原告商号相同的文字"欧琳"登记为企业名称，并在相同或类似商品上使用，其行为足以使相关公众误认为二者存在某种联系，进而混淆，构成侵害商号权的行为。

在案例 2 中，被告将与原告企业字号及注册商标相同的文字"帅康"作为其企业字号并在相同产品及包装上标注"帅康电器有限公司"、"H 市帅康电器有限公司"字样，构成突出使用文字"帅康"的事实；H 市帅康使用的"SK"变形图与字母"SAKON"组合商标与原告注册商标在构图、读音上均存在相似之处，具有明显搭便车的恶意，故构成商标侵权和侵害商号权的行为。

步骤二：案例 1 是否构成对驰名商号的侵害？

宁波欧琳公司拥有"欧琳"厨具的图文注册商标，被浙江省工商局认定为省内著名商标和知名商号，但这并不意味着"欧琳"当然可以被认定为驰名商标和驰名商号。根据《商标法》第 52 条，驰名商标和驰名商号的认定应当考虑下列五大因素：（1）相关公众对该商标的知晓程度；（2）该商标使用的持续时间；（3）该商标的任何宣传工作的持续时间、程度和地理范围；（4）该商标作为驰名商标受保护的记录；（5）该商标驰名的其他因素。由此可见，仅仅在一省内具有较高知名度并不足以认定为驰名商标和驰名商号。因此，原告所举证据不足以认定其享有的排他许可使用权的商标为驰名商标，其商号为驰名商号。

步骤三：两案例中的被告是否构成不正当竞争的行为？

根据《反不正当竞争法》第 5 条，两被告的行为都已经构成混淆行为，即不正当竞争行为的一种。因此，在我国法律对商号权没有单独法律进行保护的情况下，原告可以依据该法主张被告赔偿自己商号权的损害。

六、拓展思考

1. 对商号权的保护应遵循登记在先、使用在先的原则，任何人不得在同一区域、同一行业内使用与该商业名称相同或相近似的商业名称，它具有排他性。该说法是否正确？

2. 根据我国《企业名称登记管理规定》的规定，公司名称前必须冠以公司所在省（包括自治区、直辖市）或者市（包括州）或者县（包括市辖区）行政区划名称，否则一律无效。该说法是否正确？

七、课后训练

A 市的甲公司生产啤酒，申请注册的"向阳花"文字商标被国家有关部门认定为驰名商标。之后，乙公司在自己生产的葡萄酒上使用"葵花"商标；设在 G 市的丙公司将"向阳花"作为自己的商号登记使用；丁公司将"向阳花"注册为域名，用于网上宣传、销售书籍等文化用品；戊公司自己生产的农药产品上使用"向阳花"商标。以上哪些行为属于商标侵权行为？

第五节　商事登记

实验：商事登记纠纷中的责任认定

一、实验目标

掌握有关商事登记和商事登记法的基础知识和理论框架，熟悉我国现行商事登记法律制度的具体内容。

二、实验要求

结合案例，熟悉法条，厘清商事登记不同环节的不同特点以及各方当事人的责任承担。

三、实验原理

（一）商事登记的概念、特点

所谓商事登记，是指为了设立、变更或终止商主体资格，依照商事登记法规及其实施细则与其他特别法规定的内容和程序，将当事人应登记的事项，向营业所所在地登记机关申请登记，登记机关核准登记和公告的法律行为。

商事登记具有以下几个法律特征：

1. 商事登记是一种设立、变更或终止商事主体资格的法律行为。

2. 商事登记是一种要式法律行为。

3. 商事登记是一种带有公法性质的行为。

总之，当事人通过商事登记得创设或终止商主体、取得或消灭商事能力；登记主管机关则代表国家确认并公示商主体资格，以维护交易安全。商事登记兼具公法和私法双重属性，但商事登记的性质应较多地体现为私法性。这不仅是因为商事登记属于商法范畴，商法的基本性质是私法，更是由于随着我国社会主义市场经济进程的推进，商事登记立法应充分保障当事人的营业自由。因此，商事登记在本质上是一种带有公法性质的私法行为。

（二）我国商事登记法概况

商事登记法是指规范商事登记行为，确定商事登记主管机关、登记内容、登记程序等事项，调整商事登记关系的法律规范的总称。

由于世界各国商事法律制度存在较大差异，理论上通常将商事登记法分为形式意义上的商事登记法与实质意义上的商事登记法。

所谓形式意义上的商事登记法，是指以商事登记为名的统一成文法。以我国为例，《中华人民共和国企业法人登记管理条例》、《中华人民共和国公司登记管理条例》、《中华人民共和国合伙企业登记管理办法》、《企业名称登记管理规定》等均属此类。形式意义上的商事登记法的内容通常涉及商事登记对象、商事登记主管机关及其职权、商事登记的内容与范围、商事登记的程序、商事登记的效力、商事登记的监督管理等基本制度。形式意义上的商事登记法的概念着眼点在于商事登记规则的表现形式和法律的编纂结构，以制定的法律文件为其表现形式。

所谓实质意义上的商事登记法，是指一切调整商事登记行为的法律规范的总称。其理论着眼点在于商事登记法律规范的性质、商事登记规范的作用、商事登记规范的构成、商事登记规范实施的方式等内容，强调理念上的有机统一。因此，实质意义上的商事登记法不仅包括以商事登记为名的专门成文法，而且包括散见于其他各种法律、法规之中的与商事登记相关的法律规范，甚至还包括关于商事登记的法律解释、判例、习惯法等。在我国，除上文提及的现实意义上的商事登记专门法外，《民法通则》、《全民所有制工业企业法》、《公司法》、《合伙企业法》、《乡镇企业法》、《个人独资企业法》、《外资企业法》、《保险法》、《商业银行法》、《证券法》、《私营企业暂行条例》、《城乡个体工商户管理暂行办法》、《城乡集市贸易管理办法》等相关法律法规中关于各类商主体的商事登记的规定，也被视为我国实质意义上的商事登记法的组成部分。

（三）商事登记的功能

商事登记具有保存和传递商事主体营业信息、昭示商业信用、维护商事交易安全和社会公众的合法权益、方便国家宏观调控和监管的重要作用。虽然现代各国普遍确立商事登记制度，但由于历史渊源、文化传统、社会制度等原因，各国对商事登记制度功能的定位有所不同。一般认为，商事登记主要有以下几种功能：

1. 确认功能。经过商事登记，当事人即取得从事特定商事经营活动的主体资格，拥有从事特定商事营业的权利能力与行为能力，同时，其合法权益受法律保护。现代各国商事登记法对确认功能普遍给予了肯定。

2. 保障功能。商法承认并保护商主体的特殊权利。例如，经过商事登记，商主体的商号权、信用权、营业权等得到肯定和保护。对于商主体法定代表人、章程、责任承担方式、股份债券发行等事项的登记，都能使商主体获得相应的权利或责任的免除，及对第三人的抗辩权。未经登记的商主体一般不能获得法律保障的权利。如法国法律规定，公司注册登记具有创设和弥补的效力，公司经登记构成一种推断，经登记人即是商人，未经登记而从事商事活动的，不享有商人所具有的权利，但仍应履行商人的义务。

3. 公示功能。法律要求登记事项须以法定的方式公布于众。商事交易的相对人和社会公众可以通过登记簿的阅览、誊本、抄本和复印件的交付和取得登记机关的证明等途径，获得商主体的营业信息，了解商主体的信用状况，作为决策的依据。凡已登记并向社会公告事项，除有确凿的证据证明其为虚假的以外，均被推定为确定事项并具有法律的公信力。商主体就可以对抗善意第三人。

4. 服务功能。现代各国登记机关一般都会提供方便的查阅、抄录等服务。例如，新加坡公司商行注册局除了负责登记外，还提供查阅所有公司和商行名录的电脑资证服务系统，查阅文件的缩影胶片阅读机以及自动收银、文件复印、名录检索等服务。这些服务功能使商事登记的公示功能得到了极大的发挥。

5. 监管功能。商事登记是国家对商主体进行监管的有效手段。通过商事登记，国家可以取得各类重要的信息和统计资料，实现对各种不同类型的商主体的监督管理，尤其是特殊商事领域和特殊形式的商主体，如银行业、证券业、保险业、通信业、航天航空业等的监管。商事登记还能为国家进行行业管理，制定产业政策等提供依据，实现对市场主体的进入和退出的宏观调控。

我国一直将企业登记视为国家了解和掌握企业和其他市场主体基本情况的重要渠道和国家管理、监督市场主体的重要工具，因此，商事登记立法历来相当重视商事登记的监管功能，公示功能和服务功能遭到漠视。根据我国企业登记制度的规定，登记注册程序是企业和其他市场主体取得主体资格和营业资格的必经程序。对于商事登记的确认功能、保障功能，我国商事登记立法也有明确规定。未来我国商事登记制度改革的重点应是登记主管机关职能的正确转换、角色的重新定位，工商登记部门应从管理者转变为服务者，坚持以便民为其工作宗旨。强化商事登记的公示功能和服务功能对我国商事登记立法的完善具有重要意义。

（四）商事登记的种类

我国目前虽然尚未制定统一的商事登记法，但已通过分散立法对各类商主体的登记予以明确规定。如《企业法人登记管理条例》及其施行细则规定的登记种类包括：开业登记、变更登记、注销登记。《公司法》、《公司登记管理条例》规定的登记种类包括设立登记、变更登记、注销登记、分公司的设立登记。可见，在我国，根据登记的事由不同，商事登记可分为设立登记（开业登记）、变更登记、注销登记及其他登记。

1. 设立登记。设立登记，也称开业登记，是指商主体的筹办人或创设人、发起人为设立商主体而向登记主管机关提出申请，并由登记主管机关依法办理商事登记的法律行为。设立登记是普通民事主体取得商法附加的商主体资格的必经程序。按照申请登记的商主体的类别不同，我国实践中又将设立登记区分为公司设立登记、非公司企业设立登记、外商投资企业设立登记三类。

2. 变更登记。变更登记是指商事登记机关对已成立的商主体，因其自身情况发生变化，变更已登记事项的法律行为。由于商事登记具有特定的功能，法律规定，商事变更登记事项应向原登记主管机关申请变更登记，未经核准变更登记，商主体不得擅自改变登记事项，否则应当承担相应的法律责任。法律规定商主体应当办理变更登记，通常是因为商主体的某些变化足以影响其自身的商事信用和交易安全。如分立、合并、转让、出租、联营、承包以及名称、住所、经营场所、法定代表人、经济性质、经营范围、经营方式、注册资金、营业期限、股东人数变化、增设或撤销分支机构等。

3. 注销登记。注销登记是指商主体依法终止营业时向登记机关办理的消灭商主体资格登记的法律行为。商主体因某种原因歇业、被撤销、宣告破产或因其他原因终止经营时应当办理注销登记，这是当代各国商事登记的通行做法。其目的是为了保障交易安全，方便国家对商主体的宏观管理。

引发注销登记的原因主要有以下几项：（1）商主体解散。（2）商主体被依法宣告破产。（3）法院判决解散。（4）主管机关命令解散。（5）歇业。

4. 分支机构登记。分支机构的商事登记同样包括设立登记、变更登记、注销登记三种。其基本内容与前文所述的登记内容基本一致。特殊的内容有，分支机构登记的经营范围不得超过其法人单位的经营范围；若为限制经营的项目，即使其法人单位可以经营，也并不表明分支机构可以经营；分支机构的登记，必须有法人要求成立分支机构的申请，等等。

（五）商事登记的程序

商事登记的程序是指商主体依法向登记机关申请登记、登记机关依法审查核准并办理登记注册的步骤和方法。商事登记程序是商事登记法的重心，各国商事登记法对其均有详尽规定。我国《企业法人登记管理条例施行细则》从登记主管机关角度出发，将登记程序分为申请、审查、核准发照、公告四个阶段。

（六）商事登记的效力

1. 商事登记对商主体的效力。

（1）创设效力。创设效力是指商事登记具有创设商主体的效力。其具体表现如下：

第一，商事登记是获得商主体资格的必要条件。在强制登记主义之下，自然人或其他社会经济组织，要取得商主体资格，必须经过注册登记，未经登记不得以商主体的身份从事商事活动。我国各类商事登记法律均规定，未经登记的，不具有商主体资格。《企业法人登记管理条例》、《公司法》、《公司登记管理条例》等法律、法规中，更进一步将"核准登记"与"营业执照的签发"共同作为确认商主体资格的必要条件。营业执照的签发日期，为商主体的成立日期。

第二，商主体通过登记取得营业资格。在某些国家，商事登记除了具有创设商主体资格的效力外，还具有创设商主体营业资格的效力。有些国家的商事登记制度将主体资格登记和营业资格登记合一。商主体获得主体资格的同时，也获得营业资格。我国即属此例。有些国家将主体资格登记与营业资格登记分开，申请人要在不同的登记机关分别进行商主体登记和营业资格登记，才能获得主体资格与营业资格。

第三，商主体通过登记取得商号专用权。商号是商主体用以表明其法律地位和法律人格，并在其营业活动中用以代表自己的特有标志。世界各国大都在商事登记立法中对商号权进行了保护和限制。商号经过登记后，商主体即取得对该名称的专用权。

（2）免责效力。免责效力主要是基于变更登记或废止登记而言的。若商人依法申请变更登记或废止登记，该登记因主管机关的批准而生效者，则商主体可基于该登记部分免责或者全部免责。

（3）公示效力。所谓公示效力，即凡经登记的内容，应当推定其具有相应的法律效力，对善意第三人产生对抗力。发达国家的商事登记法都规定，登记事项经公示之后，即可产生两种法律效力，即对抗力和公信力。[1] 所谓对抗力是指登记事项一经公告，任何第三人不得以不知道该事项为由主张权利。国外法律一般规定，已登记事项具有对抗善意第三人的法律效力，应登记而未登记的事项不能对抗善意第三人。所谓公信力，亦称公信原则，是指商事登记及公告仅以其登记及公告的内容赋予法律上的公信力，即使该内容有瑕疵，法律对信赖该内容的第三人也予以保护。

2. 商事登记对第三人的效力。商事登记行为的复杂性决定了商事登记效力的多样性。登记与否，登记是否真实以及登记的特殊目的都会导致不同的法律后果。对于第三人而言，已登记事项与未登记事项的效力也不相同。

（1）积极效力。积极效力，或称积极公示主义，即凡商事登记应登记事项业已登记或公告后，除第三人由于不可抗力而对此尚不知悉外，不论该第三人善意或恶意，均能对其产生对抗力。一般而言，对于已经登记、公告的事项，法律可以推定第三人已经知悉。尤其是在对商主体的经营活动采取强制登记主义和对登记事项采取实质审查的情况下，凡已登记事项具有对抗第三人的普遍效力。

---

[1]　参见张民安：《公司法上的利益平衡》，北京大学出版社 2003 年版，第 72~73 页。

（2）消极效力。消极效力，或称消极公示主义，即凡商事登记应登记事项，如未经登记或公告，则不能发生使商主体设立、变更的法律效果，不得以之对抗善意第三人。其应在分支机构所在地登记的事项，如未经登记或公告，同样不得对抗善意第三人。商事登记及公告，一方面可以便于政府对商事活动实施监督和保护，另一方面可以使社会公众明了商主体的经营状况，以维护商事交易安全。因此，大多数国家都规定，已登记事项有对抗善意第三人的效力，不允许援引应登记而未登记事项来对抗善意第三人。

（3）特殊效力。所谓特殊效力是基于特定商事登记所产生的效力。特殊效力其实只是商事登记效力的特殊表现形式，并非与积极效力、消极效力相并列的效力类型。在下列情况下，商事登记会产生新的法律关系，并且会受到强有力的保护：

① 对商号的登记。如企业登记便具有授予该企业拥有对特定商号享有独占性的使用权和专用权的效力。

② 对公司的登记。当今多数国家都规定，注册登记是公司取得商法人资格的必经程序。所以，除创设效力外，登记还具有弥补效力。

③ 取得公司的营业权。如前所述，国外商事登记立法多将主体资格和营业资格相区别。公司须经登记取得主体资格，若要实际营业，还必须另外办理营业登记。

④ 股份公司可取得股票发行和自由转让的权利。

（4）不实登记的效力。不实登记是指登记的情况与事实不符。一般而言，商事登记的效力发生应以登记内容真实为前提。各国商事登记法为了增强登记及公告对公众的公信力，以表象和表见商人理论为依据，以商法上的禁止反言和外观主义为原则，认定故意或过失进行不实登记者，不能以虚假登记事项对抗善意第三人。如我国 2005 年 12 月修订的《公司登记管理条例》第 68～82 条明确规定，凡有虚假不实的登记，应处以罚款，给直接责任人给予行政处分，如果构成犯罪的，要依法追究刑事责任。

四、实验材料

（一）案例材料

2004 年，外国某公司与我国某公司在 A 市合资组建一有限公司。2005 年，中方股东编造股东变更的虚假事实，向 A 市工商局提交虚假的股权转让协议、董事会决议等证明文件，取得合资公司股东变更登记，使第三方成为公司股东。外方股东认为，A市工商局作为登记机关违反实质审查原则，对他人提交的虚假的股东会决议、章程修正案、股权转让协议等材料予以核准登记，致使其在不知情的情况下丧失股东资格，遂向A市工商局提起诉讼，请求法院以登记机关违法登记为由撤销该变更登记，恢复其股东身份。登记机关辩称，只要申请人提交的材料齐全、符合法定形式，登记机关就应予以登记。因申请材料和证明文件不真实所引起的后果，登记主管机关不承担相应责任。

（二）法条材料

《公司法》第74条【股权转让时章程的修改义务】：……转让股权后，公司应当注销原股东的出资证明书，向新股东签发出资证明书，并相应修改公司章程和股东名册中有关股东及其出资额的记载。对公司章程的该项修改不需再由股东会表决。

《公司法》第33条【隐名投资】：……公司应当将股东的姓名或者名称及其出资额向公司登记机关登记；登记事项发生变更的，应当办理变更登记。未经登记或者变更登记的，不得对抗第三人。

《公司登记管理条例》第35条【有限责任公司股东变更登记】：有限责任公司股东转让股权的，应当自转让股权之日起30日内申请变更登记，并应当提交新股东的主体资格证明或者自然人身份证明……

《公司法》第199条【虚报登记文件的法律责任】：违反本法规定，虚报注册资本、提交虚假材料或者采取其他欺诈手段隐瞒重要事实取得公司登记的，由公司登记机关责令改正，对虚报注册资本的公司，处以虚报注册资本金额5%以上15%以下的罚款；对提交虚假材料或者采取其他欺诈手段隐瞒重要事实的公司，处以5万元以上50万元以下的罚款；情节严重的，撤销公司登记或者吊销营业执照。

五、实验过程

步骤一：股东变更登记的性质是什么？

股东变更登记属于商事登记，应遵循登记对抗主义。即公司股东发生变化后未经登记机关登记，不会导致公司变更股东这一行为无效，不能否定未列入登记机关股东名单的股东的资格，只是该变更不会产生对抗第三人的效果；登记机关作出的变更登记行为，没有创设股东权利的作用，有关股东及其股权的工商登记内容仅起证据作用，可以被当事人所提供的相反证据推翻。2005 年修改的《公司法》第 74 条规定："……转让股权后，公司应当注销原股东的出资证明书，向新股东签发出资证明书，并相应修改公司章程和股东名册中有关股东及其出资额的记载。"第 33 条第 3 款规定："公司应当将股东的姓名或者名称及其出资额向公司登记机关登记；登记事项发生变更的，应当办理变更登记……"《公司登记管理条例》第 35 条规定："有限责任公司股东转让股权的，应当自转让股权之日起 30 日内申请变更登记，并应当提交新股东的主体资格证明或者自然人身份证明。"可见，办理股东变更登记的时间是在股东依法转让股权后、股东发生变动后，属于公司和原股东对新股东应尽的附随义务。

步骤二：登记机关是否应当对该登记错误承担责任？

本案另一个争论的焦点是，登记机关对股东变更是否应负实质审查义务。1988 年《企业法人登记管理条例施行细则》第 55 条第 1 款第（2）项规定，登记主管机关应"审查提交的文件、证件和填报的登记注册书的真实性、合法性、有效性，并核实有关登记事项和开办条件"。这被认为是工商登记机关对登记事项，主要是注册资本事项，负实质审查义务的依据。近年来，工商登记实践中一直以国家工商行政管理总局的工商企字［2001］第 67 号答复为形式审查说的重要依据，也是本案中登记机关所持"因申请材料和证明文件不真实所引起的后果，登记主管机关不承担相应责任"观点的最主要的证据。理论界和实践界对实质审查存在质疑，关于形式审查的主张已渐渐成为主流。新修改的《公司法》和《公司登记管理条例》都没有规定登记机关应进行何种审查。根据《公司法》第 199 条和《公司登记管理条例》第 73 条的规定，对于提交虚假材料或者采取其他欺诈手段隐瞒重要事实取得公司登记的，法院可以判决登记机关改正登记，对提交虚假材料或者采取其他欺诈手段隐瞒重要事实的公司，处以 5 万元以上 50 万元以下的罚款；情节严重的，撤销公司登记或者吊销营业执照。对本案直接负责的登记主管人员和其他直接责任人员依法给予行政处分。

综上，登记主管机关已经尽到审查义务，无须承担赔偿责任。

六、拓展思考

1. 试述商事登记的性质、意义与法律效力。
2. 试分析我国现行商事登记制度。

3. 商事登记的主要程序包括哪些?

七、课后训练

B 公司对注册资本作虚假登记,实际出资 500 万元,登记的注册资本为 1000 万元。当债权人对 B 公司的股东进行追索时,股东可否以登记不实为由对抗债权人?即能否主张以实际出资为限负出资责任,而非就登记的注册资本额承担责任?

第二章 公 司 法

第一节　公司法概述

实验一：有限责任与法人人格否认的运用

一、实验目标

严守公司人格独立的原则，并将其贯穿于公司案例分析的始终；体会适用法人人格否认制度条件的严格性。

二、实验要求

熟悉公司法关于公司与股东关系的条文，把握公司法中"有限责任"的内涵与实质；同时理解"公司法人人格否认制度"的实质以及适用条件。

三、实验原理

（一）公司法中的"有限责任"

有限责任是公司法上使用最为广泛的概念，它有两层含义：一是公司责任有限，即公司只以其全部资产为限对公司债务承担责任；二是股东责任有限，即有限责任公司的股东以其认缴的出资额为限，股份有限公司以股东认购的股份为限对公司的债务承担责任，对公司债务不承担个人责任。其中，公司的有限责任并非指公司对公司债务负有限责任，而是指公司股东对公司债务所负的责任，是以其对公司的出资额为最高限额，此外，对公司不再承担任何财产义务。其特征有二：一是公司具有与其股东个人相互分离的独立人格；二是股东仅以其认缴的出资额为限承担对公司的责任。①

从公司角度而言，公司的责任与股东的个人责任相分离，因此，对于公司的责任应当表述为"独立责任"。实质上，"有限责任"与"独立责任"为同一事物的两个方面，其本质来源于公司财产的独立性。公司财产与股东财产的分离，是公司独立人格和股东有限责任的基础，股东放弃对他投入公司财产的所有权，方可适用公司法律制度享有有限责任优惠，而公司才能具有独立的法人人格，以自己的名义享有权利、履行义务，独立地承担民事责任。② 公司一旦依法成立，便以其所有的财产对外独立承担责任，股东仅以其认缴的出资额或认购的股份为限对公司承担责任。因此，股东有限责任是建立在公司能够独立承担责任的基础上的，而公司独立责任则是公司人格独立的结果。

（二）"公司法人人格否认"制度

"公司法人人格否认"又称为"揭开公司面纱"，是指为阻却公司独立人格的滥用和保护债权人利益及社会公共利益，就具体法律关系中的特定事实，否认公司及其背后的股东各自独立的人格及股东的有限责任，责令公司的股东对公司债权人或公共利益直接负责，以实现公平、正义目标之要求而设置的一种法律措施或制度。③

公司人格否认制度并非对公司法人制度的动摇和否定，而是对公司法人制度的坚持，对有限责任原则的修正。其基本特征有：第一，以公司具备法人人格为前提。公司法人人格否认制度以承认公司具有法人地位为前提，是对已经合法取得公司独立法人人格且该独立人格及股东有限责任又被滥用的公司所设置的。第二，只是对特定个案中公司独立人格予以否认。公司法人人格否认制度只适用于个案中的公司法人人格不合目的性而需要否认其法人人格的场合，其效力不涉及该公司的其他法律关系，也不影响该公司作为一个独立实体的继续合法存在。第三，主要表现为对失衡的公司利益关系的事后规制。公司法人人格否认制度主要体现为一种事后的司法救济，因为五花八门的公司人格滥用行为很难在公司法律制度中事先一一规定，采取事后的司法规制方式，既可以维护公司法人人格制度的一般正义，又可以灵活地调整公司利益关系的失衡以实现个别正义。④

---

① 参见钱卫清：《公司司法救济方式新论》，人民法院出版社 2004 年版，第 143 页。

② 参见张忠军：《论公司有限责任制》，载《宁夏社会科学》1995 年第 4 期。

③ 参见朱慈蕴：《公司法人人格否认法理研究》，法律出版社 1998 年版，第 75 页。

④ 参见冯果：《公司法》，武汉大学出版社 2007 年版，第 125~126 页。

公司法人人格否认制度不应成为一项原则，而应当成为股东有限责任的例外。否则法人人格独立将成为一句空话，公司制度的贡献将会被扼杀，企业发展将会出现重大倒退，因此在实务中不应轻易援引"公司人格否认"制度，让股东对公司债务承担无限责任。具体而言，股东在以下情况下才需要对公司债务承担个人责任：（1）不实或不足投资，并让第三人误信公司资本充足；（2）公司成立未履行必要的正式手续；（3）股东与公司关系不清晰，尤其是存在控制公司的情况下。事实上，一般股东需要对公司承担无限责任的可能性微乎其微，只有大股东或者实际控制人才有滥用公司人格的可能。

四、实验材料

（一）案例材料

案例1：王某诉汽车修理有限公司及其股东借款纠纷案①

2002 年 4 月 30 日，山东省东营某汽车修理公司以资金周转困难为由，向王某借款 20 万元作为生产的流动资金。双方约定年利率为 7%，借款期限为一年，到期连本带息归还。但到了约定的时间，该公司未向王某付款。汽车修理有限公司系由胜利石油管理局钻井某公司（以下简称钻井公司）、香港某公司（以下简称香港公司）出资组成的企业。因该公司还款无望，王某便将汽车修理有限公司、该公司的投资股东诉至法院，请求判令被告偿还贷款。

案例2：某甲公司与某乙公司股东负无限连带责任纠纷案②

2000 年 3 月 17 日，原告刘某、被告等六人发起设立了某甲公司。公司注册资本为人民币 108 万元，但上述注册资本系全部借用 A 县环球国际经济技术合作部的资金，在公司注册完毕的次日即将该款归还。各出资人约定了出资比例，其中原告刘某出资 6 万元，出资比例为 5.56%；被告王某出资 80 万元，出资比例为 74.08%。

---

① 案例来源于法律教育网 http：//www. chnalawedu. com/web/dxpl。转引自赵旭东主编：《新公司法案例解读》，人民法院出版社 2005 年版，第 2 页。

② 案例来源于法律教育网 http：//www. chnalawedu. com/web/dxpl。转引自赵旭东主编：《新公司法案例解读》，人民法院出版社 2005 年版，第 18~19 页。

2000 年 3 月 31 日，甲公司又和另一公司共同出资成立了乙公司。乙公司的注册资本为 51 万元，甲公司出资 50 万元，但该出资仍是向环球公司的借款，在用于乙公司验资后即归还了环球公司。

后乙公司的债权人向其主张债权，因乙公司无力偿还，其债权人储某等人遂以包括本案原告刘某、被告王某在内的甲公司六股东作为被告，要求六人承担偿还责任。法院判决，由六股东承担全部偿还义务，并互负连带责任。但六股东没有按判决自觉履行，经储某等人申请，法院进行了强制执行，由六股东平均承担上述债务，本案原告刘某、被告王某各承担了21000 元债务，余债申请人同意放弃。

给付 21000 元后，原告刘某认为自己超额承担了债务，遂向被告王某提出追偿纠纷诉讼。

A 县人民法院审理后，判决被告王某向原告刘某给付代垫款13947.36 元。

（二）法条材料

《公司法》第 3 条【公司的独立责任与股东有限责任】：公司是企业法人，有独立的法人财产，享有法人财产权。公司以其全部财产对公司的债务承担责任。

有限责任公司的股东以其认缴的出资额为限对公司承担责任；股份有限公司的股东以其认购的股份为限对公司承担责任。

《公司法》第 20 条【公司法人人格否认】：公司股东应当遵守法律、行政法规和公司章程，依法行使股东权利，不得滥用股东权利损害公司或者其他股东的利益；不得滥用公司法人独立地位和股东有限责任损害公司债权人的利益。

公司股东滥用股东权利给公司或者其他股东造成损失的，应当依法承担赔偿责任。

公司股东滥用公司法人独立地位和股东有限责任，逃避债务，严重损害公司债权人利益的，应当对公司债务承担连带责任。

五、实验过程

（一）分析案例 1

案例 1 中汽车修理有限公司是本案的适格被告是没有争议的，争议焦点在于其股东钻井公司与香港公司是否也是适格被告。

步骤一：汽车修理有限公司是否承担独立责任？

汽车修理有限公司是依法成立的，具有独立的法人资格。公司作为独立法人，应当对自己的债务承担独立责任，即以所有的全部财产对公司债务承担民事责任。如其资产不足以清偿到期债务，债权人与债务人都可依法申请破产，而王某可通过破产程序得到清偿。因此，汽车修理有限公司的责任是独立责任。

步骤二：钻井公司与香港公司是否承担有限责任？

钻井公司与香港公司已经履行了出资义务，所以，对汽车修理有限公司的债务并不负直接责任，只在出资范围内承担有限责任。对超出部分，不需要以个人财产清偿，因此无须对王某履行债务。

综上，汽车修理公司欠王某的 20 万借款应由其自己偿还，其股东钻井公司与香港公司不对王某直接承担责任，因此不是本案的适格被告。

（二）分析案例 2

案例 2 的争议焦点在于：乙公司的债权人能否向该公司的母公司的股东请求履行其与公司缔结的债权债务关系。这涉及乙公司与其母公司甲公司的法人资格是否真实，其法人人格能否被否定。应依如下步骤分析：

步骤一：甲公司与另一公司共同出资设立乙公司的行为是否构成法人人格滥用？

甲公司的出资人在公司成立不久便将出资抽回，可见并无真实设立公司的意思，而不过是假借设立公司的形式，以公司的名义对外经营，从而获得"有限责任"的保护。

根据我国《公司法》第 36 条的规定，公司成立后，股东不得抽逃出资。因此，正常情况下，抽逃出资的股东应当向公司足额缴纳出资，并向已按期足额缴纳出资的股东承担违约责任，或者承担非货币出资不实的责任。如果出现资不抵债的情形，如本案中，乙公司对债务无力偿还，则应进入破产程序，进行破产清算，由公司自有财产清偿破产债务。

然而，本案中，既不能判决甲公司足额缴纳出资，也不能裁定适用破产程序。首先，甲公司自身的设立程序中也存在类似的瑕疵，公司财产并不真实，公司实体形骸化，其法人人格也需要否认。因此，其根本不可能足额缴纳出资。其次，一旦裁定适用破产程序，公司财产转为破产财产，即进入待分配状态，股东责任与破产人责任完全脱钩。因此，本案最佳的解决方式是适用法人人格否认制度。

因此，甲公司滥用公司法人独立地位和股东有限责任逃避债务，符合

《公司法》第 20 条规定的形式要件，又严重损害了公司债权人的利益，应当对其子公司的债务承担责任。

步骤二：刘某、王某等六人发起设立甲公司的行为是否构成法人人格滥用？

前文已述，该行为同样存在严重瑕疵，应当认定为法人人格滥用，因此，根据《公司法》第 20 条，应当判决六股东对甲公司的债务承担连带责任。鉴于甲公司需对其子公司乙公司的债务负责，该债务理所应当由刘某、王某等六人分担。

步骤三：刘某向王某的追偿请求是否应当得到支持？

《公司法》第 20 条规定，法人人格否认后，公司股东对公司债务承担连带责任。连带责任内部仍然是按份之债。因此刘某向王某的追偿请求应当得到支持。根据刘某与王某等人的出资协议，刘某出资比例为 5.56%，王某为 74.08%。因此，刘某应当承担的债务数额为 21000×6×5.56% = 7005.6（元）。与已付款 21000 元的差额为 13994.4 元。综上，法院判决被告王某向原告刘某给付代垫款 13947.36 元是适当的。

六、拓展思考

一人公司的出现是不是对公司独立人格的冲击？一人公司的法人人格否认程序与普通公司有什么不同？结合各国立法例回答上述问题。

七、课后训练

1. 通过对比前述两个案例，总结公司法人人格否认制度的关键条件有哪些？

2. 夫妻分别为某设备厂（股东为夫、妻及其他 4 位亲戚）和某电器公司（股东为夫、妻）的法定代表人，都经营电器，两企业款项往来频繁；电器公司从某实业公司借款 210 万元后，多次转账到设备厂账户，逾期未还，设备厂和电器公司被诉。问：设备厂需不需要承担责任？

实验二：公司超越经营范围之行为效力的判断

一、实验目标

了解公司法人各种能力及其限制，重点掌握经营范围对公司行为效力的影响。

二、实验要求

熟悉民法通则、合同法、公司法对经营范围的规定及制度变迁，了解在实务操作中如何选择法条的适用。

三、实验原理

（一）公司的能力

公司法人与自然人一样，具有权利能力、行为能力和责任能力。

公司的权利能力，是指公司作为法律主体依法享有权利、承担义务的资格。与自然人权利能力的起始时间有所不同的是，公司的权利能力于公司成立时产生，至公司终止时消灭。我国通说认为，公司法人的权利能力与自然人不同，后者在现代民法中已经一律平等，任何人不得剥夺、限制；而公司法人的权利能力则要受三方面限制：本身性质的限制、法律规定的限制、经营目的及范围的限制。

公司的行为能力，是指公司以自己的意思或行为独立地取得权利、承担义务的资格。与自然人不同的是，公司本身不能实施民事行为，需要通过它的机关来实现其行为能力，有时也通过其代理人进行民事法律行为，从而实现公司的民事行为能力。

公司的责任能力，是指公司在进行经营活动时对自己所为的违法行为承担责任的资格，其实质是公司对自身的侵权行为承担民事责任。判断公司是否应承担责任的重点是：判断该行为是否属于履行职务的行为。通常而言，职务行为应当符合以下要件：（1）是否以公司名义作出；（2）是否在外观上足以让他人认为是职务行为；（3）依社会大众一般观念是否与履行职务有相当关联。如果一行为符合上述要件，即可认为是履行职务的行为，即使超出了公司章程规定的经营范围，公司亦应对其承担责任。当然，公司若能够证明相对人明知此行为并非职务行为而是个人行为者，则可免除责任。

（二）"越围原则"变迁与现代适用

"越围原则"是早期从英国法中发展出来的一项司法原则。依据此原则，公司超越其目的范围从事的经营活动构成"越围行为"，为公司法所禁止，即该行为将被宣告无效。经过一百多年的发展，严守该原则的做法在今天已经过时了。现代大多数国家的公司法，以美国公司法为典范，都认为现代公司可以从事"任何合法经营",并享有"从事一切经营管理的必要权力"。如今,越围原则只在公司从事特定营业以及第三人存在主观恶意的情形下才有适用余地。

四、实验材料

(一)案例材料

甲公司董事超出营业范围交易纠纷案

甲股份有限公司经董事会决议,变更公司章程,在其营业范围中增加"制售成衣"一项,但尚未向工商行政部门办理变更登记手续。董事长刘某未经授权与乙纺织厂签订一项订购布料的合同,并代表公司签发以某银行为付款人、乙纺织厂为收款人的汇票一张给乙纺织厂,作为定金。乙纺织厂因欠丙货款,将该票据背书转让给丙,丙又背书转让给丁。票据到期后,丁涂销了乙纺织厂的背书。

(二)法条材料

《民法通则》第 42 条【企业法人的经营范围】:企业法人应当在核准登记的经营范围内从事营业。

《最高人民法院关于适用〈中华人民共和国合同法〉若干问题的解释(一)》第 10 条【超越经营范围订立的合同之效力】:当事人超越经营范围订立合同,人民法院不因此认定合同无效。但违反国家限制经营、特许经营以及法律、行政法规禁止经营规定的除外。

《公司法》第 12 条【经营范围】:公司的经营范围由公司章程规定,并依法登记。公司可以修改公司章程,改变经营范围,但是应当办理变更登记。

公司的经营范围中属于法律、行政法规规定须经批准的项目,应当依法经过批准。

五、实验过程

步骤一:对甲公司变更公司章程的行为应当如何认定?

根据《公司法》第 104 条,股东大会作出修改公司章程、增加或者减少注册资本的决议,以及公司合并、分立、解散或者变更公司形式的决议,必须经出席会议的股东所持表决权的 2/3 以上通过。可见对于股份有限公司的公司章程的修改，只能由股东大会作出决议，董事会无权决定。因此，对甲公司变更公司章程的行为，应当认定为无效。该变更应当由股东会作出决议，自决议生效时发生变更效力。至于是否经工商行政管理部门登记，并不影响变更效力，而只是使该变更具有对抗效力而已。由此可见，甲公司的营业范围并未改变，任何从事"制售成衣"的行为都是超越该公司营业范围的。

步骤二：对甲公司与乙纺织厂之间的购货合同效力如何？

依前述，甲公司的营业范围并没有改变，那么刘某的行为无疑超出了甲公司的营业范围。但根据《最高人民法院关于适用〈中华人民共和国合同法〉若干问题的解释（一）》第10条，当事人超越经营范围订立合同，人民法院不因此认定合同无效。但违反国家限制经营、特许经营以及法律、行政法规禁止经营规定的除外。刘某的购销活动没有违反法律、行政法规的禁止性规定，也不涉及国家的限制经营、特许经营，因此该购货合同是有效的。

实验三：分公司与子公司法律地位的辨析

一、实验目标

区分子公司与分公司法律地位的不同。

二、实验要求

通过法条分析熟悉法律规定；通过案例对比熟悉实务中对两类公司的区分。

三、实验原理

（一）分公司

本公司，又称为总公司，指依法首先设立以管辖全部公司组织，并以此为中心支配公司的营业活动和资金调度的总管理机构。分公司是指在业务、资金、人事等方面受本公司管辖但不具有法人资格的分支机构。分公司不具有法律上和经济上的独立地位，设立程序较为简单。

需要注意的是，尽管分公司不具有法人人格，不享有独立的财产权利，不能独立承担民事责任，但是分公司能够以自己的名义从事法律行为，有相应的权利能力和行为能力。

（二）子公司

母公司，是指拥有其他公司一定数额的股份，或根据协议能够控制、支配其他公司的人事、财务、业务等事项的公司。母公司的最基本特征不在于是否持有子公司的股份，而在于是否参与子公司的业务经营。子公司是指一定数额的股份被另外一公司控制，或依照协议被另一公司实际控制、支配的公司。

母、子公司关系基于母公司的转投资行为形成。子公司一旦成立后即成为独立的法人，拥有自己所有的财产，自己的公司名称、章程和董事会，对外独立开展业务，独立承担民事责任。但涉及公司利益的重大决策或重大人事安排，仍然由母公司决定。

四、实验材料

（一）案例材料

案例1：酒业公司分公司涉嫌欺诈案①

某酒业公司设在北京的分公司在即将注销前2个月，与钱某签订了区域性代销协议，钱某得知分公司注销后，以受欺诈为由主张撤销合同，要求退货及返还保证金等。

案例2：广州某水泥公司申请执行A集团公司纠纷案②

广州某水泥股份有限公司是某实业（集团）股份有限公司（以下简称A集团公司）的债权人，向法院申请对A集团公司进行强制执行，现要核实A集团公司的财产范围。经调查，A集团公司占有广州B投资有限公司（以下简称广州B公司）75%的股权，深圳市某进出口贸易有限公司（以下简称深圳进出口公司）占有广州B公司25%的股权。同时，在深圳进出口公司的股权结构中，A集团公司占有90%的股权，深圳市某投资有限公司（以下简称深圳某投资公司）占有10%的股权。在深圳某

---

① 案例来源于陈枝辉编著：《民商诉讼疑难案件裁判要点与依据》，人民法院出版社2008年版，第458页。

② 案例来源于赵旭东主编：《新公司法案例解读》，人民法院出版社2005年版，第14页。

投资公司的股权结构中，A 集团公司占有 90% 的股权，深圳市财务顾问有限公司（以下简称财务公司）占有 10% 的股权。在财务公司的股权结构中，A 集团公司占有 87.5% 的股权，广州 B 公司占有 12.5% 的股权。广州 B 公司成立后，A 集团公司利用广州 B 公司对外进行投资。法院为准确界定 A 集团公司的财产范围，欲将广州 B 公司追加为被执行人。

（二）法条材料

《公司法》第 14 条【分公司与子公司】：公司可以设立分公司。设立分公司，应当向公司登记机关申请登记，领取营业执照。分公司不具有法人资格，其民事责任由公司承担。

公司可以设立子公司，子公司具有法人资格，依法独立承担民事责任。

《公司法》第 217 条【相关术语的含义】：（二）控股股东，是指其出资额占有限责任公司资本总额 50% 以上或者其持有的股份占股份有限公司股本总额 50% 以上的股东；出资额或者持有股份的比例虽然不足 50%，但依其出资额或者持有的股份所享有的表决权已足以对股东会、股东大会的决议产生重大影响的股东……

五、实验过程

（一）分析案例 1

案例 1 的争议焦点在于：分公司签订的合同是否具有效力，以及造成的责任由谁承担。

步骤一：酒业公司的分公司签订的合同是否有效？

分公司虽然不具有法人资格，其民事责任应由本公司承担，但并不表明合同主体上本公司与分公司不分离；分公司已领取营业执照，注销登记中明确表明其为独立核算的分支机构，表明其系在法人授权范围内可从事市场交易行为的主体，可在授权范围内独立对外交易。因此，分公司是具有缔约能力的合同主体，分公司注销后，在钱某明确表示不愿继续履行合同时，合同主体并不当然变更为酒业公司。所以，酒业公司的分公司签订的代销协议，在钱某行使撤销权之前，为有效订立的合同。

步骤二：分公司在缔约过程中是否构成欺诈？

分公司作为负责区域销售业务的订约相对人，同一时期，酒业公司无其他机构在京从事相同业务，故有理由认为钱某订约时需对区域性、履行成本和履行便捷性考虑。分公司是否正常存在，必然对钱某订约时的意思表示有相当影响。分公司隐瞒即将注销的真实情况而与钱某签约，属于对缔约有重大关联事实的隐瞒，因此，钱某可以行使撤销权，并主张由对方承担缔约过失责任。

步骤三：缔约过失责任由谁承担？

根据最高人民法院法官的意见：虽然法律(《公司法》第14条) 明确规定分公司不具有企业法人资格，其民事责任由公司承担，这是一项基本原则。但是实践中应区别不同情况区别对待：第一种情况，在小额诉讼中，尽管分公司为被告，只要得到公司的授权或者认可，分公司管理的财产又足以承担民事责任时，不需要将公司列为共同被告。第二种情况，当债权数额巨大或者较大时，分公司管理的财产不足以承担民事责任，或者所产生的争议较为复杂，超出了分公司处置的权限时，应当将公司列为共同被告。除小额诉讼案件之外，分公司应将公司章程以及对公司授权的额度、权限范围向人民法院提交证据以便人民法院对是否追加公司为共同被告作出适当的选择。在将公司列为被告时应当考虑只要合同是由分公司签订的，或者侵害后果是由分公司工作人员在履行职务时造成的，就应当首先判决分公司以其经营管理的公司资产承担民事责任，并判决由公司对分公司所造成的民事后果共同承担责任。[①]

从上述意见可知，在审判实践中，法院并没有固守《公司法》第14条，将分公司民事责任一律判决由本公司承担，而是分情况灵活处理。针对本案，分公司已经注销，再让分公司用自有财产承担民事责任已无意义。综上，合同撤销产生的缔约过失责任应由酒业公司承担。

(二) 分析案例2

案例2的核心问题在于能否将广州B公司追加为被执行人，以其财产来清偿其大股东A集团公司的债务。要回答这个问题，应当遵循以下步骤：

步骤一：广州B公司的法律地位如何？

从案情介绍上看A集团公司表面上占有广州B公司75%的股权，但推算起来，其实际控制的股份超过了75%，因为其下属公司——深圳进出口公司和财务公司均持有广州B公司的股份。理清相互持股关系后，可以发现，A集团公司通过上述二公司持有广州B公司的股份比例为：$25\% \times 90\% + 25\% \times 10\% \times 87.5\% + 12.5\% \times 10\% \times 25\% \times 75\% = 24.921875\%$。与75%相加，可得出A集团

---

① 参见吴庆宝主编：《最高人民法院专家法官阐释民商裁判疑难问题》，人民法院出版社2007年版，第143页。

实际持有广州 B 公司的股份达 99.9921875%。约等于 100%。

因此，广州 B 公司是 A 集团公司事实上的全资子公司。

步骤二：全资子公司是否具有独立的法人人格？

根据《公司法》第 14 条之规定，子公司，不管是不是由母公司全资设立，都是独立的法人。其具有自己的公司名称和章程以及完整、必要的组织机构，独立的财产，并且进行独立的核算，可以以自己的名义对外开展业务活动，起诉或者应诉，并且以自己的全部财产独立承担民事责任和其他法律后果。本案中，广州 B 公司就是这样的子公司，其完全可以受到《公司法》第 3 条规定的"独立责任"的保护，并不需要为其股东的债务负责。可见，广州 B 公司具有独立的法人人格。

步骤三：控股关系是否影响独立责任的适用？

A 集团公司对广州 B 公司的持股比例接近 100%，已经远远超过了《公司法》第 217 条规定的控股股东的标准。前者对后者的控制关系是毫无疑问的。然而，并不能因为控制与被控制、支配与被支配关系的存在，就否认二者是彼此独立的法人实体的事实。更何况，案情中并没有透露 A 集团公司有任何滥用广州 B 公司法人资格的情况。因此，双方各自人格独立不能被否认。

综上所述，不应将广州 B 公司的财产混同于 A 集团公司的财产，也不应当将二者的债务混同。不能认为全资子公司的财产是母公司财产的一部分，而判令强制执行前者财产来清偿后者的债务。传统观念中的"父债子偿"是对母公司与子公司关系的误解。总之，本案中不得将广州 B 公司列为执行对象。

六、课后训练

1. 通灵有限责任公司的下属分公司以其自己的名义对外签订的合同，其法律效力为：（ ）

A. 无效。

B. 有效，其责任由分公司独立承担。

C. 有效，其责任由通灵有限责任公司承担。

D. 有效，其责任由分公司承担，通灵有限责任公司负连带责任。

2. 住所地在长春的 A 公司在北京设立了一家分公司。分公司以自己的名义与北京 B 公司签订了一份房屋租赁合同，租赁 B 公司的楼房一层，年租金是 30 万元。现分公司因拖欠租金而与 B 公司发生纠纷，下列判断哪一项是正确的？

    A. 房屋租赁合同有效，法律责任由合同的当事人独立承担。

    B. 该分公司不具有民事主体资格，又无 A 公司的授权，租赁合同无效。

    C. 合同有效，依该合同产生的法律责任由 A 公司承担。

    D. 合同有效，依该合同产生的法律责任由 A 公司及其分公司承担连带责任。

3. 案例 1（酒业公司分公司涉嫌欺诈案）中如果分公司未被注销，而是违反合同约定给钱某造成损失，应当由何者承担该违约责任？

4. 关于母子公司，何为混同，其标准有哪些？什么条件具备时母公司要为子公司承担连带责任？什么条件具备时子公司要为母公司承担连带责任？

第二节　股东与股权

实验一：股东权利的司法救济

一、实验目标

了解股东享有哪些权利；重点掌握股东权利受侵害后的救济方式。

二、实验要求

将分散于公司法各章节的股东权利总结归类，通过案例分析了解股东权利救济的实务操作。

三、实验原理

（一）股东权利的概念

股东权利，简称股权，指股东基于其股东身份和地位而享有从公司获取经济利益并参与公司经营管理的权利。其中，参与公司经营管理又包括对公司事务的重大决策权和管理者的选举权两项权利。股权有如下特征：（1）内容上具有获取经济利益和公司经营管理的两重性。又称为自益权与共益权。（2）公司股东按投入公司的资本额享有股权，体现了公司法上的一条重要原则——

股权平等原则。

（二）股东权利的种类①

1. 股利分配请求权。指股东基于其股东地位和资格所享有的向公司请求对自己分配股利的权利。分配股利的前提是公司经营产生利润。然而，即使有利润，也必须弥补公司亏损、依法提取公积金之后才能向股东分配股利。至于是否依照实缴出资比例或持股比例进行分配可以由全体股东约定或者公司章程规定。

2. 剩余财产分配请求权。指股东在公司清算时，就公司的剩余财产所享有的请求分配的权利。此项权利劣后于债权人对公司财产的分配请求权，即该权利的行使必须以公司向全体债权人清偿债务之后尚有剩余财产为前提。

3. 优先认购权。指有限责任公司新增资本时，在同等条件下，股东有权优先按照出资比例认缴出资；股份有限公司发行新股时，原有股东有优先于一般人按照自己原有持股比例认购新股的权利。此权利是一种期待权，同时也是一种选择权，股东有行使或放弃的自由。

4. 表决权。指股东就股东会议的议案的表决权，分为参与重大决策的表决权和对管理者的选择权。原则上，股东表决权不能被剥夺。但是，公司若发行无表决权股份时则为例外。原则上，股东表决权亦不受限制。但是，公司持有的自己的股份，没有表决权；相互持股的公司，各自的表决权行使应限定在一定比例范围内。法律还在许多具体事项上规定了"表决权排除"制度。原则上，股东表决权不得与股份分离而转让。但是，在表决权信托、表决权代理、股份寄托的情形下，表决权均可由股东以外的人行使。

5. 知情权。指公司股东了解公司信息的权利。从实质上看，该种权利主要包括股东了解公司经营状况、财务状况以及其他与股东利益存在密切关系的公司情况；从形式上看，主要表现为公司股东查阅公司一系列文档，包括公司章程、三会（股东会会议、董事会会议、监事会会议）记录、公司财务会计报告以及股东名册、公司债券存根等。股东知情权不仅指单纯地了解公司有关信息的权利，而且包含着对公司进行检查监督的权利，如对公司提出建议或者质询。然而，为了维护公司正常业务运营，也应对股东知情权作出如下限制：（1）对查阅文档进行区分，有些文件，任何股东都可以查阅，无须证明其目的的适当性；但有些文档，例如董事会会议记录、股东名册、会计账簿等，股

---

① 参见施天涛：《公司法论》，法律出版社 2006 年版，第 244~253 页。

东知情权的行使则需要有"正当目的"。（2）股东的持股期限或者持股比例应达到一定要求。

6. 诉讼权。诉讼权在本节不作重点，将在本章第四节"公司治理结构"中设计实验着重分析。

分实验（一）：股利分配请求权的司法救济

一、实验材料

（一）案例材料

某 A 粮食储运公司诉某丙南方啤酒原料有限公司给付股利案①

1995 年，原告与案外人某粮油进出口公司（以下简称粮油公司）、中国某甲储运贸易公司（以下简称某甲公司）、某乙轻工业股份有限公司（以下简称轻工公司）共同投资成立了某丙南方啤酒原料有限公司。公司章程约定全体股东认缴出资总额为 6600 万元。原告认缴 1650 万元，占出资总额 25%……被告税后利润依照当时法律与国家政策留存法定公积金若干、法定公益金若干，其余的按股东实际出资比例分配。

1995 年 8 月至 1996 年 1 月，原告共出资 1650 万元，被告先后向原告支付三张收据。1997 年 3 月 18 日，被告向原告出具一张盖有公章，并由原告、粮油公司、某甲公司、轻工公司四股东认可的被告公司 1996 年的利润分配方案，确认原告可分利润 719373.69 元。1997 年 7 月 28 日，被告向各股东出具了关于被告公司 1996 年利润暂缓兑现的情况说明，写明：因各啤酒厂拖欠资金，使被告无法及时回笼贷款、对 1996 年各股东利润等无法及时兑现，一旦拖欠资金到位后，立即付清各股东单位的红利。但被告至 1999 年仍未给付原告股利款。1999 年原告诉至人民法院，请求判令被告给付 1996 年的利润 719373.69 元及利息。

庭审过程中，被告辩称原告的诉讼请求已超过诉讼时效，而且原告的诉讼请求应由被告董事会或股东大会决定，且被告在 1997 年、1998 年度亏损，被告的法定公积金不足弥补，应先用当年利润弥补亏损。

---

① 案例来源于最高人民法院中国应用法学研究所编：《人民法院案例选》，2002 年第 3 辑（总第 41 辑）。转引自赵旭东主编：《新公司法案例解读》，人民法院出版社 2005 年版，第 85 页。

（二）法条材料

《公司法》第 35 条【有限责任公司股东股利分配请求权】：股东按照实缴的出资比例分取红利……但是，全体股东约定不按照出资比例分取红利……的除外。

《公司法》第 167 条【股份有限公司股东股利分配请求权】：……公司弥补亏损和提取公积金所余税后利润……股份有限公司按照股东持有的股份比例分配，但股份有限公司章程规定不按持股比例分配的除外……

二、实验过程

本案的争议焦点是：原告能否请求被告分配股利，以及原告能否诉请被告分配股利。

步骤一：某 A 粮食储运公司可否请求某丙南方啤酒原料有限公司对其分配利润？

原告某 A 粮食储运公司足额完成出资义务，依法享有股权，享有股利分配请求权。除了第 35 条，《公司法》第 4 条对股东权利作出了总括性规定，其中亦明确赋予股东"依法享有资产收益"的权利。本案中，被告章程规定了股东按照实际出资比例分配红利。根据法律和公司章程的规定，原告已如约实际出资，应当享有资产收益权，得按照实际出资比例分配红利。

被告的辩称是不成立的。首先在诉讼时效的问题上，被告于 1997 年 7 月 28 日向各股东出具关于被告公司 1996 年利润暂缓兑现的情况，正说明原告的诉请并未罹于诉讼时效。其次在程序问题上，分配股利这一事件早在 1997 年由被告公司股东会确认，不存在应由"被告董事会或股东大会决定"的情况。1997 年 3 月 18 日，被告向原告出具一张盖有公章，并有四家股东认可的被告公司 1996 年的利润分配方案，确认原告可分利润 719373. 69 元，正说明了这一事实。最后，被告也不能以 1997 年、1998 年度亏损，法定公积金不足弥补，应先由 1996 年利润弥补进行抗辩。《公司法》第 167 条规定："公司分配当年税后利润时，应当提取利润的 10% 列入公司法定公积金……公司的法定公积金不足以弥补以前年度亏损的，在依照前款规定提取法定公积金之前，应当先用当年的利润弥补亏损……"可见，用来弥补以前年度亏损的，是"当年"的利润，而非以往年份的利润。后者既已被分配，虽未实际给付，但已经为股东债权。可见已分配利润已不属于公司积极财产的范畴，当然不能用来弥补以后的亏损。因此，原告无论依法律还是章程，都有对这部分利润的请求权。

步骤二：某 A 粮食储运公司可否诉请某丙南方啤酒原料有限公司对其分配利润？

虽然公司法给予公司分配红利极大的自治空间。但是，股东受益权对于股东毕竟是至关重要的，因此，公司法有必要以直接法定的形式加以保障。除非例外，不得剥夺。违反此规定会对股东的自身利益造成侵害，股东当然有权以自己的名义提起诉讼。即使是由公司章程规定红利分配方法，也是经过法律确认的。尽管法律同时也规定了股份回购请求权来保障股东权利，但是那毕竟是一种消极的保护，股东利益其实仍然受损了。因此，在当事人自治不存在争议的情况下，法律应当尽量不干预一公司的分配政策。但是一旦产生纠纷，法律就要进行干预，赋予股东诉权。因此，被告认为原告没有诉权是没有根据的。

分实验（二）：股东优先认购权的司法救济

一、实验材料

（一）案例材料

某甲股份有限公司股东优先认购权纠纷案①

某甲股份有限公司成立于 1994 年，其大股东为 A 公司，但 A 公司只持有公司 20% 的股份，第二大股东为 B 公司，第三大股东为 C 公司，持股比例分别为 15% 和 10%。该公司于成立四年后在上海交易所上市。某甲公司于上市次年 6 月 27 日决定增发新股，股东大会就新股种类及数额、新股发行价格、新股发行的起止日期、向原有股东发行新股的种类及数额等事项作出决议。B 公司与 C 公司合谋计划夺取 A 公司对公司的控制权。在 B 公司与 C 公司的联合操纵下，股东大会决议规定，公司增发新股 100 万股，其中 A 公司按其持股比例的 1% 享有新股优先认购权，B 公司和 C 公司按其持股比例的 2% 享有新股优先认购权，优先认购股票的价格为正常价格的 80%。最后 B 公司顺利以低价取得某甲公司控制权，并改组公司董事会，实际控制了该公司，并通过对公司董事会的控制阻挠 A 公司主张自己的新股优先认购权，使 A 公司丧失对公司的控制权。A 公司以

---

① 案例来源于钱卫清：《公司诉讼司法救济方式》，人民法院出版社 2006 年版，第 51 页。

自己的名义向法院提起诉讼，以其优先认购权受到侵犯为由，请求法院判决股东大会决议无效，并请求 B 公司和 C 公司承担侵权责任。

（二）法条材料

《公司法》第 35 条【有限责任公司股东优先认购权】：……公司新增资本时，股东有权优先按照实缴的出资比例认缴出资。但是，全体股东约定……不按照出资比例优先认缴出资的除外。

《公司法》第 134 条【股份有限公司股东优先认购权】：公司发行新股，股东大会应当对下列事项作出决议：……（四）向原有股东发行新股的种类及数额。

二、实验过程

本案的重点在于：以股东决议的形式限制某股东的优先认购权是否构成对他人权利的侵犯。

步骤一：股东大会是否有权力作出决议限制原有股东不按照持股比例行使优先认购权？

根据《公司法》第 134 条第 4 项，股东大会有权力作出这样的决议。而且，我国公司法并未规定股份公司原有股东享有依照持股比例行使优先认购权的一般性规定。可见，其认为该问题完全由公司股东大会决定，赋予股份公司以极大的意思自治。这样的规定对小股东是非常不利的。值得注意的是，尽管法律没有对优先认购权的行使条件作出强制性规定，但并不代表这项权利为法律所否认。如果一决议显失公平，明显将他人权利非法剥夺，那么这项决议就有可能被撤销而失去效力。

步骤二：某甲公司股东大会的决议可否被撤销？

股东大会的决议本身应合法，方可拘束公司及其股东。如果该决议有瑕疵，则不可谓合法，而会面临被撤销或被宣告无效的命运。根据《公司法》第 22 条第 2 款：股东会或者股东大会、董事会的会议召集程序、表决方式违反法律、行政法规或者公司章程，或者决议内容违反公司章程的，股东可以自决议作出之日起 60 日，请求人民法院撤销。

在本案中，A 公司能否胜诉的关键是某甲公司的章程中有没有对各股东的优先认购权作出安排。如果有，而且该股东大会决议与其相违背，则可撤销决议。如果没有，则该决议继续有效。A 公司就此失去对公司的控制权。

股份有限公司的股东优先认购权显著弱于有限责任公司，这是因为后者人合性较强，其经营需要股东之间相互信赖，所以，当新股东加入公司时，需要征得全部股东的同意。而优先认购权正是保证了股东的同意权。而对于股份有限公司，人合性体现得不甚明显，股东需要优先购买权是为了保证其控制权不被稀释。然而，如果该公司的股份是自由流通的，原有股东完全可以透过正常的市场交易来获取股票，保持自己的控制力。因此，大多数国家法律都把是否给予股东优先购买权的决定权留给了公司。

因此，A公司胜诉必须寄望于某甲公司的章程作出了与决议相反的规定。

分实验（三）：表决权、知情权的司法救济

一、实验材料

（一）案例材料

A公司诉B公司侵害股东权利案①

1999年底，为开发建设位于北京市朝阳区花家地的"精英家园"项目，A公司与北京C公司共同出资设立B公司，B公司注册资本1000万元，其中C公司出资510万元，占注册资本的51%；A公司出资490万元，占注册资本的49%。B公司成立后，C公司凭借其股权优势控制了董事会，并通过董事会聘用总经理、监事及财务人员等，完全控制了B公司。在C公司的控制下，B公司自成立以来从不按照章程的规定定期召开股东会会议，致使A公司在股东会会议的表决权受到侵害，长期无法参加公司的决策和管理；且B公司从不按照章程的规定，向A公司送交年度财务会计报告，致使A公司无法了解公司的经营状况；同时B公司一直不向A公司分配公司盈余。A公司认为，根据公司法，B公司的行为严重侵害了其股东表决权、知情权、股利分配权。A公司多次提出异议，B公司均不予纠正。前者只能诉至法院。

（二）法条材料

《公司法》第43条【有限责任公司股东表决权】：股东会会议股东按照出

---

① 案例来源于钱卫清：《公司诉讼司法救济方式》，人民法院出版社2006年版，第61页。

资比例行使表决权；但是，公司章程另有规定的除外。

《公司法》第 104 条【股份有限公司股东表决权】：股东出席股东大会会议，所持每一股份有一表决权。但是，公司持有的本公司股份没有表决权……

《公司法》第 107 条【股东表决权代理】：股东可以委托出席股东大会会议，代理人应当向公司提交股权委托书，并在授权范围内行使表决权。

《公司法》第 34 条【有限责任公司股东知情权】：股东有权查阅、复制公司章程、股东会会议记录、董事会会议决议、监事会会议决议和财务会计报告。

股东可以要求查阅公司会计账簿。股东要求查阅公司会计账簿的，应当向公司提出书面请求，说明目的。公司有合理根据认为股东查阅会计账簿有不正当目的，可能损害公司合法利益的，可以拒绝提供查阅，并应当自股东提出书面请求之日起 15 日内书面答复股东并说明理由。公司拒绝提供查阅的，股东可以请求人民法院要求公司提供查阅。

《公司法》第 98 条【股份有限公司股东知情权】：股东有权查阅公司章程、股东名册、公司债券存根、股东大会会议记录、董事会会议决议、监事会会议决议、财务会计报告，对公司的经营提出建议或者质询。

《公司法》第 166 条【公司财务会计报告的披露义务】：有限责任公司应当按照公司章程规定的期限将财务会计报告送交各股东。

股份有限公司的财务会计报告应当在召开股东大会年会的 20 日前置备于本公司，供股东查阅；公开发行股票的股份有限公司必须公告其财务会计报告。

二、实验过程

关于股利分配请求权在之前的分实验中已经讨论过，此处不再赘述。本案重点分析 B 公司是否侵害了 A 公司的表决权和知情权。

步骤一：B 公司是否侵害了 A 公司的表决权？

A 公司诉称，在 C 公司的控制下，B 公司自成立以来从不按照章程的规定定期召开股东会会议，致使 A 公司在股东会会议的表决权受到侵害，长期无法参加公司的决策和管理。这并不构成对其表决权的侵害。B 公司不召开定期股东会会议的行为确有不当，这是违反公司章程的行为，但是公司法规定了自力救济方式。该法第 41 条规定，董事会或者执行董事不能履行或者不履行召集股东会会议职责的，由监事会或者不设监事会的公司的监事召集和主持；监事会或者监事不召集和主持的，代表 1/10 以上表决权的股东可以自行召集和主持。可见，若 A 公司股东认为自己无法参加公司的决策和管理，完全可以援引该条，自行召集和主持股东会会议。

表决权的侵害通常表现在股东会会议或者股东大会召开期间，非法限制、剥夺他人对某项特定事务的决策投票的权利。而本案中，既没有股东会会议的召开，也并非对特定事务决策的限制。因此，原告诉称被告侵害表决权并不恰当。更何况，公司法规定的自力救济措施 A 公司并未用尽。

步骤二：B 公司是否侵害了 A 公司的知情权？

B 公司未能按照公司章程的规定向其股东 A 公司履行送交年度财务会计报告的义务，A 公司有权依照法律及公司章程的规定向 B 公司主张知情权，故 A 公司认为 B 公司侵犯其知情权的诉讼请求应予支持。

A 公司以 B 公司为被告起诉是适当的。根据《公司法》第 166 条，承担向股东履行相关信息报告和披露义务的主体是公司，而不是公司其他股东、董事、监事或高级管理人员。即使在公司大股东操纵下，公司其他股东、董事、监事或高级管理人员拒绝履行相关义务，导致股东知情权受到伤害，也应当由公司承担责任。司法实践中，股东以公司其他股东、董事、监事或高级管理人员为被告提起知情权诉讼的，法院不受理。已经受理的，应当裁定驳回起诉。

三、拓展思考

股东因其股东权利被侵害而提起的诉讼应当以谁的名义提出？这种诉讼与股东派生诉讼有什么区别？

四、课后训练

1. 股东权利的基础是股东资格。股东资格取得应当如何认定？

2. 存在出资瑕疵的股东是否可对公司行使上述股东权利？

3. 公司股东退出公司后，又以公司在其股东资格存续期间，对其隐瞒真实经营情况为由，诉请对公司行使知情权。公司原股东是否具备提起知情权诉讼的主体资格？

实验二：股东义务违反的司法救济

一、实验目标

掌握公司股东需承担哪些义务；这些义务违反会产生何种后果；公司、其他股东和债权人可以提出怎样的救济。

二、实验要求

通过案例分析了解公司、其他股东以及债权人权利救济的实务操作。

三、实验原理

股东的义务，是指股东基于股东资格而对公司所承担的作为或不作为的义务。① 作为公司的股东，应当根据出资协议、公司章程和法律、行政法规的规定，履行相应的义务，包括：出资义务，参加股东会议的义务，不干涉公司正常经营的义务等。我国公司法对控股股东的特别义务也作出了规定，如控股股东不得滥用其地位损害公司和其他股东的利益；不得利用其关联关系损害公司利益等。

而股东的最主要义务则是出资义务，即公司股东必须按照其认缴的出资额或者认购的股份真实出资，并且保证其出资的真实性、及时性。股东出资对公司而言具有重要意义。首先，它是公司成立的基础，也是公司得以存续和正常运作的基本物质条件。营利性公司总是为一定目的的事业而设立的，而要实现公司目的，就不能离开资本。其次，公司作为资本企业，资本信用就是公司的生存之本。公司作为独立法人，是以其自有资本对外承担责任的。只有公司资本（确切地说，应该是公司净资产）才是公司债务的担保。②

四、实验材料

案例材料

案例1：林某虚假出资案③

林某，原系浙江省温州市某复合材料有限公司（以下简称复合材料公司）法定代表人。1997年9月，林某与原万县市某塑胶有限公司（以下简称塑胶公司）达成兼并意向协议。该协议规定，复合材料公司应对

---

① 参见冯果：《公司法》，武汉大学出版社2007年版，第143页。
② 参见朱慈蕴：《法定最低资本额制度与公司资本充实》，载《法商研究》2004年第1期。
③ 案例来源于《人民法院报》2001年3月29日。

新企业注入 250 万元资金后协议才生效。为达到兼并塑胶公司的目的，1998 年 3 月 9 日，林某代表复合材料公司在与某乡镇企业发展基金有限公司（以下简称基金公司）签订 250 万元的"借款合同"后，基金公司提供给林某一张户名为复合材料公司的基金筹集凭证。林某凭此凭证单据的复印件蒙骗了有关领导和塑胶公司的职工，正式兼并了塑胶公司。之后，林某又编造了复合材料公司应出资 95 万元的公司章程等资料，从而坐上了兼并后的新企业——某甲复合材料有限公司法定代表人的位置。

林某虚假出资案，在重庆市万州区人民法院审结。法院审理认为，林某不按规定交付货币资金而用 250 万元的虚假借款出资的行为，违反了公司法的规定，其行为已构成了虚假出资罪。

案例 2：B 公司抽逃出资案

1999 年底，某市 A 公司、B 公司与 C 公司三方经协商各自出资 10 万元、85 万元、5 万元，申请注册成立 D 公司。2000 年 3 月，D 公司经核准成立，并经协商决定由 B 公司派代表黄某任 D 公司法定代表人。D 公司成立后，B 公司掌握了 D 公司的管理权后，分别于 2000 年 1 月 18 日、3 月 21 日通过黄某等人将其投入 D 公司的 85 万元资金抽走。经 D 公司多次催告，B 公司仍未重新注资。B 公司及黄某的不当行为，损害了 D 公司与其他股东的利益。由于 B 公司通过黄某等掌握了 D 公司的公章及执照等，A 公司于 2002 年 2 月 21 日以自己名义将 B 公司列为被告，向法院提起诉讼，请求法院判令：B 公司立即将抽逃的注册资金 85 万元退回 D 公司。

五、实验过程

股东出资是股东的基本义务，也是公司资本制度的构成基础，为保证公司股东出资的真实性，我国《公司法》对股东出资义务的履行作出了严格的规定，如：对股东出资义务的要求包括非货币出资的评估作价规定、按期足额缴纳出资的规定、缴纳出资方式的规定以及违反出资义务的规定等。然而，股东瑕疵出资纠纷是我国公司法司法实践中最为常见的案件类型之一，其中涉及诸多法律问题。

步骤一：股东瑕疵出资行为的类型。

目前，我国学术界、司法界对出资瑕疵的定义与类型认识不一。有学者认为，出资瑕疵主要表现为：股东未出资、未足额出资、未适当出资和抽逃出资等违反公司法关于股东出资义务的情形。基本上可归纳为虚假出资和抽逃出资两类。[①] 虚假出资是指股东表面上出资而实际未出资，其本质是股东未支付相应对价而取得公司股权。有的学者则认为，瑕疵出资应当区分为瑕疵股东与虚假股东。瑕疵股东是指用以出资的财产或财产权利本身存在瑕疵，或出资行为有瑕疵的出资者。出资瑕疵主要有三种：其一是评估不实；其二是虚假出资，即公司的发起人在出资过程中未交付货币、实物或未转移财产所有权，表面上出资而实际未出资的情形；其三是抽逃出资。而虚假股东是指实际上并不具备出资者地位而在工商登记等形式上具有股东名义者，包括被冒名股东、挂名股东以及其他虚假出资者。[②]

也有学者认为，应当根据股东违反出资义务内容的不同，将出资瑕疵区分为不履行与不适当履行。不履行是指股东根本未出资，进一步细分为拒绝出资、出资不能、虚假出资与抽逃出资，其中，拒绝出资是指股东在发起人协议成立且生效后拒绝按约定出资；出资不能是指因为股东个人财力原因或者非货币出资发生毁损灭失，而导致客观上不能履行出资义务；虚假出资是指宣称已经出资但事实上并未出资；抽逃出资是指在公司成立后，股东将其已经出资到公司名下的出资抽逃。而不适当履行则是指出资数额、出资时间、出资形式或手续不符合规定或约定，其典型形态包括不完全履行（部分履行）、迟延履行、出资物存在质量或权利瑕疵负担等。[③]

步骤二：出资瑕疵股东的民事责任。

首先，出资瑕疵股东应当对守约股东承担违约责任。根据我国《公司法》第 28 条的规定，股东应当按期足额缴纳公司章程中规定的各自所认缴的出资

---

① 参见李国光：《审理公司诉讼案件的若干问题（上）——贯彻实施修订后的公司法的司法思考》，载《人民法院报》2005 年 11 月 21 日。转引自李建伟：《公司诉讼专题研究》，中国政法大学出版社 2008 年版，第 220 页。

② 参见冯旭峰：《瑕疵股东与虚假股东的区分》，载赵旭东主编：《公司法评论》（第7 辑），人民法院出版社 2007 年版。转引自李建伟：《公司诉讼专题研究》，中国政法大学出版社 2008 年版，第 220~221 页。

③ 参见李建伟：《公司诉讼专题研究》，中国政法大学出版社 2008 年版，第 222~223 页。

额。股东以货币出资的，应当将货币出资足额存入有限责任公司在银行开设的账户；以非货币财产出资的，应当依法办理其财产权的转移手续。股东不按照前款规定缴纳出资的，除应当向公司足额缴纳外，还应当向已按期足额缴纳出资的股东承担违约责任。因此，出资瑕疵的股东应当对其他足额缴纳出资的股东承担违约责任，违约责任的方式包括：继续履行、采取补救措施、赔偿损失等。

其次，出资瑕疵股东应当对公司承担资本充实责任。对于有限责任公司而言，根据《公司法》第28条第1款和第31条之规定，股东不按公司章程规定按期足额缴纳出资的，要对公司负足额缴纳的责任；有限公司成立后，发现非货币出资财产的实际价额显著低于章程所定价额的，由交付该出资的股东承担"补足其差额"的责任，其他发起人股东对此承担连带责任。对于股份有限公司而言，根据《公司法》第94条的规定，依出资方式的不同，对瑕疵出资的发起人责任应予以区分，即对于未缴足的货币出资或未交付的非货币出资，发起人承担"补缴"责任，其他发起人承担连带责任；对于非货币出资，其实际价额显著低于公司章程所定价额的，该发起人承担差额填补责任，其他发起人承担连带责任。

步骤三：出资瑕疵股东的行政、刑事责任。

瑕疵出资股东不仅应承担民事责任，还应当承担行政、刑事责任。根据《公司法》第200条、第201条的规定，公司的发起人、股东虚假出资，未交付或者未按期交付作为出资的货币或者非货币财产的，由公司登记机关责令改正，处以虚假出资金额5%以上15%以下的罚款。公司的发起人、股东在公司成立后，抽逃其出资的，由公司登记机关责令改正，处以所抽逃出资金额5%以上15%以下的罚款。如果行为情节严重，构成犯罪，将受到刑法规制，承担相应的刑事责任。

六、拓展思考

新公司法对股东的出资形式作出重大修订，请找出新旧公司法对此问题的不同立法主张，并思考这些修订是怎样体现当今公司法的发展趋势的。

七、课后训练

1. 司法实践中应如何认定股东是否履行出资义务？
2. 股东虚假出资应承担哪些民事责任？

实验三：股权转让合同模拟

一、实验目标

熟悉股权转让的限制、强制执行的股权转让、异议股东的股权回购请求权等基本原理；能够草拟有限责任公司股权转让协议。

二、实验要求

明确公司法在此问题上对有限责任公司与股份有限公司所作出的不同规定，结合合同条款的设计体会这种不同的实质，熟悉股权转让合同中不同条款的功能。

三、实验原理

（一）股权转让的法定限制

1. 转让场所限制。《公司法》第 139 条规定，股东转让其股份，应当在依法设立的证券交易场所进行或者按照国务院规定的其他方式进行。

2. 转让方式法定。《公司法》第 140 条规定，记名股票，由股东以背书方式或者法律、行政法规规定的其他方式转让。无记名股票，由股东将该股票交付给受让人后即发生转让的效力。

3. 特定人的股份转让受到限制。

（1）有限责任公司股东向股东以外的人转让股权的限制。《公司法》第 72 条规定，股东向股东以外的人转让股权，应当经其他股东过半数同意。股东应就其股权转让事项书面通知其他股东征求同意，其他股东自接到书面通知之日起满 30 日未答复的，视为同意转让。其他股东半数以上不同意转让的，不同意的股东应当购买该转让的股权；不购买的，视为同意转让。经股东同意转让的股份，在同等条件下，其他股东有优先购买权。两个以上股东主张行使优先购买权的，协商确定各自的购买比例；协商不成的，按照转让时各自的出资比例行使优先购买权。公司章程对股权转让另有规定的，从其规定。

（2）发起人股份转让的限制。《公司法》第 142 条第 1 款规定，发起人持有的本公司股份，自公司成立之日起 1 年内不得转让。

（3）董事、监事和高级管理人员转让股份的限制。《公司法》第 142 条第 2 款规定，公司董事、监事、高级管理人员应当向公司申报所持有的本公司的股份及其变动情况，在任职期间每年转让的股份不得超过其所持有的本公司股份总数的 25%；所持本公司股份自公司股票上市交易之日起 1 年内不得转让。上述人员离职后半年内，不得转让其所持有的本公司股份。公司章程亦可作出其他限制性规定。

(4) 公司收购自己股份的限制。《公司法》第 143 条规定，公司不得收购本公司股份。但是有以下情形之一者除外：①减少公司注册资本；②与持有本公司的其他公司合并；③将股份奖励给本公司职工；④股东因对股东大会作出的公司合并、分立决议持异议，要求公司收购其股份的。属于第①项情形的，应当自收购之日起 10 日内注销；属于第②、④项情形的，应当在 6 个月内转让或者注销。公司依照第③项规定收购的本公司股份，不得超过本公司已发行股份总额的 5%；用于收购的资金应当从公司税后利润中支出；所收购的股份应当在 1 年内转让给职工。

(二) 强制执行下的股权转让

根据《公司法》第 73 条的规定，人民法院依照法律规定的强制执行程序转让股东的股权时，应当通知公司及全体股东，其他股东在同等条件下有优先购买权。其他股东自人民法院通知之日起满 20 日不行使优先购买权的，视为放弃优先购买权。

(三) 异议股东的股权回购请求权

总体而言，因为有限责任公司封闭性较强，股份流通较不自由，因此法律规定的有限责任公司股东得请求股权回购的事由比股份有限公司股东显著为多。

关于有限责任公司股东的股权回购请求权，我国《公司法》第 75 条规定，有下列情形之一的，对股东会该项投反对票的股东可以请求公司按照合理的价格收购股权：(1) 公司连续 5 年不向股东分配利润，而公司该 5 年连续盈利，并且符合本法规定的分配利润条件的；(2) 公司合并、分立、转让主要财产的；(3) 公司章程规定的营业期限届满或者章程规定的其他解散事由出现，股东会会议通过决议修改章程使公司存续的。自股东会会议决议通过之日起 60 日内，股东与公司不能达成股权收购协议的，股东可以自股东会会议决议通过之日起 90 日内向人民法院提起诉讼。

关于股份有限公司股东的股权回购请求权，我国《公司法》第 92 条规定，发起人、认股人缴纳股款或者交付抵做股款的出资后，发生未按期募足股份、发起人未按期召开创立大会或者创立大会决议不设立公司的情形，可以请求抽回资本。同时，《公司法》第 143 条第 1 款第 4 项规定，股东因对股东大会作出的公司合并、分立决议持异议，可以要求公司收购其股份。

四、实验材料

合同范本

股权转让合同范本

股权转让合同（有限责任公司）①

本股权转让合同由以下双方在友好协商、平等、自愿、互利互惠的基础，于_____年_____月_____日在_____签署。

合同双方：_____

出让方：_____

注册地址：_____

法定代表人：_____职务：_____

受让方：_____

注册地址：_____

法定代表人：_____职务：_____

鉴于：_____

1._____公司是一家于_____年_____月_____日在_____合法注册成立并有效存续的有限责任公司（以下简称"_____"）注册号为：_____

法定地址：_____

经营范围：_____

法定代表人：_____

注册资本：_____

2. 出让方在签订合同之日为_____的合法股东，其出资_____元，占_____注册资本总额的_____%。

3. 现出让方与受让方经友好协商，在平等、自愿、互利互惠的基础上，一致同意出让方将其所拥有的_____的_____%的股份转让给受让方，而签署本《股权转让合同》。

定义：

_____

① 参见张杰斌、陈鸣、周莹编著：《企业产权交易法律实务》，法律出版社2007年版，第302~309页。

除法律以及本合同另有规定或约定外，本合同词语及名称的定义及含义依下列解释为准：【略】

第一章　股权的转让

1.1　合同标的

出让方将其所持有的_____公司_____%的股权转让给受让方。

1.2　转让基准日

本次股权转让基准日为_____年_____月_____日。

1.3　转让价款

本合同标的转让总价款为_____元（大写：_____整）。

1.4　股款期限

自本合同生效之日起_____日内，受让方应向出让方支付全部转让价款。出让方应在收到受让方支付的全部款项后_____个工作日内向受让方开具发票，并将该发票送达受让方。

第二章　声明和保证

2.1　出让方向受让方声明和保证：

2.1.1　【有处分权的保证，略】

2.1.2　【签署合同之前未向第三方处分的保证，略】

2.1.3　【签署合同之后不会向第三方处分的保证，略】

2.1.4　【不因出让方原因或第三方原因而依法受到限制的保证，略】

2.1.5　【已经征得其他股东同意的保证、积极协助受让方办理合同标的转让的手续的保证、向受让方提供公司全部材料的保证，略】

2.1.6　【政府许可、批准、授权持续有效性的保证，略】

2.2　受让方向出让方的声明和保证：

2.2.1　【在办理股权变更登记之前符合法律规定的受让合同标的的条件的保证，略】

2.2.2　【有足够的资金能力收购合同标的的保证，略】

第三章　双方的权利和义务

3.1　自本合同生效之日起，出让方丧失其对_____的_____%的股权，对该部分股权，出让方不再享有任何权利，也不再承担任何义务；受让方根据有关法律及_____章程的规定，按照其所受让的股权比例享有权利，并承担相应的义务。

3.2　本合同签署之日起_____日内，出让方应负责组织召开_____股东会、董事会，保证股东会批准本次股权转让，并就_____章程的修改签署有关协议或制定修正案。

3.3 本合同生效之日起_____日内，出让方应与受让方共同完成_____股东会、董事会的改组，并完成股权转让的全部法律文件。

3.4 在按照本合同第3.3条约定完成本次股权转让的全部法律文件之日起_____日内，出让方应协助受让方按照法律、法规及时向有关机关办理变更登记。

3.5 _____所负债务以_____会计师事务所于_____年_____月_____日出具的审计报告（附件1）为准。如有负债，则由出让方自行承担偿还责任。受让方对此不承担任何责任，出让方亦不得以_____资产承担偿还责任。

3.6 出让方应在本协议签署之日起_____日内，负责将本次股权转让基准日前_____资产负债表（附件2）中所反映的全部应收债权收回公司。

第四章 保密条款【略】
第五章 合同生效日

5.1 下列条件全部成就之日方为本合同的生效之日：

5.1.1 本合同经双方签署后，自本合同文首所载日期，本合同即成立。

5.1.2 出让方应完成本合同所约定的出让方应当在合同生效日前完成的事项。

受让方应完成本合同所约定的受让方应当在合同生效日前完成的事项。

股东会批准本次股权转让。

出让方按本协议第3.6条约定在本次股权转让基准日前_____资产负债表中所反映的全部应收债权收回公司。

第六章 不可抗力【略】
第七章 违约责任

7.1 任何一方因违反本合同项下作出的声明、保证及其他义务的，应承担违约责任，造成对方经济损失的，还应承担赔偿责任。此赔偿责任应包括对方因此遭受的全部经济损失（包括但不限于对方因此支付的全部诉讼费用、律师费）。

7.2 如出让方违反本合同之任何一项义务、声明和保证，须向受让方支付违约金，违约金为转让价款的＿＿＿＿＿＿%。如果导致受让方无法受让合同标的，则出让方应向受让方退还已支付的所有款项，并赔偿受让方由此遭受的一切直接和间接损失（包括但不限于受让方因此支付的全部诉讼费用和律师费）。

7.3　如受让方违反本合同之任何一项义务、声明和保证，须向出让方支付违约金，违约金为转让价款的＿＿＿＿＿＿%。如果造成出让方损失的，则受让方应向出让方赔偿出让方为此遭受的一切直接和间接损失（包括但不限于受让方因此支付的全部诉讼费用和律师费）。

7.4　若受让方在合同生效日之后非依法单方解除合同，则出让方有权要求受让方支付违约金，违约金为转让价款总额的＿＿＿＿＿＿%。若出让方在合同已生效之后非依法单方解除合同，则受让方有权要求出让方支付违约金，违约金为转让价款总额的＿＿＿＿＿＿%。

7.5　在本合同生效后＿＿＿＿＿＿个月内出让方未能协助受让方共同完成股权转让的全部法律手续（包括但不限于变更登记等），受让方有权解除本合同。合同解除后，出让方应向受让方退还已支付的所有款项，并赔偿受让方由此遭受的一切直接和间接损失（包括但不限于受让方因此支付的全部诉讼费用和律师费）。

7.6　根据本协议第3.5条的规定，＿＿＿＿＿＿＿＿＿＿＿所负债务以＿＿＿＿＿＿＿＿＿会计师事务所于＿＿＿＿＿＿＿年＿＿＿＿＿＿月＿＿＿＿＿＿日出具的审计报告为准。如有负债，则由出让方自行承担偿还责任。若债权人要求＿＿＿＿＿＿＿＿＿依法承担偿还责任且公司也已实际履行给付义务的，则出让方应在公司履行给付义务之日起＿＿＿＿＿＿日内，将全部款项支付给公司。若出让方在本条规定期限内不能将全部款项支付给公司，则双方同意由出让方就未支付部分按本次转让＿＿＿＿＿＿%股权的转让价格标准折算己方所持有的相应股权转让给受让方，出让方未支付部分款项由受让方向公司支付。

7.7　根据本协议第七章各条款的约定，出让方应向受让方支付违约金的，出让方应在收到受让方发出的支付通知之日起＿＿＿＿＿＿日内，按本协议第七章规定的违约金标准将全部违约金支付给受让方。若出让方未能在本条规定期限内将全部违约金支付给受让方，则双方同意由出让方就未支付的违约金按本次转让＿＿＿＿＿＿%股权的转让价格标准折算己方持有的＿＿＿＿＿＿＿＿＿＿公司的相应股权转让给受让方。

7.8　根据本协议第七章各条款的约定，受让方应向出让方支付违约金的，受让方应在收到出让方发出的支付通知之日起＿＿＿＿＿＿＿＿＿日内，按本协议第七章规定的违约金标准将全部违约金支付给出让方。若受让方未能在本条规定期限内将全部违约金支付给出让方，则双方同意由受让方就未支付的违约金按本次转让＿＿＿＿＿＿％股权的转让价格标准折算己方持有的＿＿＿＿＿＿公司的相应股权转让给出让方。

第八章　其他【略】

五、实验过程

步骤一：起草当事人条款。

当事人条款在于明确合同当事人的基本情况。先写转让方后写受让方，具体内容是：

1. 当事人双方的姓名或名称。同时应当用括号的形式注明双方简称。还可以用"甲方"代替转让方，用"乙方"代替受让方。

2. 法定代表人及其职务。

3. 法定住所。

4. 委托代理人及其职务。

5. 联系方式。

6. 开户银行及账号。

7. 双方的经纪机构及联系方式。或可在尾部标明有关的产权经纪人。

以上七项中，1～3 项是任何股权转让合同必须具备的内容，4～7 项可以视具体情况而定。

步骤二：起草"鉴于条款"。

"鉴于条款"（whereas），常用"鉴于……"语句，故得此名。它通常是用以说明双方当事人法律主体资格、股权转让背景、立约意愿和目的以及合同的标的的叙述性条款。一旦双方发生争议，"鉴于条款"对双方缔约目的以及具体条款的解释会起到一定的作用。一般而言，"鉴于条款"由以下部分组成：

1. 拟转让股权所属企业的基本情况。包括企业性质、成立时间以及工商注册号。

2. 转让方和受让方的基本情况。包括企业性质、工商注册号以及转让方持股数额。

3. 双方拟交易股权的意思表示。

4. 股权转让所依据的法律以及合同正文的引文。

此外，对某些概念的定义也属于"鉴于条款"的范畴，一般位于合同引文之后正文之前。可以对如股权、合同生效日、合同签署之日、注册资本、合同标的、法律、法规等概念作出解释。

步骤三：起草标的基本情况与价金条款。

首先，应当对转让标的的基本情况进行介绍，包括拟出让的股权占公司总资产的比例、股份数额、股权的性质以及转让标的上所设质权的情况。其次，应当载明价金条款。价金条款的主要内容是明确股权转让的成交价格以及交付时间和方式，如果条件具备，还应在总价款下列明总价款的构成及计算方式。支付时间可以由当事人自行约定。支付方式可以是即时支付、定期支付或分期支付。

步骤四：起草出让方、受让方的保证条款。

出让人应当声明并保证其所拥有的对拟转让股权合法有效的处分权，以及在合同签署前后影响股权行使的有关事项。这些内容旨在防止合同受让方由于信息不对称而可能受侵害。除了上述保证内容，很多情况下，受让人为了预防风险，往往要求出让人对公司的文件、会计账表、营业状况、资产清单与状况等情况作诚实、详细、真实的陈述。

受让人的义务即在于依照合同约定的时间和方式支付价款，因此，与转让保证条款相对应的，需要拟定受让人保证条款。

步骤五：起草过渡期条款。

过渡期条款包括但不限于以下内容：

1. 限制股权出让人继续利用股东身份从事与公司经营事务有关的活动，目的在于防止出让人在丧失股东身份之前非法获取利益，或采取恶意行为使公司资产价值减少。因此，可以在过渡条款中约定，出让方在此期间内，不得进行股利或红利的分派，不得将其公司资产、股权出售、转移、抵押，不得解聘专业管理人员和技术人员。此外，非经买方同意，不得与第三者从事任何对目标公司的营运或财务状况有损害的行为。

2. 双方约定对股权转让合同所涉及的一切资料和信息负有保密的义务。

步骤六：起草合同生效、保密、不可抗力条款。

步骤七：起草违约责任和合同解除条款。

违约责任形式通常有三种：约定定金、约定违约金与约定违约赔偿金。除了约定违约形式以外，还应当结合股权转让的特殊性质对可能出现的违约形态作出约定，这种约定可采取列举式和概括式相结合的方式。同样，合同解除条款也应当结合股权转让的特殊性来设计。详情参照实验材料。

步骤八：起草其他条款。

其他条款包括：

1. 合同的修改。一般而言对合同的修改应当以书面的形式由双方签署确定。

2. 通知条款。即有关合同中所涉及的通知的送达方式。

3. 可分割性条款。即约定若合同中的部分条款被仲裁机构或法院认定无效，其他条款的效力不受影响，仍为有效。

4. 费用承担条款。

5. 争议解决条款。

6. 结束语："本合同一式_____份，双方各持_____份，存档_____份，交有关机关备案一份，均具有同等法律效力。"

7. 合同当事人双方（法定代表人）签字盖章以及合同的签订时间。

六、拓展思考

有限责任公司出资的转让需要经半数以上股东的同意；而股份有限公司股份的转让则不需要这一程序。试思考，造成这一区别的主要原因是什么？

七、课后训练

1. 股权转让合同无特别的成立生效要件，则受让方何时取得股东权？

2. 因股权转让导致一人公司，对该股权转让合同的效力如何认定？

3. 参考有关材料，尝试起草一份股份有限公司的股权转让合同。

第三节　公司章程

实验：公司章程起草模拟

一、实验目标

掌握公司章程的效力、事项；能够草拟有限责任公司的设立章程。

二、实验要求

通过实务运用，理解公司法第二章有限责任公司的设立和组织机构的相关规定及立法本意。

三、实验原理

（一）公司章程

公司章程是指对公司及其成员具有约束力的关于公司组织和行为的自治性规则。它是公司设立的必备要件，也是公司治理的重要依据。它具有契约和自治规章的两重性。公司章程的特点：要式性、法定性、真实性、公开性。

（二）公司章程的记载事项

公司章程的记载事项分为强制记载事项与任意记载事项。

1. 强制记载事项。我国《公司法》第 25 条规定有限责任公司章程应当载明的事项，包括：（1）公司名称和住所；（2）公司经营范围；（3）公司注册资本；（4）股东的姓名或者名称；（5）股东的出资方式、出资额和出资时间；（6）公司的机构及其产生办法、职权、议事规则。（7）公司法定代表人。（8）股东会会议认为需要规定的其他事项。股东应当在公司章程上签名、盖章。第 82 条规定了股份有限公司应当记载的事项，除了与第 25 条第（1）、（2）、（7）项重复的事项外，专属于股份有限公司的有：（1）公司的设立方式；（2）公司的股份总数、每股金额和注册资本；（3）发起人的姓名或者名称、认购的股份数、出资方式和出资时间；（4）董事会的组成、职权和议事规则；（5）监事会的组成、职权和议事规则；（6）公司利润分配方法；（7）公司的解散事由与清算办法；（8）公司的通告和公告办法。

2. 任意记载事项。公司股东在其章程中可以设置任意记载事项，只要这种任意记载事项不与强行法律或者公共政策相冲突。在我国公司法中，任意记载事项可以改变法律规定的例子比比皆是，包括公司法允许公司章程对股东会、董事会、监事会以及董事（包括董事长、副董事长、执行董事）、监事、经理的选举、职权或者任期等方面在法律规定之外另作规定。

（三）公司章程的效力①

1. 公司章程对公司的效力。公司章程是公司最基本的规范文件，是公司的行为准则，公司本身的行为当然受公司章程的约束。主要表现在：首先，公司依章程对股东负有义务。股东在其权益受到侵犯时可以对公司起诉以取得其应有的权益。其次，公司依章程对社会负有义务。公司章程视为公司对社会的承诺，公司有义务按照章程规定履行其所承诺的义务。

---

① 参见冯果：《公司法》，武汉大学出版社 2007 年版，第 93～95 页。

2. 公司章程对股东的效力。公司章程是股东集体意志的体现，对股东具有约束力，其主要表现为股东依章程规定享有权利和承担义务。首先，股东享有章程规定的权利，如出席股东会议、参与公司管理、请求利益分配等。这些权利一旦载入章程，任何人不得剥夺和侵犯。其次，股东也负有遵守章程的义务。如：按照章程缴纳出资、维护公司人格独立，不得随意干预公司经营，不得损害公司和其他股东利益等。

3. 公司章程对公司董事、监事、高级管理人员的效力。公司章程对公司的经营者，包括公司的董事、经理、监事，都具有法定的拘束力。无论是公司董事还是监事，其权利都来源于公司章程，所以他们在行使权利时，必须承担公司章程对他们权利行使所施加的义务，如果他们违反这些义务，则应对公司承担责任。

四、实验材料

文书样本

国家工商总局制作的有限责任公司章程样本

＿＿＿＿＿有限责任公司章程

为适应社会主义市场经济的要求，发展生产力，依据《中华人民共和国公司法》（以下简称《公司法》）及其他有关法律、行政法规的规定，由各方共同出资设立＿＿＿＿＿有限公司（以下简称"公司"），特制定本章程。

第一章　公司名称和住所

第一条　公司名称：＿＿＿＿＿有限公司

第二条　公司住所：北京市＿＿＿＿区＿＿＿＿路＿＿＿＿号＿＿＿＿室

第二章　公司经营范围

第三条　公司经营范围：种植、养殖；农副产品开发研究；房地产信息咨询、自有房屋出租。

第三章　公司注册资本

第四条　公司注册资本：人民币 50 万元。

公司增加或减少注册资本，必须召开股东会并由全体股东通过并作出决议。公司减少注册资本，还应当自作出决议之日起 10 日内通知债权人，并于 30 日内在报纸上至少公告 3 次。公司变更注册资本应依法向登记机关办理变更登记手续。

第四章 股东的名称、出资方式、出资额

第五条 股东的姓名、出资方式及出资额如下：

股东姓名 身份证号码 出资方式 资额

_____ _____货币 人民币 10 万元

_____ _____货币 人民币 10 万元

_____ _____货币 人民币 10 万元

_____ _____货币 人民币 10 万元

_____ _____货币 人民币 10 万元

第六条 公司成立后，应向股东签发出资证明书。

第五章 股东的权利和义务

第七条 股东享有如下权利：

（1）参加或推选代表参加股东会并根据其出资份额享有表决权；

（2）了解公司经营状况和财务状况；

（3）选举和被选举为执行董事或监事；

（4）依照法律、法规和公司章程的规定获取股利并转让；

（5）优先购买其他股东转让的出资；

（6）优先购买公司新增的注册资本；

（7）公司终止后，依法分得公司的剩余财产；

（8）有权查阅股东会会议记录和公司财务报告；

第八条 股东承担以下义务：

（1）遵守公司章程；

（2）按期缴纳所认缴的出资；

（3）依其所认缴的出资额承担公司的债务；

（4）在公司办理登记注册手续后，股东不得抽回投资。

第六章 股东转让出资的条件

第九条 股东之间可以相互转让其全部或者部分出资。

第十条 股东转让出资由股东会讨论通过。股东向股东以外的人转让其出资时，必须经全体股东一致同意；不同意转让的股东应当购买该转让的出资，如果不购买该转让的出资，视为同意转让。

第十一条 股东依法转让其出资后，由公司将受让人的名称、住所以及受让的出资额记载于股东名册。

第七章 公司的机构及其产生办法、职权、议事规则

第十二条 股东会由全体股东组成，是公司的权力机构，行使下列

职权：

（1）决定公司的经营方针和投资计划；

（2）选举和更换执行董事，决定有关执行董事的报酬事项；

（3）选举和更换由股东代表出任的监事，决定监事的报酬事项；

（4）审议批准执行董事的报告；

（5）审议批准监事的报告；

（6）审议批准公司的年度财务预算方案、决算方案；

（7）审议批准公司的利润分配方案和弥补亏损的方案；

（8）对公司增加或者减少注册资本作出决议；

（9）对股东向股东以外的人转让出资作出决议；

（10）对公司合并及分立、变更公司形式、解散和清算等事项作出决议；

（11）修改公司章程；

（12）聘任或解聘公司经理。

第十三条　股东会的首次会议由出资最多的股东召集和主持。

第十四条　股东会会议由股东按照出资比例行使表决权。

第十五条　股东会会议分为定期会议和临时会议，并应于会议召开15日以前通知全体股东。定期会议应每半年召开一次，临时会议由代表1/4以上表决权的股东或者监事提议方可召开。股东出席股东会议也可书面委托他人参加股东会议，行使委托书中载明的权利。

第十六条　股东会会议由执行董事召集并主持。执行董事因特殊原因不能履行职务时，由执行董事书面委托其他人召集并主持，被委托人全权履行执行董事的职权。

第十七条　股东会会议应对所议事项作出决议，决议应由全体股东表决通过，股东会应当对所议事项的决定作出会议纪录，出席会议的股东应当在会议记录上签名。

第十八条　公司不设董事会，设执行董事一人，执行董事为公司法定代表人，对公司股东会负责，由股东会选举产生。执行董事任期3年，任期届满，可连选连任。执行董事在任期届满前，股东会不得无故解除其职务。

第十九条　执行董事对股东会负责，行使下列职权：

（1）负责召集和主持股东会，检查股东会会议的落实情况，并向股东会报告工作；

（2）执行股东会决议；

（3）决定公司的经营计划和投资方案；

（4）制订公司的年度财务方案、决算方案；

（5）制订公司的利润分配方案和弥补亏损方案；

（6）制订公司增加或者减少注册资本的方案；

（7）拟订公司合并、分立、变更公司形式、解散的方案；

（8）决定公司内部管理机构的设置；

（9）提名公司经理人选，根据经理的提名，聘任或者解聘公司副经理、财务负责人，决定其报酬事项；

（10）制定公司的基本管理制度；

（11）代表公司签署有关文件；

（12）在发生战争、特大自然灾害等紧急情况下，对公司事务行使特别裁决权和处置权，但这类裁决权和处置权须符合公司利益，并在事后向股东会报告。

第二十条 公司设经理1名，由股东会聘任或解聘。经理对股东会负责，行使下列职权：

（1）主持公司的生产经营管理工作；

（2）组织实施公司年度经营计划和投资方案；

（3）拟定公司内部管理机构设置方案；

（4）拟定公司的基本管理制度；

（5）制定公司的具体规章；

（6）提请聘任或者解聘公司副经理，财务负责人；

（7）聘任或者解聘除应由执行董事聘任或者解聘以外的负责管理人员。

经理列席股东会会议。

第二十一条 公司设监事1人，由公司股东会选举产生。监事对股东会负责，监事任期每届3年，任期届满，可连选连任。

监事行使下列职权：

（1）检查公司财务；

（2）对执行董事、经理行使公司职务时违反法律、法规或者公司章程的行为进行监督；

（3）当执行董事、经理的行为损害公司的利益时，要求执行董事、经理予以纠正；

（4）提议召开临时股东会。

监事列席股东会会议。

第二十二条 公司执行董事、经理、财务负责人不得兼任公司监事。

第八章 财务、会计、利润分配及劳动用工制度

第二十三条 公司应当依照法律、行政法规和国务院财政主管部门的规定建立本公司的财务、会计制度，并应在每一会计年度终了时制作财务会计报告，并应于第二年三月三十一日前送交各股东。

第二十四条 公司利润分配按照公司法及有关法律、法规，国务院财政主管部门的规定执行。

第二十五条 劳动用工制度按国家法律、法规及国务院劳动部门的有关规定执行。

第九章 公司的解散事由与清算办法

第二十六条 公司的营业期限为 50 年，从《企业法人营业执照》签发之日起计算。

第二十七条 公司有下列情形之一的，可以解散：

（1）公司章程规定的营业期限届满或者公司章程规定的其他解散事由出现时；

（2）股东会决议解散；

（3）因公司合并或者分立需要解散的；

（4）公司违反法律、行政法规被依法责令关闭的；

（5）因不可抗力事件致使公司无法继续经营的；

（6）宣告破产。

第二十八条 公司解散时，应依公司法的规定成立清算组对公司进行清算。清算结束后，清算组应当制作清算报告，报股东会或者有关主管机关确认，并报送公司登记机关，申请注销公司登记，公告公司终止。

第十章 股东认为需要规定的其他事项

第二十九条 公司根据需要或涉及公司登记事项变更的可修改公司章程，修改后的公司章程不得与法律、法规相抵触，修改公司章程应由全体股东表决通过。修改后的公司章程应送原公司登记机关备案，涉及变更登记事项的，同时应向公司登记机关做变更登记。

第三十条 公司章程的解释权属于股东会。

第三十一条 公司登记事项以公司登记机关核定的为准。

第三十二条 公司章程条款如与国家法律、法规相抵触的，以国家法

律、法规为准。

第三十三条　本章程经各方出资人共同订立，自公司设立之日起生效。

第三十四条　本章程一式七份，公司留存一份，并报公司登记机关备案一份。

全体股东签字（盖章）：

_____年_____月_____日

五、实验过程

步骤一：公司章程自由与法律限制。①

公司章程自由的含义很广，一般而言，包含了股份公司的发起人和有限责任公司的股东所享有的制定、修改公司章程及决定其事项、内容的自由。公司章程对于公司的法定管理模式几乎都可以予以变更，而不允许通过公司章程变更的是：对公司章程修改的法定限制和股东的法定权限等。章程自由，是通过订立、修改等法律行为行使的，属于私法自治的范畴。公司章程自由主要包括：公司章程主体自由、订立公司章程的自由、决定章程形式的自由、决定章程事项的自由、决定章程事项内容的自由、章程修改的自由。

公司章程的自由，并非意味着只要股东完成了对公司章程外部的意思表示的事实构成，公司章程即为有效。公司章程也要受到一系列必要的、合目的的法律限制。首先，公司章程的自由只能在现行的政治及法律制度框架内得到实现。例如：买卖武器的营业条款是被禁止的，违反劳动法对弱者保护的条款会产生无效的法律后果。其次，公司章程不能违反公司法的强制性规范。公司章程对公司法的强制性规范予以明晰化、严格化，例如：《公司法》第 25 条对公司章程的强制记载事项作出规定，公司章程应遵循第 25 条的规定来制定公司章程，载明法律要求的事项。再次，公司章程的自由可能受到道德制度的约束。特别是宪法的基本价值可能包含在公司章程的条款之中，例如：违反善良风俗的条款应视为无效。

步骤二：公司章程的变更。

公司章程的变更是指对已经生效的公司章程予以修改。原则上公司章程所记载的事项，不论是绝对记载事项还是任意记载事项，只要确属必要，都可以

① 参见董慧凝：《公司章程自由及其法律限制》，法律出版社 2007 年版，第 35～45页。

变更。但公司章程的变更应当遵循以下原则：一是不得损害股东利益；二是不得损害债权人利益；三是不妨碍公司法人的一致性，即不得因公司章程的变更，使一个公司法人转变为另一个公司法人。

公司章程变更的程序是：首先，由董事会提出修改公司章程的提议；其次，将修改公司章程的提议通知其他股东；最后，由股东会或股东大会表决通过。我国公司法规定，有限责任公司修改公司章程的决议，必须经代表 2/3 以上表决权的股东通过；股份有限公司修改公司章程的决议，必须经出席股东大会的股东所持表决权的 2/3 以上通过。公司章程变更后，公司董事会应向工商行政管理机关申请变更登记。

六、拓展思考

公司章程的本质是什么？请归纳出我国学术界对此问题的几种主要观点，并提出你自己的看法。

七、课后训练

1. 某有限责任公司的公司章程原来规定，股东在对外转让股权时，其他股东享有优先购买权。2006 年 6 月 1 日，该公司召开股东会议，会议表决通过了修改公司章程的决议，删除了优先购买权的规定，并规定在公司面临停产、倒闭等生存危机时，经股东过半数同意，可以直接确定股权受让人。据此，该公司股东 30 余人将其持有的公司股权 75% 转让给公司股东之外的人，现在，该公司原股东之一徐某要求确认公司股东会议决议无效能否得到支持？《公司法》第 72 条第 3 款规定的其他股东的优先购买权是否为法律的强制性规定？公司股东会议删除股东优先购买权规定的做法是否合法？

2. 参考相关材料，草拟一份股份有限公司的章程。

第四节　公司治理结构

实验：公司治理模拟

一、实验目标

掌握公司治理结构的基本内容和要求。

二、实验要求

通过案例分析，能够从公司不同参与者的角度出发，利用法律和章程规定的治理结构，制定策略，维护当事人利益。

三、实验原理

（一）公司治理结构

公司治理结构，或者称为法人治理结构，实际上就是关于股东与董事、经理以及监事之间的权力分配与安排的基本模式。不同的国家，由于法律传统不同，公司法选取的治理结构也不一样。在英美法系国家，公司机关由股东会和董事会构成，公司治理结构为单轨制。在大陆法系国家，公司机关由股东会、董事会和监事会构成，公司治理结构为双轨制。我国遵循大陆法系传统，采双轨制。

（二）公司治理结构中的权力分配

1. 股东会。股东会决定公司运营中的重大事项。《公司法》第 38 条和第 100 条规定，股东（大）会行使以下职权：（1）决定公司的经营方针和投资计划；（2）选举和更换非由职工代表担任的董事、监事，决定有关董事、监事的报酬事项；（3）审议批准董事会的报告；（4）审议批准监事会或者监事的报告；（5）审议批准公司的年度财务预算方案、决算方案；（6）审议批准公司的利润分配方案和弥补亏损方案；（7）对公司增加或者减少注册资本作出决议；（8）对发行公司债券作出决议；（9）对公司合并、分立、解散、清算或者变更公司形式作出决议；（10）修改公司章程；（11）公司章程规定的其他职权。

2. 董事会。董事会被委以业务经营和事务管理的权力，包括所有重大商业决策的权力。《公司法》第 47、109 条规定，董事会对股东（大）会负责，行使下列职权：（1）召集股东会会议，并向股东会报告工作；（2）执行股东会的决议；（3）决定公司的经营计划和投资方案；（4）制订公司的年度财务预算方案、决算方案；（5）制订公司的利润分配方案和弥补亏损方案；（6）制订公司增加或者减少注册资本以及发行公司债券的方案；（7）制订公司合并、分立、解散或者变更公司形式的方案；（8）决定公司内部管理机构的设置；（9）决定聘任或者解聘公司经理及其报酬事项，并根据经理的提名决定聘任或者解聘公司副经理、财务负责人及其报酬事项；（10）制定公司的基本管理制度；（11）公司章程规定的其他职权。

3. 经理等高级管理人员。经理等高级管理人员由董事会聘任、解任，对董事会负责。《公司法》第50、114条规定，经理行使下列职权：（1）主持公司的生产经营管理工作，组织实施董事会决议；（2）组织实施公司年度经营计划和投资方案；（3）拟订公司内部管理机构设置方案；（4）拟订公司的基本管理制度；（5）制定公司的具体规章；（6）提请聘任或者解聘公司副经理、财务负责人；（7）决定聘任或者解聘除应由董事会决定聘任或者解聘以外的负责管理人员；（8）董事会授予的其他职权。公司章程对经理职权另有规定的，从其规定。此外，经理列席董事会会议。

4. 监事会。监事会的职能主要是对公司业务和财务进行监督。《公司法》第54、119条规定，监事会、不设监事会的公司的监事行使下列职权：（1）检查公司财务；（2）对董事、高级管理人员执行公司职务的行为进行监督，对违反法律、行政法规、公司章程或者股东会决议的董事、高级管理人员提出罢免的建议；（3）当董事、高级管理人员的行为损害公司的利益时，要求董事、高级管理人员予以纠正；（4）提议召开临时股东会会议，在董事会不履行公司法规定的召集和主持股东会会议职责时召集和主持股东会会议；（5）向股东会会议提出提案；（6）依照《公司法》第152条的规定，对董事、高级管理人员提起诉讼；（7）公司章程规定的其他职权。

（三）诚信义务——对董事、监事、高级管理人员权力的限制

《公司法》第148条规定，董事、监事、高级管理人员应当遵守法律、行政法规和公司章程，对公司负有忠实义务和勤勉义务。董事、监事、高级管理人员不得利用职权收受贿赂或者其他非法收入，不得侵占公司的财产。第149条规定，董事、高级管理人员不得有下列行为：（1）挪用公司资金；（2）将公司资金以其个人名义或者以其他个人名义开立账户存储；（3）违反公司章程的规定，未经股东会、股东大会或者董事会同意，将公司资金借贷给他人或者以公司财产为他人提供担保；（4）违反公司章程的规定或者未经股东会、股东大会同意，与本公司订立合同或者进行交易；（5）未经股东会或者股东大会同意，利用职务便利为自己或者他人谋取属于公司的商业机会，自营或者为他人经营与所任职公司同类的业务；（6）接受他人与公司交易的佣金归为己有；（7）擅自披露公司秘密；（8）违反对公司忠实义务的其他行为。董事、高级管理人员违反上述规定所得的收入应当归公司所有。第150条规定，董事、监事、高级管理人员执行公司职务时违反法律、行政法规或者公司章程的

规定，给公司造成损失的，应当承担赔偿责任。

（四）对大股东、控制股东、实际控制人权力的限制

1. 表决权排除。（1）《公司法》第16条规定，公司为公司股东或者实际控制人提供担保的，必须经股东会或者股东大会决议。上述规定的股东或者受前款规定的实际控制人支配的股东，不得参加前款规定事项的表决。该项表决由出席会议的其他股东所持表决权的过半数通过。（2）第91条第3款规定，创立大会对前款所列事项作出决议，必须经出席会议的认股人所持表决权过半数通过。即将发起人表决权排除。（3）第125条规定，上市公司董事与董事会会议决议事项所涉及的企业有关联关系的，不得对该项决议行使表决权，也不得代理其他董事行使表决权。该董事会会议由过半数的无关联关系董事出席即可举行，董事会会议所作决议须经无关联关系董事过半数通过。出席董事会的无关联关系董事人数不足3人的，应将该事项提交上市公司股东大会审议。

2. 关联交易限制。《公司法》第21条规定，公司的控股股东、实际控制人、董事、监事、高级管理人员不得利用其关联关系损害公司利益。违反前款规定，给公司造成损失的，应当承担赔偿责任。

（五）小股东的特殊保护

1. 请求召开股东会或者股东大会临时会议。《公司法》第40条规定，代表1/10以上表决权的股东提议召开临时股东会议的，应当召开临时会议。第101条规定，单独或合计持有公司10%以上股份的股东请求，可以召开临时股东大会。

2. 股东大会的召集和主持。《公司法》第41条第3款规定，董事会或者执行董事不能履行或者不履行召集股东会会议职责的，由监事会或者不设监事会的公司的监事召集和主持；监事会或者监事不召集和主持的，代表1/10以上表决权的股东可以自行召集和主持。第102条第2款规定，董事会不能履行或者不履行召集股东大会会议职责的，监事会应当及时召集和主持；监事会不召集和主持的，连续90日以上单独或者合计持有公司10%以上股份的股东可以自行召集和主持。

3. 股东临时提案。《公司法》第103条第2款规定，单独或者合计持有公司3%以上股份的股东，可以在股东大会召开10日前提出临时提案并书面提交董事会；董事会应当在收到提案后2日内通知其他股东，并将该临时提案提交股东大会审议。临时提案的内容应当属于股东大会职权范围，并有明确议题和具体决议事项。

4. 提议召开董事会临时会议。《公司法》第 111 条第 2 款规定，代表 1/10 以上表决权的股东、1/3 以上董事或者监事会，可以提议召开董事会临时会议。董事长应当自接到提议后 10 日内，召集和主持董事会会议。

5. 股东派生诉讼的提起。《公司法》第 152 条规定，有限责任公司的股东、股份有限公司连续 180 日以上单独或者合计持有公司 1/100 以上股份的股东可以提起派生诉讼。

6. 解散公司请求权。《公司法》第 183 条规定，公司经营管理发生严重困难，继续存续会使股东利益受到重大损失，通过其他途径不能解决的，持有公司全部股东表决权 10% 以上的股东，可以请求人民法院解散公司。

四、实验材料

（一）案例材料

公司控制股东侵权案①

原告甲公司与乙公司和被告丙公司都是第三人丁公司的股东。在丁公司 8000 万元的股本金中，丙公司持有 4400 万元的股份，占注册资金的 55%，为丁公司的控制股东。甲公司持有 1450 万元股份，占注册资金的 18.125%。乙公司持有 400 万元股份，占注册资金的 5%，其余股份由小股东持有。丙公司派张某出任丁公司的董事长、法定代表人，并由张某提名任命丙公司的石某出任丁公司总经理。被告丙公司和第三人丁公司签订了一份《债权债务处理协议书》，确认丙公司欠丁公司 3791 万元。丙公司将其房产作价 40352784 元给丁公司充抵债务，房产与债务冲抵后的余额 642784 元作为房产过户费用。丁公司的非控股股东认为：丙公司利用担任丁公司董事长、总经理的优势地位，损害了丁公司和他们的利益，遂决定起诉丙公司侵权。该市中级人民法院审理认为：被告丙公司给第三人丁公司抵债的房产，实际价值为 1179.64 万元，根本不能抵偿其欠丁公司的 3971 万元债务。丙公司利用自己在丁公司的控股地位，用以物抵债、抵值高估的方法为本公司牟取非法利益，给丁公司造成 2852.26 万元的损失，侵害了丁公司以及其他非控股股东的权益。丙公司与丁公司签订的

---

① 案例来源于李新天主编：《民商法律热点与案例研究（第一辑）》，武汉大学出版社 2006 年版，第 517~518 页。

《债权债务处理协议书》，其中关于丙公司以房产作价抵偿丁公司债务的条款，违背了公平和诚实信用的原则，应认定为无效，丙公司对其侵权行为给丁公司造成的损失，应负赔偿责任。

（二）法条材料

《公司法》第149条【董事、高级管理人员的诚信义务】：董事、高级管理人员不得有下列行为：

（一）挪用公司资金；

（二）将公司资金以其个人名义或者以其他个人名义开立账户存储；

（三）违反公司章程的规定，未经股东会、股东大会或者董事会同意，将公司资金借贷给他人或者以公司财产为他人提供担保；

（四）违反公司章程的规定或者未经股东会、股东大会同意，与本公司订立合同或者进行交易；

（五）未经股东会或者股东大会同意，利用职务便利为自己或者他人谋取属于公司的商业机会，自营或者为他人经营与所任职公司同类的业务；

（六）接受他人与公司交易的佣金归己有；

（七）擅自披露公司秘密；

（八）违反对公司忠实义务的其他行为。

……

《公司法》第152条【股东派生诉讼】：董事、高级管理人员有本法第一百五十条规定的情形的，有限责任公司的股东、股份有限公司连续180日以上单独或者合计持有公司1%以上股份的股东，可以书面请求监事会或者不设监事会的有限责任公司的监事向人民法院提起诉讼；监事有本法第一百五十条规定的情形的，前述股东可以书面请求董事会或者不设董事会的有限责任公司的执行董事向人民法院提起诉讼。

监事会、不设监事会的有限责任公司的监事，或者董事会、执行董事收到前款规定的股东书面请求后拒绝提起诉讼，或者自收到请求之日起30日内未提起诉讼，或者情况紧急、不立即提起诉讼将会使公司利益受到难以弥补的损害的，前款规定的股东有权为了公司的利益以自己的名义直接向人民法院提起诉讼。

他人侵犯公司合法权益，给公司造成损失的，本条第一款规定的股东可以依照前两款的规定向人民法院提起诉讼。

《公司法》第 21 条【关联公司侵权责任】：公司的控股股东、实际控制人、董事、监事、高级管理人员不得利用其关联关系损害公司利益。

违反前款规定，给公司造成损失的，应当承担赔偿责任。

五、实验过程

本案的争议焦点在于：丙公司是否构成侵权以及小股东能否起诉。

步骤一：公司法中关于董事、高管的诚信义务是否可以扩及至大股东、控制股东？

控制股东对公司具有强大的支配力，在本案中，公司中的董事甚至经理人都是控制股东派出的。换句话说，公司往往按照控制股东的意志进行交易，很难保证控制股东为了自己的利益而不去左右公司的意志，并且当控制股东为了自己的利益去侵害公司或小股东的利益时，受益者明显是控制股东，公司或小股东则会受到损失。作出实际决策的董事、经理只不过是控制股东的傀儡而已。因此，将诚信义务扩及至控制股东不仅是十分必要的，而且在理论上也是具有可行性的。

步骤二：其他股东是否可以起诉？

借助新公司法确立的派生诉讼制度，小股东的诉讼行为完全可以实现。股东派生诉讼又称代表诉讼，是指当控制股东、董事、监事、高管因其行为给公司造成损失，而公司怠于向该行为人请求损害赔偿时，公司股东有权代表其他股东，代替公司提起诉讼，请求违法行为人赔偿公司损失。这种诉讼必须以股东自己的名义提起。本案中，控制股东丙显然利用其控制力，侵害了公司财产，从而侵害了小股东的利益，符合派生诉讼的构成要件。因此，小股东可向法院起诉，请求依据《公司法》第 21 条追究丙的侵权责任。

六、拓展思考

某纺织厂由三个股东投资设立，其中林某出资 20%，曹某出资 40%，赵某出资 40%。公司章程规定：公司董事由股东会选任，股东会应当对所议事项的决定作成会议记录，出席会议的股东应当在会议记录上签名。第一任公司董事为曹某、林某，赵某为监事。

2006 年 2 月，纺织品公司召开股东会议，形成了免去林某董事职务、改由赵某接任董事的决议。但这次股东会议没有专人记录，三个股东各自记录，股东均无签名。3 月 2 日，公司以董事会名义发出解聘与聘任的通知。林某向法院提起诉讼，称前述股东会议的决议及结果，完全是曹某和赵某恶意串通的结果，无论在程序上还是实体上均违反公司法的有关规定，侵犯了本人作为公司股东、董事的合法权益。诉请法院依法确认上述解聘与聘任的行为无效。①

你认为上述解聘与聘任行为是否有效？林某可以援引什么制度保护自己的权益？

七、课后训练

1. A公司是一家国家授权投资的机构出资设立的国有独资公司，以下关于其董事会的职责权限的几个表述，正确的是：

    A. A公司的章程只能由其股东——国家授权投资的机构制定，董事会无权制定

    B. 经授权，该公司的董事会可行使股东会的部分职权，决定公司的重大事项

    C. 经授权，该公司的董事会可行使股东会的部分职权，决定公司的合并

    D. 经授权，该公司的董事会可行使股东会的部分职权，决定公司债券的发行

2. 刘某是某地一家股份有限公司的董事，因刘某坚持不进行违法交易而遭到其他股东的反对，在股东代表大会上以刘某不适合从事公司管理工作为由，通过决议解除了其董事职务。刘某不服，认为其任期尚未届满，股东大会解除其职务没有法律依据，遂向当地人民法院提起诉讼。此案法院应当如何认定和处理？

    A. 股东大会有更换董事的权力，该决议不违反公司法规定，应驳回起诉

    B. 刘某的起诉应予受理，但如查明该决议符合程序规定，应判决其败诉

    C. 对该案法院应予以调解，调解不成应劝刘某撤诉

    D. 股东大会解除董事职务须有正当理由，该决议违反公司法规定，应判决其无效

---

① 案例来源于叶林、黎建飞主编：《商法学原理与案例教程》，中国人民大学出版社2006年版，第241页。

3. 依照公司法的规定，有限责任公司在下列哪些情况下可以不设监事会？

    A. 公司规模较小   B. 股东人数较少

    C. 国有独资公司   D. 国有控股公司

4. 王某是某化学药物制品有限公司的董事，他的下列行为中，合法的有：

    A. 王某自己还经营一家减肥茶生产企业

    B. 王某向银行借款 50 万元，用以开发化学药物制品有限公司的新产品，并以公司的资产作为担保

    C. 乙公司是该化学药物制品有限公司过去的联盟单位，王某将 50 万元暂借给乙公司作为周转资金用，乙公司 1 个月后归还了该款

    D. 未经股东会同意，王某将减肥茶生产企业的一批紧缺药品以较低的价格出售给该化学药物制品有限公司

5. 简述确立公司治理结构的原则。

6. 如何确定股东派生诉讼中当事人的诉讼地位？

7. 怎样理解"派生诉讼要求用尽公司内部救济"？

第五节　公司僵局的处理

实验：公司僵局处理模拟

一、实验目标

了解如何认定公司僵局；掌握公司僵局的处理方式。

二、实验要求

通过案例，熟悉我国公司法关于解决公司僵局的规定以及这种规定的不足。

三、实验原理

（一）公司僵局的概念

公司僵局，是指公司的经营管理出现严重困难，继续存续会使股东利益遭受重大损失，且无法通过其他途径化解的公司状态。僵局的形成原因很复杂，主要有：不合理的股权结构设计、不合理的议事方式和表决程序、董事或股东

的失踪、股东和高管的道德风险等。我国《公司法》第181、183条对此制度作出了规定。

（二）如何认定公司已经陷入僵局

认定公司僵局主要根据三个方面：

第一，公司经营管理发生严重困难。

所谓"公司经营管理发生严重困难"是指公司股东会或董事会无法正常运作，包括无法正常开会；或虽然开始能够开会，但最后无法形成决议等多种情况。类似于电脑在运行中非正常死机的情况。

常见的主要情形包括：（1）股东会失灵。股东会常年无法正常召开，或虽然能够召开，但无法作出决议。（2）董事会失灵。董事会在公司经营管理活动中陷入了僵局，而股东无力打破僵局，导致公司即将或正在遭受无法恢复的损害或公司的经营管理活动无法按照对广大股东有利的方式继续进行。（3）经营层失灵。这主要指经营层的道德风险。

《最高人民法院关于适用〈中华人民共和国公司法〉若干问题的规定（二）》第1条明确列举了公司经营管理发生严重困难的四种情形：（1）公司持续2年以上无法召开股东会或者股东大会，公司经营管理发生严重困难的；（2）股东表决时无法达到法定或者公司章程规定的比例，持续2年以上不能作出有效的股东会或者股东大会决议，公司经营管理发生严重困难的；（3）公司董事长期冲突，且无法通过股东会或者股东大会解决，公司经营管理发生严重困难的；（4）经营管理发生其他严重困难，公司继续存续会使股东利益受到重大损失的情形。这四种情形的共性是股东会僵局和董事会僵局造成公司经营管理上的严重困难，即公司机关陷入事实上的瘫痪状态，公司治理结构完全失灵，不能正常进行经营活动，如果任其继续存续下去，将会造成公司及其股东利益的重大损失。该条列举的四项事由既是人民法院受理解散公司诉讼案件时进行形式审查的依据，也是人民法院判决是否解散公司的实体审查标准。

第二，继续存续会使股东利益受到重大损失。

倘若公司僵局的持续时间很短，或虽然公司僵局的持续时间较长，但对股东利益并未造成重大损失，法院仍然不能解散公司。此处的"重大损失"是相对于轻微损失、一般损失而言的。之所以将公司僵局的继续存续导致股东利益受到重大损失作为解散公司的必要条件，乃是为了昭示立法者对公司解散的慎重之情以及妥善平衡公司利益与股东利益的意图。

第三，通过其他途径不能解决。

不是所有的公司僵局都不可逆转，不是所有的公司僵局都不能化解。人民法院在考虑运用解散公司手段救济小股东的时候，应当穷尽对公司、股东和其他利益相关者最为和缓的救济手段。倘若能够在股东查账、股东转股和股东退股的诸种方案中找到其他和缓、有效的救济途径，就应回避解散公司之路。因此，《公司法》第183条将"通过其他途径不能解决"不仅作为股东提起解散公司之诉的前置条件之一，而且也作为人民法院动员双方当事人采取副作用更轻的替代措施的授权依据。

（三）公司僵局的解决

1. 避免僵局的事先设计——买断协议。通过这种协议，当公司股东之间出现严重分歧时，公司或者其他股东以公平价格购买另一股东的股份。通常由章程、细则或者专门的协议事先加以规定。我国《公司法》没有规定此制度。

2. 司法解散公司请求权。公司僵局司法救济的原则有：第一，自力解救优先原则。这是指在公司僵局形成后，首先要由当事人自行协商，给予股东对僵局所持意见的充分考虑和协商；如果协商不成则可以通过向股东及非股东转让股份的方式解决僵局。第二，主体维持原则。解散公司对僵局来说是最彻底的解决方案，但对那些经营状况良好或者正处于上升阶段的公司，因为其内部决策和管理机制的暂时失灵就终止其存在，成本显然较高，是对资源的浪费。因此必须穷尽其他手段（如由其他股东收购其股份）还不能解决时，才能诉请解散公司。第三，限制股东诉讼解散公司的原则。如果只要公司经营管理发生严重困难，就允许股东提起解散公司的诉讼，一方面可能导致股东为了达到其他目的而滥用该权利，如以此作为与公司讨价还价的手段；另一方面，判决解散公司往往会不合理地对僵局的一方有利而牺牲了另一方的利益。

请求人民法院解散公司，必须满足下列条件：（1）出现公司僵局，并且公司的继续存续会使股东利益受到重大损失；（2）穷尽其他途径不能解决公司僵局；（3）有权提起解散公司的原告必须是持有公司全部股东表决权10%以上的股东。

3. 强制购买，即法院在司法解散案件受理中，命令一方股东强制以公平价格购买他方股份。此制度的精神仍是保存公司实体，现今对其作出规定的法律很少。我国公司法也并未规定。

四、实验材料

(一) 案例材料

联营合同纠纷案①

1995 年 12 月 12 日，A 公司和上海某物业管理公司签订合作协议一份，约定：双方合资成立上海 B 设备工程有限公司（下称设备工程公司），A 公司投入注册资本30%的资金15 万元，负责技术指导、培训、电梯维保资料等，并将原有电梯部分和外接业务全部带入设备工程公司；上海某物业管理公司投入注册资本70%的资金35 万元，负责提供场所、办理工商手续等。双方利润按 4∶6 比例分配。设备工程公司的公司章程规定：经营期限为自营业执照签发之日起至 1999 年 12 月 31 日；公司的解散情形为营业期限届满、股东会决议解散、公司合并或分离需要解散三种，在前两种解散情形下，由股东组成清算组进行清算。1997 年 3 月，投资双方因有关费用结算发生纠纷，设备工程公司停止了经营活动。A 公司提出终止合作协议，物业管理公司表示同意，但要求保留设备工程公司，A 公司退出合作关系，财产按约定比例分割。同年 8 月，A 公司撤出设备工程公司。由于双方就设备工程公司保留与否协商不成，A 公司遂提起诉讼，请求终止合作协议、解散设备工程公司、分割财产、确定债权债务，物业管理公司偿付违约金 25000 元。一审法院认为：双方在联营中，物业管理公司拖欠联营体工程款，造成联营另一方 A 公司不信任，A 公司提出的终止合作关系的要求，物业管理公司也表示同意，且联营体设备工程公司停止经营活动已一年余，故 A 公司要求解散设备工程公司的诉讼请求应予准许。之后，在二审法院主持下，两公司达成调解协议：A 公司与物业管理公司 1995 年 12 月 12 日签订的合作协议结束。A 公司退出设备工程公司，设备工程公司予以保留。

(二) 法条材料

《公司法》第 181 条【公司解散的原因】：公司因下列原因解散：

---

① 案例来源于赵旭东主编：《新公司法案例解读》，人民法院出版社 2005 年版，第418 页。

（一）公司章程规定的营业期限届满或公司章程规定的其他解散事由出现；

（二）股东会或者股东大会决议解散；

（三）因公司合并或者分立需要解散；

（四）依法被吊销营业执照、责令关闭或者被撤销；

（五）人民法院依照本法第一百八十三条的规定予以解散。

《公司法》第 183 条【司法解散请求权】：公司经营管理发生严重困难，继续存续会使股东利益受到重大损失，通过其他途径不能解决的，持有公司全部股东表决权 10% 以上的股东，可以请求人民法院解散公司。

五、实验过程

步骤一：一审法院判决公司解散是否恰当？

应当注意，本案发生于 1995 年，当时旧公司法中并没有规定司法解散请求权制度。因此一审法院判决公司解散的理由是 A 公司所提终止合作关系的要求，物业管理公司也表示同意。但是终止合作关系并不代表一定要解散公司，一方退出公司也是终止合作关系的一种形式。而依据当时的规定，公司解散必须经由股东会决议通过。事实上，A 公司与物业管理公司根本没有就公司解散一事达成股东会决议。因此，一审法院的判决并不恰当。但若依据新公司法，A 公司享有公司 30% 的股份，达到了该法第 183 条的要求。而且设备工程公司已经一年多没有经营活动，的确是"经营管理发生严重困难"。所以，A 公司享有解散公司的请求权。

步骤二：股东享有解散公司的请求权是否意味着一经提出申请，公司就应当解散？

股东享有解散公司的请求权并不意味着仅凭股东申请就必然导致公司解散。前文已述，公司的司法裁判解散是用尽其他救济后的最后措施，即"通过其他途径不能解决"时，才能适用司法解决。二审法院主持调解，保留公司的决定是适当的。

六、拓展思考

1. 公司司法解散后，公司债务如何承担？

2. 公司法规定所有公司的股东都享有司法解散请求权，是否恰当？

七、课后训练

1. 司法解决公司僵局的条件是什么？
2. 请求解散公司之诉，诉讼当事人尤其是被告应当如何确定？

第三章 破 产 法

第一节 破产法概述

实验：破产原因内涵解析

一、实验目标

了解破产法的概念及特征，熟悉破产能力的概念，掌握破产原因的概念及相关理论，能够运用所学知识分析有关破产原因的案例。

二、实验要求

培养学生"简化"案件的能力，使其能够从较为复杂的案件中，剥离无效信息，提取有效信息。

三、实验原理

（一）破产法的概念及特征

1. 破产法的概念。"破产"一词是舶来品，发源于古代欧洲。通常认为"破产"是经济术语，是指债务人不能清偿到期债务的客观事实状态，而在法律意义上，"破产"则是指债务人不能清偿到期债务时，法院根据当事人的申请对债务人所适用的一种债务清理程序。具体到法律层面，破产法则是调整由破产引发的各种民事关系的法律规范，既包括实体规范也包括程序规范。然而，由于法律体系的差异，破产法具有广义和狭义的区分，广义的破产法包括和解、重整和清算三个程序，而狭义的破产法则仅指破产清算。我国企业破产法采用广义的概念。

2. 破产法的特征。作为商法重要组成部分的破产法，其特征主要体现在以下方面：

第一，破产法既包括程序法规范也包括实体法规范。程序法规范主要包括破产案件的申请与受理、债权申报、债权人会议、重整程序、和解程序以及清算程序等；而实体法规范主要包括破产财产、破产债权的确定标准、抵销权、别除权、管理人的职责等。正由于破产法由程序法规范及实体法规范组成，各国形成了两种不同的关于破产法的立法模式：一是，分离式立法模式，即在破产法中仅规定程序规范，而实体规范则由其他法律规定，如我国民事诉讼法中规定的"企业法人破产还债程序"；二是，混合式立法模式，即将程序法规范和实体法规范规定在一部破产法律中，并且不作严格区分，我国现行企业破产法采取的就是此立法模式，并且从各国的规定来看，该立法模式已成为大多数国家的选择。

第二，现代破产法以保护社会利益为其规则制定的基石。破产制度虽具有平等保护债权人、淘汰落后企业、稳定社会经济等优点，但其负面影响亦不可忽视。在现代市场经济社会，企业之间的联系较以前更为紧密，一个企业的倒闭很有可能会给另一企业造成巨大冲击，甚至会引起企业之间的连锁反应，对社会经济稳定影响甚大。此外，企业破产导致的大量失业人口，不仅会增加财产负担及管理难度，而且容易引起社会动荡。因而，破产规则的制定应当尽量减少破产规则的负面效应。因此，我国新修订的企业破产法引入了重整程序，其目的主要是避免企业破产清算，促使企业经济复苏，最大限度地消除破产的负面影响。

第三，现代破产法以债权人利益优先兼顾债务人利益为基本原则。破产制度最初的目的是保证不同类型的债权按照比例获得公平受偿，在破产程序中，债权人和债务人虽然是处于对立的双方，但破产法对双方并没有平等的程序地位或者对等的权利安排，整个程序和制度完全是向债权人倾斜的，破产程序始终恪守债权人权利优先的理念。[①] 然而，随着经济的发展，人们开始意识到破产是经济运行中的必然现象，不能过于苛责债务人，因破产而产生的损失应当由包括债权人在内的多方当事人合理分担，破产法不应当仅是"债务清理法"，还应当是"债务人挽救法"。基于此种理念，破产法中增加了兼顾债务人利益的规则，如破产和解程序及破产重整程序。

（二）破产能力

破产能力的概念源于德国破产法理论，是指民事主体得以被依法宣告破产的资格，具有破产能力是法院宣告其破产的必要条件，无破产能力者法院不得

---

① 参见王东敏：《新破产法疑难解读与实务操作》，法律出版社 2008 年版，第 14 页。

对其进行破产宣告。各国关于破产能力的立法有两种模式：一是一般破产主义，即所有民事主体均具有破产能力，无论是自然人、法人还是其他组织均可被申请破产，美国、英国、德国、日本等采此模式；二是商人破产主义，即仅从事营业性赢利行为的商人具有破产能力，一般消费者的破产则适用民事强制执行程序解决，目前，采此模式的国家已经很少，原来采此模式的国家如意大利、法国等已通过修改破产法，改采一般破产主义。

我国现行企业破产法采取的是"第三种立法模式"，按照现行法的规定，只有企业法人具有破产能力，自然人及非法人组织均不具有破产能力，这种立法模式难以满足经济发展的需要。目前，随着市场经济体制在我国的确立，参与到市场竞争中的非法人企业已经具有相当大的数量，加之非法人企业规模小，抵御风险能力差，其破产的可能性远大于规模较大的企业法人。此外，随着消费信贷的大量增长，普通自然人破产的几率也大幅提高。因而，现行破产法应扩大适用范围，赋予所有民事主体以破产能力，顺应破产立法的发展潮流。[1]

（三）破产原因

破产原因，又称破产界限，是法院受理破产申请和实施破产宣告的根据，是适用破产程序所依据的特定法律事实。破产原因是破产法律制度的核心问题，对破产原因规定之宽严，直接影响到债权人和债务人之间的利益平衡，同时，科学合理地规定破产原因也会对有效清理债权债务以及对债务人进行破产预防起到重要作用。

然而，现代商品经济社会已经不是破产制度产生初期的简单商品经济社会状况，决定市场主体生存和发展能力的因素相当复杂，债务人作为一个市场主体，特别是对于一个已经在市场经济社会中存续很长时间的企业来说，其偿债能力是多方面的：企业的资产、信誉、技术以及企业产品占有的市场份额等各种因素都有可能演变为企业的融资能力。[2] 因而，如何界定破产原因则成为极其困难的问题，对此，根据各国破产立法的不同，主要形成了两种立法例，学界概括为列举主义和概括主义。

---

[1] 参见文秀峰：《个人破产法律制度研究》，中国人民公安大学出版社 2006 年版，第 44 页。

[2] 参见王东敏：《新破产法疑难解读与实务操作》，法律出版社 2008 年版，第 39~40 页。

列举主义立法模式，是指在破产法中，具体列举法院应受理破产申请以及债务人应受破产宣告的具体事实。被列出的具体事实一般称为破产行为，只要债务人的行为符合其中一种被列举的行为，法院即可受理破产申请。列举主义多为英美法系国家所采用。例如，英国 1914 年《破产法令》第 1 条规定了八种破产行为：①债务人将与全体债权人利益有关的、位于英格兰或他处的财产让与或委付于一个或多个委托管理人；②债务人将财产的全部或部分进行欺诈性的交付、转让、赠与或移转；③将财产之全部或部分为任何让与或移转、或于其上设置抵押以造成欺诈性的优先权（如将原来无担保债权变为担保债权，意在损害他人利益）；④为逃避债权人的追索而离开英格兰或逗留国外或居家不出，即取消债权人的会见权；⑤任何法院依任何程序通过扣押和变卖动产而对该债务人进行的执行已经开始，或者司法执行官已对动产扣押和持有达 21 天；⑥向法院表明无力清偿债务或者向法院提出了破产申请；⑦债务人接到债权人根据终审判决要求法院发出的破产通知书后的一定期限仍不能清偿债务的；⑧债务人通知任何债权人他已停止或将停止支付欠债的。① 美国 1898 年《破产法》第 3 条第 1 项列举了 5 种破产行为。但美国在 1978 年修订破产法后，已放弃列举主义立法例，改采概括主义立法模式。列举主义立法模式，明确具体，有较强的可操作性，但缺乏弹性，难免挂一漏万。

概括主义立法模式，是用抽象法律语言界定破产原因。此立法例多为大陆法系国家所采用，如德国、法国、日本等。其中，以德国法的规定较为周延，其破产原因主要包括：支付不能；停止支付；债务超过。下面，对其进行简要分析。

1. 支付不能。所谓支付不能，又可称为不能清偿或无力清偿，指债务人因缺乏清偿能力，对于已届清偿期而受请求的全部或大部分债务不能清偿的客观经济状态。其构成要件如下：

（1）债务人欠缺清偿能力。一般来说，债务人的清偿能力主要由财产、信用、技能等因素综合构成，只有在穷尽所有这些手段债务人仍无法偿还债务时，债务人才处于欠缺清偿能力的状态。具体而言，可从以下方面分析企业的清偿能力：第一，企业的现有资金状况；第二，企业的信用状况；第三，企业的技术力量、知识产权、劳动力等。值得注意的是，债务人欠缺清偿能力是仅仅针对债务人本人不能清偿到期债务而言的，而其他对债务人之债负有连带责

① 参见韩长印：《破产原因立法比较研究》，载《现代法学》1998 年第 3 期。

任、担保责任的情况，不能视为本人清偿能力的延伸。①

（2）债务人不能清偿的债务须已届清偿期且债权人已请求债务人清偿。债务未届清偿期或虽已届清偿期但债权人未请求履行，此时，即使债务人欠缺清偿能力，也不能认为债务人支付不能。此外，债务人所欠债务必须是无争议的、不可抗辩的债务。对于双方当事人存在争议的债务，应先由法院或仲裁机构裁判或仲裁，确定双方权利义务之后，再审查债务人是否能够清偿。同时，在双务合同中，债务人享有同时履行抗辩权或先履行抗辩权的，即使债务人已欠缺清偿能力，也不构成支付不能。

（3）债务人不能清偿的债务须是金钱债务或可折合成金钱的债务。因为不能折合成金钱的债务，在破产程序中无法得到清偿，宣告债务人破产无实际意义。

（4）债务人不能清偿债务是一种客观状况，与债务人的主观认识无关。这是支付不能与停止支付的主要区别。

（5）债务人对其债务必须是持续性的不能清偿。所谓持续性的不能清偿是指，对债务之不能清偿处于持续性的状态，而非一时或暂时的支付不能。比如因银行停止营业期间提款困难而暂时停止支付，则不属于持续性不能清偿，不构成破产原因。②

值得注意的是，很多学者认为，支付不能的构成要件还应包括一般性不能清偿，即债务人对全部或者大部分债务不能清偿而非对某一特定债务或少数债务不能清偿。对此，汤维建教授认为，"债权人只要符合法定条件，均可提出破产申请，他所能够提出的理由，也仅限于本人债权的未能实现，要求他指出并且证明债务人的其他甚至全部债务均未能清偿，不仅在客观上甚为困难，而且不合通常的逻辑观念。不仅如此，若仅因债务人的部分债务已作清偿，而否认其他债权人的破产申请权，则多数破产案件往往不能形成。"③ 笔者认为，此观点堪可赞同。

此外，德国新破产法最大的亮点是，把"行将支付不能"作为破产原因。所谓"行将支付不能"是指债务未届清偿期，但是能够预期债务人在到期时不能够履行现有支付义务的，即构成"行将支付不能"。

---

① 参见李国光主编：《新企业破产法理解与适用》，人民法院出版社 2006 年版，第35~36 页。

② 参见韩长印：《破产原因立法比较研究》，载《现代法学》1998 年第 3 期。

③ 汤维建：《破产法要义》，贵州人民出版社 1995 年版，第 78 页。

2. 停止支付。所谓停止支付，是指债务人不再清偿到期债务的主观意思表示。法国、意大利、西班牙等法国法系国家把停止支付作为独立的破产原因。停止支付的要件包括：第一，须是债务人主观上表示不再支付，而不是其财产的客观状况；第二，明示、默示等各种表示行为均可；第三，须是持续性的停止支付；第四，须是对到期要求清偿的债务停止支付。

法国法系国家把停止支付作为独立的破产原因，而在德国停止支付不是独立的破产原因，仅是推定债务人支付不能的基础事实，也即，债权人可以此向法院提出破产申请，但并非必然引起破产程序的开始。比较而言，德国的立法模式较为可取。因为，停止支付债务人的主观表示行为，其在客观上是否真的缺乏清偿能力，还不能确定，所以，停止支付不能作为当然的、直接的破产原因。同时，债务人若支付不能，在客观上必然表现为停止支付，因而，在一定条件下，停止支付可以推定为债务人缺乏清偿能力。

3. 债务超过。债务超过，又称资不抵债，是指债务人的消极财产超过积极财产总额。债务超过只考察债务人的财产因素，通过财产与负债的比例衡量债务人是否具备破产原因，信用、技术等均不在考察之列；在计算债务总额时，不考虑到期与否，均纳入总额之内。在德国、日本等德国法系国家，债务超过与支付不能并列作为破产原因适用于资合性的赢利公司。《德国股份法》第 92 条规定，如果公司已无支付能力，那么董事会不得故意迟疑，最迟要在发生无支付能力情况 3 周时，申请破产程序或者法院和解程序。这一原则适用于公司出现资不抵债的情况。《德国有限责任公司法》第 64 条除第 1 款作了类似于《德国股份法》第 92 条的规定外，还在第 2 款规定：公司业务执行人对公司在无支付能力情形出现后或在确定资不抵债后支付的款项承担赔偿责任。日本破产法规定，法人不能以自己的财产清偿债务时，亦可对其宣告破产。

我国《企业破产法》第 2 条第 1 款规定："企业法人不能清偿到期债务，并且资产不足以清偿全部债务或者明显缺乏清偿能力的，依照本法规定清理债务。"据此，该法规定的破产原因包括两种情形：一是，企业法人不能清偿到期债务，并且资产不足以清偿全部债务；二是，企业法人不能清偿到期债务，并且明显缺乏清偿能力。具备其中任何一种原因的企业法人即可适用破产程序。在此，需要讨论的是，"不能清偿债务"应当如何理解？2002 年《最高人民法院关于审理企业破产案件若干问题的规定》（以下简称《规定》）第 31 条规定，不能清偿到期债务，"是指：（一）债务的履行期限已届满；（二）债务人明显缺乏清偿债务的能力。债务人停止清偿到期债务并呈连续状态，如无相反证据，可推定为'不能清偿到期债务'"。若依照《规定》对"不能清偿到期债务"的理解，则企业破产法规定的破产原因的第二种情形则显多余，因为，既然"明显缺乏清偿能力"为"不能清偿到期债务"的应有之意，则其后无须再注明"明显缺乏清偿能力"。若不依照《规定》的理解，"不能清偿到期债务"并不具有"明显缺乏清偿能力"的含义，则使企业破产法规定的破产原因的第一种情形失之严谨，因为，企业暂时性的资金周转不灵，并不能成为企业破产的原因。本书认为，应当认为"明显缺乏清偿能力"是"不能清偿债务"的题中应有之意，否则企业破产法规定的破产原因则会过于宽泛，会使本身具有良好效益的企业因暂时性的资金短缺或其他原因而陷入破产境地，这显然不利于社会经济的稳定发展。至于企业破产法关于破产原因的第二种情形的规定，则权且理解为法律对"明显缺乏清偿能力"的强调罢了。以《规定》为基础，结合国外相关立法例，本书认为，"不能清偿债务"应当与大陆法系破产立法普遍采用的概念"支付不能"作相同理解。

四、实验材料

（一）案例材料

案例 1：某实业公司是否具备破产原因纠纷案①

被申请人某实业公司由其主管部门某市贸易公司于 1999 年 3 月 18 日申请开办成立，注册资金 400 万元人民币，企业性质为国有，经营范围为渣土运输、建筑材料、日用品等。该公司于 2001 年下半年停止经营活动，法定代表人去向不明，公司财务及其经营管理人员均离职自谋生路。该公司资产净值 300 万余元，被某中级人民法院另案查封。其主管部门某贸易公司亦下落不明。2002 年 1 月 6 日，某实业公司的债权人某工贸公司以某实业公司不能履行到期债务为由，向某区人民法院申请某实业公司破产还债。申请人某工贸公司向受案法院提供的"关于某实业公司 2001 年 8 月 31 日资产、负债、所有者权益的鉴定审计报告"表明，某实业公司账面资产总计 554 万元，负债 261 万元；有 5 笔账外银行借款 1030 万元去向不明，账上既未反映债务情况，又未反映借入资金的使用情况。

某区人民法院立案受理后，经通知债权人申报债权，共有 20 余家债

---

① 案例来源于郑文舫、舒畅：《破产法实务与案例评析》，中国工商出版社 2003 年版，第 352 页。

权人申报，申报债权总额 2344 万元，其中银行债权 1786 万元，其他企业和个人债权 558 万元。2002 年 5 月 21 日，某区人民法院主持召开第一次债权人会议，由某市合作银行等 5 家银行在内的 12 家债权人参加会议。该 5 家银行债权数额占总债权额的 60%以上。债务人某实业公司及其主管部门某贸易公司均因下落不明，无法定代表人列席债权人会议。经申请人介绍某实业公司的审计报告、账外资金去向不明和某实业公司不能履行其到期债务等情况，要求宣告某实业公司破产还债的理由陈述，到会 12 家债权人中的 7 家（包括 5 家银行）认为，债务人某实业公司除审计报告中所说的 1030 万元借款去向不明外，尚有不少债务未列入审计报告，对这些情况应有个明确的说法，如系非经营性亏损而挪做他用，则债权人的合法权益得不到保护，国有资产将严重流失；现债务人及其主管部门既不出面清算债权债务，又无人对债务资产作出合法解释，故债务人某实业公司目前尚不具有破产还债的条件。该 7 家债权人建议法院终结破产还债程序，并通过公安部门追查账外资金的去向。债权人会议据此决议，不同意某实业公司破产。

据此，某区人民法院认为，占债权人会议有表决权的半数以上的债权人不同意债务人某实业公司破产还债。债务人去向不明的资金占其企业资产的相当比例，且其法定代表人至今下落不明，目前对债务人实施破产，不利于保护债务人的合法权益。根据有关法律规定，该院于 2002 年 7 月 31 日裁定如下：终结某实业公司的破产还债程序，移送某公安分局处理。

问题：某实业公司是否具备破产原因？

案例 2：甲公司破产原因纠纷案

甲有限责任公司，负债 500 万元，其中欠 A 公司 100 万元，欠 B 公司 300 万元，欠 C 公司 100 万元。目前，甲公司共有流动资金 150 万元，对乙公司 100 万债权（乙公司已停产，无流动资金且所有固定资产以对外抵押）及固定资产折价 200 万元。（假定甲公司已陷入瘫痪，无任何可预期收入）。在下列哪些情况下，甲公司具备破产原因？

情形一：甲欠 A 和 B 公司的债务已到期，欠 C 公司的债务未到期；

情形二：甲欠 A 和 C 公司的债务已到期，欠 B 公司的债务未到期；

情形三：若甲公司固定资产已提供给 B 作抵押，其他条件同情形一；

情形四：若甲公司固定资产已提供给 B 作抵押，其他条件同情形二。

（二）法条材料

《企业破产法》第 2 条：企业法人不能清偿到期债务，并且资产不足以清偿全部债务或者明显缺乏清偿能力的，依照本法规定清理债务。

企业法人有前款规定情形，或者有明显丧失清偿能力可能的，可以依照本法规定进行重整。

五、实验过程

（一）分析案例 1

步骤一：熟悉案件情况，简化案件材料。

本案中，被申请人负债总额 2344 万元，且债权已经到期，被申请人账面资产 554 万元，有 1030 万元的账外资金去向不明。在分析案例时，简化案例材料非常重要，其不仅能使分析者尽快掌握案件材料，而且使案件重点突出，易使分析者找到分析案件的突破口。

步骤二：查阅相关法条，明确现行法律有关破产原因的立法规定。

我国《企业破产法》第 2 条第 1 款规定："企业法人不能清偿到期债务，并且资产不足以清偿全部债务或者明显缺乏清偿能力的，依照本法规定清理债务。"

步骤三：结合相关法学理论，具体分析破产原因的构成要件。

实验原理中已有详细说明，在此简要概述。"不能清偿到期债务"，即是"支付不能"，构成要件为：第一，债务人欠缺清偿能力；第二，债务人不能清偿的债务须已届清偿期且债权人已请求债务人清偿；第三，债务人不能清偿的债务必须是金钱债务或可折合成金钱的债务；第四，债务人不能清偿债务是一种客观状况，与债务人的主观认识无关；第五，债务人对其债务必须是持续性的不能清偿。"资产不足以清偿全部债务"，即是"资不抵债"，指债务人的消极财产超过积极财产总额。

步骤四：结合案件具体情况，分析被申请人是否符合破产原因的构成要件。

第一，被申请人已经资不抵债。被申请人所欠债务人总额 2344 万元，而其账面资产仅有 554 万元，所负债务超过其资产总额，已经构成资不抵债。第二，被申请人不能清偿到期债务。被申请人所欠债务已经到期，且已被请求偿还，但债务人无力清偿且呈持续状态，此外，由于被申请人已经停产，不存在依其知识产权、劳动力等获得收入的可能性，虽有 1030 万元账外资金去向不明，但是，即使已收回 1030 万元的资金也不能清偿到期债务，因而，可以认定被申请人已经具备破产原因。至于 1030 万元账外资金如何追回，则是另一问题，与本案无涉。

（二）分析案例 2

步骤一：对情形一的分析。

A 和 B 公司的债务已到期，共 400 万元，而甲公司的总资产为 350 万元（150 万元流动资金与 200 万元固定资产折价，甲对乙公司的 100 万元债权不能作为其财产，因乙公司无法清偿甲的债权。）结合上述关于破产原因构成要件的分析，在此种情况下，甲公司具备破产原因。

步骤二：对情形二的分析。

A 和 C 公司的债务已到期，共 200 万元，而甲公司的总资产为 350 万元，完全可以清偿，甲公司不具备破产原因。

步骤三：对情形三的分析。

由于甲公司 200 万元的固定资产被用做抵押，不能用于偿还债务，其责任财产进一步减少，因而，甲具备破产原因。

步骤四：对情形四的分析。

由于甲公司 200 万元的固定资产用做抵押，则其责任财产减少为 150 万元，不能清偿所欠 A 公司和 C 公司的债权，因而，甲具备破产原因。

六、拓展思考

1. 结合我国企业破产法及合伙企业法的相关规定，思考合伙企业是否具有破产能力？

2. "个人破产"与"自然人破产"这两个概念，在不同的破产法著作中均有使用，请思考二者之间的区别及联系？

七、课后训练

某啤酒公司拥有固定资产原值 900 万元，有原价 70 万美元的联邦德国进口设备。公司占地百亩，其中大部分职工具有一定的生产技能。由于多方面的原因，该公司自建公司以来连年亏损，亏损额高达 600 万元。其主管部门曾想方设法采取过一系列措施，未果。已累计负债 1500 万元，仅银行利息每年即需付 120 万元以上。企业生存无望，职工生活更无着落。该公司向该市中级人民法院提出破产申请。法院受理后，按《中华人民共和国民事诉讼法》第 200

条的规定，在规定的期限内通知债权人申报债权。经核定，实际债权人 23 个，金额 1300 万元，其中有抵押的债权额为 97 万元，普通债权额为 1203 万元；劳动保险费 8.1 万元；企业欠职工医药费 6.3 万元；应该支付的税款为 6.1 万元。该企业的债权为：应收回债权为 81 万元，其中不能收回的 25 万元，实际债权额为 56 万元。破产企业的资产评估结果：依照法律规定，由清算组委托某会计师事务所，于 1994 年 10 月 22 日至 11 月 10 日，对该公司全部实物清理评估，固定资产净值 620 万元，存货 120 万元，土地使用权价值 170 万元，总计 910 万元。

问题：该企业是否具有破产原因？

第二节　破产实体法

实验：债务人财产具体范围分析

一、实验目标

理解"债务人财产"与"破产财产"的关系，掌握债务人财产的范围，掌握破产债权的特征及特殊类型破产债权的申报。

二、实验要求

培养学生运用"法律关系"分析案件的能力，即从复杂案件中发现各类法律关系，从中发现本案的争议焦点，并以此为突破口来分析案件。

三、实验原理

（一）债务人财产

"债务人财产"与"破产财产"指向的事物是同一的，但在不同的程序阶段称谓不同，在宣告债务人破产后，"债务人财产"改称"破产财产"。破产法作出这种技术性处理的主要理由是，破产程序包括重整程序、和解程序以及破产清算程序，而由于重整程序及和解程序是一种"再生程序"，债务人在重整及和解程序中并未真正"破产"，因而，称其为破产财产不够严谨，只有进入破产清算程序，才能称债务人财产为破产财产。

1. 债务人财产的性质。关于债务人财产的性质，学界存在两种针锋相对的观点：一是权利客体说，该说认为债务人财产在性质上与普通财产无异，仍是权利客体，其权利主体①为债务人。债务人财产虽然具有一定的独立性，但其仍是债务人的权利客体，本身并未成为权利主体。二是权利主体说，该说认为债务人财产本身即是权利主体，具有民事主体资格。而根据对权利主体性质的不同认识，该说又分为若干子学说，包括类似财产法人说、特别财团说、法人说、默示构成法人说、临时法人说等。

本书认为，权利客体说较为合理。破产程序开始后，债务人丧失对债务人财产的管理及处分的权利，这足以保证破产程序的公正，且在理论上不存在障碍，而无须彻底剥夺债务人对债务人财产的所有权，并单独赋予债务人财产以权利主体的地位。此外，权利主体说无法解释债务人在破产程序开始后即丧失对债务人财产的所有权，而且权利主体说在理论及实践中并未体现出任何高于权利客体说的价值。

2. 债务人财产的范围。在债务人财产范围的界定上，存在固定主义和膨胀主义。固定主义，是指债务人财产仅以破产申请受理时债务人的财产为限，破产受理后债务人新取得的财产不属于债务人财产。固定主义，更有利于破产人尽早恢复生产经营能力，提高破产程序的效率。膨胀主义，是指破产申请受理时债务人的所有财产以及破产申请受理至破产程序终结债务人所取得的财产。膨胀主义增加了债务人的责任财产，有利于维护债权人的合法权益。我国《企业破产法》第30条规定，破产申请受理时属于债务人的全部财产，以及破产申请受理后至破产程序终结前债务人取得的财产，为债务人财产。可见，我国采取的是膨胀主义立法模式。事实上，固定主义与膨胀主义的区分在我国没有多大意义，因为我国企业破产法仅适用于企业法人，法人在破产清算之后，其主体资格终止，不存在继续经营的问题，因而，我国企业破产法必然会选择膨胀主义的模式。

对债务人财产范围的准确理解，需要注意以下几点：

（1）破产申请受理时债务人所有和经营管理的财产。

财产的概念较为宽泛，不仅包括具体的物，还包括企业的无形资产和权利等。具体而言，债务人财产主要包括：固定资产、流动资金专项基金、无形资产、共有财产等。

---

① 此处不宜用"所有人"代替权利主体，因为债务人财产不仅包括物，还包括权利及利益等，所以用"所有人"代替"权利主体"不够严谨。

（2）债务人在破产申请受理后至破产程序终结前而取得的财产。

在破产程序开始至破产程序终结的整个期间，债务人财产由破产管理人管理及处分，管理人具有一定民事地位，具有取得财产的可能性。具体而言，在破产期间可能取得的财产主要包括以下几种类型：第一，债务人财产所产生的孳息。第二，债务人的债务人清偿债务而取得的财产。第三，债务人的股份、债券等在破产申请受理后而产生的利息、股息等收入。第四，管理人行使撤销权而取回的财产及因偏颇性清偿行为无效而取回的财产，《企业破产法》第 34 条规定："因本法第三十一条、第三十二条或者第三十三条规定的行为而取得的债务人的财产，管理人有权追回。"第五，债务人继续经营而取得的财产，若管理人认为债务人继续经营有利于维护债权人的利益，则债务人继续经营而取得的财产应归入破产财产。第六，管理人因追缴出资而取得的财产。《企业破产法》第 35 条规定："人民法院受理破产申请后，债务人的出资人尚未完全履行出资义务的，管理人应当要求该出资人缴纳所认缴的出资，而不受出资期限的限制。"第七，管理人从董事、监事、高级管理人员处追回的非法所得。《企业破产法》第 36 条规定："债务人的董事、监事和高级管理人员利用职权从企业获取的非正常收入和侵占的企业财产，管理人应当追回。"

（3）已设定担保的财产仍然属于债务人财产。

根据《破产法（试行）》第 28 条的规定，已作为担保物的财产不属于破产财产。《民事诉讼法》及 2002 年《关于审理企业破产案件若干问题的规定》也采取相同的立场。此做法在理论界受到学者们的批判，主要理由有：第一，将"已作为担保物的财产"规定为"不属于破产财产"缺乏理论依据，根据"债务人总财产为全部债权之担保"的法理思想和破产财产的时间范围，在破产程序开始时属于债务人所有的一切财产均构成破产财产，所以在破产程序开始时担保物权丧未执行的担保物应归属于法定破产财产范围。第二，将"已作为担保物的财产"规定为"不属于破产财产"，不利于担保财产的安全性；同时，使得管理人对属于破产财产的超出担保债务额的部分财产，难以行使管理处分权。第三，将已设定财产担保的债务人财产列入破产财产，并不妨碍担保物权人在破产程序中行使别除权。① 为此，《企业破产法》废除了这一规

---

① 参见李国光主编：《新企业破产法理解与适用》，人民法院出版社 2006 年版，第 202~205 页。

定，已设定的担保的财产也属于债务人财产的范畴。

（4）集体土地使用权可以成为债务人财产。

集体土地使用权成为企业财产（非农民集体企业财产）的情形，主要有两种：

一是《土地管理法》第63条规定："农民集体所有的土地的使用权不得出让、转让或者出租用于非农建设；但是，符合土地利用总体规划并依法取得建设用地的企业，因破产、兼并等情形使土地使用权依法发生转移的除外。"据此，符合土地利用总体规划，因破产、兼并等取得土地使用权。

二是集体土地的所有权人将土地使用权投资，与他人建立联合企业，该联合企业从而取得集体土地使用权。

在上述两种情形下，企业获得集体土地使用权都支付了相应的对价，因而，集体土地使用权可以作为债务人财产。

（5）国有土地使用权除划拨取得外均可成为债务人财产。

国有土地使用权能否成为债务人财产，需要具体分析：

第一，企业通过国家的无偿划拨而取得国有土地使用权。在这种情况下，企业破产时，国有土地使用权应由国家收回，不能作为债务人财产。这是因为，以划拨取得国有土地使用权并非完整意义上的财产，企业对其不能享有财产权。最高人民法院2003年发布的《关于破产企业国有划拨土地使用权应否列入破产财产等问题的批复》第1条规定："破产企业以划拨方式取得的国有土地使用权不属于破产财产，在企业破产时，有关人民政府可以予以收回，并依法处置。"当然，企业因对开发利用土地而投入了大量资金，有关人民政府在收回土地使用权时应当给予企业相应的补偿，该补偿应当作为破产财产。

第二，企业因出让或转让而取得国有土地使用权。在这种情况下，企业取得土地使用权，支付了相应的对价，属于完整意义上的财产，在企业破产时，该土地使用权应当作为债务人财产。

第三，企业因股东出资而取得国有土地使用权。此情况类似于第二种情况，在企业破产时，国有土地使用权应当作为债务人财产。

（二）破产债权

1. 破产债权的概念。破产债权，是指法院受理破产申请时债权人对债务人享有的财产请求，但是只有在债务人被宣告破产后才能称为破产债权。破产宣告后，破产申请受理前成立的债权，不论该债权基于何种原因产生，不论该债权是否到期、是否附期限或条件，也不论该债权是否享有担保，都属于破产债权。需要说明的是，企业破产法关于破产债权范围及时间起点的规定，与破产法（试行）相比有很大变动。《破产法（试行）》第 30 条规定："破产宣告前成立的无财产担保的债权和放弃优先受偿权的有财产担保的债权为破产债权。"根据此条规定，有财产担保的债权不属于破产债权，除非其放弃优先受偿权，而企业破产法废除了此规定，即承认有财产担保的债权亦为破产债权。破产法（试行）规定破产债权起算点为破产宣告前，而企业破产法将破产债权的起算点提前，规定为破产申请受理前。

根据企业破产法的规定，破产债权具有以下特征：

（1）破产债权必须是受理破产申请前成立的债权。

在破产申请受理前成立的债权，是指债权成立的原因发生在破产申请受理前，在破产申请受理之后产生的债权，则只能作为新债权，不能参与破产分配。企业破产法如此规定的原因在于，若将破产申请受理后成立的债权纳入破产债权的范畴，则该规定可能被债务人及相关权利人滥用，恶意成立新的债权，从而减少因破产而遭受的"损失"。

（2）破产债权必须是受法律保护并具有强制执行力的债权。

破产债权必须是合法有效、受法律保护的债权，这样的债权才能在破产程序中得到清偿，已过诉讼时效、无效以及基于非法原因产生的债权不能在破产程序中得到清偿。

（3）破产债权必须经破产程序申报才能行使。

破产债权必须在法律规定的期间内申报，否则债权人便不能行使表决权等权利，从而不能在破产程序中实现债权。未按法律规定申报债权的债权人，不得单独请求债务人清偿，亦不能请求法院强制执行债务人的财产。《企业破产法》第 45 条规定："人民法院受理破产申请后，应当确定债权人申报债权的期限。债权申报期限自人民法院发布受理破产申请公告之日起计算，最短不得少于 30 日，最长不得超过 3 个月。"根据此条的规定，债权人应当在法定期限内申报债权。现在需要讨论的问题是，若债权人未在法律规定的期限内申报债权，则其债权能否补充申报？实际上，这个问题涉及对法律规定的申报期限性质的认识。由于各国对申报期限的不同认识，形成了两种立法例：绝对效力主义立法模式和相对效力主义立法模式。绝对效力主义认为，法定申报期限具有除斥期间的性质，破产债权人未在法定期间内申报债权，事后不得补充申报。破产法（试行）采用的是该立法模式，该法第 9 条规定，逾期未申报债权的，视为自动放弃债权。该立法模式的优点是，有利于提高破产程序的效率，可以避免因债权人不断申报债权，而降低破产程序的效率。相对效力主义认为，法定申报期限不具有除斥期间的效力，债权人未在该期间内申报债权，并不视为自动放弃债权，债权人可以在事后补充申报，只不过其清偿利益可能会受到损失。企业破产法采此立法模式，该法第56条规定："在人民法院确定的债权申报期限内，债权人未申报债权的，可以在破产财产最后分配前补充申报；但是，此前已进行的分配，不再对其补充分配。为审查和确认补充申报债权的费用，由补充申报人承担。债权人未依照本法规定申报债权的，不得依照本法规定的程序行使权利。"

2. 特殊类型破产债权的申报。债权的申报，是指破产程序开始后，在法律规定的期限内，债权人向人民法院指定的人申报债权，以使其债权能够参加破产程序的法律制度。债权申报是债权人参加破产程序并行使权利的前提。一般债权的申报，按照破产法的规定申报即可，并无太大争议。需要讨论的是，几类特殊债权的申报。具体而言包括以下几类：

（1）未到期债权及附利息债权的申报。

未到期债权是指破产程序开始后，该债权的履行期限未届至，债权人不得请求债务人履行的债权。由于破产程序是对债务人的债权债务关系作一揽子处理，因而，破产申请受理后，未到期债权视为已到期，该类债权人与到期债权人拥有同样的权利，法律地位也是平等的。企业破产法与破产法（试行）关于"视为到期"的时间点的规定是有差异的。《企业破产法》第46条规定："未到期的债权，在破产申请受理时视为到期。附利息的债权自破产申请受理时起停止计息。"而《破产法（试行）》第31条规定："破产宣告时未到期的债权，视为到期，但是应当减去未到期的利息。"可见，企业破产法将"视为到期"的时间点提前至受理破产申请时，同时，债权利息的计算点也被提前至破产申请受理时。这在实践中便产生了问题，对于在企业破产法施行前法院受理，而在企业破产法施行后尚未审结的案件，未到期的债权何时视为到期？债权的利息该如何计算？对此，最高人民法院颁布的《关于〈中华人民共和国企业破产法〉施行时尚未审结的企业破产案件适用法律若干问题的规定》第6条规定："人民法院尚未宣告债务人破产的，应适用企业破产法第46条的规定确认债权利息；已经宣告破产的，依据企业破产法施行前的法律规定确认债权利息。"

（2）附条件、附期限及诉讼、仲裁未决的债权的申报。

我国《企业破产法》第47条笼统地规定了，附条件、附期限及诉讼、仲裁未决的债权可以申报债权，但对其中存在的问题未作具体规定，应当予以完善。

第一，所附条件的成就与否并不能确定，对附解除条件的债权而言，其可因事后条件成就而失去效力，而对附生效条件的债权，其可因事后条件的成就而取得效力。即附条件的债权效力状态受制于事后所附条件的成就与否，因此，在破产财产的分配方式上同一般债权应当有所区别。我国企业破产法对此未作规定。国外的一般做法是，将破产分配分为中间分配和最后分配。中间分配时，条件若未成就，对附解除条件的债权而言，其若取得分配财产必须提供一定的担保或者将其分配额提存；而对附生效条件的债权而言，应将其分配额提存。在最后分配时，条件若仍未成就，对附解除条件的债权而言，其为确定有效的债权，可以正常地参加破产分配，中间分配时提供的担保予以解除；而对附生效条件的债权而言，其为确定无效的债权，中间分配时提存的分配额，按破产程序分配给其他债权人。

第二，附期限债权与附条件债权最大的区别在于，期限必定到来，而条件并不必然成就，因此，附期限的债权是必然有效或无效的债权。对附始期的债权而言，在破产程序开始后，因该债权所附期限未届至，而禁止其参加破产程序，然而，当期限届至时，破产程序可能早已结束，此时，附始期债权人的利益将得不到保护。因此，各国的普遍做法是，附始期债权在破产程序开始后视为期限已届至。对附终期的债权而言，期限届至时其必然会失去效力，而且该期限必然会届至，因此，附终期的债权不应当成为破产债权。

第三，诉讼、仲裁未决的债权，是指当事人因债权纠纷而向人民法院起诉或提交仲裁机构仲裁，请求作出判决或决定所涉的债权，但是人民法院或仲裁机构尚未作出判决或决定。此类债权属于有争议的未决债权，债权人在诉讼或仲裁程序中申报债权，不产生在破产程序中申报债权的效力，因而，为了维护此类债权人的在破产程序中的权利，破产法规定诉讼或仲裁未决的债权可以向管理人申报债权。

（3）连带债权的申报。

连带债权是指，债权人为两人或两人以上，且任一债权人均可向债务人主张全部债权，请求债务人清偿，债务人也可以向多数债权人中的任何一人清偿全部债权。债务人向一个债权人清偿全部债务后，所有连带债权人的请求权都消失。基于连带债权的性质，债务人破产时，连带债权人共同申报债权或仅由部分债权人申报，都不会损害债权人的利益。我国《企业破产法》第 50 条规定："连带债权人可以由其中一人代表全体连带债权人申报债权，也可以共同申报债权。"

（4）连带债务人破产时的债权申报。

连带债务，是指数个债务人对以同一标的为内容的给付负有全部清偿义务的债务。在连带债务中，债权人可以请求任何一个债务人清偿全部债务，任何债务人都有义务清偿全部债务，其中一个债务人清偿全部债务后，整个债权债务关系消灭。

《企业破产法》第 51 条规定："债务人的保证人或者其他连带债务人已经代替债务人清偿债务的，以其对债务人的求偿权申报债权。债务人的保证人或者其他连带债务人尚未代替债务人清偿债务的，以其对债务人的将来求偿权申报债权。但是，债权人已经向管理人申报全部债权的除外。"根据此条的规定，连带债务人亦可就因行使内部求偿权而产生的债权向管理人申报，此类债权的申报主要有两种类型：第一，连带债务人已经清偿了债务，从而以其对债务人的求偿权申报债权。第二，连带债务人未代替债务人清偿债务，而以将来可能产生的内部求偿权申报债权，但债权人已经向管理人申报全部债权的除外。若债权人未就全部债权向管理人申报，则破产程序终结后，连带债务人在承担全部债务后，无法向债务人追偿，因而破产法应当允许连带债务人就未来可能产生的内部求偿权向管理人申报。

连带债务人之一被申请破产，债权人可就全部债权向债务人申报，若连带债务人都被申请破产，则债权人该如何申报债权？对此，我国《企业破产法》第 52 条规定："连带债务人数人被裁定适用本法规定的程序的，其债权人有权就全部债权分别在各破产案件中申报债权。"即债权人可就全部债权在各个破产程序中全额申报，但其受偿总额不得超过全部债权额。需要说明的是，对"全额债权"的理解，有三种不同的立法例：第一种是"成立时债权额主义"，即以债权成立时的全部债权申报，瑞士采此模式；第二种是，"自愿清偿扣除额主义"，即以债权成立时的数额减去非依破产程序而任意清偿的数额后剩余的债权额进行申报，法国采此模式；第三种是"宣告时现存额主义"，即不论债权已受领清偿部分的性质为何，即不管是任意清偿还是破产分配之清偿，均应从债权总额中扣除，而以破产宣告时的现存额为标准向管理人申报债权，德国采此模式。本书认为，第三种立法例较为合理，瑞士法主义虽更有利于保护债权人，但允许债权人以全部债权额进行申报，则其所受清偿有可能超过其债权额，此时再依不当得利返还，显然徒增麻烦。法国法认为依破产分配之清偿不具有消灭债权的效力，仅普通的任意清偿具有消灭债权的效力，此种观点在我国缺乏说服力。德国法以宣告时现存额为标准进行申报，较为合理、务实，但在我国应做相应的修改，把"宣告时现存额主义"改为"申报时现存额主义"，因为，在我国破产程序开始的标志是受理破产申请，债权申报可能在破产宣告之前进行，因而，改为"申报时现存额主义"较为严谨。

（5）管理人解除合同时的债权申报。

《企业破产法》第53条规定："管理人或者债务人依照本法规定解除合同的，对方当事人以因合同解除所产生的损害赔偿请求权申报债权。"此类债权的特殊之处在于，其产生于破产申请受理之后，依据企业破产法的规定，此类债权不能作为破产债权申报，但法律基于维护受害人权益的考虑，特别规定此类债权可以作为破产债权进行申报。

四、实验材料

（一）案例材料

案例 1：甲公司被申请破产后破产财产范围纠纷案

甲公司是一国有企业，始建于 1980 年，主要从事钢铁经营。1997 年始，由于经营管理不善，资金短缺，品种单一，致使企业严重亏损，于 1998 年年底，会计报表反映，其负债总额为 8000 万元，流动资金 1000 万元，固定资产折价 4000 万元，已严重资不抵债。该厂于 2000 年 3 月，向某人民法院申请破产。

该法院收到破产申请后，经审查认为符合受理条件，于 2000 年 3 月 20 日裁定受理，并于 2000 年 5 月宣告甲公司破产。2000 年 7 月，多家单位组成的清算组接管该企业。清算组在清算过程中查明，甲公司于 1999 年 12 月 5 日，免除乙公司债务 2000 万元，并向丙公司清偿 500 万元债务，于 1999 年 12 月 20 日，将其名下价值 50 万元的汽车无偿转让给乙企业。甲公司所占范围内的土地使用权最初是集体所有土地，国家通过征用的方式取得，然后通过划拨方式给甲公司使用。甲公司在法院受理破产申请后，其与丁公司的合同尚未履行完毕，清算组认为甲公司不适宜继续履行该合同，于是解除该合同，结果造成丁公司 30 万元的损失。甲公司欠 A 企业 5000 万元债务，丙公司为其提供了连带担保，而后，丙公司于 2000 年 6 月申请破产，法院依法裁定受理。此外，管理人查明，甲公司负债总额 8000 万元，流动资金 1000 万元，固定资产折价 4000 万元。

甲公司的破产财产包括哪些？A 企业该如何申报债权？丁公司 30 万元的损失能否申报？

案例 2：潍坊市商业银行诉某坊子酒厂抵顶协议纠纷案①

2000 年，某坊子酒厂（以下简称坊子酒厂）分两次向潍坊市商业银行（以下简称潍坊商业银行）贷款 2120 万元，并以自由房地产提供抵押担保。该贷款到期后，坊子酒厂未按期偿还。后潍坊商业银行向山东省潍坊市中级人民法院提出诉讼，要求坊子酒厂偿还其贷款本息。在该案审理过程中，经山东省潍坊市中级人民法院主持双方于 2002 年 5 月 30 日达成协议，约定坊子酒厂自愿用已抵押的房地产按抵押时的评估值 26216302.50 元，房屋证号：潍坊坊公字第 161、162、827、828 号，面积 33022.62 平方米；土地证号：潍国用（1998）第 0008 号，面积 58621.05 平方米，以潍坊市坊子区房地产评估所 1998 年 2 月 21 日的评估报告明细为准，抵顶潍坊商业银行的贷款本息、诉讼费用及一年的租赁费，其中：贷款本金为 2120 万元，利息 3498381.41 元，诉讼费 164520 元，租赁费 1353401.09 元。如潍坊商业银行需对以上房产办理过户，坊子酒厂必须配合其办理一切手续，并保证在租赁期间房地产的完整。协议双方均签字盖章。双方签订协议后，潍坊商业银行即向潍坊市中级人民法院申请撤诉，山东省潍坊市中级人民法院以（2002）潍民二初字第 33 号民事裁定准许潍坊商业银行撤诉。

另查明，坊子酒厂因资不抵债，向山东省潍坊市坊子区人民法院申请破产还债。山东省潍坊市坊子区人民法院于 2003 年 11 月 20 日作出（2003）坊民破裁字第 5-1 号民事裁定，宣告坊子酒厂破产还债。2003 年 12 月 2 日，山东省潍坊市坊子区人民法院以（2003）坊民破通字第 5-3-1 号申报债权通知书，通知潍坊商业银行在收到该通知后 30 日内，向山东省潍坊市坊子区人民法院山东坊子酒厂破产还债清算组（以下简称坊子酒厂破产清算组）申报债权，逾期申报，应视为放弃债权。2004 年 2 月 2 日，坊子酒厂破产清算组以（2003）坊酒破通字第 8-1 号通知书，通知潍坊商业银行：解除坊子酒厂 2002 年 5 月 30 日与其签订的房地

---

① 案例来源于张民安主编：《破产法案例与评析》，中山大学出版社 2006 年版，第 118~119 页。

产抵顶协议。如有异议，可在接到该通知书 5 日内向山东省潍坊市坊子区人民法院破产合议庭申请裁决。2004 年 2 月 6 日，潍坊商业银行向山东省潍坊市坊子区人民法院书面提出异议称，其与坊子酒厂的抵顶协议，已经生效并实际履行，具有法律约束力，同时该房地产仍处于抵押状态，依法明显不能作为破产财产。坊子酒厂破产清算组无权解除其与坊子酒厂签订的房地产抵顶协议，为维护其合法权益，提出异议，请求依法裁决。2004 年 2 月 20 日，潍坊商业银行向山东省高级人民法院提出书面申请：坊子酒厂破产清算组于 2004 年 2 月 2 日向其发出（2003）坊酒破通字第 8-1 号通知书，决定解除其与坊子酒厂签订的房地产抵顶协议，对此不服并已向山东省潍坊市坊子区人民法院提出书面异议，但鉴于山东省高级人民法院已经立案受理其与坊子酒厂破产清算组房地产抵押过户纠纷一案，为避免出现矛盾的裁判结果，特申请山东省高级人民法院通知山东省潍坊市坊子区人民法院对本案所涉协议的效力不予裁决。

坊子酒厂破产清算组在一审法院开庭前递交了管辖权异议申请书，请求依法驳回潍坊商业银行的诉讼请求。

（二）法条材料

《企业破产法》第 18 条：人民法院受理破产申请后，管理人对破产申请受理前成立而债务人和对方当事人均未履行完毕的合同有权决定解除或者继续履行，并通知对方当事人。管理人自破产申请受理之日起 2 个月内未通知对方当事人，或者自收到对方当事人催告之日起 30 日内未答复的，视为解除合同。

管理人决定继续履行合同的，对方当事人应当履行；但是，对方当事人有权要求管理人提供担保。管理人不提供担保的，视为解除合同。

《企业破产法》第 20 条：人民法院受理破产申请后，已经开始而尚未终结的有关债务人的民事诉讼或者仲裁应当中止；在管理人接管债务人的财产后，该诉讼或者仲裁继续进行。

《企业破产法》第 21 条：人民法院受理破产申请后，有关债务人的民事诉讼，只能向受理破产申请的人民法院提起。

《企业破产法》第 31 条：人民法院受理破产申请前一年内，涉及债务人财产的下列行为，管理人有权请求人民法院予以撤销：

（一）无偿转让财产的；

（二）以明显不合理的价格进行交易的；

（三）对没有财产担保的债务提供财产担保的；

（四）对未到期的债务提前清偿的；

（五）放弃债权的。

《企业破产法》第 32 条：人民法院受理破产申请前 6 个月内，债务人有本法第二条第一款规定的情形，仍对个别债权人进行清偿的，管理人有权请求人民法院予以撤销。但是，个别清偿使债务人财产受益的除外。

《企业破产法》第 51 条：债务人的保证人或者其他连带债务人已经代替债务人清偿债务的，以其对债务人的求偿权申报债权。

债务人的保证人或者其他连带债务人尚未代替债务人清偿债务的，以其对债务人的将来求偿权申报债权。但是，债权人已经向管理人申报全部债权的除外。

《企业破产法》第 52 条：连带债务人数人被裁定适用本法规定的程序的，其债权人有权就全部债权分别在各破产案件中申报债权。

《企业破产法》第 53 条：管理人或者债务人依照本法规定解除合同的，对方当事人以因合同解除所产生的损害赔偿请求权申报债权。

五、实验过程

（一）分析案例 1

步骤一：撤销权行使的具体情形。

《企业破产法》第 31 条规定："人民法院受理破产申请前一年内，涉及债务人财产的下列行为，管理人有权请求人民法院予以撤销：（一）无偿转让财产的；（二）以明显不合理的价格进行交易的；（三）对没有财产担保的债务提供财产担保的；（四）对未到期的债务提前清偿的；（五）放弃债权的。"根据这一规定，甲公司在 1999 年 12 月 5 日免除乙公司债务的行为及 1999 年 12 月 20 日无偿转让汽车的行为，都发生在破产申请受理前一年内，因而管理人可以请求人民法院予以撤销，甲公司免除乙债务的行为无效，乙应当偿还该债务，且乙受让的汽车应当返还给管理人。

步骤二：个别清偿行为的效力分析。

《企业破产法》第 32 条规定："人民法院受理破产申请前 6 个月内，债务人有本法第二条第一款规定的情形，仍对个别债权人进行清偿的，管理人有权请求人民法院予以撤销。但是，个别清偿使债务人财产受益的除外。"据此，甲公司向丙公司清偿 500 万元债务的行为，是无效的，丙公司应当将 500 万元债务返还给管理人。

步骤三：国有土地使用权能否作为破产财产？

虽然甲公司所使用的土地，最初是集体土地，但政府在征用之后，则已经变成了国有土地，因而，甲公司的土地使用权是国有划拨土地，根据上述原理，国有划拨土地使用权不能作为破产财产，应当由国家收回。当然，若甲公司对土地进行了改进，国家在收回该土地时应当给予适当补偿，而该补偿可以作为破产财产。

步骤四：甲公司破产财产的范围。

综合上述分析可知，甲公司的破产财产包括：流动资金 1000 万元、固定资产 4000 万元、价值 50 万元的汽车、甲对乙的债权、管理人从丙公司收回的500 万元债务款。

步骤五：管理人行使解除权给对方造成的损失是否应当赔偿？

根据上述实验原理，管理人解除合同造成对方当事人损失的，该损失虽发生于破产程序开始之后，但按照法律的规定仍然属于破产债权，因而，丁公司遭受的 30 万元损失可以申报债权。

步骤六：A 公司该如何申报债务？

根据上述实验原理，A 公司可以在丙公司及甲公司的破产程序中，同时申报 5000 万元债权。

（二）分析案例 2

步骤一：熟悉案件情况，简化案件材料。

本案的法律关系较为复杂，具体如下：①2000 年坊子酒厂向潍坊商业银行贷款 2120 万元，并以坊子酒厂自有房地产抵押。②贷款到期后，坊子酒厂未按期偿还贷款。2002 年 5 月 30 日，其与潍坊商业银行签订抵顶协议，内容为：用于抵押的房地产所有权转让给潍坊商业银行，用于抵销潍坊商业银行的贷款本息、诉讼费用及租赁一年的费用。其中，租赁费的产生，是因为坊子酒厂与潍坊商业银行签订了一个房地产租赁合同，坊子酒厂租赁已经转让给潍坊商业银行的房地产，租赁期限为 1 年，用于生产经营。但是，潍坊商业银行没有办理过户手续，这是本案的症结所在。③2003 年 11 月 20 日，潍坊市坊子区人民法院宣告坊子酒厂破产，并成立了清算组。④2004 年 2 月 2 日，清算组解除了坊子酒厂于 2002 年 5 月签订的抵顶协议。潍坊商业银行对此有异议，于 2004 年 2 月 6 日，向坊子区人民法院提出异议。⑤潍坊商业银行将其与坊子酒厂清算组房地产抵押过户纠纷向山东省高院起诉。⑥潍坊商业银行向山东省高级人民法院提出申请，请求山东省高级人民法院通知山东省潍坊市坊子区人民法院对本案所涉协议的效力不予裁决。

步骤二：查明本案争议焦点。

本案的争议焦点主要有：①坊子酒厂破产清算组是否有权解除抵顶协议？②如何确定受理破产申请的法院与其他法院在处理以破产企业作为债务人的民事纠纷案件的关系？③抵押财产能否作为破产财产？

步骤三：对争议焦点①的具体分析。

首先，坊子酒厂与潍坊商业银行之间的抵顶协议是一种民事协议，是合法有效的。其次，由于房地产未办理过户登记，根据我国物权法的相关规定，该房地产的所有权人仍然是坊子酒厂。最后，根据新《企业破产法》第18条的规定，破产管理人对未履行完毕的合同享有决定履行或不履行的权利。因而，坊子酒厂清算组（相当于破产管理人）可以解除抵顶协议。

步骤四：对争议焦点②的具体分析。

《企业破产法》第20条规定："人民法院受理破产申请后，已经开始而尚未终结的有关债务人的民事诉讼或者仲裁应当中止；在管理人接管债务人的财产后，该诉讼或者仲裁继续进行。"第21条规定："人民法院受理破产申请后，有关债务人的民事诉讼，只能向受理破产申请的人民法院提起。"可见，对破产申请受理前已经开始但尚未终结的案件，应当中止，待管理人接管财产后再继续进行。而在破产申请受理后，有关债务人的民事诉讼必须向受理破产申请的人民法院提起。因而，本案中，有关潍坊商业银行与坊子酒厂清算组之间的抵押过户纠纷应当由受理破产案件的法院审理，即坊子区人民法院，而非山东省高级人民法院。

步骤五：对争议焦点③的具体分析。

根据上述实验原理，在新破产法施行后，抵押财产应当作为破产财产，但拥有抵押权的人可以就抵押财产享有优先受偿权。

六、拓展思考

在本节的案例1中，甲公司欠A公司5000万元，丙公司提供了担保，若此时还有B公司、C公司（已经破产）以及D公司提供了连带责任担保，B公司事先向A公司清偿了1000万元，通过C公司的破产分配，A公司得到500万元，且B、D公司在甲公司破产的同时也开始了破产程序，则此时，A公司在甲、丙、B、D公司的破产程序中该如何申报债权？

七、课后训练

1. A 公司因严重资不抵债向法院申请破产，法院已经受理其申请。根据企业破产法的规定，下列哪一项财产不构成债务人财产？

A. A 公司享有的未到期债权

B. 管理人撤销 A 公司 6 个月前以明显不合理价格进行交易涉及的财产

C. A 公司所有但已设定抵押的财产

D. A 公司购买的正在运输途中的但尚未付清货款的货物

2. 某物流有限责任公司因严重亏损，已无法清偿到期债务。2006 年 6 月，各债权人上门讨债无果，欲申请该物流公司破产还债。下列各债权人中谁有权申请该物流公司破产？

A. 甲公司：物流公司租用其仓库期间，因疏于管理于 2005 年 12 月失火烧毁仓库

B. 乙公司：物流公司拖欠其燃料款 40 万元应于 2004 年 1 月偿还，但该公司一直未追索

C. 丙公司：法院于 2005 年 10 月终审判决物流公司 10 日内赔偿该公司货物损失 20 万元，该公司一直未申请执行

D. 丁公司：物流公司就拖欠该公司货款 30 万元达成协议，约定于 2006 年 10 月付款

3. 甲公司被法院宣告破产，清算组在清理该公司财产时，发现的下列哪些财产应列入该公司的破产财产：

A. 该公司依合同将于 3 个月后获得的一笔投资收益

B. 该公司提交某银行质押的一辆轿车

C. 该公司对某大桥上的未来 20 年的收费权

D. 该公司一栋在建的办公楼

4. 某实业有限公司因不能清偿到期债务而申请破产救济，各债权人纷纷向清算组申报债权。下列选项哪些属于破产债权：

A. 甲公司要求收回其租赁给实业有限公司的一套设备

B. 乙银行因派员参与破产程序花去的差旅费 5 万元

C. 丙银行贷给实业有限公司的 50 万元贷款，但尚未到还款期

D. 丁银行行使抵押权后仍有 10 万元债权未受偿

5. 甲公司因负债被申请破产，法院受理了破产申请。其后，相应的机关和当事人实施了以下行为，其中哪些是违法的：

A. 乙法院委托拍卖行拍卖 1 年前查封的甲公司的土地

B. 甲公司为维持生活经营向某公司支付 10 万元货款

C. 税务机关通知银行直接从甲公司账上扣缴税款 5 万元

D. 甲公司以自己的债权抵销了所欠某公司的债务（产生于破产申请后）8 万元

6. 某大酒店经上级主管部门同意，于 2001 年 3 月 2 日申请宣告破产，在破产程序中债权人纷纷申报债权。提出如下给付请求：

（1）某女士于 2000 年 5 月被该酒店保安人员殴打致伤，住院治疗 8 个月，要求赔偿医疗费 8730 元。

（2）因该酒店歌舞厅从事色情营业被查处，市公安局于 2001 年 2 月 26 日对其作出处罚决定：罚款 1 万元，限 7 日内缴纳。

（3）某旅行社与该酒店签订的合同，因酒店被宣告破产而终止，旅行社要求赔偿由此造成的损失 18000 元。

（4）该酒店经理以酒店名义借用 B 公司小轿车一辆供其亲属使用，现 B 公司要求返还。

问题：上述四项哪些是破产债权？

第三节　破产程序法

实验：破产程序规则的具体适用

一、实验目标

了解破产程序的申请主体，熟悉申请受理的效力，掌握破产重整、和解及破产清算的相关内容。

二、实验要求

培养学生法律文书写作的能力，使其能够掌握法律文书写作的格式及技巧。

三、实验原理

（一）破产程序的启动

破产程序的启动历来存在"申请主义"与"职权主义"的分野。申请主义是指，破产程序的启动必须有当事人的申请，法院无权主动开始破产程序。采纳申请主义的主要理由是，破产法是处理债权债务关系的商法，在根本上属于私法的范畴，根据私法"不告不理"的原则，破产程序必须由当事人申请来启动，法院不能依职权启动破产程序。而职权主义则是指，法院可依职权主动开始破产程序，无须当事人的申请。采纳职权主义的主要理由是，破产是对债务人违反契约的惩戒，法院可依职权启动破产程序。随着经济的发展，破产是经济运行必然结果的观点被大多数人接受，"职权主义"逐渐被历史摒弃。在现代破产制度中，"申请主义"已被绝大多数国家的立法所采纳，成为破产法发展的必然趋势。

我国现行企业破产法采纳的是申请主义的观点，事实上，申请主义是我国破产立法的一贯原则，无论是1986年颁布的破产法（试行）还是民事诉讼法中规定的企业法人破产还债程序，均规定当事人的申请是破产程序开始的唯一途径。然而，当事人破产申请，并不当然引起破产程序的开始，只有当事人的破产申请经法院受理后，破产程序才开始，即破产申请的受理是破产程序开始的标志。

1. 破产程序的申请。破产申请只有满足一定条件，才会被法院受理，也才能引起破产程序的开始。按照学界通说，破产申请必须具备两个方面的要件：一是实质要件，包括申请权利人的资格、被申请人是否具有破产能力、是否具备破产原因等；二是程序要件，即申请权利人申请破产必须遵循特定的法律程序。破产原因及破产能力前文已有所论及，在此就申请权利人的资格及破产申请的程序要件进行简要介绍。

我国《企业破产法》第7条规定："债务人有本法第二条规定的情形，可以向人民法院提出重整、和解或者破产清算申请。债务人不能清偿到期债务，债权人可以向人民法院提出对债务人进行重整或者破产清算的申请。企业法人已解散但未清算或者未清算完毕，资产不足以清偿债务的，依法负有清算责任的人应当向人民法院申请破产清算。"据此，有权申请债务人破产的权利主体有：

（1）债务人。按照民事诉讼法"自己不得对自己提出诉讼"的基本原理，债务人是无权提起破产申请的，但是，在破产程序中，立法者基于一定理由赋予债务人提出破产申请的权利，可以说，这是破产法的一项特殊安排。债务人之所以能主动申请破产，其理由在于：债务人通过破产程序，不仅可以获得一定的免责利益，而且可以从沉重的债务负担中解脱出来，还有些债务人可以通过再生程序获得"新生"，这对债权人的利益以及社会经济的发展都是有利的。若债务人无权申请破产，则当债务人陷入困境时，只能消极等待债权人提出申请，而本来已经陷入困境的财务状况则可能会进一步恶化，这不仅对债权人的清偿利益不利，而且会阻碍社会经济的正常快速流转。因而，债务人具有提出破产申请的权利是理所应当的。

（2）债权人。申请债务人破产是债权人维护其权益的最后一道防线，是债权人的基本权利之一。一般认为，债权人行使申请债务人破产的权利，应当具备以下条件：第一，债权人享有的债权应是以财产为请求内容的债权，而非请求履行劳务等为内容的债权；第二，债权人享有的债权应是已届清偿期，可以请求履行的债权，对附条件或者附期限的债权，其条件应已成就，期限应已到来；第三，债权人享有的债权应是没有争议的债权；第四，债权人享有的债权应是未超过诉讼时效的债权；第五，债权人享有债权必须是以民事法律关系形成的债权，对于非依民事法律关系形成的债权，如税款、职工的劳动债权等，其债权人不享有提出破产申请的权利。

实践中，争论比较大的是有财产担保的债权是否具有申请开始破产程序的权利？对此，学界有两种观点：一种观点认为，有财产担保的债权人的债权只要担保财产还在，债务人破产与否，对其利益影响不大，因而有财产担保的债权人不应享有提起破产申请的权利。另一种观点认为，有财产担保的债权人应当可以提起破产申请，因为债务人的总财产是所有债权的一般担保，有财产担保的债权人虽具有特别担保，但其一般担保并不因此而消灭，因此，有财产担保的债权人应当具有提出破产申请的权利。本书认为，第二种观点更合理。因为有财产担保的债权仍然是债权，其基本属性并没有变，只不过其实现较一般债权更有保障。事实上，实践中担保物的价值低于担保债权总额的现象普遍存在，对于有财产担保的债权通过行使担保权而未能获得清偿的部分与一般债权无异，此时，若不允许其提出破产申请，显然有违公平。此外，对于有财产担保的债权，其担保物并不必然是债务人的财产，在担保物为第三人提供的情况下，不允许有财产担保的债权人提出破产申请，显然于法无据。

（3）负有清算责任的人。一般来说，提出破产申请是一项权利，但是在特殊情况下，申请破产可能成为某些人的特殊法律义务。在企业法人已解散但未清算或者未清算完毕，且其资产不足以清偿债务的情况下，依法负有清算责任的人应当向法院申请破产清算，这是法律赋予其的特殊义务。

破产申请的程序要件，是指破产申请人向法院提出破产申请，所必须遵循的特定程序。我国关于破产申请形式要件的规定，集中体现在《企业破产法》第8条，该条规定："向人民法院提出破产申请，应当提交破产申请书和有关证据。破产申请书应当载明下列事项：（一）申请人、被申请人的基本情况；（二）申请目的；（三）申请的事实和理由；（四）人民法院认为应当载明的其他事项。债务人提出申请的，还应当向人民法院提交财产状况说明、债务清册、债权清册、有关财务会计报告、职工安置预案以及职工工资的支付和社会保险费用的缴纳情况。"

2. 破产申请的受理。破产申请的受理，是指法院收到破产申请之后，经过审查，认为该申请符合法定条件而予以立案，并因此开始破产程序的一种司法行为。法院在受理破产申请前，应当对破产申请的实质要件与程序要件进行审查，并以此为根据决定是否受理。一般来说，法院审查的内容主要包括：债务人有无破产能力、债务人是否具备破产原因、申请人是否有权申请、破产申请书及其他材料是否齐备、受案法院是否具有管辖权等。

破产申请的受理意味着破产程序的开始，因而，破产申请受理后会产生一系列法律后果。我国企业破产法对破产申请受理的效力进行了详细规定。具体而言，受理破产申请的效力主要体现在以下几个方面：

（1）对债务人及有关人员的行为进行限制。为了保证债权人的利益不被侵害，受理破产申请后，债务人及有关人员的行为必然要受到限制。根据《企业破产法》第15条的规定，债务人及有关人员应承担以下义务：第一，妥善保管其占有和管理的财产、印章和账簿、文书等资料；第二，根据人民法院、管理人的要求进行工作，并如实回答询问；第三，列席债权人会议并如实回答债权人的询问；第四，未经人民法院许可，不得离开住所地；第五，不得新任其他企业的董事、监事、高级管理人员。

（2）债务人个别清偿债务的行为无效。破产程序的根本目的在于，一次性、彻底地解决债务人的全部债权债务关系。若不禁止债务人的个别清偿行为，则通过破产程序解决债务人全部债权债务关系的目的就会落空。《企业破产法》第16条对此有明确规定。

（3）债务人的债务人或者财产持有人应当向管理人清偿债务或者交付财

产。为了保证债务人责任财产充足，保护债权人的清偿利益，债务人的债务人或财产持有人应当向管理人清偿债务，而不能再向债务人清偿债务。我国《企业破产法》第 17 条规定："人民法院受理破产申请后，债务人的债务人或者财产持有人应当向管理人清偿债务或者交付财产。债务人的债务人或者财产持有人故意违反前款规定向债务人清偿债务或者交付财产，使债权人受到损失的，不免除其清偿债务或者交付财产的义务。"同时，法院受理破产申请后，根据《企业破产法》第 25 条的规定，管理人有义务向债务人的债务人或财产持有人发出清偿债务或返还财产的通知。

（4）管理人对未履行完毕的合同有权决定解除或继续履行。法院受理破产申请后，应当指定破产管理人，破产财产的处分权由破产管理人行使，但管理人行使财产处分权的目的是组织破产清算，而非继续经营破产企业。因而，各国破产法普遍授权破产管理人解除破产人订立的未履行完毕的契约。我国也不例外，《企业破产法》第 18 条规定："人民法院受理破产申请后，管理人对破产申请受理前成立而债务人和对方当事人均未履行完毕的合同有权决定解除或者继续履行，并通知对方当事人。管理人自破产申请受理之日起 2 个月内未通知对方当事人，或者自收到对方当事人催告之日起 30 日内未答复的，视为解除合同。管理人决定继续履行合同的，对方当事人应当履行；但是，对方当事人有权要求管理人提供担保。管理人不提供担保的，视为解除合同。"

（5）受理破产申请后，破产债权人的地位是平等的，任何债权人的利益不得优先于其他债权人的利益。世界各国普遍规定，债权人在破产申请受理前一定期限内所受债务人的不公平清偿应当返还。我国《企业破产法》第 31 条规定："人民法院受理破产申请前 1 年内，涉及债务人财产的下列行为，管理人有权请求人民法院予以撤销：（一）无偿转让财产的；（二）以明显不合理的价格进行交易的；（三）对没有财产担保的债务提供财产担保的；（四）对未到期的债务提前清偿的；（五）放弃债权的。"第 32 条规定："人民法院受理破产申请前 6 个月内，债务人有本法第二条第一款规定的情形，仍对个别债权人进行清偿的，管理人有权请求人民法院予以撤销。但是，个别清偿使债务人财产受益的除外。"

（二）破产重整程序

重整制度，又称公司更生制度，是指对可能或已经发生破产原因但又确有再建希望的企业，在法院主持下，由各方利害关系人协商通过或依法强制通过重整计划，进行企业的经营重组、债务清理等活动，以挽救企业、避免破产、获得更生的法律制度。① 重整制度被公认为是挽救企业破产最为积极有效的制度。我国企业破产法建立了破产重整制度，这是我国破产立法的一大创新，也是企业破产法的一大亮点。

破产重整制度与破产和解相比，在挽救企业、促使企业重生方面具有无可比拟的优势。具体表现为：第一，重整计划的通过具有强制性。根据《企业破产法》第 87 条第 2 款的规定，法院可以在特定条件下强制批准重整计划，从而避免因部分利害关系人的反对而无法进行重整。第二，重整程序的启动具有超前性。根据《企业破产法》第 2 条的规定，债务人在可能具有破产原因的情况下，相关权利人即可向法院适用破产重整程序，而不必等到债务人真正陷入破产境地时，才向法院提出申请。第三，在重整程序中，以债务人财产为担保物的担保物权人不能行使别除权，其优先受偿权亦受到限制，其只能按照重整计划的规定行使自己的权利。这样做的主要目的是为了避免因担保财产的执行，而影响重整计划的执行。

以时间为顺序，正常重整程序的具体流程为：提出重整申请—法院受理破产重整申请—制定重整计划草案—债权人分组讨论重整计划草案—法院裁定批准重整计划草案—执行重整计划。需要说明的是，法院受理破产重整申请时开始至法院裁定批准重整计划草案时止为重整期间，重整计划的执行期间不属于重整期间。我国企业破产法第八章按照上述顺序对重整计划作了较为详细的规定。下面对我国破产重整制度进行简要分析。

1. 重整程序的申请与受理。依我国企业破产法的相关规定，原则上，重整程序的申请人为债权人和债务人，在特殊情况下，以下两类主体亦可提出重整申请：一是持有法定出资份额的出资人。《企业破产法》第 70 条第 2 款规定："债权人申请对债务人进行破产清算的，在人民法院受理破产申请后、宣告债务人破产前，债务人或者出资额占债务人注册资本 1/10 以上的出资人，可以向人民法院申请重整。"企业法人被申请破产直接关系到其出资人的利益，破产法赋予企业法人出资者提出重整申请的权利，其目的主要是为了维护企业法人出资者，尤其是中小出资者的利益。二是国务院金融监督管理机构。《企业破产法》第 134 条规定："商业银行、证券公司、保险公司等金融机构有本法第二条规定情形的，国务院金融监督管理机构可以向人民法院提出对该

---

① 参见王欣新、徐阳光：《论上市公司重整法律制度》，载王欣新等主编：《破产法论坛》（第一辑），法律出版社 2008 年版。

金融机构进行重整或者破产清算的申请。国务院金融监督管理机构依法对出现重大经营风险的金融机构采取接管、托管等措施的，可以向人民法院申请中止以该金融机构为被告或者被执行人的民事诉讼程序或者执行程序。"

受理重整申请之后，法院经审查认为重整申请符合法律规定的条件，应裁定准许债务人重整。法院受理重整申请至重整程序终止为重整期间。在重整期间，为了保证重整程序的顺利进行，破产法对相关利益方的权利进行了一定限制，具体表现为：

第一，担保物权暂停行使。《企业破产法》第75条第1款规定："在重整期间，对债务人的特定财产享有的担保权暂停行使。但是，担保物有损坏或者价值明显减少的可能，足以危害担保权人权利的，担保权人可以向人民法院请求恢复行使担保权。"

第二，对取回权的限制。《企业破产法》第76条规定："债务人合法占有的他人财产，该财产的权利人在重整期间要求取回的，应当符合事先约定的条件。"

第三，对债务人的出资人及高级管理人员的限制。《企业破产法》第77条规定："在重整期间，债务人的出资人不得请求投资收益分配。在重整期间，债务人的董事、监事、高级管理人员不得向第三人转让其持有的债务人的股权。但是，经人民法院同意的除外。"

2. 重整计划的制定与批准。

（1）提交重整计划草案的主体。《企业破产法》第80条规定："债务人自行管理财产和营业事务的，由债务人制作重整计划草案。管理人负责管理财产和营业事务的，由管理人制作重整计划草案。"第79条第1款规定："债务人或者管理人应当自人民法院裁定债务人重整之日起6个月内，同时向人民法院和债权人会议提交重整计划草案。"据此，重整计划草案的制定者及提出者都应是债务人及管理人。

（2）重整计划草案的内容。根据《企业破产法》第81条的规定，重整计划草案应包括以下几项内容：

第一，债务人的经营方案。债务人的经营方案是指为恢复正常营业、改变亏损现状，债务人应当采取的经营措施。

第二，债权分类。由于每类债权人的利益需求不同，为了保证重整计划草案的通过，有必要区分不同的债权类型进行表决。按照《企业破产法》第82条的规定，应对债权作以下分类：对债务人的特定财产享有担保权的债权；债务人所欠职工的工资和医疗、伤残补助、抚恤费用，所欠的应当划入职工个人账户的基本养老保险、基本医疗保险费用，以及法律、行政法规规定应当支付给职工的补偿金；债务人所欠税款；普通债权。

第三，债权调整方案。债权调整方案是指，对每类债权在数额、期限、性质等方面的调整，包括债权数额的减少、免除、延期偿还以及性质的转变等。

第四，债权受偿方案。债权受偿方案，具体指清偿债权的具体方式、地点等。

第五，重整计划执行期限。重整计划的执行期限不宜过长，否则，债务人可能会背负过重的负担，同时也不宜过短，否则有可能会损害债权人的利益。

第六，重整计划执行的监督期限。按照企业破产法的规定，重整计划的执行应当在管理人的监督下进行，但破产法对其期限未明确规定，因而，重整计划草案应当明确监督期限。

第七，有利于债务人重整的其他方案。每个企业的状况不同，其重整方式也会存在差异，因而，破产法应当允许债务人在重整计划草案中作出其他规定。

（3）重整计划草案的表决。对重整计划进行表决，应当将性质相同的债权归于同一个组别进行表决，可以对不同组别的债权人或利益享有者作出区别对待，而对于同一组别的债权人应当作出相同对待，防止因债权性质的差异造成不同债权人之间利益失衡。①

《企业破产法》第84条规定："人民法院应当自收到重整计划草案之日起30日内召开债权人会议，对重整计划草案进行表决。出席会议的同一表决组的债权人过半数同意重整计划草案，并且其所代表的债权额占该组债权总额的2/3以上的，即为该组通过重整计划草案。"可见，破产法用的双重模式，即人数必须过半数，债权总额必须在2/3以上。

（4）重整计划草案的强制批准。为了避免因部分利益相关者反对而导致重整计划无法通过，破产法赋予法院在一定条件下可以强制批准重整计划草案的权利。根据《企业破产法》第87条第2款的规定，法院可以强制批准重整计划草案的条件为：第一，若未通过重整计划草案的组别为担保债权组，则重整计划草案能够满足所有担保债权在担保财产的范围内获得全额清偿，其因延

---

① 参见刘德璋：《新企业破产法理解与操作指南》，法律出版社2007年版，第309页。

期清偿所受到的损失可以得到公平补偿，而且其担保权未受到实质性损害，或者该表决组已经通过重整计划草案。第二，若未通过重整计划的草案组别为企业职工或税务机关组，则重整计划草案能够全额清偿，或该表决组已经通过重整计划草案。第三，若未通过重整计划的草案组别为普通债权组，则该重整计划草案能够保证债权人得到清偿，不低于依破产清算程序所能获得的清偿比例，或该表决组已经通过重整计划草案。第四，若未通过重整计划草案的组别为出资人组，则该重整计划草案对出资人权益的调整是公平、公正的，或该表决组已经通过重整计划草案。第五，重整计划草案公平对待同一表决组成员，且不违反破产法规定的清偿顺序。第六，重整计划草案具有可行性。需要说明的是，法院只有在满足上述六个条件的情况下，才能强制批准重整计划草案。

3. 重整程序的终止。根据企业破产法的规定，人民法院应当在下列情况下，裁定终止重整程序，宣告债务人破产：

（1）经管理人或利害关系人申请，债务人有下列行为的：债务人的经营状况和财产状况继续恶化，缺乏挽救的可能性；债务人有欺诈、恶意减少债务人财产或者其他显著不利于债权人的行为；由于债务人的行为致使管理人无法执行职务；债务人不能执行或者不执行重整计划。

（2）债务人或者管理人未按期提出重整计划草案的。

（3）重整计划草案获得人民法院批准通过的。

（4）重整计划草案未获得人民法院批准通过的。

（三）破产和解程序

从广义上讲，和解可分为两种：一是破产法外的和解，即普通民事主体间的和解；二是破产法上的和解，即破产和解程序。破产和解，是指在特定情况下债务人为避免破产清算，提出和解协议草案，同债权人和解，该草案经债权人会议表决并经人民法院认可生效后，可以了结债权债务的司法程序。和解协议草案经债权人会议多数表决通过后，对全体债权人产生法律效力，因而，对部分债权人来说，破产和解具有强制性。在破产和解中，债务人无须同所有的债权人都进行协商，只要破产协议草案经债权人会议同意后，破产和解即产生效力，因而，破产和解实质上是债务人同债权人会议的和解。此外，破产和解程序的整个过程都是在法院的主导下进行的，这保证了和解程序协调有序的进行。上述破产和解的特点，都是普通民事和解所不具备的，正因为如此，破产和解程序才表现出强大的生命力。

各国有关破产和解的立法例，可分为两种：一是和解前置主义，即和解是破产清算的必经程序，破产申请提出后双方当事人必须首先进行和解，和解不成才能进入破产清算程序。英美法系国家多采此立法例。二是分离主义，即和解与破产清算是两个独立的程序，和解不是破产清算的必经程序。大陆法系国家多采此立法例。我国企业破产法采取的是分离主义，该法第 95 条第 1 款规定："债务人可以依照本法规定，直接向人民法院申请和解；也可以在人民法院受理破产申请后、宣告债务人破产前，向人民法院申请和解。"

1. 和解的申请。和解申请，是指破产企业出现破产原因或者有缺乏清偿能力的可能时，向人民法院提出申请，请求同债权人进行和解的意思表示。由于和解协议草案的制定者及执行者都是债务人，因而，和解申请也只能由债务人提出，且债务人的申请是法院适用和解协议的必要条件，法院不能依职权主动宣告和解程序的开始。

债务人申请和解的条件包括实质要件和形式要件。实质要件，是指债务人必须出现《企业破产法》第 2 条规定的情况，才能向法院提出和解申请。债务人提出和解申请的时间可以是法院受理破产申请之前，也可以是法院受理破产申请之后、宣告债务人破产之前。形式要件，主要是指债务人应当提交和解协议草案。

2. 和解协议的生效。和解协议的生效有两个步骤：首先，和解协议草案应当提交债权人会议表决，表决方式是出席会议的有表决权的债权人过半数同意，并且其所代表的债权额占无财产担保债权总额的 2/3 以上，和解协议草案才能通过。根据《企业破产法》第 59 条的规定，对债务人的特定财产享有担保权的债权人，未放弃优先受偿权利的，对和解协议草案的通过不享有表决权。其次，和解协议草案在债权人会议表决同意之后，还必须经过人民法院以裁定的形式认可才能产生效力。人民法院对债权人会议否决和解协议草案的，只需进行形式审查，主要审查债权人会议的程序是否合法，而对于债权人会议通过和解协议草案的审查，不仅要进行形式审查，还要对和解协议的内容进行实质审查，主要审查和解协议草案的内容是否符合法律规定、是否违背公序良俗、是否规避法律、是否损害他人权利等。

和解协议一旦生效，债务人及全体债权人都要受其约束，但以下情形除外：第一，对债务人的特定财产享有担保权的债权人，在和解协议生效以后，可以行使担保权；第二，和解债权人对债务人的保证人和其他连带债务人所享有的权利不受和解协议影响。需要说明的是，和解债权人是指人民法院受理破产申请时对债务人享有无财产担保债权的人。和解债权人未依照本法规定申报债权的，在和解协议执行期间不得行使权利；在和解协议执行完毕后，可以按照和解协议规定的清偿条件行使权利。

和解协议无效，是指人民法院对因债务人的欺诈或者其他违法行为而成立的和解协议应当裁定无效的制度。对于无效的和解协议，无须受害人申请，法院一经发现即可依职权撤销。此外，经人民法院裁定无效的协议，和解债权人因执行和解协议所受的清偿，在其他债权人所受清偿同等比例的范围内，不予返还。

3. 和解程序的终止。和解程序的终止主要包括以下两种情况：第一，债权人会议通过和解协议，由人民法院裁定认可，并终止和解程序。此时，管理人应当向债务人移交财产和营业事务，并向人民法院提交执行职务的报告。第二，和解协议草案经债权人会议表决未获得通过，或者已经债权人会议通过的和解协议未获得人民法院认可的，人民法院应当裁定终止和解程序，并宣告债务人破产。

值得注意的是，对于债务人不能执行或者不执行和解协议的，人民法院经和解债权人请求，应当裁定终止和解协议的执行，并宣告债务人破产。此类情况仅属于和解协议的终止，而不是和解程序的终止。和解协议的执行是以和解程序终止为前提的，也即和解协议的执行已经不属于和解程序。

（四）破产清算程序

1. 破产宣告。破产宣告是破产清算程序开始的标志，债务人被宣告破产之后将无可挽回地进入破产清算程序。债务人被宣告破产后，债务人被称为破产人，债务人财产被称为破产财产，人民法院受理破产申请时对债务人享有的债权称为破产债权。在破产制度中，破产宣告是一个独立的程序，按其申请方式不同，破产宣告程序可分为两类：

第一，直接的破产宣告。所谓直接的破产宣告，是指在破产程序开始后，在无人提出和解或者重整申请，或者和解及重整申请被驳回，且不存在宣告破产障碍事由的前提下，人民法院直接裁定宣告债务人破产。破产宣告障碍事由，是指破产宣告前，债务人存在该事由的，人民法院不得裁定破产宣告。《企业破产法》第108条规定："破产宣告前，有下列情形之一的，人民法院应当裁定终结破产程序，并予以公告：（一）第三人为债务人提供足额担保或者为债务人清偿全部到期债务的；（二）债务人已清偿全部到期债务的。"此条即是关于破产宣告障碍事由的规定。

第二，间接的破产宣告。所谓间接的破产宣告，是指权利人直接申请破产重整或和解，或者在破产程序开始后申请破产重整或和解，但在破产重整或和解程序由于法定原因而终止，或者破产重整计划、和解协议执行失败时，由人民法院裁定宣告债务人破产，实现重整程序或程序与破产清算之间的转换。我国《企业破产法》第78条、第79条第3款、第88条、第93条第1款作出了重整程序转入破产清算程序的规定，第99条、第103条第1款、第104条第1款作出了和解程序转入破产清算程序的规定。

2. 破产财产的分配顺序。一般来说，破产清算阶段破产财产不能清偿所有的债权，因而，破产财产的分配顺序对债权人而言具有重要意义。我国《企业破产法》规定破产财产应当优先清偿破产费用和共益债务。破产费用是指在破产程序进行中，为保证破产程序的顺利进行以及破产财产的管理、分配、估价等必须支付的费用。根据《企业破产法》第41条的规定，破产费用包括以下几项：①破产案件的诉讼费用；②管理、变价和分配债务人财产的费用；③管理人执行职务的费用、报酬和聘用工作人员的费用。共益债务是指为了全体债权人的利益而支出的费用。根据《企业破产法》第42条的规定，共益债务包括：①因管理人或者债务人请求对方当事人履行双方均未履行完毕的合同所产生的债务；②债务人财产受无因管理所产生的债务；③因债务人不当得利所产生的债务；④为债务人继续营业而应支付的劳动报酬和社会保险费用以及由此产生的其他债务；⑤管理人或者相关人员执行职务致人损害所产生的债务；⑥债务人财产致人损害所产生的债务。

破产财产在清偿破产费用及共益债务后按照下列顺序清偿：

第一顺位，破产人所欠职工的工资和医疗、伤残补助、抚恤费用，所欠的应当划入职工个人账户的基本养老保险、基本医疗保险费用以及法律、行政法规规定应当支付给职工的补偿金。第二顺位，破产人欠缴的除前项规定以外的社会保险费用和破产人所欠税款，此处的社会保险费用，主要是指养老保险和医疗保险以外的其他社会保险，如失业、工伤保险等。第三顺位，普通破产债权。普通债权主要是指享有优先权的债权以及劳动和税款以外的破产债权，主要包括：无财产担保债权、放弃优先受偿权的债权以及行使优先受偿权后未受偿的债权。破产财产不足以清偿同一顺位的，按比例清偿。

3. 破产程序的终结。我国企业破产法规定破产终结的原因主要有：

第一，债务人财产不足以支付破产费用。《企业破产法》第43条第4款规定，债务人财产不足以清偿破产费用的，管理人应当提请人民法院终结破产程序。人民法院应当自收到请求之日起15日内裁定终结破产程序，并予以公告。

第二，债务人和债权人自行达成和解协议。《企业破产法》第 105 条规定，人民法院受理破产申请后，债务人与全体债权人就债权债务的处理自行达成协议的，可以请求人民法院裁定认可，并终结破产程序。

第三，破产人无财产可供分配。《企业破产法》第 120 条第 1 款规定，破产人无财产可供分配的，管理人应当请求人民法院裁定终结破产程序。

第四，破产人的财产分配完毕。《企业破产法》第 120 条第 2 款规定，管理人在最后破产财产分配完结后，应当及时向人民法院提交破产财产分配报告，并提请人民法院裁定终结破产程序。

第五，债权得到全部清偿或足额担保。《企业破产法》第 108 条规定，"破产宣告前，有下列情形之一的，人民法院应当裁定终结破产程序，并予以公告：（一）第三人为债务人提供足额担保或者为债务人清偿全部到期债务的；（二）债务人已清偿全部到期债务的"。

破产程序终结后，企业的主体资格并不必然灭失，只有在管理人向破产企业原登记机关办理注销登记之后，企业主体资格才终止。破产程序终结后，又发现破产人有新的可供分配的财产时，债权人可以请求人民法院追加分配。

四、实验材料

（一）案例材料

甲公司破产宣告后债务清偿顺序纠纷案

甲公司破产进入清算程序，其财产状况如下：欠职工 A 工资及基本医疗保险费总额 12 万元；欠职工 B 伤残补助费 6 万元；欠已故职工 D 的家属抚恤费 6 万元；欠国税 10 万元；欠地税 9 万元；欠乙公司破产财产估价费 2 万元；诉讼费用 1000 元；欠丙公司货款 5 万元；欠银行有担保贷款 70 万元（以其固定资产抵押，价值 30 万元）；因破产管理人执行职务致 E 受伤，医药费等共 5 万元；欠职工 F 工资、基本医疗及养老保险费用共计 5 万元，失业保险费用 2 万元，工伤保险费用 5 万元。

在破产程序中管理人应如何偿还甲公司所欠的债务？

（二）法律文书样本

破产申请书

申请人：

被申请人：

申请目的：

事实和理由：

附录：

此致

××市××区人民法院

申请人：

法定代表人：

年　月　日

破产清算方案格式

一、财产状况：

1. 现金：（1）库存现金；（2）银行存款。

2. 非现金财产：（1）固定资产变价；（2）流动资产变价。

3. 债权：（1）收取金钱债权；（2）收取非金钱债权变价。

4. 财产总计。

二、公司股东持股状况

1. 优先股。

2. 普通股。

三、债务状况

1. 清算费用。

2. 职工工资。

3. 基本养老及医疗保险费。

4. 税金。

5. 失业及工伤保险费。

6. 债务总计。

四、分配方案

1. 变价后共有现金。

2. 清偿债务。

　　3. 支付优先股东。

　　4. 结余。

（三）法条材料

《企业破产法》第 41 条：人民法院受理破产申请后发生的下列费用，为破产费用：

（一）破产案件的诉讼费用；

（二）管理、变价和分配债务人财产的费用；

（三）管理人执行职务的费用、报酬和聘用工作人员的费用。

《企业破产法》第 42 条：人民法院受理破产申请后发生的下列债务，为共益债务：

（一）因管理人或者债务人请求对方当事人履行双方均未履行完毕的合同所产生的债务；

（二）债务人财产受无因管理所产生的债务；

（三）因债务人不当得利所产生的债务；

（四）为债务人继续营业而应支付的劳动报酬和社会保险费用以及由此产生的其他债务；

（五）管理人或者相关人员执行职务致人损害所产生的债务；

（六）债务人财产致人损害所产生的债务。

《企业破产法》第 43 条：破产费用和共益债务由债务人财产随时清偿。

债务人财产不足以清偿所有破产费用和共益债务的，先行清偿破产费用。

债务人财产不足以清偿所有破产费用或者共益债务的，按照比例清偿。

债务人财产不足以清偿破产费用的，管理人应当提请人民法院终结破产程序。人民法院应当自收到请求之日起 15 日内裁定终结破产程序，并予以公告。

五、实验过程

（一）分析案例

步骤一：破产费用的范围。

根据《企业破产法》第 41 条的规定，破产费用包括：欠乙公司的破产财产估价费 2 万元、诉讼费用 1000 元。

步骤二：共益债务的范围。

根据《企业破产法》第 42 条的规定，共益债务包括：因破产管理人执行职务致 E 受伤所花费的医药费 5 万元。

步骤三：第一顺位债权的范围。

根据上述实验原理，第一顺位的债权包括：欠职工 A 的工资、医疗费和基本医疗保险费 12 万元；欠职工 B 的伤残补助费 6 万元；欠已故职工 D 的家属抚恤费 6 万元；欠职工 F 工资、基本医疗及养老保险费用共计 5 万元。

步骤四：第二顺位债权的范围。

根据上述实验原理，第二顺位的债权包括：欠职工 F 的失业保险费用 2 万元及工伤保险费用 5 万元；国税 10 万元；地税 9 万元。

步骤五：第三顺位债权的范围。

根据上述实验原理，第三顺位的债权包括：欠丙公司的货款 5 万元；欠银行有担保贷款 70 万元中除去可从抵押财产处优先清偿的 30 万元后余下的 40 万元。

步骤六：管理人清偿债务的具体顺序。

管理人应当先将固定资产拍卖，所得货款 30 万元，优先清偿欠银行的贷款。然后，管理人在清偿共益债务及破产费用后，按照上述顺序清偿即可。同一顺序内，不能完全清偿的，按比例清偿。

（二）起草破产申请书

1. 首部。

（1）标题。

（2）当事人的基本情况。若是债务人申请破产，则被申请人的内容可以省略。当事人是企业法人的，应当写明企业法人的全称和所在地址、法定代表人姓名和职务以及电话号码和邮政编码。债权人是公民的，应当写明其姓名、性别、年龄、民族、籍贯、职业或工作单位和职务、住址以及电话号码和邮政编码。

（3）申请目的。若是债务人申请，则写明"请裁定宣告申请人破产还债"；若是债权人申请的，则写明"请裁定宣告被申请人破产还债"。

2. 正文。

（1）事实。债务人提出申请的，应当写明：企业情况、经营情况、欠债情况。债权人提出申请的，应当写明：债权债务的形成情况、讨债情况。

（2）理由。主要写明法律依据。

3. 尾部。

（1）致送人民法院的名称。

（2）申请人签名、盖章。

（3）申请时间。

（4）附录。主要包括：债务人财产状况说明、债务清册、债权清册、有关财务会计报告、职工安置预案以及职工工资的支付和社会保险费用的缴纳情况。

（三）破产申请书范文

破产申请书

申请人：甲纺织公司，地址某区，法定代表人陈某经理，联系电话：0000

申请目的：请裁定宣告申请人破产还债

事实和理由：

甲公司是以经营麻袋为主的贸易公司，成立于1999年。由于经营不善，迄今已负担1000000元债务，而本公司资产只有财产目录中记载的不动产30000元、动产200000元、商品500000元，合计730000元，已经资不抵债。而且本公司设备陈旧、技术落后、经营范围狭窄，继续经营只能进一步增加债务，不具有盈利的可能。根据《中华人民共和国企业破产法》第2条的规定，本公司已具备破产原因。

根据《中华人民共和国企业破产法》第二章的规定，向贵院提出破产申请。

附录：

1. 债务人财产状况说明；

2. 资产负债表；

3. 财产目录；

4. 债务与债务清册；

5. 职工安置情况及社会保险费用交纳情况。

此致

××市××区人民法院

申请人：

法定代表人：

年　月　日

六、拓展思考

根据实验材料中的案例，在下列几种情况下，管理人该如何处理：

（1）甲公司拥有流动资金 30 万元，固定资产折价 20 万元；

（2）甲公司拥有流动资金 5 万元；

（3）甲公司拥有流动资金 100 万元，固定资产折价 20 万元，债权 10 万元，但无法请求偿还；

（4）甲公司拥有流动资金 8 万元。

七、课后训练

1. 甲企业与乙企业签订买卖合同，约定乙企业应于 8 月 30 日前交货，货到 7 日内甲企业付款。同年 8 月 10 日，甲企业被法院依法宣告破产。对该合同的处理，下列哪一项是正确的：

    A. 由清算组决定解除还是继续履行

    B. 由甲企业自主决定解除还是履行

    C. 由债权人会议决定解除还是履行

    D. 由管理人决定解除还是履行

2. 企业法人不能清偿到期债务，并且资产不足以清偿全部债务或者明显缺乏清偿能力，根据企业破产法的规定，该企业法人可以选择以下哪些程序处理其与债权人之间的债权债务关系？

    A. 申请破产清算

    B. 直接向法院申请和解

    C. 决议解散并进行清算

    D. 直接向法院申请重整

3. 某房地产开发公司被法院宣告破产。就该破产企业清偿顺序问题，下列哪些说法是正确的：

    A. 该破产企业所拖欠的职工工资按第一顺序清偿

    B. 该破产企业拖欠施工单位的工程欠款可以在破产清算程序开始前受偿

    C. 因延期交房给购房人造成的损失按照破产债权清偿

    D. 该公司员工对公司的投资款按照破产债权清偿

4. 甲酒店 1992 年 9 月开业，注册资金人民币 20 万元。1992 年 10 月，甲酒店与乙公司签订承包经营协议。协议规定甲酒店由乙公司承包经营至 2002 年 10 月 31 日。乙公司则书面全权委托陈某全面负责经营管理。在陈某负责经营期间，因经营不善，管理混乱，财务收支严重不平衡。1995 年 7 月，甲酒店停业，10月，甲酒店向法院申请破产还债。

甲酒店向法院提供的1995年6月的资产负债表表明，甲酒店的应收款为人民币194万元，但甲酒店提供的应收款明细表中，应收款仅为人民币62万元，其余人民币132万元应收款无明细记载。而在已知的应收款人民币62万元中，除去7.4万元是一些企业或个人就餐签单的餐费外，其余人民币54.6万元全部是个人白条借款。其中陈某一人白条借款就达人民币20万元，另一叫吴某的人借款竟达人民币26万元。此外，甲酒店的固定资产15万元，流动资金5000元。

问题：法院应否受理甲酒店的破产申请？

5. 根据实验材料中的破产清算方案格式，根据问题4中的案例，草拟一份破产清算方案。

第四章 证 券 法

第一节 证券法概述

实验：证券法入门

一、实验目标

理解证券的概念，掌握证券的基本分类；掌握证券法的基本原则及其中公开原则的具体要求；了解我国的股权分置改革。

二、实验要求

能够区分证券市场上各类证券的性质；能够分析证券市场各主体行为的性质及相应行为是否符合证券法基本原则的要求。

三、实验原理

（一）证券的概念

"证券"一词在不同场合使用时具有不同的含义。法律上所称的证券，分为广义、中义和狭义三种，广义上的证券是指记载并代表一定权利的法律凭证的总称，如邮票、车船票、提货单、仓单、股票、债券、汇票、本票、支票等；中义上的证券是指有价证券，包括资本证券、商品证券和货币证券；狭义上的证券则仅指资本证券，如股票、有价证券等。本书所指称的证券主要是狭义上的证券，即资本证券。

（二）证券的基本分类

根据证券是否上市交易，证券分为上市证券和非上市证券。上市证券是指经证券监管机关或其他机构的审查批准，向证券交易所办理备案登记手续后获准在证券交易所内公开买卖的证券，具有较强的流通性。非上市证券，是指未在证券交易所挂牌交易并允许证券投资者在证券交易所外协议转让的证券。非上市证券也具有流通性，只是因为不通过证券交易所进行交易，其流通性不如上市证券强。

根据证券的功能不同，我国《证券法》第 2 条规定证券主要包括股票、公司债券、国务院依法认定的其他证券、政府债券、证券投资基金份额。

1. 股票。股票是最基本、最重要的证券形式，是股份有限公司发行的、用以表彰股东投资并享有股东权利的凭证。股票因其表彰权利的内容和形式不同，可进行不同的分类。根据股票是否记载股东姓名和名称，分为记名股票和不记名股票；根据股东权利性质的不同，分为普通股股票和特别股股票；根据股票是否附有表决权，分为有表决权股股票和无表决权股股票；根据股票票面是否记载票面金额，分为额面股股票和无额面股股票。根据我国证券法的实践，我国股票主要采取记名股、普通股、表决权股和面额股。

2. 公司债券。公司债券，是指公司依照法定程序发行、约定在一定期限内还本付息的有价证券。根据我国证券法的规定，公司债券可分为普通公司债券和可转换公司债券。普通公司债券是指承诺到期还本付息的公司债券；可转换公司债券是指上市公司发行的、持券人有权在约定期限内按照约定的转换条件转换为股票的公司债券。

3. 政府债券。政府债券，是指中央政府或地方政府为筹措财政资金，凭借其信誉按照一定程序向投资者出具的、承诺到期还本付息的格式化债权债务凭证。我国证券市场上的政府债券主要是指国库券，即中央人民政府发行的债券债务凭证，地方政府无权发行政府债券。

4. 证券投资基金份额。证券投资基金是一种利益共享、风险共担的集合投资方式，即通过公开发售基金份额募集资金，由基金托管人托管，由基金管理人管理和运用资金，为基金份额持有人的利益从事证券和产业投资。

5. 衍生证券。衍生证券也称为衍生金融商品，是以货币、债券、股票和外汇等传统商品为基础，以杠杆或信用交易为特征的金融工具。[1] 在理论上，证券衍生品种可按不同标准进行分类，目前主要将衍生证券分为认股权证和存托凭证。

（三）证券法的调整对象

证券法是调整证券发行和交易关系以及证券监管关系的法律规范的总称。参照我国证券法的有关规定，我国证券法主要调整证券发行、证券交易、证券

---

[1] 参见王建国等主编：《衍生金融商品》，西南财经大学出版社 1997 年版，第 2 页。

服务和证券监管四种法律行为。

证券发行是指证券发行人制作并向投资者提供或者出售证券的行为，发行人交付证券以投资者缴纳资金为前提，投资者缴纳资金旨在取得发行人交付的证券。

证券交易是指以证券为标的物进行的交易行为，是投资者旨在处置证券权利的基本途径。证券交易分为场内交易和场外交易。场内交易是指在证券交易所采取集中竞价的方式进行的证券交易，场外交易则指在证券交易所以外采取议价的方式进行的交易形式。

证券服务是指为了提高证券投资的安全性，相关的中介机构为证券发行与交易提供专业性服务的法律行为。

证券监管是证券市场监管者依法实施的证券监督管理行为，根据证券法的规定，我国的证券监管分别由国务院证券监督管理机构、国务院授权的部门和证券监管自律组织实施。

（四）证券法的基本原则

证券法的基本原则是规范证券发行和交易行为，调整证券交易和证券监管关系的根本法律准则，其效力贯穿于整个证券法律体系，对证券法律的制定和运用起着指导作用。一般认为，证券法的基本原则包括以下几个方面：

1. 公开、公平、公正原则。公开原则是指证券发行人应当及时、真实、准确、完整地向社会公开能够影响投资者投资决策的一切信息材料，是证券发行和交易制度的核心。公开原则的基本要求是及时、准确、完整，不得有虚假记载、误导性陈述或者重大遗漏。

公平原则是指在证券发行和交易过程中，发行人、投资人、证券经纪商和证券专业服务机构的法律地位平等；各主体之间的证券发行和交易活动，都应在平等和自愿的基础上，根据等价有偿的原则来进行。

公正原则是指证券监督管理机构和司法机关应当公正地对待各方当事人，依据法律所授予的职权，公正地履行职责，对证券市场主体和其他被监管对象给予公正待遇，不徇私枉法，不玩忽职守，对所有人平等和公正地适用法律，而不偏袒任何一方。

2. 有限分业经营、分业监管原则。分业经营、分业监管的原则，是指证券业和银行业、信托业、保险业分行业经营各自的业务，禁止经营其他金融行业的业务；各金融机构应分别设立，禁止金融机构通过设立子公司的形式变相经营其他金融行业的业务；对不同金融行业的机构通过不同的监管部门来进行监督管理。具体来言，对证券公司和证券市场的监管由中国证券监督管理委员会进行，而银行、保险等行业分别由中国银行业监督管理委员会、中国保险监督管理委员会来负责。

3. 集中统一监管和行业自律相结合的原则。集中统一监管是指由中国证券监督管理委员会对全国证券市场进行集中统一的监督管理，其他政府机构和地方政府不享有证券监管权力。中国证监会根据需要可以设立派出机构，依照授权履行监督管理职责。行业自律与国家集中统一监管相对应，是指行业内各组织成员通过制定章程等规范性文件设立的自律性组织，凭借组织成员赋予的适当权利，为组织成员提供服务，并对组织成员的行为进行监督、检查和处理等管理性行为。

四、实验材料

（一）案例材料

案例：孙某非法吸收公众存款案①

河北省某 A 农牧场集团有限公司董事长孙某在与当地各部门都发生抵触和冲撞的情况下，解决不了资金来源问题，向律师咨询了有关法律条文后，A 集团开始采取以"职工入股"的方式进行融资。自 1993 年起，A 集团以高于同期银行存款利率、不收利息税等手段，使用 A 集团统一印制的有"数额、利率、期限及双方不得违约，到期保证偿还"等字样的借据，并在借据中加盖 A 集团财务专用章，由财务处及该处综合业务科下设代办点公开向内部职工及周边村镇群众变相吸收公众存款。2003 年 5 月 29 日孙某被徐水县公安局以涉嫌"非法吸收公众存款"为由刑事拘留。至案发时，A 集团累计吸收公众存款高达 1.8 亿元。后孙某事件以法院的缓刑判决而告一段落。

（二）法条材料

《合同法》第 211 条【自然人之间的借款合同】：自然人之间的借款合同约定支付利息的，借款的利率不得违反国家有关限制借款利率的规定。

《最高人民法院关于人民法院审理借贷案件的若干意见》第 6 条：民间借

---

① 案例来源于叶林、黎建飞主编：《商法学原理与案例教程》，中国人民大学出版社 2006 年版，第 332 页。

贷的利息可适当高于银行利率，但最高不得超过同期银行贷款利率的 4 倍，超出部分的利息法律不予保护。

《刑法》第 176 条【非法吸收公众存款罪】：非法吸收公众存款或者变相吸收公众存款，扰乱金融秩序的，处 3 年以下有期徒刑或者拘役，并处或者单处 2 万元以上 20 万元以下罚金；数额巨大或者有其他严重情节的，处 3 年以上 10 年以下有期徒刑，并处 5 万元以上 50 万元以下罚金。

单位犯前款罪的，对单位判处罚金，并对其直接负责的主管人员和其他直接责任人员，依照前款的规定处罚。

五、实验过程

步骤一：分析合法民间借贷与非法吸收公众存款罪的区别。

民间借贷不是规范的法律术语，相对于向银行等金融机构贷款而言，是指自然人之间、自然人与法人之间、自然人与其他组织之间借贷。1999 年《最高人民法院关于如何确认公民与企业之间借贷行为效力问题的批复》指出："公民与非金融企业之间的借贷属于民间借贷，只要双方当事人意思表示真实即可有效。"同时，合法的民间借贷还不得违反合同法及相关司法解释的规定。按照我国《刑法》第 176 条的规定，非法吸收公众存款罪是指违反国家金融管理法规，非法吸收公众存款或者变相吸收公众存款，扰乱金融秩序的行为。通常认为，民间借贷与非法吸收公众存款的一个重要区别在于：民间借贷是企业向特定的公民借款，而非法吸收公众存款是向社会上不特定的公众（较为广泛的群体）吸收存款。但实践中，是否"特定"没有确定的标准，因此也有人主张用"妨害金融秩序"等实质性标准界定非法吸收公众存款罪。

请结合刑法上认定非法吸收公众存款罪的标准，分析合法民间借贷与非法吸收公众存款罪的界限。

步骤二：分析案例中 A 集团行为的性质。

A 集团的行为性质如何，是该案审理过程中的一个焦点问题。根据孙某辩护人的意见，A 集团的行为应为合乎民事法律的民间借贷行为，其理由主要有三：首先，从形式上看，A 公司的借贷行为有 A 公司出具的"借据"为证，其主要内容包括作为抬头的"借据"字样、出借人姓名、借款数额、借款利率、借款期限以及借款人 A 公司的财务印章。其次，从有关司法解释来看，A 公司借贷主体以及借贷利率合法。从借据上看，A 公司借款约定的利率大多是银行贷款利率的 1 倍多，不超过 2 倍。因此，A 公司对外借款对利率的约定并不违法。第三，从实质内容来看，A公司的确是借款供自己发展生产以及办教育使用，而不是挪做他用或者转贷给他人。

对于上述辩护意见，你有何看法？

步骤三：分析如何完善我国的证券法规，以满足多样化的民间融资需求。

孙某最终被判有期徒刑3年，缓刑4年。此案引发了关于民营企业融资难问题的讨论。民营企业融资难，一方面是由于我国现存的金融垄断机制造成的，民营企业大多规模较小、组织机构和财务制度不够健全，垄断经营的银行等金融机构因难以评价其信用状况而多不愿向其提供贷款，导致其间接融资渠道的阻塞；另一方面是由于我国证券法对股票、公司债券等的发行进行了比较严格的条件限制，且采用证券发行核准制，门槛较高，造成民营企业直接融资较为困难。而在美国等证券业比较发达的国家，不仅广泛存在着民间金融（民间合作银行等）为中小企业贷款提供方便，而且证券发行采用注册制，中小企业利用证券融资的门槛较低，同时证券的种类多样化，除股票、公司债券之外，"投资合同"等也可纳入证券法的调整范围，能够比较好地满足企业的融资需求。

查阅美国有关的证券法规，思考如何拓展我国的证券种类？

六、拓展思考

我国的股权分置改革

由于历史原因，我国证券市场存在股权分置的现象。所谓股权分置是指A股市场上的上市公司股份按能否在证券市场上上市交易，可分为流通股和非流通股。流通股是指可以在证券市场上自由流转的股份，非流通股是指流转受到限制的股份，具体包括有权代表国家投资的机构和部门持有的上市公司股份、国有法人持股及外资持股等。股权分置不能适应资本市场流动性的需要，必须通过股权分置改革，消除流通股和非流通股之间的流通制度差异。2005年4月29日，经国务院批准，中国证监会发布《关于上市公司股权分置改革试点有关问题的通知》，启动了股权分置改革的试点工作；2005年8月23日，中国证监会、国务院国有资产管理委员会、财政部、中国人民银行、商务部联合发布《关于上市公司股权分置改革的指导意见》；9月4日，中国证监会发布《上市公司股权分置改革管理办法》，我国的股权分置改革进入全面铺开阶段。

上市公司股权分置改革是通过非流通股股东和流通股股东之间的利益平衡协商机制消除A股市场股份转让制度性差异的过程，是为非流通股可上市交易作出的制度安排。公司股权分置改革的动议，原则上应当由全体非流通股股东一致同意提出。非流通股股东提出改革建议，应委托公司董事会召集 A 股市场相关股东举行会议，审议公司股权分置改革方案，在相关股东大会上投票表决改革方案，须经参加表决的股东所持表决权的 2/3 以上通过。改革后公司原非流通股股份的出售应当遵守以下规定：自改革方案实施之日起，在 12 个月内不得上市交易或转让；持有上市公司股份总数 5% 以上的原非流通股股东在上述规定期满后，通过证券交易所挂牌交易出售原非流通股股份，出售数量占该公司股份总数的比例在 12 个月内不得超过 5%，在 24 个月内不得超过 10%。

经过四年的努力，我国的股权分置改革基本完成，解决了长期影响我国资本市场健康发展的重大历史遗留问题，理顺了市场机制，释放了市场潜能，使资本市场融资和资源配置功能得以增强，并引领资本市场活跃向上。

思考：股权分置改革的完成对我国证券市场的意义何在？

七、课后训练

1. 下列证券中哪一种证券的发行和交易不适用我国证券法（　　　）。
   A. 股票　　　　B. 公司债券　　　C. A 种股票　　　D. 国库券
2. 下列哪些行为属于证券法的调整对象？（　　　）
   A. 证券发行　　B. 证券交易　　　C. 证券服务　　　D. 证券监管
3. 我国对证券发行、交易采取的监管体制是（　　　）。
   A. 以政府管理为主，以证券业自律为辅的管理制度
   B. 政府管理制度
   C. 以证券业自律为主，以政府管理为辅的管理制度
   D. 自律管理制度
4. 证券法的"三公"原则是指（　　　）。
   A. 公正　　　　B. 公平　　　　C. 公开　　　　D. 公允
5. 证券法公开原则的具体要求包括（　　　）。
   A. 及时　　　　B. 真实　　　　C. 准确　　　　D. 完整
6. 证券法公正原则的具体要求内容包括（　　　）。
   A. 反证券欺诈　B. 诚实信用　　　C. 反证券操纵　　D. 反内幕交易
7. 试述证券法的"三公"原则。
8. 试述公开原则与信息披露制度之间的关系。

第二节 证券发行与承销法律制度

实验：证券发行与承销实务操作

一、实验目标

掌握股票、公司债券的发行条件；熟悉股票、公司债券的发行程序；了解股票、公司债券发行需准备的文件材料；掌握保荐人制度。

二、实验要求

能够判断一主体是否符合股票、公司债券的发行条件；能够判断股票、公司债券发行过程中的行为是否符合证券法律、法规的规定。

三、实验原理

（一）证券发行概述

1. 证券发行的概念。关于证券发行的概念，学界有不同的认识，基本可以分为广义和狭义两种观点。广义的观点认为证券发行是指集资决策、证券发行制度、证券发行活动和证券发行管理的总和。狭义的观点认为证券发行是证券募集和证券发售两种行为的总和。我国的相关法律采取了广义的证券发行的概念，如《股票发行与交易管理暂行条例》规定，公开发行是指发行人通过证券经营机构向发行人以外的社会公众就发行人的股票作出要约邀请、要约或销售行为。

2. 证券发行的分类。依据不同的标准可将证券发行分为不同的种类。依发行对象不同分为公募发行和私募发行。公募发行也称为公开发行，是指以非特定公众投资者或者特定的多数投资者为对象，公开募集发行证券的行为。我国《证券法》第 10 条规定，有下列情形之一的，为公开发行：（1）向不特定对象发行证券；（2）向累计超过 200 人的特定对象发行证券；（3）法律、行政法规规定的其他发行行为。私募发行是指以特定少数投资者为对象的有价证券发行方式。

除此之外，依发行条件确定的方式不同又可分为议价发行和招标发行；依发行价格与证券票面金额的关系不同可分为溢价发行、平价发行和折价发行；

依发行者身份和次序不同可分为初次发行和二次发行等。

3. 证券发行的审核。证券发行审核制度主要分为注册制与核准制两类。注册制是指证券主管机关对证券发行不作实质条件的限制，证券发行人在发行证券前，只需以公开发行说明书为前提，以发行说明书内容为核心，将发行者本身及证券发行的有关资料全部公开，向证券主管机关申请注册，并对资料的真实性、全面性、准确性负责，不得有虚假、误导或遗漏。核准制则实行证券发行实质管理原则，由法律规定证券发行的基本条件，发行公司的证券发行申请，只有经过证券主管机关的审查，认为其符合法定条件后予以批准方能生效。

我国证券发行的审核制度长期实行审批制，并一度实行严格的配额制，由证券市场主管机关通过对申请发行的证券进行实质性审查，决定其证券能否发行。原证券法实施后，我国开始采取"核准制"监管体制，且根据证券种类的不同采取不同的审核体制，即对股票发行采取核准制，对债券发行采取审批制。现行证券法改变了核准制和审批制并存的双轨制审核体制，全部改为核准制。

（二）股票的发行

股票的发行可分为原始发行和新股发行两种。股票的原始发行是指公司首次发行股票，包括设立股份有限公司时所进行的股票发行以及公司设立后的运行过程中首次进行的股票发行。新股发行是相对原始发行而言的，是股份有限公司首次发行股票之后，在公司现有资本的基础上再发行股份以扩大注册资本的行为。

1. 股票原始发行的条件。设立股份有限公司公开发行股票，应当符合公司法规定的条件和证监会规定的其他条件。中国证监会于 2006 年发布《首次公开发行股票并上市管理办法》（以下简称办法），对首次公开发行股票（initial public offerings，IPO）并上市的条件和程序作出了详细的规定。对于首次公开发行的条件，办法从主体资格、独立性、运作规范、财务与会计以及募集资金运用等方面进行了要求。①

2. 新股发行的条件。根据证券法的规定，公司公开发行新股应当满足以下条件：具备健全且运行良好的组织机构；具有持续盈利能力，财务状况良好；最近 3 年财务会计文件无虚假记载，无其他重大违法行为；经国务院批准

---

① 参见《首次公开发行股票并上市管理办法》的有关规定。

的国务院证券监督管理机构规定的其他条件。

公司非公开发行新股，应当符合以下条件：（1）特定对象符合股东大会决议规定的条件，且不超过 10 名；发行对象为境外战略投资者的，应当经国务院相关部门事先批准；（2）发行价格不低于定价基准日前 20 个交易日公司股票均价的 90%；（3）本次发行的股份自发行结束之日起，12 个月内不得转让；控股股东、实际控制人及其控制的企业认购的股份，36 个月内不得转让；（4）募集资金使用符合法律规定；（5）本次发行将导致上市公司控制权发生变化的，还应当符合中国证监会的有关规定。

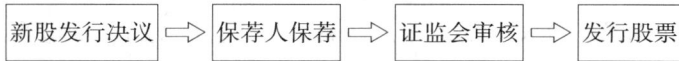

新股发行决议 ⇨ 保荐人保荐 ⇨ 证监会审核 ⇨ 发行股票

图 1　新股发行流程图

（三）公司债券的发行

公司债券是指公司依照法定程序发行、约定在一定期限还本付息的有价证券。证券法修订后，我国对公司债券的审核制度由审批制变为核准制，主管部门为国务院授权的部门，具体包括国家发展和改革委员会、中国人民银行和财政部等部门。公司债券发行应具备的条件也因其是否首次发行而有所区别，主要表现在对再次公开发行债券的限制性规定。

1. 我国法律规定的公司债券发行条件主要涉及实质性条件。根据《证券法》第 16 条和第 18 条的规定，公开发行公司债券应当符合以下条件：第一，股份有限公司的净资产不低于人民币 3000 万元，有限责任公司的净资产不低于人民币 6000 万元；第二，累计债券余额不超过公司净资产的 40%；第三，最近 3 年平均可分配利润足以支付公司债券 1 年的利息；第四，筹集的资金投向符合国家产业政策；第五，债券的利率不超过国务院限定的利率水平；第六，国务院规定的其他条件。

2. 再次公开发行公司债券不能存在的情形：（1）前一次公开发行的公司债券尚未募足；（2）对已公开发行的公司债券或者其他债务有违约或者延迟支付本息的事实，仍处于继续状态；（3）违反证券法的规定，改变公开发行公司债券所募资金的用途。

（四）证券承销法律制度

相对于发行人自己销售的直接发行方式而言，证券承销是一种间接的发行

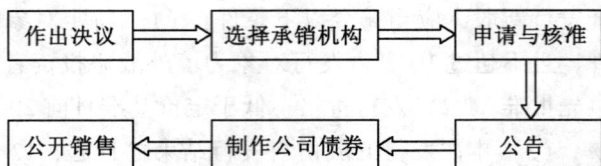

图 2　公司债券发行流程图

方式。所谓证券承销，是指证券经营机构等承销人根据协议包销或代销发行人发行的股票、债券以及其他具有股票性质、功能的证券的行为。目前我国对发行人向不特定对象公开发行的证券，一般不允许直接发行，而应当由证券公司承销，并应当同证券公司签订承销协议。

在我国，证券经营机构承销证券，可以采取代销或者包销的方式，包销又可以分为余额包销和定额包销两种类型。

证券代销是指证券承销人根据承销协议发售证券，在承销期结束时，将未售出的证券全部退还给发行人的承销方式。在我国，证券代销主要适用于发行公司债券，股票公开发行中很少采用代销方式。

证券包销是指证券公司将发行人的证券按照协议全部购入或者在承销期结束时将售后剩余证券全部自行购入的承销方式。包销又分为余额包销和全额包销两种。余额包销是指证券承销人根据承销协议，在规定的发售期结束后，将未售出的证券全部买入的承销方式；全额包销，是指证券承销人根据承销协议，在证券公开发行后的约定时间内将证券全部买入，而不论销售情况如何。

（五）证券发行与上市保荐制度

保荐制度，是指有资格的保荐人推荐符合条件的公司公开发行和上市证券，并对所推荐的发行人披露的信息质量和所做承诺提供持续训示、督促、辅导、指导和信用担保的制度。① 保荐制度包含保荐人、保荐对象和保荐行为三大要素：（1）保荐人，即保荐行为的实行者，一般由具备资格的金融中介机构担任，通常是证券公司或者投资银行。（2）保荐对象，即保荐人的服务对象，一般是证券发行人，它们在发行有价证券筹集资本、上市和信息披露等方面都需要保荐人提供服务。（3）保荐行为，即保荐人履行保荐

---

① 参见叶林主编：《证券法教程》，法律出版社 2004 年版，第 160 页。

义务所实施的行为，保荐人的义务主要体现在"尽责推荐"和"持续督导"两个阶段。在上市保荐方面主要包括上市保荐行为、证券交易保荐行为和信息披露保荐行为等。

四、实验材料

（一）案例材料

长沙某乙公司违规配股案①

中国证券监督管理委员会对长沙某乙电器股份有限公司（以下简称长沙某乙公司）违反规定的配股行为进行了调查。经查实，长沙某乙公司于 1993 年 10 月 24 日公布其招股说明书，于 1994 年 9 月 26 日在《深圳时报》上公布了其 1994 年度的配股说明书。这一行为违反了《公司法》第 137 条第 1 款关于公司发行新股必须"前一次发行的股份已募足，并间隔一年以上"的规定。同时也违反了《股票发行与交易管理暂行条例》第 10 条第 2 款关于增资时间"距前一次公开发行股票的时间不少于12 个月"的规定。

为严肃证券法规，维护证券市场秩序，规范上市公司行为，中国证监会依照《股票发行与交易管理暂行条例》第 70 条的规定，对长沙某乙公司给予警告处分。

（二）法条材料

《公司法》（1993 年修订）第 137 条：公司发行新股，必须具备下列条件：

（一）前一次发行的股份已募足，并间隔 1 年以上；

（二）公司最近 3 年内连续盈利，并可向股东支付股利；

（三）公司在最近 3 年内财务会计文件无虚假加载；

（四）公司预期利润率可达同期银行存款利率。

公司以当年利润分派新股，不受前款第（二）项限制。

《股票发行与交易管理暂行条例》第 10 条：股份有限公司增资申请公开发行股票，除应当符合本条例第八条和第九条所列的条件外，还应当符合下列条件：

---

① 案例来源于中国证券监督管理委员会《关于对长沙某乙电器股份有限公司违反证券法规行为的处罚决定》1994 年 10 月 20 日，证监发字［1994］155 号。

（一）前一次公开发行股票所得资金的使用与其招股说明书所述的用途相符，并且资金使用效益良好；

（二）距前一次公开发行股票的时间不少于 12 个月；

（三）从前一次公开发行股票到本次申请期间没有重大违法行为；

（四）证券委规定的其他条件。

《上市公司证券发行管理办法》第 12 条：向原股东配售股份（简称"配股"），除应当符合本章第一节规定外，还应当符合下列规定：

（一）拟配售股份数量不超过本次配售股份前股本总额的 30%；

（二）控股股东应当在股东大会召开前公开承诺配股股份的数量；

（三）采用证券法规定的代销方式进行；

控股股东不履行认配股份的承诺，或者代销期限届满，原股东认购股票的数量未达到拟配售数量的 70%，发行人应当按照发行价并加算银行同期存款利息返回已经认购的股东。

五、实验过程

步骤一：分析配股的含义和制度沿革。

配股是指上市公司根据公司发展的需要，依法定条件和程序，向原股东进一步发行新股以筹集资金的行为。配股是上市公司增资扩股的一个重要手段，具有实施时间短、成本低等优点。1993 年颁布的《股票发行与交易管理暂行条例》和公司法都对公司增资发行的条件作了规定，但没有就配股作出具体的规定。1993 年 12 月，中国证监会发布《关于上市公司送配股的暂行规定》，明确了上市公司送配股条件、程序与要求披露的信息、要求上报的材料。1994 年 9 月，中国证监会发布《关于执行〈公司法〉规范上市公司配股的通知》，对配股条件作了修改，《关于上市公司送配股的暂行规定》失效。1996 年 1 月，中国证监会发布《关于 1996 年上市公司配股工作的通知》，重新规定了上市公司向股东配股的条件。1999 年 3 月，中国证监会发布新的《关于上市公司配股工作有关问题的通知》。2000 年 3 月，中国证监会发布《关于上市公司配股工作有关问题的补充规定》，对 1999 年的"通知"进行了一定的补充。2001 年 3 月，中国证监会发布《上市公司新股发行管理办法》，将新股发行分为向原股东配售股票（简称"配股"）和向全体社会公众发售股票（简称"增发"），并规定了相应的条件和程序。2006 年 5 月，中国证监会又公布新的《上市公司证券发行管理办法》，2001 年的《上市公司新股发行管理办法》失效。

步骤二：分析 2006 年《上市公司证券发行管理办法》中确立的配股条件。

中国证监会于 2006 年发布的《上市公司证券发行管理办法》，对证券的发行区分公开发行和非公开发行分别规定了不同的条件，相应地，关于配股的条件也有公开配股和非公开配股的不同：

1. 公开配股的条件：（1）拟配售股份数量不超过本次配售股份前股本总额的 30%；（2）控股股东应当在股东大会召开前公开承诺配股股份的数量；（3）采用证券法规定的代销方式进行；（4）公开发行股票的其他条件。

2. 非公开配股的条件：（1）特定对象符合股东大会决议规定的条件，且不超过 10 名；发行对象为境外战略投资者的，应当经国务院相关部门事先批准；（2）发行价格不低于定价基准日前 20 个交易日公司股票均价的 90%；（3）本次发行的股份自发行结束之日起，12 个月内不得转让；控股股东、实际控制人及其控制的企业认购的股份，36 个月内不得转让；（4）募集资金使用符合法律规定；（5）本次发行将导致上市公司控制权发生变化的，还应当符合中国证监会的有关规定。

步骤三：分析案例中中国证监会关于长沙某乙公司违规配股案的处罚决定。

长沙某乙公司违规配股案发生在 1994 年，适用当时的《公司法》和《股票发行与交易管理暂行条例》的有关规定对其进行处罚是正确的。新的《公司法》和《上市公司证券发行管理办法》均取消了关于新股发行距上次公开发行股票的期限限制，该案如果发生在现在，只要满足其他的配股条件，是不违规的。

步骤四：分析下述案例中 A 公司新股发行方案的违规之处。

A 上市公司注册资本为人民币 5000 万元，为扩大经营规模，经股东大会表决同意决定发行新股融资。A 公司董事会拟定了以下两个新股发行方案：

方案一：向原公司股东公开配售新股人民币 5000 万元，由某证券公司独家代销，代销期为 100 天。

方案二：向原持股比例占公司前 15 名的股东非公开配售新股人民币 5000 万元，为鼓励其承诺接受配股，发行价格为定价基准日前 20 个交易日公司股票均价的 80%，且本次发行的股份自发行结束之日起，24 个月内不得转让。

试分析上述发行方案的违规之处。

六、拓展思考

我国的证券发行采取核准制，要求公开发行股票的公司履行信息披露义务，并保证提交的申请文件内容真实、准确、完整。但我国的证券发行审核，过多地关注发行人的盈利能力、发展前景等主观因素，与采取发行注册制的国家的审查标准相比，客观性不强，这样一方面容易造成寻租的空间，使得审核过程缺乏公正，另一方面容易使投资者对政府的决策产生过分依赖，不利于投资者的成熟。

思考：我国证券发行有无采取注册制的可能？如何完善我国现行的发行审核制度？

七、课后训练

1. 向社会公开发行的证券票面总值超过人民币（   ）万元的，应当由承销团承销。

    A. 1000   B. 5000   C. 6000   D. 8000

2. 某公司已获准发行公司债券，该债券总额不得超过公司净资产的（   ）。

    A. 60%   B. 40%   C. 30%   D. 100%

3. 根据证券发行目的的不同，证券发行可分为（   ）。

    A. 设立发行   B. 公开发行   C. 溢价发行   D. 增资发行

4. 国际上证券发行审核主要存在的制度是（   ）。

    A. 注册制   B. 审批制   C. 核准制   D. 宣誓制

5. 证券承销，通常有（   ）等几种方式。

    A. 代销   B. 助销   C. 包销   D. 承销团承销

6. 试论证券保荐制度及其实施对于我国证券市场的意义。

第三节　证券上市与交易法律制度

实验：证券上市与交易实务操作

一、实验目标

掌握股票、公司债券上市的条件；掌握股票、公司债券暂停、终止上市的情形；掌握上市公司信息披露制度；熟悉股票、公司债券上市的程序。

二、实验要求

能够判断某一股票、公司债券是否具备上市条件；能够分析上市公司年度报告、中期报告和临时报告的内容；能够模拟股票、公司债券的交易过程。

三、实验原理

（一）证券上市法律制度

证券上市是指证券发行人公开发行的证券在证券交易所挂牌进行集中竞价交易的行为。证券上市是连接证券发行市场和交易市场的桥梁，使得投资者可以将其持有的证券在证券交易所买卖流通，对于证券发行人和投资者来说，证券上市都具有重要的意义。

1. 股票的上市。

（1）股票上市的条件。根据我国《证券法》第 50 条的规定，股份有限公司申请其股票在境内上市必须符合以下条件：股票经国务院证券监督管理部门核准已公开发行；公司股本总额不少于人民币 3000 万元；公开发行的股份达到公司股份总数的 25% 以上，公司股本总额超过人民币 4 亿元的，公开发行股份的比例为 10% 以上；公司最近 3 年无重大违法行为，财务会计报告无虚假记载。

（2）股票上市的程序。在我国，申请股票上市需要经过申请、审核和公告等程序。根据我国《证券法》第 52 条的规定，申请股票上市交易，应当向证券交易所提出申请，并报送上市报告书、申请股票上市的股东大会决议、公司章程、公司营业执照、依法经会计师事务所审计的公司最近 3 年的财务会计报告、法律意见书和上市保荐书等文件材料。上市申请经证券交易所审核同意后，公司应当与证券交易所签订上市协议，协议的主要内容包括上市公司作出遵守上市规则、服从监管的承诺及证券交易所保证为其提供相应的服务。签订上市协议后，公司应当将有关信息进行披露，在规定的期限内公告股票上市的有关文件，并将该文件置备于指定场所供公众查阅。①

（3）股票的暂停上市。当已经上市交易的股票不再具备上市交易的条件或出现重大违法行为时，可以暂停该股票的上市。我国《证券法》第 55 条规定，上市公司有下列情形之一的，由证券交易所决定暂停其股票上市交易：公司股本总额、股权分布等发生变化不再具备上市条件；公司不按规定公开其财

---

① 参见《证券法》第 53 条、第 54 条。

务状况，或者对公司财务会计报告作虚假记载，可能误导投资者；公司有重大违法行为；公司最近 3 年连续亏损；证券交易所上市规则规定的其他情形。

（4）股票的终止上市。终止上市是指消灭上市公司的上市资格，永久性地停止该上市公司的股票上市交易。我国《证券法》第 56 条规定，上市公司具有下列情形之一的，由证券交易所决定终止其股票上市交易：公司股本总额、股权分布等发生变化不再具备上市条件，在证券交易所规定的期限内仍不能达到上市条件；公司不按照规定公开其财务状况，或者对财务会计报告作虚假记载，且拒绝纠正；公司最近 3 年连续亏损，在其后 1 个年度内未能恢复赢利；公司解散或者被宣告破产；证券交易所上市规则规定的其他情形。

2. 债券的上市。债券主要包括公司债券和政府债券。政府债券的信用等级最高，上市不需要特别条件，一般根据政府决定安排其上市交易。下面主要讨论公司债券的上市问题。

（1）公司债券的上市条件。在我国，公司申请其公司债券上市交易必须符合下列条件：公司债券的期限为 1 年以上；公司债券实际发行额不少于人民币 5000 万元；公司申请其债券上市时仍符合法定的公司债券发行条件。①

（2）公司债券的上市程序。公司债券的上市程序同股票上市一样，也需经过申请、审核和公告程序。申请公司债券上市交易，应当向证券交易所报送上市报告书、申请公司债券上市的董事会决议、公司章程、公司营业执照、公司债券募集办法、公司债券的实际发行数额等文件材料。公司债券上市交易申请经证券交易所审核同意后，也应当与证券交易所签订上市协议。签订上市协议的公司应当在规定的期限内公告公司债券上市文件及有关文件，并将其申请文件置备于指定场所供公众查阅。

（3）债券的暂停上市和终止上市。公司债券上市交易后，出现法定情形时，证券交易所可以依法暂停或者终止该公司债券上市交易。

根据《证券法》第 60 条的规定，公司债券上市交易后，公司有下列情形之一的，由证券交易所决定暂停其公司债券上市交易：（1）公司有重大违法行为；（2）公司情况发生重大变化不符合公司债券上市条件；（3）公司债券所募集资金不按照核准的用途使用；（4）未按照公司债券募集办法履行义务；（5）公司最近 2 年连续亏损。

公司有上述第（1）、（4）项所列情形之一经查实后果严重的，或者有上述第（2）、（3）、（5）项所列情形之一，在限期内未能消除的，由证券交易所

---

① 参见《证券法》第 57 条。

终止该公司债券上市。另外，公司解散或者被宣告破产的，由证券交易所终止其公司债券上市交易。

3. 上市公司信息披露制度。信息披露，即信息公开，是指证券发行上市公司按照法定要求将自身财务、经营等情况向证券监督管理部门报告，并向社会公众公告的活动。其中证券发行时的信息披露称为初次公开或发行公开，证券上市期间的信息公开称为持续公开。上市公司应当确保信息披露的内容真实、准确、完整，不得有虚假记载、误导性陈述或重大遗漏。我国证券法确定的持续信息披露制度主要包括定期报告和临时报告两种形式。

（1）定期报告。定期报告主要包括年度报告、中期报告和季度报告。根据《证券法》第66条的规定，上市公司的年度报告应当在每一会计年度结束之日起4个月内，向国务院证券监督管理机构和证券交易所提交，并予公告。报告的内容主要包括公司股本变动及股东情况、公司高级管理人情况、公司治理结构、股东大会情况、董事会报告、监事会报告、财务报告等。① 根据《证券法》第65条的规定，股票或者公司债券上市交易的公司，应当在每一会计年度的上半年结束之日起2个月内，向国务院证券监督管理机构和证券交易所提交中期报告，并予公告。中期报告的主要内容包括：重要提示、释义及目录；公司基本情况；股本变动和主要股东持股情况；董事、监事、高级管理人员情况；管理层讨论与分析；重要事项；财务报告等。我国证券法未对季度报告作出规定，但中国证监会发布了《公开发行证券的公司信息披露编报规则第13号——季度报告的内容与格式特别规定》，规定上市公司应当在会计年度前3个月、9个月结束后的1个月内编制季度报告刊载于中国证监会指定的网站上。

（2）临时报告。临时报告主要是针对一些临时发生的重大事件而制作的报告。我国《证券法》第67条规定，发生可能对上市公司股票交易价格产生较大影响的重大事件，投资者尚未得知时，上市公司应当立即将有关该重大事件的情况向国务院证券监督管理机构和证券交易所提交临时报告，并予公告，说明事件的起因、目前的状况和可能发生的法律后果。

（二）证券交易法律制度

1. 证券交易的性质与类型。证券交易在本质上是一种等价有偿的买卖行为，卖出证券的一方向买入证券的一方交付证券并取得价金，买入证券的一方

---

① 参见《公开发行证券的公司信息披露内容与格式准则第2号——年度报告的内容与格式》。

向卖出证券的一方支付价金并取得证券。只不过证券买卖的标的比较特殊，并采取了比较特殊的买卖形式。除了普通的谈判、拍卖等要约承诺方式外，实务中证券交易更常用的是电脑集中竞价的成交方式。

证券交易的品种在不断创新，除了现货交易外，信用交易、回购交易、期货交易、期权交易、股票指数期货交易、认股权证交易等交易类型也不断发展，这些交易品种丰富了可选择的投资对象，促进了证券市场的持续繁荣。

（1）现货交易。现货交易又称即期交易，是指证券交易双方仅以其真实所有的资金或证券进行交易，在成交后即时清算交割证券和价款的交易方式。

（2）期货交易。期货交易与现货交易相对应，具有预先成交、定期交割和价格独立的特点，交易双方在达成期货合同后无须等到指定日期到来时实际交割证券和价款，通常是在买进期货合约后的适当时机再行卖出，以谋取利益或减少损失。

（3）期权交易。期权交易是当事人为获得证券市场价格波动带来的利益，约定在一定时间内，以特定价格买进或者卖出指定证券，或者放弃买进或卖出指定证券的交易。证券期权交易是以期权作为交易标的之交易形式。期权分为看涨期权和看跌期权。

期权是当事人为获得证券市场价格波动带来的利益，约定买方通过向卖方支付一定费用，获得在约定的时间内以特定价格买进或者卖出指定证券的权利。

（4）信用交易。信用交易有广义和狭义之分，广义上，现货交易以外的期货交易、期权交易等都属于信用交易；狭义上，只有保证金交易才是信用交易，即信用交易是投资者自己提供保证金并申请取得经纪人信用，在买进证券时由经纪人提供贷款，在卖出证券时由经纪人贷给证券而进行的交易。融资和融券是证券信用交易的两种形式，融资是借钱买入证券，融券则是借股票来卖出。

2. 证券交易的场所及规则。根据证券交易场所的不同，可将证券交易分为场内交易和场外交易。前者是指在证券交易所内进行的交易，后者是指在证券交易所外进行的交易。我国《证券法》第 39 条规定，依法公开发行的股票、公司债券及其他证券，应当在依法设立的证券交易所上市交易或者在国务院批准的其他证券交易场所转让。

场内交易一般采取公开集中竞价的交易方式，遵循价格优先、时间优先的交易规则。所谓价格优先是指较高价格买进申报优先于较低价格买进申报，较低价格卖出申报优先于较高价格卖出申报。时间优先是指买卖方向、价格相同时，先申报者优先于后申报者；先后顺序按交易主机接受申报的时间确定。时间优先原则必须在价格优先原则下执行，价格优者先成交；同等价格下时间优先，先出价者优先成交。

场外交易通常采取买卖双方一对一协商的方式进行交易。由于这种方式在很大程度上限制了交易的达成，且市场价格不能准确反映市场供求关系，因此引入了做市商制度。所谓做市商，是指承担某一股票的买入和卖出的交易商。投资者可以向做市商买入或卖出由该做市商做市的证券。美国纳斯达克市场建立了比较完善的做市商制度，目前该制度在我国还未实行。

四、实验材料

（一）案例材料

张某与王某股权转让纠纷案①

2002 年 9 月 20 日，浦东公司依法成立，注册资金 1 亿元人民币。本案原告、反诉被告张某与本案被告、反诉原告王某作为浦东公司的发起人、股东，各出资 1800 万元、1700 万元，占浦东公司股份比例分别为 18%、17%。2004 年 10 月 22 日，王某作为甲方、张某作为乙方，签订了《股份转让协议》，约定：甲方确认浦东公司注册资本为 2 亿元，截至本协议签订之时，甲方持有浦东公司 3400 万股自然人股份（占总股本的 17%），甲方同意将上述股份（以下简称标的股份）以每股人民币 2.44元，共计人民币 8300 万元的价格转让给乙方。同时，甲方须向乙方提供包括全部转让款的税务发票。乙方同意以 8300 万元受让上述标的股份。双方一致同意，乙方分两期向甲方支付股份转让金 8300 万元。合同生效后 10 日内，乙方向甲方支付 4300 万元，在此之前乙方根据《过渡期经营管理协议》已经向甲方支付的定金 2000 万元自动充抵股份转让金。2004年 12 月 31 日前，乙方向甲方支付其余股份转让金 4000 万元。协议第 4、5 条约定，双方应在签订协议的同时开始办理股份转让期授权委托手续。协议签订之日起至甲方所持标的股份按期转让于乙方名下止的期间为过渡期，有关过渡期内双方的权利和义务，双方另行签订《过渡期经营管理协议》进行约定。同日，本案被告、反诉原告王某作为甲方，本案原告、

---

① 案例来源于北大法意网，张某与王某股权转让纠纷案。http：//www.lawyee.net/Case/Case_ Display. asp？ ChannelID＝2010103&KeyWord＝&RID＝118303。

反诉被告张某作为乙方签订了《过渡期经营管理协议》。协议第1、2、3条确定了双方签订过渡期协议的目的和背景，重申了双方的权利和义务。约定在过渡期内，甲方对标的股份的一切权利均由乙方行使，乙方也相应承担由此而产生的全部责任。该协议还约定，乙方应于本协议签订之日向甲方支付定金人民币2000万元，《股份转让协议》生效后，该定金自动充抵股份转让金。如乙方擅自提前终止本协议，乙方无权要求甲方返还定金。如甲方有违反本协议第3条规定的任一条款的行为，应向乙方双倍返还定金，双倍返还定金仍不能弥补给乙方造成的损失的，应再行按双方特别约定的赔偿金数额进行赔偿。本协议自乙方向甲方支付定金后生效。

上述《股份转让协议》和《过渡期经营管理协议》签订后，本案被告、反诉原告王某签署了向浦东公司董事会提出辞去该公司董事职务的申请，并依约向本案原告、反诉被告张某出具了《授权委托书》，全权委托张某代为行使王某在浦东公司股份项下可享有的一切权利，并确认，在王某将其名下股份全部转让给张某之前始终有效并不得撤销。张某于2004年10月22日以转账支票向王某支付了2000万元定金，同年10月29日又以转账支票向王某支付股份转让金2300万元，由陈某签收。协议签订后10日内，连同2000万元定金，张某共向王某支付了4300万元人民币的股份转让金，王某确认收到。2004年12月28日，王某致函张某，确认对方在2004年12月31日前还应支付4000万元人民币，督促其如期履行股份转让协议，并告知对方：“若逾期支付以上款项，将收回持有的浦东公司3400万股自然人股份，已支付的4300万元人民币也将作为违约赔偿金，不予退还。”

2004年12月30日，本案原告、反诉被告张某向本案被告、反诉原告王某发出《付款通知》，要求王某于2004年12月31日来位于环球大厦的办公室领取股份转让金4000万元，并办理其已支付完全部股份转让金的确认手续。2004年12月31日，金盛置业投资集团有限公司（王某担任该公司法定代表人）职员张某、陈某作为经办人，向张某出具《收条》，内容是：“今收到苏宁公司代张某支付的股份转让金叁仟捌佰万元整（转账支票）。尚余贰佰万元股份转让金，待股份转让手续完备确认后结算。经办人陈某、张某代王某。”该收据上还加盖了金盛置业投资集团有限公司财务专用章。

2005年1月8日，本案被告、反诉原告王某向本案原告、反诉被告张某发出《关于收回股份的通知》。该通知申明，张某应在2004年12月

31 日前支付股份转让金 4000 万元整。然而，直到 2005 年 1 月 4 日，张某才向王某支付 3800 万元。鉴于张某迟延支付且尚欠人民币 200 万元整，已构成根本性违约。从即日起终止双方于 2004 年 10 月 22 日签订的《股份转让协议》和《过渡期经营管理协议》，与此同时，王某依《股份转让协议》第 6 条所签发的所有授权委托书等法律文件亦同时作废，王某仍持有浦东公司 17% 的股份，并享有该股份所包含的所有股东权利。

2005 年 2 月 25 日，本案被告、反诉原告王某向南京市工商行政管理局注册处声明："从即日起，对有关我在浦东公司所持有的 17% 的股份的一切变更事宜，以及对浦东公司任何增资、股权变动行为的，必须通知我本人到场予以确认，否则，我将依法追究相关责任人的法律责任。"

2004 年 3 月 11 日，《南方周末》大幅报道了浦东公司土地升值、部分股东因此发生纠纷的情况，报道中还有对本案被告、反诉原告王某本人的采访。报道明确指出，浦东公司股东内部纠纷的另一起因是"浦东公司那 4500 亩土地价格的急速蹿升……4500 亩土地地价升值近三倍，仅地价升值带来的潜在收益就高达 16 亿元，当然这还没算上在 4500 亩土地上建成住宅后更大的收益"。

（二）法条材料

《公司法》（2004 年修订，下同）第 145 条【记名股票的转让】：记名股票，由股东以背书方式或者法律、行政法规规定的其他方式转让。

记名股票的转让，由公司将受让人的姓名或者名称及住所记载于股东名册。

股东大会召开前 30 日内或者公司决定分配股利的基准日前五日内，不得进行前款规定的股东名册的变更登记。

《公司法》第 147 条【特定持有人的股份转让】：发起人持有的本公司股份，自公司成立之日起 3 年内不得转让。

公司董事、监事、经理应当向公司申报所持有的本公司的股份，并在任职期间内不得转让。

《公司法》第 148 条【特定持有人的股份转让】：发起人持有的本公司股份，自公司成立之日起 1 年内不得转让。公开发行股份前已发行的股份，自公司股票在证券交易所上市交易之日起 1 年内不得转让。

公司董事、监事、高级管理人员应当向公司申报所持有的本公司的股份及其变动情况，在任职期间每年转让的股份不得超过其所持本公司股份总数的

25%；所持本公司股份自公司股票上市交易之日起1年内不得转让。上述人员离职后半年内，不得转让其所持有的本公司股份。公司章程可以对公司董事、监事、高级管理人员转让其所持有的本公司股份作出其他限制性规定。

《合同法》第114条【支付违约金】：当事人可以约定一方违约时应当根据违约情况向对方支付一定数额的违约金，也可以约定因违约产生的损失赔偿额的计算方法。

约定的违约金低于造成的损失的，当事人可以请求人民法院或者仲裁机构予以增加；约定的违约金过分高于造成的损失的，当事人可以请求人民法院或者仲裁机构予以适当减少。

当事人就迟延履行约定违约金的，违约方支付违约金后，还应当履行债务。

五、实验过程

步骤一：分析案件材料，简化案情，归纳有法律意义的案件事实。

本案中，张某和王某作为浦东公司的发起人，在法律规定的禁售期内签订《股权转让协议》，约定王某将其持有的该公司股份全部转让给张某，张某分两期向王某支付股份转让金8300万元：本合同生效后10日内，张某向王某支付4300万元；2004年12月31日前，张某向王某支付其余股份转让金4000万元。同时，为规范双方在股权转让协议签订之日起至该协议生效这段时间内的权利义务关系，双方又签订《过渡期经营管理协议》，约定在《股份转让协议》生效前这段过渡期内，王某所享有的公司股份中的一切权利均由张某行使，并承担由此产生的一切责任。截至2005年1月4日，张某尚有200万股份转让金未支付。王某由此主张张某根本违约，单方面宣布终止《股份转让协议》和《过渡期经营管理协议》，同时，王某依《股份转让协议》第6条所签发的所有授权委托书等法律文件亦同时作废，王某仍持有浦东公司17%的股份，并享有该股份所包含的所有股东权利。

步骤二：梳理本案争议焦点问题。

本案在审理过程中，法院认为其争议的焦点问题有三：

（一）本案《股份转让协议》及《过渡期经营管理协议》是否有效、能否撤销，即上述协议是否违反《公司法》第147条的规定及《浦东公司章程》的规定，签约中是否存在价格欺诈、显失公平等情形。

（二）如果上述协议有效，本案原告、反诉被告张某在支付标的股份转让款中是否构成根本违约，本案被告、反诉原告王某能否解除合同。

（三）双方协议约定的违约金是否过高，如果过高应如何调整。

步骤三：对案件争议焦点进行分析。

对于争议焦点（一），法院认为，本案的双方当事人在签订《股份转让协议》及《过渡期经营管理协议》时，不存在价格欺诈、显失公平的情形，上述协议均为双方当事人真实意思表示，不属于依法可以撤销的合同。此种认定有待商榷。因为该《股份转让协议》虽然不存在价格欺诈、显失公平的情形，却明显违反当时《公司法》第 147 条关于"发起人在公司成立之日起 3 年内不得转让持有的公司股份"的强制性规定，符合《合同法》第 52 条第 1 款第 5 项规定的"违反法律、行政法规的强制性规定"的合同无效情形，应认定《股份转让协议》无效。

对于争议焦点（二），法院认为，张某对 3800 万元股份转让金的支付不构成履行迟延，未向王某支付剩余 200 万元股份转让金亦得到王某认可，故张某支付标的股份转让金的行为不构成违约。王某的行为构成违约，应承担相应的违约责任。同时，本案不存在法律上或事实上的履行不能的情形，张某要求继续履行双方间协议的诉求应予支持。对于争议焦点（三），法院认为双方合同关于按转让金额的 5 倍即 41500 万元支付特别赔偿金的约定，显然过分高于王某的违约行为给张某造成的损失。在认定《股份转让协议》有效的前提下，关于这两个争议点的认定并无不妥。

步骤四：对本案判决进行评析。

综上所述，法院判决认为，本案原告、反诉被告张某与本案被告、反诉原告王某签订的《股份转让协议》和《过渡期经营管理协议》是双方当事人的真实意思表示，内容合法有效。对张某要求继续履行协议的请求，应予以支持。张某在履行协议过程中并无违约行为，王某以张某没有如期支付 3800 万元以及尚欠 200 万元为由，认为张某构成根本违约，要求解除合同，没有事实根据和法律依据，其单方解除协议的行为已构成违约，应承担相应的违约责任。

本案主要涉及公司法关于特定持有人所持股份转让限制的规定，主要表现为对发起人转让股份的限制和对公司高级管理人员股份转让的限制两个方面。之所以禁止发起人在公司成立之日起一定期限内转让公司股份（2004 年公司法规定的禁售期为 3 年），是因为发起人大多持有公司法大部分股份，允许其过早转让股份，将不利于公司的稳定存续；限制董事、监事、高级管理人员的股份转让，主要基于禁止内幕交易的考虑，董事等高级管理人员因其所任职务的关系，很容易获得可能影响公司股票价格的信息，限制其股份转让，能够防止其利用这些信息进行频繁交易，损害公司和其他股东的利益。

本案中，发起人王某在公司成立之日起 3 年内转让股份（2002 年 9 月 20 日公司成立，2004 年 10 月 22 日张某与王某签订《股份转让协议》），显然违反当时公司法的禁止性规定。法院判决该协议有效，可能是出于公平原则的考虑，一方面，该协议属于发起人之间的对内转让，不会影响公司的稳定存续，另一方面，转让人王某是在得知公司享有使用权的土地价格急速蹿升之后才产生悔意，决意终止合同的，判决协议无效，将有失公平。但是，法院在法律有明文禁止性规定的情况下只能严格执行法律规定，否则将有损法律的权威。

六、拓展思考

关于股票交易的法律性质，学术界形成了不同的学说，主要观点有二：

1. 地位让与说。该说认为，股票所代表的是股东权，股东权包括自益权和共益权。自益权的内容主要是对公司的股利和剩余财产的分配请求权；共益权主要是参加公司管理的权利，包括参加公司股东大会的权利、对股东决议的表决权、对公司董事和监事的选举权和被选举权等。股票转让使股东地位依转让行为发生转移，由此包括自益权和共益权在内的股东权由受让人概括承继，股东的地位也随股票的转让而让与。

2. 自益权让与说。该说将股东的自益权与共益权区分开来，认为股份是利益分配请求为目的的附条件债权。股票的转让是以利益请求为内容的自益权的总体转移。共益权是人格权，不应包括在股份中。对于受让人，共益权在法律上为当然的原始取得。

思考：这两种学说中哪种学说能够更准确地反映股票交易的法律性质？

七、课后训练

1. 证券交易当事人依法买卖的证券，必须是依法发行并（　　）的证券。

　　A. 上市　　　　　B. 交付　　　　　C. 托管　　　　　D. 登记

2. 某股份有限公司申请其公司债券上市交易，下列哪一项构成证券监督管理机构驳回其申请的理由？（　　）

　　A. 公司债券发行额为 6000 万元

　　B. 公司债券的期限为 3 年

　　C. 公司的净资产额为 2000 万元

　　D. 公司债券发行规模已达净资产额的 30%

3. 证券在证券交易所挂牌交易，应当采取公开的集中竞价交易方式，证

券交易的集中竞价应当按照下列哪些原则进行？（　　）

  A. 价格优先原则   B. 时间优先原则

  C. 公平交易原则   D. 诚实信用原则

4. 以下选项中，哪些不构成公司债券终止上市的情形？（　　）

  A. 公司最近 2 年连续亏损

  B. 公司不按规定公布其财务状况

  C. 公司有重大违法行为，尚未造成严重后果

  D. 公司债券所募集资金不按照审判机关批准的用途使用，并且在限期
   内未能消除

5. 下列关于上市公司股票暂停上市的意见，哪些不符合我国法律的规定？
（　　）

  A. 上市公司财务报告作虚假记载，构成股票暂停上市的原因

  B. 上市公司最近 2 年连续亏损，应当暂停股票上市

  C. 决定公司股票暂停上市的机构只能是国务院证券监督管理机构

  D. 证券交易所经国务院证券监督管理机构授权，可以决定公司股票暂
   停上市

6. 因突发性事件而影响证券交易正常进行时，证券交易所可以采取下列
哪一措施？（　　）

  A. 政策性停牌   B. 技术性停牌   C. 临时停市   D. 休市

7. 试述持续信息公开的概念和内容。

第四节　证券市场上禁止的行为

实验：证券诉讼法律实务

一、实验目标

掌握证券市场上禁止的行为类型、性质及实施此类行为应当承担的法律责任。

二、实验要求

能够对内幕交易、操纵市场、虚假陈述、欺诈客户等案例的争议点进行分析，能够结合案件材料分析代理词、答辩状、裁判书等相应的法律文书。

三、实验原理

（一）内幕交易及其法律责任

1. 内幕交易的构成。内幕交易，又称为内部人交易、内线交易，是指内幕人员利用所掌握的、尚未公开的内部信息进行证券交易，或者其他人员利用违法获得的内幕信息进行证券交易。内幕交易主要有内幕人员、内幕信息和内幕交易行为三个构成要素。

内幕人员是指获知内幕信息的人员或处于可接触内幕信息地位的人员，包括"内幕信息的知情人"和"非法获取内幕信息的人"两类。我国《证券法》第74条规定，下列人员为证券交易内幕信息的知情人：（1）发行人的董事、监事、高级管理人员；（2）持有公司5%以上股份的股东及其董事、监事、高级管理人员，公司的实际控制人及其董事、监事、高级管理人员；（3）发行人控股的公司及其董事、监事、高级管理人员；（4）由于所任公司职务可以获取公司有关内幕信息的人员；（5）证券监督管理机构工作人员以及由于法定职责对证券的发行、交易进行管理的其他人员；（6）保荐人、承销的证券公司、证券交易所、证券登记结算机构、证券服务机构的有关人员；（7）国务院证券监督管理机构认定的其他人。关于"非法获取内幕信息的人"，《证券法》没有具体界定。《禁止证券欺诈行为暂行办法》第4条第3项将其界定为"通过不正当手段或者其他途径获得内幕信息"的人。

内幕信息是指证券交易活动中，涉及公司的经营、财务或者对该公司证券的市场价格有重大影响的尚未公开的信息。可见，内幕信息必须具备两个基本条件：一是未公开性；二是价格敏感性。① 所谓信息尚未公开是指发行人未向投资公众公开其信息；所谓价格敏感是指信息会对发行人的证券价格产生实质性的重大影响。根据我国《证券法》第67条、第75条的规定，下列各项信息属于内幕信息：（1）公司的经营方针和经营范围的重大变化；（2）公司的重大投资行为和重大的购置财产的决定；（3）公司订立重要合同，而该合同可能对公司的资产、负债、权益和经营成果产生重要影响；（4）公司发生重大债务和未能清偿到期重大债务的违约情况；（5）公司发生重大亏损或者重大损失；（6）公司生产经营的外部条件发生重大变化；（7）公司的董事、1/3以上监事或者经理发生变动；（8）持有公司5%以上股份的股东或者实际控制

---

① 参见符启林主编：《证券法：理论·实务·案例》，法律出版社2007年版，第158页。

人，其持有股份或者控制公司的情况发生较大变化；（9）公司减资、合并、分立、解散及申请破产的决定；（10）涉及公司的重大诉讼，股东大会、董事会决议被依法撤销或者宣告无效；（11）公司涉嫌犯罪被司法机关立案调查，公司董事、监事、高级管理人员涉嫌犯罪被司法机关采取强制措施；（12）公司分配股利或者增资的计划；（13）公司股权结构的重大变化；（14）公司债务担保的重大变更；（15）公司营业用主要财产的抵押、出售或者报废一次超过该资产的30%；（16）公司的董事、监事、高级管理人员的行为可能依法承担重大损害赔偿责任；（17）上市公司收购的有关方案；（18）国务院证券监督管理机构认定的对证券交易价格有显著影响的其他重要信息。

根据我国《证券法》第76条的规定，内幕交易在客观上表现为利用内幕信息进行交易、泄漏内幕信息和根据内幕信息建议他人进行交易等形式。

2. 内幕交易的法律责任。我国证券法、刑法分别就内幕交易引起的民事责任、行政责任以及刑事责任作出了规定。

我国现行《证券法》第76条第3款规定："内幕交易行为给投资者造成损失的，行为人应当依法承担赔偿责任。"该条弥补了原证券法未规定内幕人员民事责任的缺陷，但未明确当事人的确定、因果关系的推定、损失的计算等内容，在适用时仍会有一些问题。

另外我国《证券法》第203条、《刑法》第180条等分别就内幕交易应当承担的行政责任和刑事责任作出了规定。

（二）虚假陈述及其法律责任

1. 虚假陈述。证券市场上的虚假陈述，是指信息披露义务人违反证券法律规定，在证券发行或者交易过程中，对重大事件作出违背事实真相的虚假记载、误导性陈述，或者在披露信息时发生重大遗漏、不正当披露信息的行为。

根据上述定义，虚假陈述的形态主要包括虚假记载、误导性陈述、重大遗漏、不正当披露等。虚假记载，即信息披露义务人在披露信息时，将不存在的事实在信息披露文件中予以记载的行为；误导性陈述，是指虚假陈述行为人在信息披露文件中或者通过媒体，作出使投资人对其投资行为发生错误判断并产生重大影响的陈述；重大遗漏，是指信息披露义务人在信息披露文件中，未将应当记载的事项完全或者部分予以记载；不正当披露，是指信息披露义务人未在适当期限内或者未以法定方式公开披露应当披露的信息。

2. 虚假陈述的法律责任。关于虚假陈述应承担的民事责任，鉴于证券法中缺乏可操作性的规定，2003年1月9日最高人民法院公布了《关于审理证券市场虚假陈述民事赔偿案件的若干规定》，就虚假陈述类证券民事赔偿案件进行系统的规范，包括虚假陈述案件的受理与管辖、诉讼方式、虚假陈述的认定、规则及免责事由、损失认定等。① 此外我国《证券法》第 193 条规定了虚假陈述应承担的行政责任；我国《刑法》第 181 条规定了编造并传播证券交易虚假信息罪，对虚假陈述情节严重的给予相应的刑事制裁。

（三）操纵市场及其法律责任

1. 操纵市场及其行为方式。操纵市场，是指利用资金优势、持股优势或者信息优势，为了获取不正当利益或者转嫁风险，操纵或者影响证券市场价格，扰乱证券市场秩序的交易行为。

根据《证券法》第 77 条，操纵市场主要包括单独与联合连续买卖、串通相互买卖、自买自卖或者冲洗买卖等几种行为方式：

连续买卖，是指为了抬高、压低或者维持交易价格，行为人连续高价买入或者连续低价卖出某种证券的市场行为。

串通相互买卖，是指两个以上行为人之间达成约定，一方按照约定时间和价格卖出某种证券，另一方在该时间以对应价格买入该种证券的行为。

自买自卖或者冲洗买卖，是以自己为交易对象，进行不转移所有权的自买自卖，影响证券交易价格或者证券交易量。

2. 操纵市场的法律责任。《证券法》第 77 条第 2 款规定："操纵证券市场行为给投资者造成损失的，行为人应当承担赔偿责任。"

《证券法》第 203 条规定："违反本法规定，操纵证券市场的，责令依法处理非法持有的证券，没收违法所得，并处以违法所得 1 倍以上 5 倍以下的罚款；没有违法所得或者违法所得不足 30 万元的，处以 30 万元以上 300 万元以下的罚款。单位操纵证券市场的，还应当对直接负责的主管人员和其他直接责任人员给予警告，并处以 10 万元以上 60 万元以下的罚款。"

我国《刑法》第 182 条第 1 款规定，操纵证券市场价格，获取不正当利益或者转嫁风险，情节严重的，处 5 年以下有期徒刑或者拘役，并处或单处违法所得 1 倍以上 5 倍以下罚金。

（四）欺诈客户及其法律责任

1. 欺诈客户及其表现形式。所谓欺诈客户，是指在证券交易中，证券公司及其从业人员违背客户真实意思表示，损害客户利益，侵犯客户权益的违法行为。

在证券交易中，证券公司接受客户的委托，应当履行忠实义务，尽到善良

---

① 参见《最高人民法院关于审理证券市场虚假陈述民事赔偿案件的若干规定》。

管理人的职责，按照客户的指示进行证券买卖。但现实中，客户的资金和证券由证券公司管理，很容易发生欺诈客户的情形，通常表现为以下几种形式：

违背指令，作出与客户的委托不相符合的买卖，损害客户的利益的行为。

不按时提供交易文件，使客户无法确知自己交易的真实情况，也无法在了解真实情况的基础上确定自己的交易行为。

挪用客户证券或资金，严重损害客户利益的行为。

越权买卖。证券公司及其从业人员私自代理客户买卖证券，或者假借客户的名义买卖证券。这种行为多构成欺诈客户的行为。

不当劝诱，即证券公司及其从业人员采取各种不正当手段，对客户进行引诱，使其在引诱下进行本不愿意做的、在正常情况下不会做的、不必要的证券买卖，从中获得额外佣金的行为。

提供、传播虚假或误导信息，使投资者作出错误判断而进行证券买卖，构成对投资者的欺诈。

混合操作。证券公司的自营业务和经纪业务应当分开进行，不得混合操作，否则将损害客户的利益，构成欺诈客户的行为。

2. 欺诈客户的法律责任。证券公司及其从业人员欺诈客户的行为严重损害了客户的利益，根据《证券法》第79条第2款的规定，欺诈客户给客户造成损失的，行为人应当依法承担赔偿责任。另外，我国《证券法》第210条还规定了欺诈客户应承担的行政责任。

四、实验材料

（一）案例材料

案例 1：戴某内幕交易案[①]

四川某机床股份有限公司（以下简称四川机床股份公司）A 股于 1995 年 11 月在深交所正式上市交易。由于机床行业的限制和外贸行业的恶化，四川机床股份公司在 1997 年陷入困境。公司准备资产重组。此时，戴某正担任四川某计算机设备厂（以下简称"设备厂"）法定代表人及四川某科技发展公司（以下简称发展公司）资深总裁，他利用发展公司与四川机床股份公司进行资产重组，四川机床股份公司主营业务将发生重

---

① 案例来源于中国证券监督管理委员会《关于戴某违反证券法规行为的处罚决定》1999 年 5 月 20 日，证监罚字〔1999〕6 号。

大变化这一内幕信息，于 1997 年 11 月 27 日至 29 日，在君安证券成都营业部投入资金 320 万元，以平均 5.54 元的价格，共计买入四川机床股份公司股票 57.26 万股，后于 1997 年 12 月 23 日前，以平均 6.83 元的价格全部卖出，获利 67.57 万元。

案例 2：大庆某乙公司虚假陈述案①

大庆某乙公司正式成立于 1998 年 5 月 6 日。1997 年 4 月 26 日，某石化总厂以大庆某乙公司的名义发布《招股说明书》。该说明书中载明，A 证券公司是大庆某乙公司股票的上市推荐人和主承销商。1997 年 5 月 23 日，代码为 600065A 的大庆某乙公司股票在上海证券交易所上市。1998 年 3 月 23 日，石化总厂又以大庆某乙公司的名义发布《1997 年年报》。1999 年 4 月 21 日，根据有关部门要求，大庆某乙公司在《中国证券报》上发布董事会公告，称该公司的《1997 年年报》因涉嫌利润虚假、募集资金使用虚假等违法、违规行为，正在接受有关部门调查。2000 年 3 月 31 日，中国证监会以证监罚字〔2000〕第 15、16 号，作出《关于大庆某乙公司违反证券法规行为的处罚决定》和《关于 A 证券公司违反证券法规行为的处罚决定》。处罚决定中，认定大庆某乙公司有欺诈上市、《1997 年年报》内容虚假的行为；A 证券公司在为大庆某乙公司编制申报材料时，有将重大虚假信息编入申报材料的违规行为。上述处罚决定均在 2000 年 4 月 27 日的《中国证券报》上公布。

从 1997 年 5 月 23 日起，陈某等 23 人陆续购买了大庆某乙公司股票；至 2000 年 4 月 27 日前后，这些股票分别被陈某等 23 人卖出或持有。因购买大庆某乙公司股票，陈某等 23 人遭受的实际损失为 425388.30 元，其中 242349.00 元损失发生在欺诈上市虚假陈述行为实施期间。

（二）法条材料

《证券法》第 73 条：禁止证券交易内幕信息的知情人和非法获取内幕信息的人利用内幕信息从事证券交易活动。

---

① 案例来源于北大法意网法院案例数据库，网址：http：//www.lawyee.net/Case/Case_Display.asp？ChannelID=2010103&KeyWord=&RID=63316。

《证券法》第74条：证券交易内幕信息的知情人包括：

（一）发行人的董事、监事、高级管理人员；

（二）持有公司5%以上股份的股东及其董事、监事、高级管理人员，公司的实际控制人及其董事、监事、高级管理人员；

（三）发行人控股的公司及其董事、监事、高级管理人员；

（四）由于所任公司职务可以获取公司有关内幕信息的人员；

（五）证券监督管理机构工作人员以及由于法定职责对证券的发行、交易进行管理的其他人员；

（六）保荐人、承销的证券公司、证券交易所、证券登记结算机构、证券服务机构的有关人员；

（七）国务院证券监督管理机构规定的其他人。

《证券法》第75条：证券交易活动中，涉及公司的经营、财务或者对该公司证券的市场价格有重大影响的尚未公开的信息，为内幕信息。

下列信息皆属内幕信息：

（一）本法第六十七条第二款所列重大事件；

（二）公司分配股利或者增资的计划；

（三）公司股权结构的重大变化；

（四）公司债务担保的重大变更；

（五）公司营业用主要资产的抵押、出售或者报废一次超过该资产的30%；

（六）公司的董事、监事、高级管理人员的行为可能依法承担重大损害赔偿责任；

（七）上市公司收购的有关方案；

（八）国务院证券监督管理机构认定的对证券交易价格有显著影响的其他重要信息。

《证券法》第76条：证券交易内幕信息的知情人和非法获取内幕信息的人，在内幕信息公开前，不得买卖该公司的证券，或者泄露该信息，或者建议他人买卖该证券。

持有或者通过协议、其他安排与他人共同持有公司5%以上股份的自然人、法人、其他组织收购上市公司的股份，本法另有规定的，适用其规定。

内幕交易行为给投资者造成损失的，行为人应当依法承担赔偿责任。

《证券法》第77条：禁止任何人以下列手段操纵证券市场：

（一）单独或者通过合谋，集中资金优势、持股优势或者利用信息优势联合或者连续买卖，操纵证券交易价格或者证券交易量；

（二）与他人串通，以事先约定的时间、价格和方式相互进行证券交易，影响证券交易价格或者证券交易量；

（三）在自己实际控制的账户之间进行证券交易，影响证券交易价格或者证券交易量；

（四）以其他手段操纵证券市场。

操纵证券市场行为给投资者造成损失的，行为人应当依法承担赔偿责任。

《证券法》第 78 条：禁止国家工作人员、传播媒介从业人员和有关人员编造、传播虚假信息，扰乱证券市场。

禁止证券交易所、证券公司、证券登记结算机构、证券服务机构及其从业人员，证券业协会、证券监督管理机构及其工作人员，在证券交易活动中作出虚假陈述或者信息误导。

各种传播媒介传播证券市场信息必须真实、客观，禁止误导。

《证券法》第 79 条：禁止证券公司及其从业人员从事下列损害客户利益的欺诈行为：

（一）违背客户的委托为其买卖证券；

（二）不在规定时间内向客户提供交易的书面确认文件；

（三）挪用客户所委托买卖的证券或者客户账户上的资金；

（四）未经客户的委托，擅自为客户买卖证券，或者假借客户的名义买卖证券；

（五）为牟取佣金收入，诱使客户进行不必要的证券买卖；

（六）利用传播媒介或者通过其他方式提供、传播虚假或者误导投资者的信息；

（七）其他违背客户真实意思表示，损害客户利益的行为。

欺诈客户行为给客户造成损失的，行为人应当依法承担赔偿责任。

《证券法》第 80 条：禁止法人非法利用他人账户从事证券交易；禁止法人出借自己或者他人的证券账户。

《证券法》第 81 条：依法拓宽资金入市渠道，禁止资金违规流入股市。

《证券法》第 82 条：禁止任何人挪用公款买卖证券。

《证券法》第 83 条：国有企业和国有资产控股的企业买卖上市交易的股票，必须遵守国家有关规定。

《证券法》第 84 条：证券交易所、证券公司、证券登记结算机构、证券服务机构及其从业人员对证券交易中发现的禁止的交易行为，应当及时向证券监督管理机构报告。

五、实验过程

步骤一：分析案例 1 中戴某内幕交易案中构成内幕交易的各要件。

法学理论认为，内幕交易行为的构成要件有四个：内幕交易的行为主体，即内幕人员；内幕交易的存在基础即内幕信息；内幕交易的主观方面应具有利用内幕交易信息进行内幕交易的故意；内幕交易的客观方面即实施了内幕交易行为。①

戴某是四川某计算机设备厂的法定代表人，同时又在四川某科技发展公司担任资深总裁，属于所任公司职务可以获取公司有关证券交易信息的人员，是法律规定的内幕信息的知情人员。

在四川机床股份公司处于困境时，发展公司与四川机床股份公司进行资产重组，四川机床股份公司主营业务将要发生重大变化这一信息属于利好消息，在公布之后会使四川机床股份公司的股票价格上升，属于涉及公司的经营、财务或者对该公司证券的市场价格有重大影响的尚未公开的信息，构成内幕信息。

戴某在该信息公布之前，利用这一信息，在君安证券成都营业部投入资金 320 万元，以平均每股 5.54 元的价格，共计买入四川机床股份公司股票 57.26 万股，后于 1997 年 12 月 23 日前，以平均 6.83 元的价格全部卖出，获利 67.57 万元。然而，在戴某获利的同时，投资者却无法知晓这一信息，因而出售股票的投资者受到了损害。戴某的行为符合内幕交易的主观和客观构成要件，必然要受到法律的制裁。

步骤二：分析案例 2，分析以下案件争议焦点问题：

（1）本案应如何适用法律？大庆某乙公司因虚假陈述行为被中国证监会予以行政处罚后，是否影响其民事赔偿责任的承担？

本案所涉虚假陈述行为发生于证券法施行前，不能依照证券法追究行为人的责任，但任何民事行为均须遵循民法通则确立的诚实信用原则，遵守法律、

---

① 参见符启林主编：《中国证券交易法律制度研究》，法律出版社 2000 年版，第 341 ~348 页。

行政法规以及相关行业规则确定的义务，否则就应依据民法通则和相关法律、行政法规的规定承担民事责任。《股票管理暂行条例》是国务院颁布的旨在监管证券市场的行政法规，其中不仅明确规定了证券发行人、上市公司和承销商等证券市场主体在证券市场中的信息披露义务，规定了对虚假陈述行为的行政处罚，而且还规定了虚假陈述行为人应当承担民事赔偿责任。该行政法规及相关行政规章、行业规则，是确定当事人是否违反民法通则诚实信用原则并构成侵权的具体标准。本案所涉虚假陈述行为，发生于《股票管理暂行条例》颁布施行之后，中国证监会依据该条例对虚假陈述行为作出认定和处罚，并无不当。《股票管理暂行条例》对虚假陈述行为人，不仅规定应予行政处罚，还规定应承担民事赔偿责任，而且《民法通则》第110条也有"承担民事责任的公民、法人需要追究行政责任的，应当追究行政责任"的规定。行政责任与民事责任是两种不同的法律责任，不存在重复或追加处罚的问题。大庆某乙公司因虚假陈述行为被中国证监会予以行政处罚，不影响其对因给投资者造成的损失而承担民事赔偿责任。

（2）大庆某乙公司应否对某石化总厂以其名义实施的虚假陈述行为承担民事责任？

本案中，某石化总厂以被告大庆某乙公司的名义发布《招股说明书》、《上市公报》和《1997年年报》，这些行为已被中国证监会依照《股票管理暂行条例》的规定认定为虚假陈述行为，并给予相应的处罚。《证券赔偿案件规定》第21条规定："发起人、发行人或者上市公司对其虚假陈述给投资人造成的损失承担民事赔偿责任。"第22条第1款规定："实际控制人操纵发行人或者上市公司违反证券法律规定，以发行人或者上市公司名义虚假陈述并给投资人造成损失的，可以由发行人或者上市公司承担赔偿责任。发行人或者上市公司承担赔偿责任后，可以向实际控制人追偿。"大庆某乙公司是上市公司和大庆某乙公司股票的发行人，大庆某乙公司的实际控制人某石化总厂以大庆某乙公司的名义虚假陈述，给原告陈某等23名投资人造成损失，陈某等人将大庆某乙公司列为本案被告，要求大庆某乙公司承担赔偿责任，并无不当。

（3）原告的股票交易损失与虚假陈述行为之间是否存在因果关系？

《证券赔偿案件规定》第18条规定："投资人具有以下情形的，人民法院应当认定虚假陈述与损害结果之间存在因果关系：（一）投资人所投资的是与虚假陈述直接关联的证券；（二）投资人在虚假陈述实施日及以后，至揭露日或者更正日之前买入该证券；（三）投资人在虚假陈述揭露日或者更正日及以后，因卖出该证券发生亏损，或者因持续持有该证券而产生亏损。"原告陈某等 23 人购买了与虚假陈述直接关联的大庆某乙公司股票并因此而遭受了实际损失，应当认定大庆某乙公司的虚假陈述行为与陈某等人遭受的损失之间存在因果关系。

（4）A 证券公司应否对虚假陈述行为承担连带责任？

《股票管理暂行条例》第 21 条规定："证券经营机构承销股票，应当对招股说明书和其他有关宣传材料的真实性、准确性、完整性进行核查；发现含有虚假、严重误导性陈述或者重大遗漏的，不得发出要约邀请或者要约；已经发出的，应当立即停止销售活动，并采取相应的补救措施。"《证券赔偿案件规定》第 27 条规定："证券承销商、证券上市推荐人或者专业中介服务机构，知道或者应当知道发行人或者上市公司虚假陈述，而不予纠正或者不出具保留意见的，构成共同侵权，对投资人的损失承担连带责任。"根据中国证监会《处罚决定书》的认定，本案存在两个虚假陈述行为，即欺诈上市虚假陈述和《1997 年年报》虚假陈述。这两个虚假陈述行为中，欺诈上市虚假陈述与被告 A 证券公司相关。作为专业证券经营机构，大庆某乙公司股票的上市推荐人和主承销商，A 证券公司应当知道，投资人依靠上市公司的《招股说明书》、《上市报告》等上市材料对二级市场投资情况进行判断；上市材料如果虚假，必将对股票交易市场产生恶劣影响，因此应当对招股说明书和其他有关宣传材料的真实性、准确性、完整性进行核查。A 证券公司编制被告大庆联谊公司的上市文件时，未经认真审核，致使申报材料含有重大虚假信息，已经构成共同侵权，应当对投资人的损失承担连带责任。

六、拓展思考

内幕交易被证券市场所禁止并非不证自明，反而从内幕交易案件产生之初就多受质疑。自 1960 年美国曼尼教授发表《为内幕交易辩护》一文以来，经济学家和法学家对禁止内幕交易的法律规定更是褒贬不一，并展开了针锋相对的辩论，主要争论点在于是否有必要禁止内幕交易。双方的基本观点概括如下：①

赞成内幕交易的学者认为，证券市场内幕交易存在一定的合理性，不应该

---

① 参见郑顺炎：《证券内幕交易规制的本土化研究》，北京大学出版社 2002 年版，第 7~9 页。

在立法上禁止内幕交易。其主要理由有：（1）在市场经济中，利用市场信息追求商业利润是每一个市场参加者的基本权利，承受决策失误所造成的损失也是每一个市场参加者必须面临的市场风险。任何依赖信息的市场均存在内幕交易，因而，对证券市场内幕交易大加指责，是不了解市场规律的表现。（2）内幕交易不损害任何人，至少对市场交易没有害处，因为无辜的买卖者与知情者达成协议，皆属自愿，没有理由抱怨内幕交易不公平。（3）内幕交易导致了证券市场更有效的定价和运作。内幕人员是交易信息最有效的提供者，因为他们获取信息的成本最低。内幕人员交易时，信息也传导至市场，使证券的价格更为准确。（4）内幕交易是补偿企业管理人员的有效途径，因为内幕交易回报直接且迅速，允许内幕交易带给管理人员额外补偿，比其他激励机制更加有效。（5）禁止内幕交易花费巨大且收效甚微，实际操作困难，管理成本超过法律约束所带来的收益，得不偿失。

反对内幕交易的学者认为：（1）内幕交易会损害证券市场的有效性。证券市场之目的在于募集和融通资金，优化资源配置，同时反映、评价社会经济发展状况。信息的流通是实现这一目的的关键因素，而内幕交易行为人为了达到利用内幕交易信息获利的目的，必然会阻碍内幕信息的公开时间，从而使市场交易者由于信息缺乏而影响其各项商业决策的正确性，并妨碍证券市场价格的准确性。（2）内幕交易会损害市场信心。内幕人员并不是通过对已公开信息的技术分析与理性判断而是基于对内幕信息的占有获得信息资源优势，在与一般投资者交易时，内幕人员必然具有更多的获利机会，而与其为相反交易的投资者则难免受损。因此，内幕交易的存在将大大增加证券市场的投资风险，提高投资成本，导致市场上的普通投资者对上市公司的诚信度和市场交易的公正性产生怀疑，并因此对进一步的投资行为持审慎态度，从而造成企业募集资金困难，市场萎缩，最终弱化甚至彻底破坏证券市场对社会经济发展的反射、评价能力，扰乱整个经济秩序。（3）内幕信息应该视为公司的经营财产。公司管理人员只能依照合同获得报酬，而不能将公司财产据为己有。内幕人员利用内幕信息牟取利益，其所得系不当得利。所以，在立法上，全面禁止内幕交易十分必要。

结合上述观点，谈谈你对内幕交易规制的看法。

七、课后训练

1. 某证券公司使用自有资金以客户张某的名义买入某公司股票 30 万股，

对该行为如何定性？（　　）

  A. 内幕交易　　B. 欺诈行为　　C. 操纵市场　　D. 误导行为

 2. 下列哪种人员不能在证券交易所进行证券交易？（　　）

  A. 经纪人　　B. 证券商　　C. 专业证券商　　D. 股票发行人

 3. 证券公司及其从业人员的下列行为中，哪些属于证券法禁止的损害客户利益的欺诈行为？（　　）

  A. 挪用客户所委托买卖的证券或者客户账户上的资金

  B. 违背客户的委托为其买卖证券

  C. 以自己为交易对象，进行不转移所有权自买自卖，影响证券交易价格或者证券交易量

  D. 不在规定的时间内向客户提供交易的书面确认文件

 4. 小李向甲证券公司办理委托股票买卖时，甲保证年投资回报率为 20%。请问甲的行为属于（　　）

  A. 欺诈客户　　B. 信手　　C. 虚假陈述　　D. 担保

 5. 以下行为中，哪些是违反我国证券法的？（　　）

  A. 陈某，为某投资咨询公司的职员，接受朋友的委托代为买卖证券

  B. 王某，为某证券登记结算机构的从业人员，持有某公司的股票作长线投资

  C. 张某，为某投资咨询公司的职员，自身买卖为本公司提供服务的某上市公司的债券

  D. 周某，为证券监督管理机构的工作人员，在证券公司的柜台上买卖公司债券

 6. 下列哪些属于法律禁止的证券交易行为？（　　）

  A. 发行人在公司成立之日起 3 年内转让其所持股票

  B. 公司董事、经理、监事在任职期间转让本公司股票

  C. 为股票发行出具审计报告的专业人员在该股票承销期内买卖该种股票

  D. 为上市公司出具法律意见书的律师在该文件公开后 5 日内买卖该公司股票

 7. A 证券公司派驻交易所的代表张某通过对股市行情的分析，认为现在是购入某股票的最佳时机，遂电话建议其弟张小某以市价委托；张小某先在 B 证券公司开会，接到电话又观望一段时间后作出了买入的决定。张某的行为应

如何认定?（　　　）

    A. 属内幕交易　　B. 属欺诈客户　　C. 属误导行为　　D. 不违法

8. 试述内幕交易的构成要件。

第五章 票 据 法

第一节 票据法概述

实验：票据基础知识实验

一、实验目标

本节主要围绕票据和票据法的基础理论展开，包括票据的概念、性质与种类等内容。依据不同的分类标准，可对票据进行不同的分类。票据的性质，尤其是票据的文义性、要式性与无因性极为关键，是本节的重难点所在。

二、实验要求

本节的立足点在于通过学习票据的基础理论知识，能对票据及票据法的相关知识有初步了解，从而为掌握票据制度做准备。

三、实验原理

（一）票据的概念及性质

票据是有价证券。票据有广义、狭义之分。广义上讲，票据是各种有价证券的总称，其不仅包括狭义上的票据，还涵盖仓单、提单、股票、债券等证券；其不仅包括债权证券，还包括物权证券、社员权证券。狭义上的票据，是指由出票人签发，以向收款人支付确定数额的金钱为目的的一种有价证券。本书采狭义说。在我国，票据仅包括汇票、本票和支票。

一般而言，票据具有以下几个方面的特殊性质：

第一，票据的完全性。票据是种完全有价证券。票据，既是持票人享有票据权利的凭证，也是票据权利的形式载体。

第二，票据的设权性。票据是设权证券。票据权利随着出票行为的完成而产生，而其他有价证券在证券形成之前，该证券所承载的权利就已经存在，证券的形成具有事后性。

第三，票据的无因性，是指票据关系不受票据基础关系、票据法上非票据关系的影响。票据是无因证券。当票据原因关系出现宣告无效、被撤销等情形时，当事人之间的票据关系不受原因关系的影响，在票据当事人之间仍存在票据债权债务关系。①

第四，票据的要式性。票据是要式证券。票据的要式性主要体现在票据必须按照严格的形式制作，以及实施票据行为时，必须依照法律规定的方式进行。

第五，票据的文义性。票据是文义证券。所谓文义性，是指依据票据上所记载的内容来确定票据的效力，即使记载的内容与实际情况不符，也不得随意对其进行变更。

第六，票据的流通性。票据出现的最初目的是为了支付的方便。随着背书制度的出现，使票据成为能在多个民商事主体之间进行转让的流通证券。

第七，票据的债权性。更准确地说，票据是种金钱债权证券。票据是种债权证券，票据属于债权证券中的金钱证券。票据关系是种债权债务关系，票据债务人承担向票据权利人支付确定数额金钱的义务。

（二）票据的种类

依据不同的分类标准，可以将票据分为不同的类别。

首先，从法律层面上讲，大部分国家的票据立法规定了法定的票据种类。我国票据法将票据分为汇票、本票与支票这三类。1962 年出台的美国统一商法典则规定了汇票、本票、支票与存款单共计四种类型的票据。

依据不同的标准，可对汇票、本票与支票进行进一步分类。如依出票人主体的不同，可将汇票分为银行汇票与商业汇票。商业汇票是商业承兑汇票与银行承兑汇票的统称。个人不能充当商业汇票的出票人。依据本票出票人的不同，可将本票分为银行本票与商业本票；以支票功能的不同，可将其分为现金支票与转账支票。我国票据法只承认银行本票。以支票有无特殊保障方式，可将其分为特殊支票与普通支票，特殊支票是指有特殊保障方式的支票。

其次，从学理层面上讲，票据的分类较为复杂。第一，依据票据付款日的

---

① 实践中，关于票据的无因性，存在相对无因性和纯粹无因性之分。我国《票据法》第 10 条规定："票据的签发、取得和转让，应当遵循诚实信用的原则，具有真实的交易关系和债权债务关系；票据的取得，必须给付对价，即应当给付票据双方当事人认可的相对应的代价。"这说明我国票据立法对票据的无因性持保留态度，采取相对的无因性。

不同，可将票据分为即期票据与远期票据。远期票据即指付款人的见票日期与其票据上所载明的付款日期中间有一定的时间差。第二，依据票据付款人的不同，可将票据分为自付票据与委托票据。票据上所载明的出票人与付款人为同一人的票据即为自付票据，如本票。委托票据，即票据上所记载的付款人是除出票人以外的其他人。第三，依据票据所承担的主要职能不同，可将票据分为支付票据与信用票据。票据用于支付的，为支付票据，如支票。票据用于信用的，则为信用票据，如汇票、本票。

此外，按照票据付款时是否需要承兑，可将票据分为承兑票据与非承兑票据；按照票据上收款人的记载方式，可将票据分为记名票据、不记名票据与指示票据。

四、实验材料

《中华人民共和国票据法》、2004 年中国人民银行《关于调整票据、结算凭证种类和格式的通知》、各类票据样本。①

（一）银行汇票

付款期限壹个月	银行汇票（卡片）	2	汇票号码	此联代理付款行付款后作联行往账借方凭证附件

出票日期（大写） 年 月 日 ／ 代理付款行： 行号：

收款人： 账号：

出票金额 人民币（大写）

实际结算金额 人民币（大写）

	千	百	十	万	千	百	十	元	角	分

申请人： 账号：

出票人： 行号：

备注：

凭票付款

出票行签章

10×17.5cm（专用水印纸蓝油，出票金额栏加红水纹）

密押：

多余金额

千	百	十	万	千	百	十	元	角	分

复核　记账

---

① 资料来源于中国人民银行支付结算司编：《新版票据与结算凭证使用手册》，中国金融出版社 2004 年版。

银行汇票背面

被背书人		被背书人	
背书人签章 年　月　日		背书人签章 年　月　日	（贴粘单处）

身份证件名称：　　　　　　发证机关

持票人向银行
提示付款签章：　号码：

（二）商业承兑汇票

出票日期　　　年　月　日　　汇票号码
（大写）

付款人	全称		收款人	全称		
	账号			账号		
	开户银行			开户银行		

出票金额	人民币 （大写）	亿	千	百	十	万	千	百	十	元	角	分

汇票到期日 （大写）		付款人 开户行	行号	
交易合同号码			地址	

本汇票已经承兑，到期无条件支付票款。	本汇票请予以承兑于到期日付款
承兑人签章 承兑日期　　年　　月　　日	出票人签章

此联持票人开户行随托收凭证寄付款人开户行借方凭证附件

10×17.5cm（专用水印纸蓝油墨，出票金额栏加红水纹）

商业承兑汇票背面

被背书人	被背书人	（贴粘单处）
被背书人签章 年 月 日	被背书人签章 年 月 日	

（三）银行承兑汇票

出票日期 （大写）	年 月 日　　汇票号码

出票人全称		收款人	全称										
出票人账号			账号										
付款行全称			开户银行										
出票金额	人民币 （大写）			亿	千	百	十	万	千	百	十	元	角	分
汇票到期日 （大写）		付款行	行号										
承兑协议编号			地址										

本汇票请你行承兑，到期无条件付款。 　　　　　出票人签章	本汇票已经承兑，到期日由本行付款。 　　　　　　　承兑人签章 承兑日期　年 月 日 备注：	复核　记账

10×17.5cm（专用水印纸蓝油墨，出票金额栏加红水纹）

此联收款人开户行随托收凭证寄付款行作借方凭证附件

银行承兑汇票背面

被背书人	被背书人	（贴粘单处）
背书人签章 年　月　日	背书人签章 年　月　日	

（四）银行本票

××银行

付款期限 ×个月	本票　　2　　地名　　本票号码	此联出票行结清本票时作借方凭证
	出票日期 （大写）　　年　月　日	
收款人：	申请人：	
凭票即付	人民币 （大写）	
转账　　　现金 备注：		
	出票行签章　　出纳　复核　经办	
（使用清分机的，此区域供打印磁性字码）		
规格：8×17cm（专用水印纸蓝油墨）		

银行本票背面

被背书人	被背书人	（贴粘单处）
背书人签章 年　月　日	背书人签章 年　月　日	
持票人向银行 提示付款签章：	身份证件名称：　　　　发证机关： 号码：	

184

（五）银行支票

1. 转账支票

××银行转账支票存根 支票号码 附加信息 ——————— ——————— ——————— ——————— 出票日期　年　月　日	××银行　转账支票　（省别简称）　支票号码 出票日期（大写）　年　月　日　付款行名称： 收款人：　　　　　　　　　出票人账号：

（本支票付款期限十天）

人民币 （大写）	亿	千	百	十	万	千	百	十	元	角	分

用途————————

上列款项请从
我账户内支付

出票人签章

复核　　　记账

（使用清分机的，此区域供打印磁性字码）

收款人：
金　额：
用　途：

单位主管　　会计

规格：8×22.5cm 正联共 17cm（底纹按行别分色，大写金额栏加红水纹）。

转账支票背面（正联部分）

附加信息：	被背书人	（贴粘单处）
	背书人签章 年　月　日	

2. 现金支票

××银行现金支票存根	本支票付款期限十天	××银行　现金支票　　（省别简称）　　支票号码

××银行现金支票存根
支票号码
附加信息

——————————

——————————

——————————

出票日期　年　月　日

收款人：
金　　额：
用　　途：

单位主管　　会计

本支票付款期限十天

××银行　现金支票　　（省别简称）　　支票号码

出票日期（大写）　　年　月　日　　付款行名称：

收款人：　　　　　　　　　　　　　出票人账号：

人民币（大写）	亿	千	百	十	万	千	百	十	元	角	分

用途_____

上列款项请从
我账户内支付

出票人签章

复核　　　记账

规格：8×22.5cm 正联共 17cm（底纹按行别分色，大写金额栏加红水纹）。

现金支票背面（正联部分）

附加信息：		（贴粘单处）
	收款人签章　年　月　日	
身份证件名称：　　　　发证机关：		
号码：		

3. 普通支票

××银行支票存根 支票号码 附加信息	本支票付款期限十天	××银行 支票 （省别简称） 支票号码

××银行支票存根
支票号码
附加信息

＿＿＿＿＿＿＿

＿＿＿＿＿＿＿

＿＿＿＿＿＿＿

出票日期　年　月　日

| 收款人： |
| 金　额： |
| 用　途： |

单位主管　　会计

本支票付款期限十天

××银行　支票　（省别简称）　支票号码

出票日期（大写）　年　月　日　付款行名称：

收款人：　　　　　　　　　　出票人账号：

人民币 （大写）	亿	千	百	十	万	千	百	十	元	角	分

用途＿＿＿＿＿＿

上列款项请从
我账户内支付

出票人签章

　　　　复核　　　记账

（使用清分机构，此区域供打印磁性字码）

规格：8×22.5cm 正联共 17cm（底纹按行别分色，大写金额栏加红水纹）。

支票背面（正联部分）

附加信息：	被背书人	（贴粘单处）
	背书人签章 年　月　日	
身份证件名称：　　　　发证机关： 号码：□□□□□□□□□□□□		

五、实验过程

实验过程的主要内容是对我国票据实务中的常用票据进行展示。依展示的票据为依托,对票据上的记载事项及相关履行规则加以简单说明。

步骤一:对银行汇票作基本介绍。

银行汇票指出票人为银行的汇票。一般而言,出票人在票据的标题中间都标明有"某某银行银行汇票"的字样。银行汇票的正面载有代理付款行、付款期限、出票日期、收款人、出票金额、申请人、地名、出票行、凭票付款(无条件支付的委托)、备注、密押、实际结算金额、备注等内容。支付的委托是指出票人委托汇票与支票的付款人支付票据金额的一种意思表示,无条件的支付委托则指这种委托是单纯的、不得附加任何条件。这种无条件支付由付款人在见到票据后无条件地完成。在票据上,支付的委托一般通过"凭票付款"或者"请于到期日无条件支付"的字样来表达。银行汇票的第二联背面则专门用于背书。此面载有用于被背书人签名、背书人签章、背书日期、持票人向银行提示付款签章、身份证件名称及号码等内容。

按照规定,银行汇票一律采用记名方式,其汇票金额起点为 500 元,付款期限为 1 个月,所有银行都可办理银行汇票的兑付,但逾期的汇票,兑付银行不予受理。

步骤二:对商业承兑汇票作基本介绍。

商业汇票,仅为学理上的说法,在票据实务中,商业汇票指商业承兑汇票或银行承兑汇票。商业承兑汇票中的承兑人由银行以外的其他付款人担任。商业承兑汇票的正面一般载有出票日期、汇票号码、付款人全称、付款人账号及其开户银行、收款人全称、收款人账号及其开户银行、出票金额、汇票到期日、交易合同号码、付款人开户行的行号与地址、承兑人签章、承兑日期、出票人签章、无条件支付的委托等内容。商业承兑汇票的第二联背面是用于持票人背书的。此面的记载事项多为被背书人名称、背书人签章、背书日期等内容。

商业承兑汇票既可以由付款人签发,也可以由收款人签发。商业承兑汇票的承兑人就是票据上记载的付款人。商业承兑汇票必须要经过承兑人的承兑后,付款人才承担无条件支付票据金额的义务。承兑人承兑时,必须在汇票正面承兑人签章处签章。商业承兑汇票的付款人应于汇票到期日之前将全部票据金额存入其开户银行,待汇票到期日届至,由开户银行凭票据将全部票据金额从付款人账户支付给收款人。如付款人存入开户行的金额不足以支付票款,则开户银行应当将汇票交还给收款人，由收款人与付款人自行处理。

步骤三：对银行承兑汇票作基本介绍。

银行承兑汇票与商业承兑汇票的不同之处在于，两者的承兑人不同。银行承兑汇票的正面一般都载有"某某银行承兑汇票"的字样。汇票标题的下方是出票日期。除此外，汇票正面还有票号、出票人全称、出票人账号、收款人全称、收款人账号及开户银行、出票金额、汇票到期日、承兑协议编号、付款行行号及地址、无条件支付委托、出票人签章、承兑行签章、承兑日期、备注、复核、记账等事项。银行承兑汇票的第二联背面也是用于持票人背书的。此面的记载事项多为被背书人名称、背书人签章、背书日期等内容。

在银行承兑汇票中，承兑人不是交易关系中的付款人，而是出票人的开户银行。付款人（即承兑申请人）凭票向其开户行提出承兑申请时，应提交有关交易合同或协议。经承兑行申请后，决定同意承兑的，承兑人应与付款人订立承兑协议，并在汇票正面签章承兑。出票人将银行承兑后的汇票交与收款人，收款人于到期日届至时请求承兑行履行票据义务，承兑行负有无条件支付票据金额的义务。银行承兑汇票利用银行的资金信用，较之于商业承兑汇票利用付款人自己的资金信用而言，其更为安全、可靠。

步骤四：对银行本票作基本介绍。

我国票据法只允许银行签发本票，商业本票在我国是不存在的。银行本票的标题一般为"某某银行本票"。银行本票的正面一般载有付款期限、出票日期、地名、票名、收款人、申请人、凭票即付的说明、票据金额、本票的种类（转账或现金）、出票行签章、备注、出纳、复核、经办等事项。本票第二联背面是用于背书的，其记载事项一般包括被背书人名称、背书人签章、持票人向银行提示付款的签章、身份证件名称及号码等事项。

按照票据法的规定，银行本票的付款期限不得超过 2 个月。根据中国人民银行的规定，银行本票仅限于不定额银行本票。银行本票上没有预先印载金额，而是根据需要记载金额，金额的起点为 100 元，没有上限。我国不承认无记名式本票。流通中的银行本票必须记载收款人名称，未记载的，本票无效。根据用途的不同，可将银行本票分为银行转账本票与银行现金本票。转账本票仅可用于转账，现金本票既可用于支取现金，也可用于转账。

步骤五：对支票作基本介绍。

就形式而言，支票的外观设计与本票、汇票的外观设计相差很大。支票存在普通支票、现金支票与转账支票之分。普通支票既可支取现金，也可用于转账。转账支票只能用于转账，现金支票只能用于支取现金。一般而言，在支票正面，都会标明"某某银行支票"或"某某银行转账支票"或"某某银行现金支票"的字样。转账支票的正面一般都包括出票日期、票号、收款人名称、付款行名称、出票人账号、票据金额、用途、付款期限、无条件支付的委托、出票人签章、复核、记账等事项。支票中，无条件支付的委托一般通过"上列款项请从我账户内支付"来表达。此外，在支票正面还存在支票存根这一栏。在存根栏中，一般标注有支票存根的字样，含有票号、附加信息、出票日期、收款人、金额、用途、单位主管、会计等事项。各类支票背面的内容相差较大。普通支票的背面包括附加信息、被背书人、背书人签章、身份证件名称及号码、背书日期等事项。现金支票的背面包括附加信息、收款人签章、收款日期、身份证件名称及号码等事项；转账支票的背面包括附加信息、被背书人、背书人签章、背书日期等事项。

支票是我国票据法唯一允许存在空白事项的票据种类。空白事项包括支票金额与收款人两项。持票人在使用空白票据时，须事先将票据上的空白事项补充完整，否则，该票据不能生效，持票人不得使用。我国票据法禁止出票人签发空头支票，即出票人签发的支票金额不得超过其在付款人处实有的存款金额。在我国，支票仅限于见票支付，未认可远期支票。支票无须承兑或见票，提示票据就是请求付款。

步骤六：对票据上的记载事项进行识别。

票据记载事项是票据行为人意思表示的文字化。根据票据法对记载事项规定的不同，可将其分为绝对必要记载事项、相对必要记载事项、任意记载事项与禁止记载事项这四种。绝对必要记载事项，指在票据上必须记载的事项，否则所制作的票据是无效票据。相对必要记载事项，指票据法规定应予以记载的事项，但若当事人没有记载，并不会导致票据的无效，而是根据法律的相关规定来推定效果。任意记载事项，又称可记载事项，指票据法并不强制当事人记载，允许当事人自由选择是否将此类事项记载于票据之上，但一经记载，则将产生票据效力的事项。禁止记载的事项，也称不得记载的事项，是指票据法禁止记载于票据上的事项，包括不发生票据效力的记载事项与使票据无效的记载事项这两种。其中，不发生票据效力的记载事项，又称"无益记载事项"，此类事项即使记载于票据之上也不会产生票据效力，更不会影响票据的效力，仅被视为没记载；使票据无效的记载事项，又称"有害记载事项"，此类事项记载于票据之上，将会导致票据无效或票据行为归于无效。记载事项记于票据之上时，应采用规定的格式。

各类票据所共有的绝对必要记载事项有：（1）表明"汇票"或"本票"

或"支票"的字样；（2）无条件支付的委托（本票为无条件支付的承诺）；
（3）确定的金额（空白票据除外）；（4）出票日期；（5）出票人签章。除此
外，支票的绝对必要记载事项还须有付款人名称；本票的绝对必要记载事项还
须有收款人名称；汇票的绝对必要记载事项还必须同时包括付款人名称与收款
人名称这两项。付款地、付款日期、出票地等为相对必要记载事项，禁止转让
则属于任意记载事项，附条件的支付为有害记载事项，附条件的背书为无益记
载事项。一般而言，各类票据中的出票日期、出票金额、汇票到期日一般都要
求用大写。到期日在行使票据权利的过程中至关重要。票据权利人应在到期日
行使票据权利，若未届至到期日，则为期前行使票据权利；若到期日已过，则
为期后行使票据权利。

步骤七：对汇票、支票、本票进行比较分析。

汇票、支票属于委付证券，本票属于自付证券。支票、汇票一般都有出票
人、收款人、付款人三方基本当事人，本票只有出票人、收款人两方基本当事
人。支票的付款人为银行或其他法定金融机构，本票、汇票的付款人则没有严
格要求。除保付支票外，支票不存在主债务人，而汇票、本票均存在主债务
人。支票无到期日之规定，均为到期即付，而汇票与本票则有到期日的规定。
支票的出票人负严格的担保付款责任，汇票的出票人负有担保付款与承兑的责
任，本票的出票人直接负付款之责。支票的付款人不得提存票据金额，而本
票、汇票的付款人在符合条件时可提存票据金额。除此外，这三类票据在票据
发行与资金关系、背书人的责任、票据行为等方面也存在差别。

六、拓展思考

保付支票与划线支票均属于特殊支票的范畴，存在于国外票据法上。其
中，保付支票是指付款人实施保付行为后，由付款人承担绝对的付款责任而免
除出票人及背书人责任的支票；划线支票又称"平行线支票"，最早源于英
国，其主要作用在于限定收款人、防止支票金额被人冒领。在保付支票中，付
款人为唯一债务人。在划线支票中，票据行为人在支票正面划两条平行线，将
收款人限定于银行、其他金融机构，以此行为对支票付款加以特别限制。划线
支票，根据表现形式的不同，又可分为普通划线支票与特殊划线支票。普通划
线支票，在两条平行线之间不记载文字或者仅记载"银行"的字样，这种支
票的付款人只能向自己的客户或其他银行付款。特别划线支票，在两条平行线
之间记载特定银行的名称。特别划线支票的付款人只能向平行线内记载的银行
付款。就安全性而言，特别划线支票最高，普通划线支票次之，普通支票最

低。有学者认为，保付行为是种附属票据行为，而划线行为不属于狭义上的票据行为。因为划线行为并非承担票据义务的意思表示，而是为了对收款人进行限制，划线行为是种准法律行为。请思考划线行为的性质。

七、课后训练

1. 若某票据的金额小写是 10 万元，大写是 100 万元，说法正确的是（　　）
   A. 票据金额以大写 100 万元为准
   B. 票据金额以小写 10 万元为准
   C. 票据金额以实际发生的价款为准
   D. 该票据无效

2. 下列关于汇票的说法正确的有（　　）
   A. 汇票是委付证券
   B. 汇票分为即期汇票和远期汇票
   C. 汇票分为银行汇票和商业汇票
   D. 银行汇票分为商业承兑汇票和银行承兑汇票

3. 票据基础关系也称非票据关系，下列各项属于票据基础关系的是（　　）
   A. 利益偿还请求权关系　　B. 票据原因关系
   C. 票据资金关系　　　　　D. 票据预约关系

4. 票据保证行为的绝对必要记载事项不包括（　　）
   A. 表明"保证"的字样　　B. 保证人的名称和住所
   C. 保证人签章　　　　　　D. 保证日期

5. 汇票背书行为的绝对必要记载事项是（　　）
   A. 背书人签章　　　　　　B. 被背书人
   C. 载有"不得转让"的字样　D. 背书日期

6. 汇票出票行为的相对必要记载事项包括（　　）
   A. 出票日期　　　　　　　B. 收款人名称
   C. 付款人名称　　　　　　D. 到期日

7. 张某向李某背书转让面额为 10 万元的汇票作为购买房屋的价金，李某接受汇票后背书转让给第三人。如果张某与李某之间的房屋买卖合同被合意解除，则张某可以行使下列哪一权利？（　　）
   A. 请求李某返还汇票
   B. 请求李某返还 10 万元现金

    C. 请求从李某处受让汇票的第三人返还汇票

    D. 请求付款人停止支付票据上款项

8. 为何说票据是种文义证券？票据的文义与票据债权、票据债务之间存在何种联系？票据是种要式证券，我国有关票据的法律、法规、规章及司法解释，都对票据的要式性作了哪些规定？

9. 试以票据的性质为基础，分析我国《票据法》第 10 条、第 11 条、第 12 条的含义。

10. 票据的记载事项可分为不同的种类，试以票据法的相关条文说明不同种类的票据的记载事项，并且简要概括违反这些事项将产生的法律后果。

第二节　票据的法律关系

实验：票据法律关系实验

一、实验目标

本节包括票据关系概述、票据权利与票据义务及票据抗辩这几个部分。其中，票据法律关系、票据权利、票据抗辩是本节的重难点所在。

二、实验要求

通过本节的学习，能理解原因关系、资金关系、预约关系这三个基础关系的联系与区别，能识别票据权利与票据义务，能运用票据抗辩对抗持票人。

三、实验原理

(一) 票据关系概述

票据关系，是指基于票据行为而在当事人之间产生的债权债务关系。作为民事关系的特殊形式，票据关系由主体、客体和内容这三大要素构成。票据关系是与票据联系最紧密的法律关系，票据关系根据票据行为种类的不同，可细分为出票行为发生的票据关系、背书行为发生的票据关系、承兑行为发生的票据关系与保证行为发生的票据关系等。

票据关系是票据当事人之间的基本法律关系，一般而言，除票据关系外，与票据有关的法律关系还包括票据法上的非票据关系与票据的基础关系这两大类。票据法上的非票据关系是指由票据法直接规定的与票据行为有着紧密联系，但票据法又不将其视为基于票据行为而产生的法律关系。票据法上的非票据关系依据票据法的规定而当然产生，其不管票据是否丧失。票据关系与票据法上的非票据关系在形成原因与内容方面都存在较大差别。票据基础关系是指在票据关系形成之前，在有关的当事人之间存在的某种关系，它是发生票据关系的基础。票据的基础关系包括资金关系、预约关系与原因关系。票据基础关系不是票据法的调整对象，其属于民法的调整对象。票据关系一经产生，就与票据基础关系相互独立。

（二）票据权利与票据义务

票据权利，是指票据权利人向票据债务人请求支付票据上所载金额的权利。票据权利是请求权，其行使主体是持票人。票据权利的行使与票据密不可分，票据权利的发生、转移与行使都以持有票据为必要。票据权利的行使对象是票据行为人，即在票据上签章承担票据主义务的人，包括出票人、付款人、背书人、保证人。票据权利具有无因性、次序性、短期性、证券性等特征。

票据权利包括付款请求权与追索权这两个部分，付款请求权是第一顺位的请求权、是主票据权利，追索权是第二顺位的请求权、是从票据权利。持票人行使票据权利时应首先向付款人请求支付票据金额，只有在付款人拒绝其付款请求后，持票人方可向背书人、保证人及出票人等行使追索权，请求支付票据金额与相关的追偿费用。

票据的取得，必须给付对价，即应当给付票据双方当事人认可的相对应的代价，且票据的取得手段必须合法。票据权利既可以原始取得，又可以继受取得。持票人因出票行为、主观上的善意等而取得票据属于原始取得。背书转让票据属于继受取得的方式。票据权利也可因一定事实的出现而归于消灭。如付款人的付款行为、票据时效期间届满、抵销、免除、提存等事由均可导致票据权利的消灭。

票据权利的行使有广义、狭义之分。广义的票据权利行使不仅包括付款请求权与追索权的行使，而且还包括请求承兑、提示票据请求付款等；狭义的票据权利行使则仅指付款请求权与追索权的行使。本书采狭义说。票据权利的行使是指票据权利人请求票据债务人履行票据义务的行为，其涵盖付款请求权的行使与追索权的行使这两个方面的内容。票据权利的保全是指票据权利人为了防止票据权利的丧失而采取的某种行为。票据权利的保全行为常常又是票据权利的行使行为，因而许多国家的票据法都将二者相提并论。较为常见的保全方法有：提示票据、拒绝证书及中断时效。

我国《票据法》第 4 条将票据义务称为"票据责任"。票据义务，是指票据债务人向持票人支付票据金额的义务。从本质上讲，票据义务是种金钱债务。票据义务基于票据行为而产生。票据债务人须在票据上签章，只要进行了签章，票据债务人就应承担票据义务，且仅就自己的记载内容承担责任，其他任何书面材料都无法增加或者减少其权利义务。义务人若仅口头承诺其承担票据义务，但并没有在票据上进行签章，则持票人不得向其请求履行票据义务。由于票据权利有付款请求权与追索权之分，票据义务也有第一义务与第二义务之分。第一义务，也即主票据义务，是与付款请求权相对应的票据义务。主票据义务是直接、绝对义务。主票据债务人对持票人承担绝对的付款责任。第二义务，也即从票据义务，是与追索权相对应的票据义务。从票据义务的履行只有在不获承兑或付款请求未实现等法定情形下，持票人才可请求票据债务人履行票据义务。

（三）票据抗辩

所谓票据抗辩，是指票据债务人根据票据法的规定对票据债权人拒绝履行票据义务的行为。票据债务人所享有的这种权利叫票据抗辩权。票据抗辩权只能由票据债务人享有。票据债务人行使票据抗辩权，需要有抗辩事由的存在。所谓票据抗辩的事由，是指由法律规定的票据债务人可以对票据债权人要求其履行票据义务的行为进行抗辩的事由。根据票据抗辩事由的不同，可将票据抗辩分为物的抗辩与人的抗辩。物的抗辩与人的抗辩在效力上是不同的。

1. 物的抗辩。物的抗辩，由于来源于票据本身，具有客观性，故又称绝对的抗辩、客观的抗辩，是指票据债务人基于票据本身的内容而发生的抗辩。物的抗辩是由于票据本身形式上存在瑕疵，故具有绝对性，票据债务人可用物的抗辩对抗所有的票据权利人，且不会因票据权利人的主观状态而受影响。根据行使抗辩权的主体不同，还可将物的抗辩分为一切票据债务人对一切票据权利人都可行使的抗辩与特定票据债务人对一切票据权利人可行使的抗辩这两类。

一切票据债务人对一切票据权利人都可行使的抗辩，此类物的抗辩事由有：（1）票据上欠缺票据法规定的必要记载事项；（2）票据出票人在票据上的签章不符合规定；（3）票据金额记载不合法；（4）若对票据金额、日期、收款人名称这三项票据记载事项加以更改，则被更改的票据无效；（5）票据上所载明的付款日期尚未届至（此点抗辩事由不适用于见票即付的票据）；（6）票据权利已消灭。

特定票据债务人对一切票据权利人可行使的抗辩，此类物的抗辩事由有：（1）票据债务人为无民事行为能力人或限制民事行为能力人；（2）抗辩人为无权代理或越权代理中的被代理人；（3）某些瑕疵票据中的部分票据债务人。此处所指的瑕疵票据是指伪造、变造的票据；（4）票据权利行使或保全手续的欠缺；（5）票据权利因时效届满而消灭；（6）对不得背书转让的票据进行背书转让。

2. 人的抗辩。人的抗辩，又称相对的抗辩、主观的抗辩，是指票据债务人仅能对特定票据权利人行使的抗辩。人的抗辩只能适用于特定的直接当事人之间，对于除直接当事人之外的善意取得票据者则不能适用。与物的抗辩类似，根据行使抗辩权的主体不同，可将人的抗辩分为一切票据债务人对特定票据权利人都可行使的抗辩与特定票据债务人对特定票据权利人可行使的抗辩这两类。

第一，一切票据债务人对特定票据权利人都可行使的抗辩。常见的此类抗辩事由有：（1）持票人所持有的票据欠缺合法形式；（2）持票人欠缺实质上的票据受领资格或者票据行为能力（3）由于恶意或重大过失取得票据者。

第二，特定票据债务人对特定票据权利人可行使的抗辩。此类人的抗辩，主要是因为票据权利人与票据债务人之间存在除票据关系之外的其他法律关系，在这种法律关系中，票据债务人是权利主体，而票据权利人是义务主体。常见的此类抗辩事由有：（1）直接当事人之间的原因关系无效之抗辩；（2）直接当事人之间的原因关系欠缺之抗辩；（3）直接当事人之间的无对价之抗辩，又称同时履行的抗辩；（4）基于当事人之间的特别约定的抗辩；（5）票据没有交付之抗辩。

3. 票据抗辩的限制及除外。票据抗辩的限制，即票据抗辩权的限制，是指票据法规定的在某些具有行使抗辩权事由的情形下，票据债务人不得行使抗辩权以对抗票据权利人，票据债务人仍要履行票据义务。在理论上，将对票据抗辩的限制称为票据抗辩的切断。因为物的抗辩是绝对的、客观的，是基于票据自身的原因而生的抗辩，从而导致票据权利本身不存在或无效，因此，对于物的抗辩不存在限制。票据抗辩的限制仅针对人的抗辩而言，其将人的抗辩之适用范围限定于票据债务人与其有直接关系的持票人之间。依据我国《票据法》第13条第1款，票据抗辩限制的内容包括票据债务人不得以自己与出票人之间的抗辩事由对抗善意持票人与票据债务人，不得以自己与前手之间的抗辩事由对抗善意持票人这两个方面。

票据抗辩限制的除外，即不适用票据抗辩的情形。在除外情形下，票据债务人仍能以自己与出票人或与持票人的前手之间的抗辩事由对抗持票人。常见的除外情形包括：（1）持票人明知票据债务人与出票人或者与自己的前手之间的抗辩事由，但持票人仍受领票据。此类抗辩被称为"知情抗辩"或"恶意抗辩"。（2）持票人在受领票据时没有给付对价。持票人依法无偿取得票据的，虽不受给付对价的限制，仍可取得票据权利，但是，持票人也一并继受了前手的权利瑕疵。持票人所享有的票据权利不得优于其前手的权利，票据债务人仍能以自己与持票人的前手之间存在的抗辩事由对抗持票人，拒绝履行票据义务。

四、实验材料

以商业承兑汇票作为支付工具，找 ABCDE 共计五个人，模拟票据关系的形成过程及票据权利的行使。

五、实验过程

本实验过程围绕票据活动而展开。

步骤一：进行角色定位。

A 为买方，B 为卖方。AB 之间签订了一买卖合同，约定以商业承兑汇票作为支付方式。A 为出票人，B 为收款人，C 为付款人。后来，基于借贷关系，B 将汇票背书转让给 D，E 为 B 提供担保。为了分析的方便，可采用图示法标出 A、B、C、D、E 之间的相互关系以及票据法律关系的结构图。

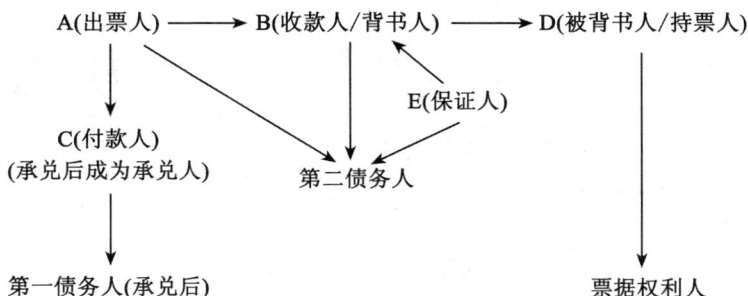

其中，第一债务人与第二债务人均为票据债务人，二者主要区别存在于债务履行顺序上。

由于我国票据法没有规定票据复本、誊本制度，故票据原本的复本、誊本的发行、返还的非票据关系在我国是不存在的。

附：商业承兑汇票流转图

票据法上的关系
- 票据关系
- 票据法上的非票据关系
  - 票据返还的非票据关系
  - 利益返还的非票据关系
  - 票据原本的复本、誊本的发行、返还的非票据关系

有关票据的法律关系

票据的基础关系
- 票据原因关系
- 票据资金关系
- 票据预约关系

由收款人出票的,应交付款人承兑

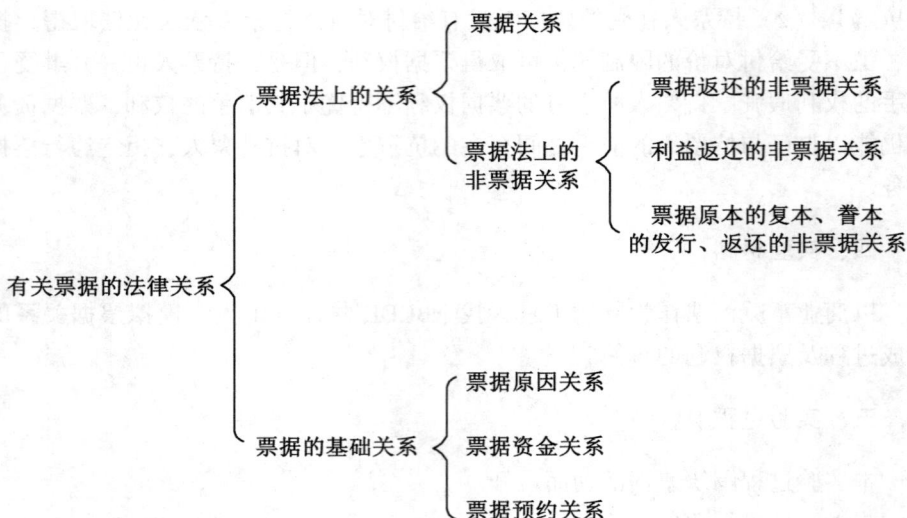

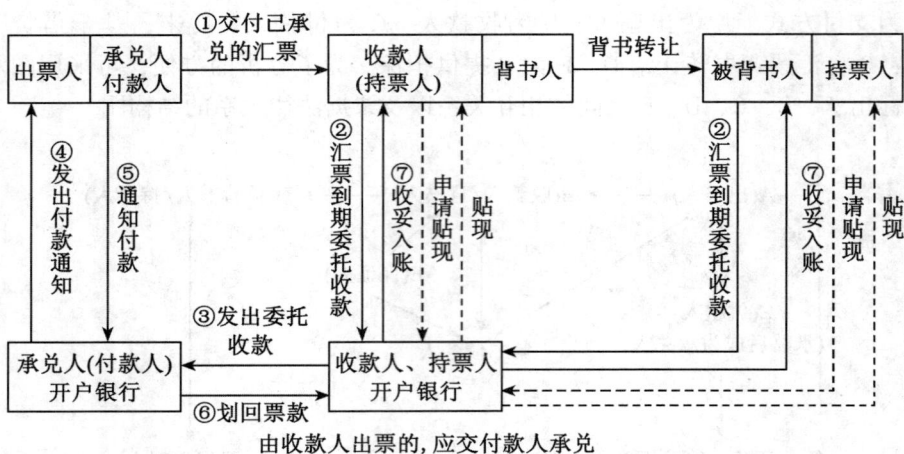

步骤二：为了交易的方便，A 与 B 约定使用商业承兑汇票作为支付方式，双方还就付款期限、金额等事项进行商议。

A 向 B 签发了以 A 为出票人、B 为收款人、C 为付款人的汇票。在这之中，AB 之间的交易合同属于原因关系。票据原因关系是指当事人之间之所以签发、接受票据的原因。A 与 B 约定以商业汇票作为支付方式以及对有关支付事项进行商议，则为票据预约关系。票据预约关系是指当事人之间就票据的种

类、金额、付款地、付款日期等事项进行协商而形成的关系。在这之前，A 与 C 之间还可能形成票据资金关系。票据资金关系是指出票人与付款人之间的关系。票据原因关系、票据资金关系、票据预约关系均不为票据关系，它们仅为票据法律关系的一个组成部分，是民法上的非票据关系，不受票据法的调整，而受民法的调整。A 出票行为的完成，在 A 与 B 之间产生的关系为票据关系。票据关系一经产生，就与票据基础关系相互独立。

A 的出票行为有效完成后，在 A、B、C 之间会产生一定的票据效力。首先，对 A 而言，本身不负付款责任，但对持票人负有保证票据获得承兑和付款的担保责任。其次，对 B 而言，成为持票人，享有票据权利。待票据到期日届至，可向 C 行使票据付款请求权。若 B 的付款请求被拒，则可向 A 行使追索权。最后，对 C 而言，承兑是其享有的一种权利。只有 C 同意承兑，才负绝对的付款责任，成为第一债务人。在 C 未同意承兑之前，其没有进入票据关系。

以当事人的出现与出票行为的完成是否同步，将票据关系当事人分为基本当事人与非基本当事人。基本当事人是指随着出票行为的完成而存在于票据上的当事人，出票人、收款人与付款人属于此类。非基本当事人是指出票行为完成后，在票据的流通过程中，通过实施各种票据行为而加入到票据关系中的当事人，如被背书人、保证人。A、B、C 均为票据关系中的基本当事人。

步骤三：B、D 之间基于借贷关系，B 将汇票背书转让给 D，E 为 B 提供票据保证。

借贷关系属于原因关系。因背书行为而在 B、D 之间产生了票据关系，B 为背书人，D 为被背书人，B 在进行背书行为时，无须取得 A、C 的同意，也不必通知 A、C。背书后，B 并不退出票据关系，对 D 及其后手的票据权利承担担保承兑和付款的责任。B 的背书行为，必须按照票据法的规定，在票据上作相应的背书记载，并将经背书的票据交给 D。背书是一种单方法律行为。B 在背书时不得附有条件，如附有条件，所附条件不具有票据效力，即该条件视为不存在，其不影响票据本身的效力，也不影响背书的效力，更不会影响 D 的权利。同时，背书具有不可分性，B 不得将票据金额分别转让给数人或仅将部分票据金额转让给 D。分别背书行为与部分背书行为是无效的票据行为。商业承兑汇票经 B 背书转让后，B 不再享有票据权利，而由 D 享有票据权利。

在 B 背书将票据权利移转于 D 的过程中，E 作为债务人以外的第三人为 B 提供保证。E 提供保证时，须在票据上记载有关事项并进行签章。B、E 之间对 D 承担连带责任，这种连带责任是种法定连带责任，B、D、E 不得通过约定或其他方式改变其法定性。E 不享有先诉抗辩权，E 的债务数额应完全同于 B 的债务数额，D 可以不经被保证人而直接请求 E 履行付款义务。D、E 为票据关系的非基本当事人。

背书关系与保证关系也属于票据关系的范畴，它们不受票据基础关系的影响。不论背书、保证的原因是否成立、有效，只要背书行为、保证行为符合票据法的相关规定即可。

步骤四：D 应在汇票到期日届至之前持票向 C 提示承兑，承兑是汇票特有的票据行为。

D 在提示承兑时，应当将汇票提示给付款人，而不能够使用口头形式。《中华人民共和国票据法》第 38 条、第 39 条、第 40 条、第 41 条、第 42 条、第 43 条、第 44 条对汇票的承兑作了详细的规定。C 收到 D 提示承兑的汇票时，应签发收到汇票的回单。回单的制作时间是 C 收到 D 提示承兑的汇票时；回单签发的对象是 D；回单上记载的事项是汇票提示承兑的日期和承兑人签章。汇票回单的制作，证明持票人是真正的权利人，而付款人只是临时占有汇票的人。汇票承兑的时间是 3 日，在此考虑时间内，C 可以作出承兑或者拒绝承兑的决定。C 若决定承兑的，必须在汇票正面进行记载，记载的内容是"承兑"的字样，而且还应在承兑人签章处签章。如果是见票后定期付款的汇票，承兑人在承兑时还应在承兑时记载付款日期。同时，C 承兑时，不得附加任何条件，否则，视为拒绝承兑。C 承兑汇票后，成为第一债务人，应当承担到期付款的责任。

我国票据实务中的承兑程序包括提示承兑、承兑或拒绝承兑这两个环节。D 应按照规定的期限提示承兑，否则，其将丧失对于其前手的追索权。即 D 丧失了票据权利，只能按照民法上的请求权要求进行请求，如行使利益返还请求权。当然，C 也可以拒绝 D 的承兑请求。C 决定拒绝承兑的，应当在票据法规定的时间内，向持票人作出拒绝承兑的意思表示，出具拒绝证书，退还汇票。

步骤五：若 C 拒绝承兑，则可行使追索权。

付款请求权与追索权同为票据权利，除了在行使顺序上不同外，两者的区别还有以下几个方面：

第一，两者的权利主体不同。行使追索权的主体范围远远大于可行使付款请求权的主体范围。从广泛意义上讲，两者的权利主体同为持票人，但行使追索权的持票人可以是被背书人、最后持票人以及履行了票据义务的清偿人；而行使付款请求权的主体只可能是最后的被背书人或是收款人。第二，两者的行使对象不同。付款请求权的行使对象通常是承兑人或付款人；而追索权的行使对象则可以是背书人、保证人及出票人等票据债务人，且这些义务人应对持票人承担连带责任。第三，权利的行使次数不同。付款请求权只能向付款人行使，当付款人已付款或拒绝付款或承兑时，付款请求权便不复存在。而追索权则不同，追索权可重复行使，直到出票人清偿票据债务为止。第四，两者的形成时间不同。追索权是第二顺位的票据权利，其只能在付款请求权行使不能的情况下产生，故追索权的产生时间常为拒绝付款日或拒绝承兑日。而付款请求权则产生于票据到期日。此外，两者在行使条件、存续期间、请求支付的票据金额等方面也存在区别。

D 行使追索权时，须符合以下条件：（1）具有法定的行使追索权的情形，即被拒绝承兑、承兑人或者付款人死亡或逃匿的、承兑人或者付款人被依法宣告破产的或者因违法被责令终止业务活动的。（2）提供被拒绝承兑或者被拒绝付款的有关证明。若票据权利人无拒绝证书，被追索人可以此为抗辩，拒绝履行票据义务。（3）证明其背书的连续性。持票人必须以背书连续来证明其票据权利存在。D 行使追索权的对象可以是票据的出票人 A、背书人 B、承兑人 C、保证人 E。A、B、C、E 对 D 承担连带责任。D 可以不按照 A、B、C、E 的先后顺序，对其中一人、数人或者全体行使追索权。

步骤六：追索权的再行使。

假如 E 因被追索对 D 履行了清偿义务，则 E 可取得票据权利人的地位而向其前手追索。《票据法》第 69 条规定："持票人为出票人的，对其前手无追索权。持票人为背书人的，对其后手无追索权。"据此，因被追索且已支付票据金额的被追索人可以一直向其前手追索，直至追索到出票人为止。E 可以向 A、B、C 进行追索。E 行使再追索权时，与最初追索的持票人 D 有同样的追索权，可向其前手"选择追索"与"变向追索"。E 可以要求被追索人向其偿还已清偿的票据金额、利息及发出通知书的费用。E 在行使追索权时，须依据汇票而进行。B 在行使再追索权时仅须持有汇票即可，不需要依汇票上的背书连续来证明其在形式上系最后持票人，更不需要另行制作拒绝证书。E 获得清偿后，应当交出汇票和有关拒绝证明，并出具所收到的利息和费用的收据。

六、拓展思考

在票据法上，除了票据权利外，还存在利益返还请求权这一性质的权利。票据利益的返还请求权并非票据权利，其是根据票据法的规定而不是出票行为的完成而当然产生，其属于票据法上的权利。享有利益返还请求权的持票人即使因票据超过票据权利时效或者因票据记载事项欠缺而丧失票据权利，但仍享有民事权利，故其可以请求出票人或者承兑人返还其与未支付的票据金额相当的利益。这种利益可为一定财产上的请求权，也可为非财产上的请求权。

权利人行使利益返还请求权时并不以交付票据为必要，须符合以下几个构成要件：（1）票据权利的丧失事由仅限于时效届满或票据记载事项欠缺；（2）由于持票人不能行使票据权利使得出票人或者承兑人得到了额外的利益；（3）利益返还请求权的权利人为持票人；（4）持票人所丧失的票据权利须为合法有效。

关于利益返还请求权的性质，存在"不当得利请求权说"、"票据上的权利说"、"损害赔偿请求权说"、"特定请求权说"这四种学说。"不当得利请求权说"认为利益返还请求权属于民法上的不当得利。"票据上的权利说"则认为利益返还请求权是存在于票据上的权利。"损害赔偿请求权说"认为利益返还请求权在性质上属于损害赔偿。持"特定请求权说"的学者认为票据法之所以作如此规定，是因为票据法的时效较短，若仅以时效期间已过而发生票据权利丧失的情况，剥夺票据权利人实际受到或可能受到的利益，就不符合诚信原则、公平原则，也不符合票据法的宗旨，故票据法规定利益返还请求权，以救济票据权利人。结合我国有关票据的规范及票据活动实践，思考我国的利益返还请求权是何种性质，并比较采取何种性质的利益保护请求权最有利于保护持票人的利益。

七、课后训练

1. 票据权利包括（　　）

    A. 背书权与抗辩权　　　　　　B. 拒绝承兑权和拒绝付款权

    C. 付款请求权和追索权　　　　D. 背书权和支付请求权

2. 以下票据抗辩中，可以对抗任何持票人的是（　　）

    A. 持票人通过欺诈方式取得票据　B. 持票人取得票据没有支付对价

    C. 票据的原因关系无效　　　　　D. 票据记载违反票据金额记载规则

3. 以下票据取得方式中，不必支付对价的是（　　）

    A. 因税收取得票据　　　　　　B. 因买卖取得票据

    C. 因继承取得票据　　　　　　D. 因赠与取得票据

4. 票据的善意取得是指（　　）

A. 当事人通过继承的方式，善意地从有处分权人手中取得有效票据

B. 当事人通过继承的方式，善意地从无处分权人手中取得有效票据

C. 当事人依据票据法规定的方式，善意地从有处分权人手中取得有效票据

D. 当事人依据票据法规定的方式，善意地从无处分权人手中取得有效票据

5. 关于汇票付款人的地位，正确的表述是（   ）

A. 汇票付款人是当然的票据债务人

B. 汇票付款人一经承兑，即成为票据债务人

C. 汇票付款人与汇票出票人负相同责任

D. 汇票付款人与背书人负相同责任

6. 朱某持一张载明金额为人民币50万元的承兑汇票，向票据所载明的付款人某银行提示付款。但该银行以持票人朱某拖欠银行贷款60万元尚未清偿为由拒绝付款，并以该汇票票面金额冲抵了部分届期贷款金额。对付款人（即某银行）行为的定性，下列哪一选项是正确的？（   ）

A. 违反票据无因性原则的行为

B. 违反票据独立性原则的行为

C. 行使票据抗辩之对人抗辩的行为

D. 行使票据抗辩之对物抗辩的行为

7. 甲拾得某银行签发的金额为5000元的本票一张，并将该本票背书送给女友乙作生日礼物，乙不知本票系甲拾得，按期持票要求银行付款。假设银行知晓该本票系甲拾得并送给乙，对于乙的付款请求，下列哪一种说法是正确的？

A. 根据票据无因性原则，银行应当支付

B. 乙无对价取得本票，银行得拒绝支付

C. 虽取得本票不合法，但因乙不知情，银行应支付

D. 甲取得本票不合法，且乙无对价取得本票，银行得拒绝支付

8. 票据关系是种债权债务关系，与普通债权债务关系区别何在？

9. 票据关系、票据基础关系、票据法上的非票据关系之间的联系和区别是什么？

10. 评述我国《票据法》第18条关于利益返还请求权的规定。

第三节　票据行为及纠纷

实验：票据行为纠纷实验

一、实验目标

本节包括票据行为的含义与特征、票据行为的有效要件、票据代理、出票行为、背书行为、承兑行为、保证行为。票据行为的有效要件及各种具体的票据行为的成立是本节的重难点所在。

二、实验要求

通过本节的学习，除应能理解票据行为的基本原理外，还应对票据行为的种类、性质、特点、要件、各自效力以及票据代理与一般的委托代理异同予以掌握。

三、实验原理

（一）票据行为概述

票据行为，又称票据法律行为，是引起票据关系的唯一法律行为。票据行为是单方法律行为。票据行为有广义、狭义之分。广义的票据行为是指能够引起票据关系发生、变更或消灭的法律行为；狭义的票据行为仅指能够产生票据权利义务关系的要式法律行为。在我国，由于没规定参加和保付，所以我国票据法上狭义的票据行为仅包括出票、背书、承兑与保证。其中，出票、背书为各类票据均有的行为，承兑仅由汇票所独有，保证则存在于汇票、本票之中。广义的票据行为不仅包括狭义的票据行为，还包括更改、付款、划线、涂销、见票、禁止背书等。一般而言，票据行为取其狭义，将其他行为称为"准票据行为"。

根据票据行为作用的不同，可将票据行为分为基本票据行为与附属票据行为。基本票据行为，又称主票据行为，指创设票据权利的行为，即出票行为。出票行为有效完成后，票据才存在，票据权利与票据义务才有存在依据，票据关系才被创立，附属票据行为才具有存在的前提。

票据行为是种特殊的民事法律行为，其特殊之处主要表现在：（1）票据行为的要式性。即票据行为具有法律规定的行为方式及其效力解释，行为人在为票据行为时，必须依照法定方式进行，不能自行选择行为方式，同时不能对行为效力进行任意解释。（2）票据行为的文义性。即票据行为的内容以票据上所记载的文字意思为准。即使记载内容与实际情况不符，仍应以记载内容来认定当事人之间的权利义务，不允许通过票据之外的证据对票据的记载内容予以变更或补充。（3）票据行为的无因性，有学者将其称为票据行为的抽象性或无色性。票据行为人在实施票据行为时，是基于一定的原因关系，但票据行为是否成立、有效，却不受这种原因关系的影响。票据行为的效力独立存在，票据行为仅以签章加交付作为其成立要件。（4）票据行为的独立性。票据行为的独立性是针对各个票据行为之间的关系而言，又称票据上意思表示独立原则或票据债务独立原则。在票据上存在数个票据行为，不管这些票据行为是否相同，各个票据行为均独立生效，互不影响，某一行为的无效，只会导致此行为本身无效，对其他票据行为的效力没有影响，有效行为的行为人仍须依法承担票据责任。

（二）票据行为的有效要件

票据行为属于民事法律行为的范畴，必须具备一般民事法律行为所要求的通常生效要件。此外，票据行为的生效，还应满足票据法规定的特别生效要件。

1. 票据行为有效的实质要件。第一，票据行为人应具备从事票据行为的主体资格。自然人或法人都可以是票据行为人。票据行为人的主体资格包括票据权利能力与票据行为能力这两个方面。票据权利能力可以根据民法的规定予以认定，而票据行为能力则仅指完全民事行为能力。限制民事行为能力人无票据行为能力。

第二，票据行为人在作出票据行为时的意思表示，须符合票据法的规定。在票据法上，票据行为人因意思表示瑕疵而进行票据行为的抗辩受到很大的限制。我国票据法对于票据行为的解释，重在外观形式，实行"外观解释原则"，也叫"表示主义"。原则上，票据行为只要在外观形式上符合票据法的规定，就是有效的票据行为，行为人就应按记载的事项承担票据义务，至于其在行为时所作出的意思表示是否真实、合法、有效，除非在直接当事人之间，否则在所不问。

2. 票据行为有效的形式要件。票据行为是要式行为。票据行为只有具备票据法所规定的形式要件，才能产生效力。票据行为的形式主要有记载事项、记载格式、票据签章、票据交付四个方面。

首先，记载事项是票据行为人意思表示的文字化。行为人在实施票据行时，应将法定的记载事项记于票据上，且应采用规定的格式。其次，票据行为人进行了票据记载之后，还应在票据上签章。票据签章的方式有签名、盖章或签名加盖章。凡在票据上签章的人都应按照票据上的记载事项承担票据义务。若两个以上的票据行为人（可均为法人、自然人或法人与自然人的结合）共同签章，他们应当承担连带责任。最后，票据行为人将票据交付对方持有。票据交付，是票据行为的成立要件，指票据行为人有意识地将记载完毕且附有签章的票据交由另一人持有的行为。在票据尚未交付之前，若票据被盗或遗失等，则不法取得票据的直接当事人不享有票据权利，但是对于善意第三人，则仍可取得票据权利，票据债务人仍要对善意取得者履行票据义务。

（三）票据代理

票据代理，即票据行为的代理，指代理人基于被代理人（本人）的授权，代理被代理人从事票据行为的行为。票据代理是要式行为。票据代理属于民事代理的范畴，但是，票据法对票据代理有着更为严格的要求。票据代理的成立，必须同时符合民事代理与票据法上所要求的特殊要件。

票据代理不同于票据代行，后者是指代行人不以自己的名义，而直接以被代行人的名义即票据行为人的名义为票据行为。票据代理与票据代行最本质的区别在于，前者是代理人独立为意思表示，代理人为了本人的利益而根据本人的授权依代理人自己的意思为一定的票据行为，而后者仅代表本人在票据上进行签章行为，代行人无须有自己的意思，至于票据上有哪些记载事项，代行人也不必知道。此外，票据代理也不同于票据行为的代表。票据代理与票据代表的区别可借鉴民法中关于代理行为与代表行为的规定。前者只有在代理行为有效成立时，后果才由被代理人承担，而后者不存在后果的归属问题，代表人的行为直接视为被代表人的行为，后果由被代表人承担，除非相对人知道或应当知道其超越了代表权限。

代理人必须在授权范围内行使代理权，否则，构成越权代理。所谓越权代理，是指有权代理人超越其代理权限所为的票据代理。对于越权代理的法律后果，需要分为两个部分分别处理：属于有权代理的部分，其票据责任由被代理人承担；而对于越权代理的部分，其法律后果由代理人自行承担。由于我国票据法实行严格的越权无效主义，所以对于无权代理与越权代理，不存在本人追认的问题。本人不享有追认权，只要属于无权代理或越权代理，代理人就应自行承担票据责任。

对于表见代理，我国票据法并没有明确规定。从实质上讲，表见代理与无权代理无异，但是在形式上，表见代理存在使相对方相信其享有代理权的现象。本书认为，在票据表见代理中，对于善意持票人，本人应当承担票据责任。

（四）出票行为

出票行为，是创设票据权利的行为。出票，即票据的签发或发行，指出票人依照法定的方式制作票据，并将该票据交付收款人的票据行为。汇票的出票称为发票。签发票据的人为出票人，接受出票人交付票据的相对人为收款人或第一持票人。出票行为由做成票据与向收款人交付票据两个行为构成。所谓做成票据，指出票人依照法律的规定，在票据上进行相应的记载，并签章使票据成立的行为。交付票据是指出票人将做成的票据交付收款人，否则，出票行为也尚未完成。

出票行为有效完成后，便会产生一定的票据效力。首先，对于出票人而言，在汇票中，出票人本身不负付款责任，但对持票人负有保证票据获得承兑和付款的担保责任；在本票中，由于本票为自付证券，出票人对持票人承担付款责任，这种付款责任不因持票人对其权利的行使和保全手续的欠缺而免除；在支票中，出票人对持票人负有担保付款的责任。其次，对于收款人而言，收款人成为持票人，享有票据权利。最后，对于付款人而言，在汇票中，除见票即付的汇票外，其余汇票须经付款人承兑，承兑是付款人的一种权利，只有付款人同意承兑，其才负绝对的付款责任，成为第一债务人；在支票中，由于我国票据法上的支票均为见票即付，收款人取得支票后即可向付款人请求付款，若请求付款不能，则持票人可行使追索权；在本票中，付款人与出票人为同一人，故付款人对持票人负有直接的、不得附加任何条件的付款义务。

（五）背书行为

背书，是指票据的持票人在票据的背面或者粘单上记载有关事项并签章的票据行为。背书行为的当事人为背书人与被背书人。背书是单方法律行为。背书，是票据权利转让的最主要方式。根据背书的目的不同，可将背书分为转让背书与非转让背书。转让背书以移转票据权利为目的，其可分为一般转让背书与特殊转让背书。一般转让背书是在票据到期日前以记名方式或无记名方式转让票据权利的背书。根据是否记载被背书人的名称，可将一般转让背书分为记名背书与无记名背书，前者又被称为完全背书，后者又被称为空白背书。一般转让背书有效成立后，一般具有权利移转的效力、权利证明的效力及权利担保的效力。权利移转的效力，是指票据权利全部移转于被背书人，包括对保证人的权利也一并移转。权利证明的效力，是指票据上的背书在形式上具有连续性，则应当推定持票人为正当的票据权利人。背书连续，是指在票据转让中，转让票据的背书人与受让票据的被背书人在票据上的签章依次前后衔接，最后一次的被背书人为最后持票人。权利担保的效力，是指背书人对被背书人及其全体后手负有担保承兑与付款的责任。

特殊转让背书，与一般转让背书相比，在任意记载事项、背书时间等方面存在特殊之处，从而导致其有一定的特殊效力。禁止转让背书、回头背书与期后背书属于特殊转让背书。禁止转让背书，是指背书人在背书时写明"不得转让"于票据之上，从而使得被背书人不得再将票据通过背书方式转让于他人，否则，背书人对被背书人的后手不承担担保责任。禁止转让背书对被背书人而言，具有一般转让背书的效力，但是对被背书人的全体后手而言，则有免除担保责任的效力。回头背书，又称还原背书、回还背书、逆背书，其指以票据上的原债务人为被背书人的背书。票据经过回头背书后，被背书人既是票据债务人，又是票据权利人，但这并不会消灭被背书人作为票据债务人时应承担的票据担保责任。回头背书具有权利移转效力与权利证明效力，但被背书人的抗辩权与追索权会受到一定的限制，如持票人为背书人时，对其前手无追索权；持票人为承兑人时，对任何人无追索权。期后背书，又称受阻背书，是指票据被拒绝承兑、被拒绝付款或者超过付款提示期限持票人所为的背书。期后背书是在到期日之后持票人所为的背书，即使在形式上与期前背书无异，也不能发生期前背书的效力。期后背书，仅使被背书人对背书人享有票据权利，但不得对其他票据债务人享有票据权利。

非转让背书，不以移转票据权利为目的，主要包括委任背书与设质背书。委任背书，又称委托收款背书，是指背书人为了委托他人代为行使票据权利、收取票据金额的目的而进行的背书行为。其中，背书人为委托人，被背书人为受托人，背书人须在票据背面记载"委托收款"的字样，被背书人不得进行转让背书与设质背书。委任背书仅发生代理权授予的效力、代理权证明的效力。委任背书中，被背书人在代背书人行使票据权利时，票据债务人对背书人行使的抗辩仍可对被背书人行使。设质背书，是指以票据权利设定质押的目的而进行的背书。设质背书中，应当将票据交于质权人占有，并在票据的背面记载"质押"的字样，但是，被背书人只有在质权实现时才可以行使票据权利。质押背书的有效成立，会产生设定质权的效力、权利证明的效力、权利担保的效力、抗辩切断的效力。抗辩切断的效力，是指质权人在行使票据权利时，票据债务人不得以对抗背书人的事由来对抗质权人。

（六）承兑行为

承兑行为，是汇票中所特有的票据行为。承兑，指汇票付款人承诺在汇票到期日无条件支付汇票金额的票据行为。承兑，是付款人的单方法律行为。我国票据法允许承兑自由，付款人可以承兑，也可以拒绝承兑。在承兑前，付款人仅处于期待债务人的地位。付款人承兑后，成为票据关系的当事人，成为第一债务人，应当向持票人履行在到期日无条件支付票据金额的义务。当然，持票人也可以向承兑人行使利益返还请求权。

一般而言，依照承兑方式的不同，可将承兑分为正式承兑与略式承兑，前者承兑人在承兑时须在汇票正面签章并记载承兑应记载事项，后者指承兑人仅在汇票正面签章，但未在票据上记载"承兑"字样等事项。我国票据法不允许略式承兑。根据承兑有无限制，可将承兑分为单纯承兑与不单纯承兑。单纯承兑指完全依照票据上所载事项所进行的承兑，而不单纯承兑是指对票据上所载事项加以变更或通过附有条件等方式加以限制后进行的承兑。不单纯承兑还可细分为部分承兑与附条件承兑。我国票据法不承认不单纯承兑的效力，承兑人在进行承兑时，应完全承兑，即对票据金额的全部予以承兑。同时，承兑不得附有条件，否则，视为付款人拒绝承兑。

我国票据实务中的承兑程序包括提示承兑、承兑或拒绝承兑这两个环节。在提示承兑中，持票人应在汇票到期日前将汇票出示给付款人，并表明承兑的请求；付款人收到持票人提示承兑的汇票时，应当向持票人签发收到汇票的回单。承兑人在承兑期间内对票据进行审查，付款人决定承兑的，应在汇票上记载"承兑"字样、承兑日期并进行签章；付款人也可以拒绝承兑。不论承兑或拒绝承兑，都应将票据交还持票人。

（七）保证行为

票据保证行为，指票据债务人以外的第三人以担保特定的票据债务人履行票据债务为目的，在票据上记载有关事项并进行签章，然后将票据交付于请求保证之人的一种附属票据行为。票据保证仅适用于汇票与本票。票据保证可为单独保证，也可为共同保证，共同保证人之间承担连带责任，这种连带责任是法定的，当事人不得通过约定或其他方式加以改变。

一般而言，票据保证与民法上的保证存在以下几点不同：（1）前者为单方法律行为，是要式行为；后者为双方法律行为，为不要式行为。（2）前者有独立性，即使基础关系无效或不成立，保证人仍要履行保证责任；后者的从属性较前者强，通常随主债务的无效而归于无效。（3）当同为共同保证时，前者的共同保证人承担法定的连带责任；而后者的共同保证人可以约定是否承担连带责任。（4）前者中的保证人不享有先诉抗辩权；后者中的保证人则享有先诉抗辩权。（5）保证人清偿债务后，前者的保证人成为持票人，取得追索权，其追索对象不以被保证人为限；而后者的保证人则享有对被保证人的代位求偿权。（6）消灭时效不同。前者的消灭时效较后者短。

票据保证有效成立后，将在保证人、被保证人、持票人之间产生一系列效力。第一，就保证人与持票人而言，保证人对合法取得票据的持票人承担保证责任。这种保证责任是连带责任、独立责任，具有一定从属性。保证人的债务数额完全等同于被保证人的债务数额，持票人可以不经被保证人而直接请求保证人履行付款义务。保证人可以援用被保证人得以行使的物的抗辩事由来对抗持票人。第二，就保证人与被保证人而言，保证人的保证责任与被保证人的票据责任完全相同。两者之间为法定连带责任。保证责任是代位责任而非补充责任。保证人在清偿债务后，被保证人的后手的票据责任解除，但前手的票据责任未解除。

（八）付款行为

付款行为的主体，仅限于付款人或代理付款人。持票人应在规定时间内按法定方式行使票据权利。付款，是指票据上所载明的付款人向持票人支付票据金额，从而使票据关系消灭的行为。从性质上讲，付款行为不属于狭义的票据行为。票据行为有效成立后，票据债务人应负担一定的票据债务。而付款作为是票据关系的最后一个环节，是以消灭票据关系为目的的票款支付行为，并不能产生票据债权债务关系，付款人不必在票据上为任何意思表示，故付款行为不是狭义的票据行为。

付款人应依照票据法的规定，履行足额付款的义务。付款人应当到期付款，若期前付款，则付款人自行承担所产生的责任，对真正票据权利人仍应负付款之责，即使付款人尽到审查注意义务；若期后付款，则因票据所处状态的不同在效力上有所差别。在此，以汇票为例加以说明。对于见票即付的汇票，在持票人作出说明后，付款人仍应履行付款义务，除非持票人因票据时效届满而丧失票据权利。对于已承兑的汇票，持票人在作出说明后，承兑人仍负有付款义务。对于未经承兑的汇票，若持票人请求承兑和付款，付款人仍对其承兑、付款的，其效力与到期付款的效力无异；若付款人拒绝承兑、付款的，持票人在作成拒绝证书后，仍可向付款人请求付款，付款人付款的，与到期付款的效力无异；若持票人未在法定期限内提示付款，承兑人未经承兑而径直履行付款义务，则持票人构成不当得利。

四、实验材料

（一）案例材料

某煤运劳服公司与某经坊煤矿公司等票据付款纠纷上诉案①

上诉人（原审被告）：深圳市工商银行某 A 支行（以下简称某 A 工行）。

被上诉人（原审原告）：山西省某煤运分公司劳动服务公司（以下简称煤运劳服公司）。

原审被告：山西省某经坊煤矿（以下简称经坊煤矿）。

原审被告：某经贸公司（以下简称经贸公司）。

原审被告：广东深圳市某工贸发展有限公司（以下简称工贸公司）。

1997 年 5 月 27 日，工贸公司经某 A 工行开出一张收款人为经坊煤矿、到期日为 1997 年 8 月 27 日的 35 万元银行承兑汇票。经坊煤矿收到该汇票后，因嫌其承兑期长达 3 个月，告知工贸公司欲退回。工贸公司于 1997 年 6 月 3 日书面告知经坊煤矿背书转让给经贸公司。经坊煤矿即持工贸公司该书函找到经贸公司，将该汇票背书转让给了经贸公司。随后，工贸公司与经贸公司签订了煤炭购销合同。经贸公司因无能力履行该合同，于 6 月 4 日与煤运劳服公司签订了煤炭购销合同，并将该汇票又背书转让给煤运劳服公司。煤运劳服公司持票后通过其开户行查询，某 A 工行于 6 月 5 日电传答复此汇票属实请受理。但因工贸公司与经贸公司就双方签订的煤炭购销合同发生诉讼，受案法院武汉市武昌区人民法院于 1997 年 7 月 31 日裁定冻结了该汇票，某 A 工行于 8 月 1 日电传煤运劳服公司，请其向武昌区人民法院申报票据权利。煤运劳服公司于 10 月 6 日向该院申请要求解冻，该院未答复。因该汇票不能承兑，煤运劳服公司于 1997 年 11 月 12 日向长治市中级人民法院提起诉讼，称：其所持出票人为工贸公司的银行承兑汇票，因被法院另案冻结而至今不能兑付，受到较大经济损失。请求判令工贸公司偿还汇票金额 35 万元及同期银行利息，

---

① 案例来源于最高人民法院中国应用法学研究所编：《人民法院案例选》1999 年第 4 辑，时事出版社 2000 年版，第 202~206 页。

并承担因其拒付给我公司造成的经济损失，并由被告经坊煤矿公司、经贸公司、某 A 工行承担连带赔偿责任。

被告工贸公司答辩称：煤运劳服公司既然收票，却不发煤，反要我公司承付 35 万元汇票，其行为是明显的恶意占有。请求驳回其起诉，立即退还所持汇票，并赔偿因此给我公司造成的经济损失。

被告经坊煤矿答辩称：我矿是工贸公司签发的银行承兑汇票的收款人，因嫌承兑期太长而欲返还时，工贸公司自找接收单位，向我矿出具同意背书转让给经贸公司的证明，我矿即背书转让给了经贸公司。因此，我矿不承担任何责任。

被告经贸公司没有答辩。

被告某 A 工行答辩称：我行开出的涉案汇票被武昌区人民法院裁定冻结，由我行协助办理了冻结手续并及时告知了持票人该情况。我行没有在汇票到期日向持票人付款，是法院行为的结果，我行不应承担任何责任。

长治市中级人民法院经审理查明：原告与各被告对该汇票的真实性没有异议。该汇票被武昌区人民法院冻结没有承兑，该院已于 1997 年 8 月 25 日作出其案判决，并已发生法律效力，冻结的汇票已自动解冻。

长治市中级人民法院认为：原告煤运劳服公司所持被告工贸公司开出的银行承兑汇票真实，为可背书转让汇票。原告持票合法，是该汇票的债权人。被告某 A 工行作为承兑人，经坊煤矿、经贸公司作为背书人，均是该汇票的债务人。工贸公司在武昌区人民法院作出的判决确定了赔偿义务主体为经贸公司后，仍以与前手经贸公司的抗辩理由对抗该汇票的现合法持票人，违背《中华人民共和国票据法》第 13 条之规定，使原告所持 35 万元汇票至今未能承兑，并造成原告 90030 元经济损失，应承担全部责任。被告某 A 工行在法院冻结该汇票期满已超过半年后未予承兑，其行为违背《中国人民银行支付结算办法》第 18 条之规定。被告经坊煤矿和经贸公司作为汇票债务人均应承担连带赔偿责任。原告的诉讼理由成立，应予以支持。依照《中华人民共和国民法通则》第 106 条、第 108 条，《中华人民共和国票据法》第 18 条、第 61 条、第 68 条、第 70 条之规定，该院于 1998 年 4 月 17 日判决如下：

一、被告工贸公司在本判决生效后 10 日内返还原告煤运劳服公司所持银行承兑汇票金额 35 万元，并按中国人民银行的利息计算偿还该数额自到期日至清偿之日止的利息。

二、工贸公司赔偿煤运劳服公司因诉讼造成的经济损失 90030 元。

三、被告某 A 工行、经坊煤矿、经贸公司承担连带责任。

宣判后，被告某 A 工行不服，向山西省高级人民法院提起上诉，称：煤运劳服公司存在恶意占有该票款的意图，我行不应承担连带赔偿责任。

煤运劳服公司答辩称：其为合法持票人，某 A 工行应承担连带赔偿责任。

山西省高级人民法院认为：被上诉人煤运劳服公司所持工贸公司开出的银行承兑汇票真实，为可背书转让汇票，并具备票据的形式要件，为合法有效的票据。煤运劳服公司作为合法持票人，因工贸公司的原因不能获得兑付，工贸公司理应承担相应的民事责任。某 A 工行对汇票不予承兑，给被上诉人煤运劳服公司造成损失，应当承担连带责任。根据《中华人民共和国民法通则》第 106 条、第 108 条和《中华人民共和国票据法》第 18 条、第 61 条、第 68 条、第 70 条之规定，该院于 1998 年 10 月 26 日判决如下：

驳回上诉，维持原判。

（二）法条材料

《中华人民共和国票据法》、《中国人民银行支付结算办法》、《最高人民法院关于审理票据纠纷案件若干问题的规定》。①

五、实验过程

本案是追索权行使纠纷，要全面地分析此案，须对票据追索权及票据连带责任的知识有一定的了解。

步骤一：对本案中所涉及的当事人予以定位。

本案中所涉及的票据是银行承兑汇票。一般而言，汇票存在三方基本当事人，即出票人、收款人与付款人。本案中的汇票被背书转让，涉及的票据关系主体更为复杂，我们可以分背书前与背书后来对票据关系当事人的角色进行分析。

在票据尚未被背书转让前，出票人为工贸公司，付款人为某 A 工行，收款人为经坊煤矿。在票据被背书转让后，出票人为工贸公司，付款人为某 A 工行，收款人为煤运劳服公司，背书人为经坊煤矿、经贸公司。

---

① 由于篇幅限制，法条不再一一列举，请同学们自行查阅。

步骤二：理清本案的争议点所在。

煤运劳服公司请求法院判令工贸公司偿还汇票金额 35 万元及同期银行利息，并承担因其拒付给公司造成的经济损失，并由被告经坊煤矿公司、经贸公司、某 A 工行承担连带赔偿责任。由此，可以看出，本案的争议点集中于两点：一是本案原告煤运劳服公司是否有权向工贸公司行使追索权；二是被告经坊煤矿公司、经贸公司、某 A 工行是否应当对原告煤运劳服公司承担连带赔偿责任。

就汇票本身来看，本案原告、被告各方对汇票的真实性和文义性均无争议，这就要求正当票据权利人向票据债务人行使追索权时符合法定的构成要件，主张自己的权利时要有充分的证据作支撑。

步骤三：罗列出可适用于本案的法律及其他相关规定。

《票据法》第 37 条规定："背书人以背书转让汇票后，即承担保证其后手所持汇票承兑和付款的责任。背书人在汇票得不到承兑或者付款时，应当向持票人清偿本法第七十条、第七十一条规定的金额和费用。"第 61 条规定："汇票到期被拒绝付款的，持票人可以对背书人、出票人以及汇票的其他债务人行使追索权。汇票到期日前，有下列情形之一的，持票人也可以行使追索权：（一）汇票被拒绝承兑的；（二）承兑人或者付款人死亡、逃匿的；（三）承兑人或者付款人被依法宣告破产的或者因违法被责令终止业务活动的。"第 62 条规定："持票人行使追索权时，应当提供被拒绝承兑或者被拒绝付款的有关证明。持票人提示承兑或者提示付款被拒绝的，承兑人或者付款人必须出具拒绝证明，或者出具退票理由书。未出具拒绝证明或者退票理由书的，应当承担由此产生的民事责任。"第 68 条第 1 款规定："汇票的出票人、背书人、承兑人和保证人对持票人承担连带责任。"第 68 条第 2 款规定："持票人可以不按照汇票债务人的先后顺序，对其中任何一人、数人或全体行使追索权。"第 68 条第 3 款规定："持票人对汇票债务人中的 1 人或数人已经进行追索的，对其他汇票债务人仍可以行使追索权。被追索人清偿债务后，与持票人享有同一权利。"第 69 条规定："持票人为出票人的，对其前手无追索权。出票人为背书人的，对其后手无追索权。"第 70 条第 1 款规定："持票人行使追索权，可以请求被追索人支付下列金额和费用：（一）被拒绝付款的汇票金额；（二）汇票金额自到期日或者提示付款日起至清偿日止，按照中国人民银行规定的利率计算的利息。（三）发出通知书的费用。"

《关于审理票据纠纷案件若干问题的规定》第 3 条规定："依照票据法第

三十六条的规定，票据被拒绝承兑、被拒绝付款或者汇票、支票超过提示付款期限后，票据持有人背书转让的，被背书人以背书人为被告行使追索权而提起诉讼的，人民法院应当依法受理。"第4条规定："持票人不先行使付款请求权而先行使追索权遭拒绝提起诉讼的，人民法院不予受理。除有票据法第六十一条第二款和本规定第三条所列情形外，持票人只能在首先向付款人行使付款请求权而得不到付款时，才可以行使追索权。"第5条规定："付款请求权是持票据人享有的第一顺序权利，追索权是持票人享有的第二顺序权利，即汇票到期被拒绝付款或者具有票据法第六十一条第二款所列情形的，持票人请求背书人、出票人以及汇票的其他债务人支付票据法第七十条第一款所列金额和费用的权利。"

《中国人民银行支付结算办法》第45条规定："持票人可以不按照票据债务人的先后顺序，对其中任何一人、数人或全体行使追索权。持票人对票据债务人中的一人或者数人已经进行追索的，对其他票据债务人仍可以行使追索权。被追索人清偿债务后，与持票人享有同一权利。"

步骤四：判断原告煤运劳服公司是否有权向工贸公司行使追索权。

第一，煤运劳服公司享有票据追索权。《票据法》第61条规定了行使票据追索权的实质条件，第62条规定了行使追索权的形式条件。本案中的银行承兑汇票到期日为1997年8月27日，持票人应在到期日之前向承兑人提示承兑。但是，因工贸公司与经贸公司就双方签订的煤炭购销合同发生诉讼，受案法院武汉市武昌区人民法院于1997年7月31日裁定冻结了该汇票。汇票被冻结，这是诉讼保全的结果，并不是某A工行拒绝承兑或付款，此种情形下，煤运劳服公司不得向工贸公司行使追索权。但是，武昌区人民法院已于1997年8月25日作出其案判决，并已发生法律效力，冻结的汇票已自动解冻。此时，煤运劳服公司的票据权利得以恢复，其可以向某A工行提示承兑汇票、可以要求付款人履行付款义务。若某A工行拒绝履行票据义务，则煤运劳服公司可以行使追索权。作为承兑人的某A工行以汇票被武昌区人民法院裁定冻结为由，没有在汇票到期日向持票人付款，实际上已拒绝了煤运劳服公司的付款请求。故煤运劳服公司具有行使追索权的法定事由。工贸公司作为出票人，根据《票据法》第61条之规定，属于被追索的对象。

第二，工贸公司不能享有票据抗辩权。工贸公司与经贸公司签订合同，工贸公司与经贸公司之间存在原因关系，若经贸公司到期不履行合同义务，工贸公司可以此为抗辩。工贸公司所主张的抗辩"既然收票，却不发煤"是对人的抗辩权，只能对特定的主体行使，即只能对经贸公司行使。煤运劳服公司与经贸公司签订合同，此合同的当事人为煤运劳服公司与经贸公司，不涉及工贸公司。根据合同的相对性原理，若煤运劳服公司到期不履行合同义务，经贸公司可对其行使抗辩权。

以上两点说明，煤运劳服公司享有对工贸公司的票据追索权，而工贸公司所主张的票据抗辩不能成立，其仍需要向煤运劳服公司承担票据责任。

步骤五：判断被告某 A 工行、经坊煤矿、经贸公司是否承担连带责任。

第一，经贸公司与经坊煤矿均作为背书人，应当承担连带责任。背书是种票据行为，持票人背书时不得附有条件，如附有条件，所附条件不具有票据效力，即该条件视为不存在，其不影响票据本身的效力，也不影响背书的效力，更不会影响持票人的权利。同时，背书具有不可分性，持票人不得将票据金额分别转让给数人或持票人仅将部分票据金额转让给被背书人。分别背书行为与部分背书行为是无效的票据行为。

背书，是票据权利转让的最主要方式。持票人在进行背书行为时，无须取得票据债务人的同意，也不必通知票据债务人。背书后，背书人并不退出票据关系，对被背书人及其后手的票据权利承担担保承兑和付款的责任。持票人的背书行为，必须按照票据法的规定，在票据上作相应的背书记载，并将经背书的票据交由被背书人。根据《票据法》第 37 条，经贸公司与经坊煤矿均作为背书人，应当对其后手煤运劳服公司承担担保责任。即煤运劳服公司所持汇票得不到承兑或付款时，他们应当向煤运劳服公司支付相应的票据金额及费用。

第二，某 A 工行作为付款人，其是票据的主债务人。根据《票据法》第 68 条，出票人、背书人、承兑人应对持票人承担连带责任。在上诉过程中，某 A 工行提出煤运劳服公司有恶意占有票款的意图，此主张虽可作为票据抗辩的事由，但应提出相应的证据。根据"谁主张、谁举证"的原则，某 A 工行若主张煤运劳服公司主观上具有恶意占有票款的意图，就应提出相应的证据，否则，其所主张的事实不能成立。

综上，煤运劳服公司要求某 A 工行、经贸公司与经坊煤矿这三者之间承担连带责任的主张是成立的。

步骤六：对本案进行评述。

本案在银行承兑汇票的当事人对票据的真实性与合法性均无争议的情形下，充分体现了票据权利人付款请求权、追索权的行使，也反映了票据抗辩的行使条件。在票据关系中，我们要理清前手与后手之间的关系，前手即是指在票据签章人或者在持票人之前签章的其他票据债务人；后手即是指在票据签章人之后签章的其他票据债务人。前手与后手之间的关系是种债权债务关系。在本案中，持票人煤运劳服公司行使追索权，要求全体票据债务人承担连带责任，只要争议汇票有效、持票人是正当票据权利人以及不存在阻碍持票人行使票据权利的抗辩事由，持票人的请求就应得到法律的支持。

在票据实务中，我们要尽极大的注意义务来判断票据行为的有效性。票据具有严格的法定形式，我们应从形式与内容两个方面来判断票据的有效性。从形式上来说，应判断所持有的票据是否按规定的格式制作、票据上的记载事项是否符合票据法的规定、背书是否连续等；从内容上来说，由于票据具有极强的文义性，因此应通过票据所载事项的文义来判断所持有的票据是否载有法律所禁止的内容、按票据上所载事项来确定当事人的权利义务等。

附：银行承兑汇票流转图

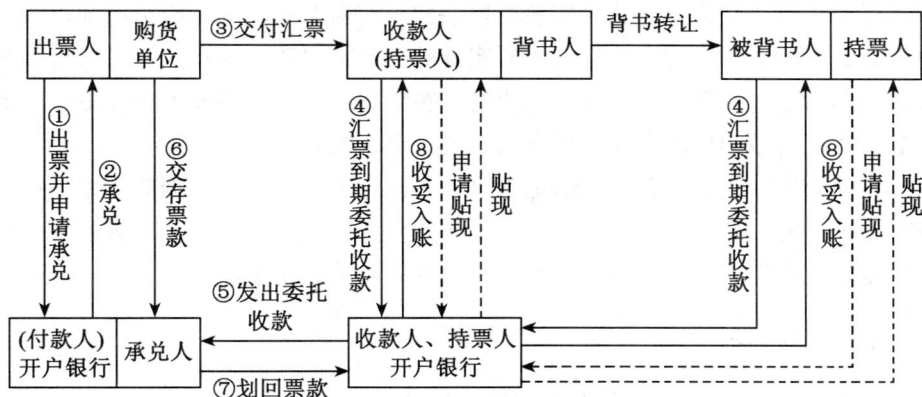

六、拓展思考

在票据活动中，还存在一些票据行为的异常状态，包括票据伪造、变造、更改与涂销。票据的伪造，是指假冒他人为票据行为。根据被伪造票据行为的不同，票据伪造有广义、狭义之分，狭义的票据伪造，仅指假冒他人实施出票行为；广义的票据伪造，则指假冒他人实施出票、背书、保证、承兑等各种票据行为。票据的伪造通常表现为假冒他人名义在票据上签章，至于被假冒者是否真实存在，不影响伪造行为的构成。在票据的伪造中，伪造人所实施的伪造行为，符合票据行为的形式要件，但是不能产生与真实票据行为等同的效力。伪造人由于没有在票据上签章，故无须负票据责任，但须负其他法律责任。被伪造人，未亲自在票据上为签章行为，也没有委托别人代理实施票据行为，故也无须承担票据责任，但对伪造人有权请求其承担侵权责任。票据上真实签章的人，根据票据记载事项承担责任，但是对伪造人有损害赔偿请求权。善意取得伪造票据的人对伪造人有损害赔偿请求权，对真实签章人有追索权。付款人依法履行了注意义务审查票据而付款的，没有责任；恶意或重大过失而付款的，应当承担损失。

票据的变造，是指无权更改票据内容的人，对票据上签章以外的记载事项加以改变的行为。票据变造的前提是被变造的票据在形式上，不论变造前后，均为有效。票据变造的方式有多种，可改变、涂销票据上的记载事项。但是，若票据权利人涂销票据记载事项的，不属于票据变造，而应视为其对票据权利的部分或全部抛弃。我国《票据法》第12条对票据变造的效力作了规定。

票据更改，是指原记载人依照票据法的规定对票据上的记载事项加以改写的行为。票据更改是有更改权的人所实施的行为，更改权人在实施更改行为时只得对票据法允许更改的事项加以改变。在票据更改中，更改人须在更改之处签章，并且所做的更改应经持票人与其他签章人同意。

票据涂销，是指将票据上的记载事项予以涂销的行为。票据的涂销，可以由有涂销权的人实施，也可以由无涂销权的人实施。我国票据法未规定票据涂销制度。在票据实务中，银行对票据涂销的效力持否定态度。

七、课后训练

1. 汇票持票人甲公司在汇票到期后即请求承兑人乙公司付款，乙公司明知该汇票的出票人丙公司已被法院宣告破产仍予以付款。下列哪一表述是错误的？（　　）

    A. 乙公司付款后可以向丙公司行使追索权

    B. 乙公司可以要求甲公司退回所付款项

    C. 乙公司付款后可以向出票人丙公司的破产清算组申报破产债权

    D. 在持票人请求付款时乙公司不能以丙公司被宣告破产为由而抗辩

2. 乙公司与丙公司交易时以汇票支付。丙公司见汇票出票人为甲公司，遂要求乙公司提供担保，乙公司请丁公司为该汇票作保证，丁公司在汇票背书栏签注"若甲公司出票真实，本公司愿意保证。"后经了解甲公司实际并不存

在。丁公司对该汇票承担什么责任?(　　)

    A. 应承担一定赔偿责任

    B. 只承担一般保证责任,不承担票据保证责任

    C. 应当承担票据保证责任

    D. 不承担任何责任

3. 甲签发以乙为收款人的汇票,银行进行承兑和乙公司进行背书时,都附有条件,下列说法不正确的是(　　)

    A. 乙公司附条件背书,所附条件无效,背书有效

    B. 乙公司附条件背书,背书无效

    C. 银行附条件承兑,所附条件无效,承兑有效

    D. 银行附条件承兑,视为拒绝承兑

4. 某日 20 时 30 分,持票人甲将付款提示期限为当日到期的支票背书转让给乙。次日,乙向付款银行提示付款,银行以超过付款提示期限为由拒绝付款。对此,下列哪些说法正确?(　　)

    A. 不得将超过付款提示期限的支票背书转让

    B. 甲可以将该支票背书转让,乙取得票据权利,但甲不承担票据责任

    C. 乙超过付款提示期限提示付款,在作出说明后,付款银行仍应继续
       对乙承担付款责任

    D. 甲应当向持票人乙承担票据责任

5. 某丁拾得一张某甲为出票人、某乙为背书人、某丙为被背书人的汇票。票面金额为 5 万元,见票后 3 个月内付款。丁拾得票据后,立即伪造某丙签章,将汇票转让给自己,然后拿到 A 银行贴现。A 银行审查了汇票背书的连续性后,给予贴现,这时某丙发现汇票丢失,并立即向法院申请公示催告,并向付款人 B 银行提出挂失止付,则下列选项中正确的有哪些?(　　)

    A. 丁除了承担票据责任之外,还应承担其他法律责任

    B. 被伪造人丙可以追究伪造人乙的民事责任,但应承担票据责任

    C. 付款人 B 银行不承担任何票据责任

    D. A 银行因为善意取得而成为真正的票据权利人,某丙不得以某丁的
       伪造背书行为而主张 A 银行的票据权利无效

6. 甲公司在与乙公司交易中获汇票一张,出票人为丙公司,承兑人为丁公司,付款人为 A 公司,汇票到期日为 2003 年 11 月 30 日。当下列哪种情况发生时,甲公司可以在汇票到期日前行使追索权?(　　)

A. 乙公司申请注销法人资格　　B. 丙公司被宣告破产

C. 丁公司被吊销营业执照　　D. 公司因违法被责令终止业务活动

7. 甲公司于 2006 年 3 月 2 日签发同城使用的支票 1 张给乙公司，金额为 10 万元人民币，付款人为丁银行。次日，乙公司将支票背书转让给丙公司。2006 年 3 月 17 日，丙公司请求丁银行付款时遭拒绝。丁银行拒绝付款的正当理由有哪些？（　　）

A. 丁银行不是该支票的债务人

B. 甲公司在丁银行账户上的存款仅有 2 万元人民币

C. 该支票的债务人应该是甲公司和乙公司

D. 丙公司未按期提示付款

8. 如何理解票据行为的独立性与无因性？

9. 试述我国《票据法》、中国人民银行的有关规定、《关于审理票据纠纷案件若干问题的规定》中关于票据签章的规定。

10. 票据伪造与票据变造的区别都有哪些？这两种行为都将产生哪些效力？

第四节　票据纠纷的诉讼程序

实验：失票救济程序实验

一、实验目标

本节主要包括票据丧失的救济与票据纠纷的处理这两个部分。票据救济途径包括挂失止付、公示催告和诉讼。公示催告是票据丧失后最常见的救济措施，是本节的重点，应掌握其适用范围、适用条件和操作程序。

二、实验要求

通过本节的学习，应了解我国票据法所规定的失票救济制度，了解票据丧失的后果以及各个救济制度的适用对象、程序及效力。

三、实验原理

票据丧失，又称失票，是指持票人并非出于自己的真实意愿而丧失对票据的占有。丧失票据的人为失票人。票据丧失有绝对丧失与相对丧失之分。前者指票据本身从物质形态上已不存在，如票据被烧毁、撕碎；后者指票据本身还存在，但票据下落不明，持票人丧失了对其占有，如票据被偷、抢。票据的持有是行使票据权利的前提，既然失票人丧失票据的占有，则其无法行使和实现票据权利。为了正常的行使票据权利，在票据丧失的情形下，失票人应及时采取法定的救济方法，否则失票人要自己承担票据款项被他人冒领的风险。

对票据丧失的补救，包括诉讼方法与非诉讼方法两种。诉讼方法由失票人到法院提起诉讼，通过进行一系列的诉讼活动，最终由法院确认其享有票据权利。非诉讼方法则指通过银行或出票人按规定采取某种措施从而获得救济。在我国，非诉讼方法主要包括挂失止付和公示催告。

所谓挂失止付，是指失票人将票据丧失的情况及时通知票据的付款人，请求他们对所失票据停止付款。若票据上记载有代理付款人，挂失止付也适用于代理付款人。一般而言，在我国，挂失止付中的付款人或代理付款人多为银行或其他金融机构。失票人采取挂失止付时，必须依照票据法、票据管理实施办法等规定及时向付款人提出书面通知。止付通知一经生效，付款人应立即停止付款行为。挂失止付只是临时性的紧急措施。票据即使被挂失止付，仍然可以转让。失票人必须通过公示催告或诉讼程序才能最终维护自己的利益。

所谓公示催告程序，属于民事特别程序的范畴，是指法院依据失票人的申请，以公示方式催告利害关系人在一定时期内向法院申报权利，如不申报或申报被驳回，则法院将作出宣告票据无效的除权判决的一种非讼程序。只有可以背书转让的票据才可适用公示催告程序。在公示催告期间，转让票据权利的行为无效。但在公示催告期间届满后至法院作出除权判决之前，取得票据的人，享有票据权利；在除权判决作出后，取得票据的持票人不享有票据权利，失票人可依判决请求付款人履行票据义务。

此外，失票人可以请求出票人补发新的票据，若失票人提供担保后，出票人仍拒绝补发票据，失票人可向人民法院提起补发票据之诉。当然，失票人也可直接向人民法院提起诉讼，请求法院判决付款人向其履行付款义务。一般而言，失票诉讼的原告是失票人，被告大部分是付款人。作为票据丧失补救手段的普通诉讼和为解决票据权利纠纷而提起的诉讼两者在适用程序上大致相同。

当然，在票据活动过程中，还可能发生许多票据纠纷。根据票据行为的不同，可将这些纠纷划分为出票纠纷、背书纠纷、承兑纠纷、保证纠纷与付款纠纷。对于各类票据纠纷，不管基于何种原因而引起，若纠纷当事人寻求诉讼上的救济，则必然涉及票据行为纠纷的诉讼程序。我国民事诉讼法对诉讼程序已有相关规定，我们在进行票据诉讼时，应严守这些规定。一般而言，票据纠纷诉讼程序根据所处状态的不同，可分别表现为第一审普通程序、第二审普通程序、第一审简易程序与审判监督程序。

四、实验材料

（一）案例材料

某进出口公司诉中国农业银行 W 市郊区支行票据承兑纠纷案①

原告：广东省深圳市某进出口公司。

法定代表人：×××，该公司总经理。

委托代理人：×××、××，深圳市君联律师事务所律师。

被告：中国农业银行 W 市郊区支行。

代表人：×××，该支行行长。

委托代理人：×××，中国农业银行 W 市郊区支行职员。

委托代理人：×××，江苏省金汇律师事务所律师。

原告广东省深圳市某进出口公司（以下简称进出口公司）因与被告中国农业银行 W 市郊区支行（以下简称郊区农行）发生票据承兑纠纷，向江苏省无锡市中级人民法院提起诉讼。

原告进出口公司诉称：我公司持由被告加盖银行汇票专用章并承诺到期付款的银行承兑有效汇票向被告收款时，被告无理拒付。请求判令被告支付票面所载金额 1100 万元和截至 1998 年 3 月 17 日的延期付款利息 1239480 元，并承担本案诉讼费。

被告郊区农行未答辩。

江苏省无锡市中级人民法院经审理查明：1996 年 1 月 22 日，原告进出口公司根据与案外人深圳市某工贸有限公司和某车辆贸易总公司（以下简称车辆贸易公司）签订的代理进口摩托车发动机总成协议，对外开立了信用证。为此，车辆贸易公司按照约定签发了金额分别为 450 万元和 650 万元，到期日分别为同年 11 月 16 日、12 月 16 日，收款人均为进出

---

① 案例来源于最高人民法院网：http://www.court.gov.cn/popular/200304010061.htm。

口公司的两张银行承兑汇票，均为被告郊区农行承兑。

这两张银行承兑汇票，被车辆贸易公司在交付给原告进出口公司前遗失。车辆贸易公司曾于1996年8月2日在《南方日报》登报声明汇票作废，又于同年9月2日向无锡市郊区人民法院申请公示催告。无锡市郊区人民法院于当天通知被告郊区农行停止支付。在法律规定的公示催告期届满时，车辆贸易公司未向无锡市郊区人民法院申请除权判决。车辆贸易公司后来交付给原告进出口公司的，是遗失的银行承兑汇票第一联（此联由承兑行支付票款时作借方凭证）复印件和被告郊区农行于1996年8月28日出具的说明函。在银行承兑汇票第一联复印件上的汇票签发人签章栏内，加盖了郊区农行的汇票专用章，但是没有车辆贸易公司的签章。郊区农行说明函的内容是：由于银行承兑汇票被出票人遗失，出票人已登报声明作废，因此同意在遗失汇票的底联复印件上加盖本行汇票专用章，作为收款人向本行收款的有效依据；汇票到期后，收款人必须派员凭此复印件结算票面款项。进出口公司按复印件记载的日期，在到期后持上述遗失汇票第一联的复印件向郊区农行提示付款时，遭到郊区农行拒付，因此提起诉讼。

上述事实有下列证据证实：（1）1996年1月22日进出口公司、车辆贸易公司及工贸有限公司签订的代理协议；（2）1996年7月16日车辆贸易公司签发的两份银行承兑汇票第一联复印件，其上有郊区农行加盖的汇票专用章；（3）郊区农行于1996年8月28日出具的说明函；（4）车辆贸易公司申请公示催告的有关证据；（5）车辆贸易公司的证词。

无锡市中级人民法院认为，《中华人民共和国票据法》第20条规定："出票是指出票人签发票据并将其交付给收款人的票据行为。"案外人车辆贸易公司虽然签发并经被告郊区农行承兑了两张银行承兑汇票，但是这两张银行承兑汇票在向原告进出口公司交付之前即被车辆贸易公司遗失，故车辆贸易公司并未完成出票的票据行为，进出口公司也未实际持有该银行承兑汇票。现进出口公司据以主张票据权利的，只是车辆贸易公司交给它的银行承兑汇票第一联复印件。该复印件上虽然有"汇票"字样、金额、付款人名称、收款人名称等复印内容，但是没有出票人车辆贸易公司的签章、且未经郊区农行同意承兑，另附的郊区农行说明函又对支付限定了条件，这些内容都不符合《票据法》第22条对汇票的规定，所以复印件上虽然有郊区农行加盖的汇票专用章，也不能作为有效的汇票使用。进出口公司持此复印件请求行使票据权利，不符合《票据法》第 4 条第 2 款的规定，应当驳回。

据此，无锡市中级人民法院于 1998 年 7 月 24 日判决：驳回原告进出口公司的诉讼请求。案件受理费 71210 元，由原告进出口公司负担。第一审宣判后，进出口公司不服，向江苏省高级人民法院提起上诉。理由是：从 1996 年 8 月 28 日说明函的内容看，被上诉人郊区农行承兑的意思表示是真实的，法律手续也是完备的，符合《票据法》第 18 条规定的精神；上诉人所持加盖了郊区农行汇票专用章的第一联复印件，应视为与汇票第二联具有同等法律效力；原审判决驳回上诉人的诉讼请求，理由不能成立。请求撤销原判，依法改判。

被上诉人郊区农行答辩认为，原审判决认定事实清楚，适用法律正确，应当驳回上诉，维持原判。

江苏省高级人民法院经审理认为，原审认定的事实清楚，证据确实、充分。票据是要式证券，票据的制作必须严格符合法律的规定。上诉人进出口公司从案外人车辆贸易公司得到的银行承兑汇票第一联复印件，不符合票据法对汇票的规定，不是有效票据，进出口公司不能据此主张行使票据权利。原审判决驳回进出口公司的诉讼请求，是正确的，应当维持。《票据法》第 18 条规定："持票人因超过票据权利时效或者因票据记载事项欠缺而丧失票据权利的，仍享有民事权利，可以请求出票人或者承兑人返还其与未支付的票据金额相当的利益。"车辆贸易公司是因进出口公司为其代理进口了摩托车发动机总成，才给进出口公司出具汇票的。进出口公司虽因票据无效而丧失了票据权利，但是其因代理行为而对车辆贸易公司享有的债权并未丧失，原审也没有否定进出口公司的这一民事权利。进出口公司起诉时，只是主张对被上诉人郊区农行行使票据权利，本案据此以票据纠纷立案。进出口公司与车辆贸易公司之间的债权债务系原因关系，属民法调整，与本案的票据关系无关，不应一并审理，进出口公司可另行起诉。进出口公司的上诉理由不能成立，应予驳回。据此，江苏省高级人民法院依照《中华人民共和国民事诉讼法》第 153 条第 1 款第 1 项的规定，于 1998 年 10 月 15 日作出判决：驳回上诉，维持原判。二审案件受理费 71210 元，由上诉人进出口公司负担。

（二）法条材料

法条：《中华人民共和国票据法》、《票据管理实施办法》、《最高人民法院关于审理票据纠纷案件若干问题的规定》。

（三）文件材料

挂失止付通知书

填写日期 　年　月　日

挂失止付人：	丧失票据记载的主要内容	票据种类	
票据丧失时间：		号码	
票据丧失地点：		金额	
票据丧失事由：		付款人	
		收款人	
		出票日期	
		付款日期	
	挂失止付人联系地址（电话）：		
失票人签章 年　月　日			

五、实验过程

本实验过程主要围绕分析某进出口公司诉中国农业银行 W 市郊区支行票据承兑纠纷案而展开。本案例主要涉及汇票问题。

步骤一：理清本案中的法律关系以及各个法律关系的当事人。

在本案中，既存在普通民事法律关系，又存在票据关系这一特殊的民事法律关系。就进出口公司与车辆贸易公司之间而言，因为代理进口摩托车发动机总成协议的签订，两者之间存在普通民事法律关系，这是一种合同关系。代理进口协议是否成立、有效或生效，应适用合同法的有关规定。因为车辆贸易公司向进出口公司签发银行承兑汇票，车辆贸易公司作为出票人，进出口公司作为收款人，两者之间基于出票行为还存在票据关系，受票据法的调整。票据关系与原因关系相互独立，互不影响。

进出口公司所签发的承兑汇票中，郊区农行为承兑人。承兑属于要式法律行为。郊区农行作出承兑是其承担付款责任的前提。对于银行承兑汇票法律关系而言，出票行为的完成并未对郊区农行产生任何法律上的效力，因为此时郊区农行只负有相对的付款义务，郊区农行对汇票是否进行承兑，仍处于不确定的状态。承兑行为完成后，才将在郊区农行与进出口公司之间建立起票据关系。一旦承兑，郊区农行也由非票据债务人变为票据主债务人，负有到期向进出口公司支付票据金额的义务，且不得以车辆贸易公司未支付资金为由对进出口公司进行抗辩。

就郊区农行与车辆贸易公司而言，车辆贸易公司是出票人，郊区农行是承兑人，两者之间存在的不是票据关系，而是资金关系，是民法上的非票据关系。

步骤二：分析车辆贸易公司的出票行为是否完成。

我国《票据法》第20条："出票是指出票人签发票据并将其交付给收款人的票据行为。"出票包括签发票据和交付票据两个行为。签发票据是指将法定的票据记载事项记于票据之上，并且在票据上签章的行为；交付票据则是指出票人将已签发的票据基于自己的意思表示移转于他人占有的行为。出票行为是票据关系得以产生的前提条件，其他票据行为只能在出票行为之后产生。如果出票行为归于无效，则其他票据行为也会一并归于无效。因此，出票行为为基础票据行为，基于出票行为而后续发生的票据行为为附属票据行为。

具体到本案中，本案所涉及的两张银行承兑汇票，在车辆贸易公司交付给原告某进出口公司前被遗失。这就说明出票人车辆贸易公司并没有完成出票行为，某进出口公司也未实际持有该银行承兑汇票。即使某进出口公司向车辆贸易公司主张票据权利，进出口公司作为直接原因关系的相对人，车辆贸易公司也能以票据未交付导致出票行为未完成为事由对其行使抗辩权。

出票行为是单方法律行为。出票人在实施出票行为时，没有必要征得收款人与付款人的同意，也没有必要将出票事实通知付款人。出票行为有效完成后，出票人须向正当票据权利人承担保证承兑与付款的担保责任。但是本案中，出票行为尚未有效完成，车辆贸易公司对某进出口公司不承担担保付款与承兑的担保责任。

步骤三：分析车辆贸易公司作废声明及公示催告程序的效力。

车辆贸易公司曾于1996年8月2日在《南方日报》登报声明汇票作废，又于同年9月2日向无锡市郊区人民法院申请公示催告。无锡市郊区人民法院于当天通知被告郊区农行停止支付。在法律规定的公示催告期届满时，车辆贸易公司未向无锡市郊区人民法院申请除权判决。车辆贸易公司的汇票作废声明仅具有宣示作用，不会使票据成为无效票据。

在本案中，车辆贸易公司又向法院申请公示催告。公示催告是票据丧失的救济程序之一。公示催告程序分为公示催告与除权判决两个阶段。公示催告程序由最后持票人启动。公示催告是指人民法院根据利害关系人的申请，发出公告督促利害关系人申报权利；除权判决则是在逾期无人申报或申报无效的情形下，人民法院根据利害关系人的申请以判决形式宣告票据无效。公示催告与除权判决并不必然联系。公示催告的存在并不意味着除权判决也必然存在。

车辆贸易公司向法院申请了公示催告，但没有申请除权判决。公示催告只能防止票据在止付通知有效期内不被冒领，却不能宣告原票据的无效，无法恢复权利人权利的实现。车辆贸易公司没有向人民法院申请除权判决，人民法院不能依职权主动作出。人民法院只能依职权作出终结公示催告程序的裁定。既然没有除权判决宣告票据的无效，则在公示催告期间届满后取得票据的权利人可以享有票据权利。

步骤四：分析进出口公司能否根据在公示催告程序后所取得的票据复印件享有票据权利。

车辆贸易公司申请公示催告后，将遗失的银行承兑汇票第一联（此联由承兑行支付票款时用做借方凭证）复印件和被告郊区农行于 1996 年 8 月 28 日出具的说明函交付给原告进出口公司。进出口公司仍不能凭此享有票据权利。理由如下：

第一，在法律层面上，票据是要式证券，票据行为必须严格按照法律规定的方式进行。我国《票据法》第 4 条第 1 款规定："票据出票人制作票据，应当按照法定条件在票据上签章，并按照所记载的事项承担票据责任。"第 4 条第 2 款规定："持票人行使权利，应当按照法定程序在票据上签章，并出示票据。"《票据法》第 19 条规定："汇票是出票人签发的，委托付款人在见票时或者在指定日期无条件支付确定的金额给收款人或者持票人的票据。"《票据法》第 22 条第 1 款规定："汇票必须记载下列事项：（一）表明'汇票'的字样；（二）无条件支付的委托；（三）确定的金额；（四）付款人名称；（五）收款人名称；（六）出票日期；（七）出票人签章。"第 20 条第 2 款规定："汇票未记载前款规定事项之一的，汇票无效。"

第二，就本案而言，车辆贸易公司交付给进出口公司的是银行承兑汇票第一联复印件。该复印件上虽然有"汇票"字样、金额、付款人名称、收款人名称等复印内容，但是此复印件，不符合《票据法》第 4 条第 2 款的规定，不是有效票据。该复印件上的汇票签发人签章栏内，加盖了郊区农行的汇票专用章，但是没有车辆贸易公司的签章。出票人的签章是汇票的必要记载事项，若欠缺，会导致票据的无效，故持票人进出口公司不能凭所持有的票据复印件主张票据权利。而且进出口公司所持有的复印件未经郊区农行同意承兑，另附的郊区农行说明函又对支付限定了条件，这些内容都不符合《票据法》第 22 条对汇票的规定。未经承兑的票据，付款人只是期待债务人。承兑是付款人的一种权利。付款人尚未进行承兑或拒绝承兑后，都不必向持票人履行票据义务。所以复印件上虽然有郊区农行加盖的汇票专用章，也不能作为有效的汇票使用。综上所述，进出口公司从车辆贸易公司得到的银行承兑汇票第一联复印件，进出口公司不能据此主张行使票据权利。

步骤五：对进出口公司的救济。

进出口公司虽然不能享有票据权利，不能请求郊区农行履行付款义务，但可寻找其他救济之道。进出口公司与车辆贸易公司之间的原因关系是有效成立的，故进出口公司可另行对车辆贸易公司起诉。此案中，车辆贸易公司之所以签发银行承兑汇票给进出口公司，是因为进出口公司为其代理进口摩托车发动机。进出口公司与郊区农行之间的纠纷属于票据纠纷，因为它们之间的票据关系是无效法律关系，故进出口公司不能向郊区农行行使付款请求权。但是，进出口公司与车辆贸易公司因为代理进口摩托车发动机总成协议的签订而存在原因关系。此原因关系与票据关系相互独立的。由于票据关系具有无因性，不会因原因关系的无效归于无效；而原因关系作为基础关系，属于民法上的关系，受民法调整，更不会受到票据关系的任何影响。进出口公司与车辆贸易公司的纠纷不是票据纠纷，而是一般的民事纠纷。进出口公司基于原因关系仍享有请求车辆贸易公司支付相应款项的民事权利。故进出口公司可以车辆贸易公司为被告，向人民法院另行提起诉讼。

步骤六：对本案进行总结评析。

此案中车辆贸易公司的出票行为没有有效完成，进出口公司所持有的复印件不是有效票据，进出口公司不得以此主张票据权利。进出口公司应通过向人民法院另行提起诉讼的方式来主张债权以保护自己的合法利益。

通过此案，在票据实务中，我们应注意以下几点：首先，对于票据行为，必须要依照法定方式进行。在票据上必须记载必要记载事项，坚决不记载有害记载事项；在记载事项后面必须附上票据行为人的签章，否则，会导致票据行为的无效。其次，基于票据流通性及安全性的需要，票据法对票据行为作了许多限制性规定，票据行为的实施必须遵守这些规定，否则，票据行为在效力上将存在瑕疵。再次，票据权利人主张权利时，必须以持有票据为前提，而且权利人应在法定的期限内依照法定的方式行使权利，否则，票据权利人可能会从实体上丧失票据权利。最后，票据关系当事人在票据活动过程中，应当尽极大的注意义务，以维护自己的票据利益。

六、拓展思考

民事诉讼法系统地规定了公示催告程序。《民事诉讼法》第 193 条规定："按照规定可以背书转让的票据持有人，因票据被盗、遗失或者灭失，可以向票据支付地的基层人民法院申请公示催告。"由此，我们可以推导出公示催告程序的适用条件。第一，在适用情形上，公示催告程序仅适用于被盗、遗失或者灭失的票据，除此三种情形以外的票据丧失情况，均不得适用公示催告程序。第二，在适用对象上，公示催告程序仅适用于可以背书转让的票据。如出票人在制作票据时就记载"不得转让"于票据之上，则此类票据不适用公示催告程序。第三，在公示催告程序的启动主体上，公示催告程序不能由法院依职权启动，也不得由票据债务人提起，而只能由票据持有人提起。而且，能提起公示催告程序的票据持有人，应限于最后的票据持有人，而不能是曾经持有票据的人。请思考，公示催告程序，作为一种票据丧失的救济制度，其存在的优缺点都有哪些？

此外，有学者将广义的票据诉讼分为票据权利诉讼、票据权利恢复诉讼及票据法上的非票据权利诉讼，且认为票据权利诉讼适用督促程序或民事诉讼普通程序，票据权利恢复诉讼适用公示催告程序或民事诉讼普通程序，票据法上的非票据权利诉讼则只适用民事诉讼的普通诉讼程序，而且由于票据诉讼的特殊性，我国应建立专门适用于票据诉讼的特别程序。请思考票据诉讼特别程序在我国有无可行性。①

七、课后训练

1. 甲签发现金支票给乙，乙于到期日前丢失，遂立即通知付款银行停止支付，下列说法中哪些是正确的？（　　　　）

---

① 参见叶永禄：《票据诉讼制度研究》，法律出版社 2008 年版。

A. 乙挂失止付时，付款行已向持票人丙付款的，乙可诉请法院判决付款银行向乙支付支票金额

B. 乙于挂失止付后，第 2 天向法院申请公示催告，法院进行除权判决后，有善意持票人丙向付款银行请求兑付支票，银行依除权判决拒绝付款

C. 如果乙所丧失现金支票上未记载付款人，被请求银行对乙的挂失不予受理

D. 经除权判决之后，乙可要求甲重新签发同样金额的现金支票

2. 票据付款被冒领的，在下列哪些情况下，付款人仍应对票据权利人承担付款责任？（ ）

A. 付款人收到挂失止付通知的次日起 3 日内，没有收到失票人向人民法院申请公示催告或者提起诉讼的证明，而于 3 日期满后向持票人付款

B. 付款人在收到挂失止付通知后，误以挂失人为真正权利人，而向挂失人付款

C. 在挂失止付前，即期汇票被提示付款，该汇票背书无背书人的签名盖章，付款人立即向持票人付款

D. 在挂失止付前，未到期的远期汇票被提示付款，付款人立即向持票人付款

3. 甲签发汇票一张，汇票上记载收款人为乙，保证人为丙、丁，金额为 20 万元，汇票到期日为 1997 年 11 月 1 日。乙持票后将其背书转让给戊，戊再背书转让给己，己要求付款银行付款时被以背书不具连续性为由拒绝付款。则下列说法中哪些是正确的？（ ）

A. 己可以向戊行使追索权，也可以同时向甲、乙、戊行使追索权

B. 己向乙行使追索权时，只有当乙不能偿付时，丙、丁才对己承担保证责任

C. 如果丙、丁在保证时约定有份额，则丙、丁按该约定的份额对己承担保证责任

D. 保证人丙、丁对己的追索支付了全部款项后，可以向乙或甲追索

4. 某丁拾得一张某甲为出票人、某乙为背书人、某丙为被背书人的汇票。票面金额为 5 万元，见票后 3 个月内付款。丁拾得票据后，立即伪造某丙签章，将汇票转让给自己，然后拿到 A 银行贴现。A 银行审查了汇票背书的连

续性后，给予贴现，这时某丙发现汇票丢失，并立即向法院申请公示催告，并向付款人 B 银行提出挂失止付，则下列选项中正确的有哪些？（ ）

    A. 丁除了承担票据责任之外，还应承担其他法律责任

    B. 被伪造人丙可以追究伪造人丁的民事责任，但应承担票据责任

    C. 付款人 B 银行不承担任何票据责任

    D. A 银行因为善意取得而成为真正的票据权利人，某丙不得以某丁的伪造背书行为而主张 A 银行的票据权利无效

   5. 买卖合同的买方甲公司为汇票出票人，开出以卖方乙公司为收款人、X 公司为付款人的见票即付汇票，乙持该汇票向丙银行申请贴现，丙银行同意接受贴现申请，乙将该汇票背书转让给丙银行。丙银行向 X 公司提示汇票遭拒付，丙银行向甲追索时，甲以乙所交货物严重违反合同规定为由进行抗辩。关于此案，下列说法哪些是正确的？（ ）

    A. 甲公司的抗辩不能成立，应无条件向丙银行付款

    B. 丙银行不能直接向甲公司追索，而应当先向乙公司进行追索，再由乙公司向甲公司追索

    C. 对丙银行的追索，甲公司和乙公司应当承担连带责任

    D. 如甲公司向丙银行付款，可再向乙公司追索

   6. 一张汇票的出票人是甲，乙、丙、丁、戊依次是背书人，己是持票人。现查出这张汇票的金额被变造，且确定丁、戊是在变造之后签章，乙是在变造之前签章，但不能确定丙是在变造之前或变造之后签章的。则下列说法中哪项是正确的？（ ）

    A. 汇票中的金额被变造导致这张汇票无效

    B. 甲、乙、丙、丁、戊均只就变造前的票据金额对己负责

    C. 甲、乙就变造之前的票据金额对己负责，丙、丁、戊就变造后的金额对己负责

    D. 甲、乙、丙就变造之前的票据金额对己负责，丁、戊就变造后的金额对己负责

   7. 中国人某甲在中国签发一张汇票，委托中国驻美国某金融机构乙为付款人，向收款人美国人丙无条件支付价款若干元，丙因债务原因将该张汇票在英国背书转让给法国人丁，丁持票向金融机构提示承兑时，遭到拒绝，丁即依法要求丙出具有关拒绝证明之后，开始行使其追索权。丁行使票据追索权的期限应适用哪国准据法？（ ）

  A. 英国法　　　　B. 美国法

  C. 法国法　　　　D. 中国法

 8. 公示催告程序的适用范围及效力是什么？

 9. 挂失止付的适用范围及效力是什么？

 10. 票据持有人丧失票据后，将产生哪些后果？试举一例票据纠纷，对票据纠纷的诉讼程序加以说明。

第六章　保　险　法

第一节　保险法概述

实验：保险法基本原理

一、实验目标

本节主要介绍保险法的基本理论，包括保险的概念和构成要件；保险法的概念和调整对象；保险法的基本原则，即保险利益原则、最大诚信原则和近因原则。

二、实验要求

了解保险的概念、保险的要素；注意掌握保险法的基本原则及其在具体制度中的运用。

三、实验原理

（一）保险

1. 保险的概念。保险有商业保险和社会保险之分。我国保险法上所称的保险仅指商业保险。保险概念的界定，可以从经济和法律两个角度着手。从经济角度来看，保险是分散危险、消化损失的一种经济制度，是分摊意外事故损失的一种财务安排。从法律角度来看，保险是指投保人根据合同约定向保险人支付保险费，保险人依约定向投保人或者合同约定的其他人支付保险金的合同关系。

2. 保险的构成要件。首先，以特定危险为前提。"无危险即无保险"，而保险法意义上的危险，是指未来可能发生并使特定主体遭受损害的偶然事件。

一般认为，可保危险须具有以下几个要件：第一，纯粹性，即可保危险仅具有遭受损害的可能性，而无获利的可能。第二，可能性，即保险所承保的必须是客观上可能发生的事故或事件。第三，不确定性，即危险事件发生与否、何时发生以及所导致的后果都处于不确定状态。第四，意外性，即可保危险是当事人意料之外发生的，危险的发生及损害后果的扩展都不是当事人的故意行为所致。第五，未来性，即保险所承保的危险应是发生于保险合同订立之后的危险，但当事人订约时主观不知危险已发生，该已发生的危险仍有可能成为保险对象，如追溯保险。

其次，以团体共济为目的。作为建立在"我为人人，人人为我"这一理念基础上的一种风险分散制度，保险通过集合危险后分散损失来实现其团体共济的目的。具体而言，这一要素包括以下几方面内容：第一，众人协力，即保险的参加者是面临同类危险和同样需要的大量社会成员，只有以共同团体的存在为前提，才能积聚足够的资金，确保少数人的意外损失得到及时充分的补偿。第二，合理分摊，即根据概率论的科学方法合理地计算出各种保险的保险费率，使每个保险团体成员的负担相对公平合理。第三，损失补偿，即通过保险基金的积聚来对被保险人因意外事件所遭受的经济损失予以补偿。

再次，以商业经营为手段。与社会保险不同，保险法意义上的保险由专事保险业务的商业机构（保险公司）作为主体来运行，保险公司赚取给付保险金后的的结余利润，是推动保险业发展的根本动力。营利是保险经营的直接目的，社会福祉只是其客观功能，因此不能按社会效益去约束保险公司的经营行为，从而使商业保险等同于社会保险。

（二）保险法概述

保险法是以保险关系为调整对象的一切法律规范的总称。保险关系即当事人之间依保险合同发生的权利义务关系和国家对保险业进行监督管理过程中所发生的各种关系。

保险法通常有保险公法和保险私法之分。保险公法是指调整社会公共保险关系的行为规范，主要指保险业法和社会保险法；所谓保险私法即调整自然人、法人或其他经济组织之间保险关系的行为规范，主要指保险合同法。在我国，保险法又有实质意义的保险法和形式意义的保险法。形式意义的保险法，即为《中华人民共和国保险法》①，实质意义的保险法是指我国现有

---

① 下文中均简称《保险法》。

法律体系内调整保险关系的所有法律规范的总和，除《保险法》外，还包括有关保险行政法规、规章以及中国政府承诺遵守的有关保险法的国际条约和国际惯例等。

从内容和规范功能来看，我国现行《保险法》集行为法与组织法于一身，实现了保险私法与保险公法的融合。其内容主要包括保险合同法和保险业法两部分，前者调整保险合同双方当事人关系，后者规范国家对保险组织和整个保险业的监督和管理关系。本章内容只涉及保险合同部分。

（三）保险法的基本原则

1. 保险利益原则。保险利益，又称可保利益，是指投保人或被保险人对保险标的具有法律上承认的利益，即在保险事故发生时，可能遭受的损失或失去的利益。保险利益原则，是指保险法以保险利益作为保险合同的效力要件，投保人或被保险人对保险标的不具有保险利益的，保险合同不具有法律效力。保险法之所以确定此原则，其理由在于不但可以防止赌博和道德风险，还可以限制赔偿范围，从而更好地实现保险"分散危险和消化损失"的功能。

保险利益的成立须具备两个条件：第一，必须是法律上承认的利益，即合法的利益，对于不法利益和违反公序良俗而取得的利益，不能视为保险利益；第二，必须是可以确定的利益，投保人或者被保险人对保险标的所具有的利害关系，必须是已经确定或者可以确定的，才能构成保险利益。

> 提示：2009年2月修订的《保险法》（后文简称新《保险法》）对保险利益的规定作出较大修改：确认雇主对雇员有保险利益，补充了被保险人这一保险利益的主体、对保险利益的认定时间以及对合同效力的影响作出更为细致的规定。

保险利益在财产保险和人身保险中有不同的体现：

第一，能否以金钱计算不同。财产保险的主要目的在于补偿被保险人所受损失，因此只有具有经济上的价值、可以用金钱加以计算的利益方能成为财产保险中的保险利益，而人身保险的目的并不在此，作为人身保险标的的人的身体或寿命不能用金钱来衡量其价值，因而人身保险的保险利益更多地表现为人与人之间的身份关系和信赖关系。

第二，对保险利益存在时间的要求不同。如前所述，财产保险的目的在于填补被保险人的损害，要求被保险人在发生保险事故时对保险标的具有保险利益已足够。而人身保险合同则不同，投保人对保险标的的保险利益在订立合同时必须存在，否则保险合同无效；但在保险事故发生时，保险利益是否存在则对保险合同效力不产生影响。这主要是基于以下两方面的考虑：一方面是为了避免在订立保险合同时，因投保人与被保险人无密切的利害关系而引发道德危险，危及被保险人的生命安全；另一方面，由于在人身保险中，投保人将来取得的保险金是投保人过去已缴保险费及其利息的积存，因而具有一定的储蓄性，如果规定在保险合同订立后，投保人因保险利益的消失而丧失其本应在保险事故发生时取得的保险金，对其未免有失公平。人身保险利益的存在时间所具有的这种特点，使得人寿保险单具有一定的有价证券的性质，可以进行转让或者抵押。

第三，对保险利益的归属主体要求不同。在财产保险中，只要被保险人对保险标的有保险利益存在，即可进行投保；而在人身保险中，许多国家的法律规定，凡就第三人的生命投保人寿保险或意外伤害保险的，投保人不仅须对第三人有保险利益，而且还须获得该第三人的同意。

2. 最大诚实信用原则。由于保险合同是一种典型的射幸合同，双方的给付不确定、不对等，对保险合同当事人诚信的要求更为严格，要求当事人必须具备"最大诚信"，即保险合同的双方当事人在保险合同的订立和履行过程中，必须以最大的诚意，履行自己的义务，互不欺瞒和隐瞒，恪守合同的约定，否则受到损害的一方可以此为由解除合同、宣告合同无效或者不履行合同，还可以要求损害赔偿。

一般认为，对于投保人而言，最大诚信原则表现为两项义务：一是告知义务，二是保证义务；对保险人而言，最大诚信原则要求其承担说明义务。此外，弃权和禁止反言制度也是最大诚信原则约束保险人的一个重要方面。

（1）投保人的告知义务。告知义务，是指在订立保险合同时，投保人负有将与保险标的有关的重要事实向保险人如实陈述、说明的义务。如果投保人没有履行如实告知义务，保险人有权解除保险合同，对于保险合同解除前发生的保险事故，也不承担给付保险金的责任。但是，保险人解除权的行使须受到除斥期间的限制。

资料链接：对于告知义务的范围，各国立法有询问告知主义和自动申告主义两种。依询问告知主义，告知义务人只对受询问的事项负告知义务，依自动申告主义，告知义务对保险人未询问的，但足以影响保险的有关事项也负有告知义务。一般认为，我国《保险法》采用的是询问告知主义。但是有学者认为，从贯彻最大诚信原则和平衡双方当事人利益的角度出发，应当以自动申告为原则，以询问告知为例外。即在有些情况下，保险人虽未询问，但足以影响保险人是否保险的有关事项，投保人也应主动告知。①

提示：新《保险法》在原有规定保险合同解除权条文的基础上，增加了禁止反言规定，对解除权行使期间也作出限制，理论上称为"不可争辩条款"。

（2）投保人的保证义务。保证，指投保人或被保险人对保险人的特定保险事项，如担保某种事项的作为或不作为，或某种事项的真实性等。保证的目的在于控制危险。违反保证的行为，包括确认保证的事项不真实、不按承诺保证完成某种作为或不作为、不遵守默示条款。投保人或被保险人违反保证的事项，不论其主观是否具有过错，保险人均有权解除合同。具体而言：违反确认保证的，保险合同自始无效，如属故意，不退还保险费；如属过失，可退还保险费；违反承诺保证的，自违反之时起保险合同归于无效，且不退还保险费。

（3）保险人的说明义务。订立保险合同，保险人应当向投保人说明保险合同的条款内容。该种说明应为主动说明，不以投保人的询问为前提。保险实务中，保险人多采书面方式向投保人履行说明义务，但并不能以此来免除其口头说明义务。

如果保险合同中含有免除保险人责任的条款，保险人在订立合同时除对该条款的内容以书面或口头形式向投保人作出明确说明外，还应当在投保单、保险单或者其他保险凭证上作出足以引起投保人注意的提示；否则，该条款不产生效力。

提示：新《保险法》明确保险人说明义务适用范围为格式条款内容；并加以细化，增强可操作性：提请注意，并口头或者书面进行明确说明。

（4）弃权和禁止反言。弃权是指保险合同的一方当事人故意放弃其在保险合同中的有关权利。弃权制度主要用以约束保险人，通常是对保险人故意抛弃合同解除权与抗辩权而言。弃权将导致保险人丧失其明示放弃或默示放弃的相关权利，在投保人、被保险人、受益人有相关违约行为时，保险人不得再主张已放弃的合同解除权或抗辩权。

构成弃权必须具备两个要件：第一，保险人须有弃权的意思表示，该种意思表示可以是明示的，也可以是默示的；第二，保险人知道或应当知道有此权利的存在，即保险人须知道或应当知道投保人、被保险人的违约情况，并使保险人产生合同解除权或抗辩权，否则保险人的作为或不作为不得视为弃权。

---

① 参见温世扬：《保险法》，法律出版社 2007 年版，第 37 页。

禁止反言本是英美衡平法上的制度。在保险法中的禁止反言，是指保险合同的当事人因其已有的言行而禁止再否认合同的效力。如果保险人或其代理人向被保险人表示，他可以为保单禁止的某种行为，或是可以不为保单要求他必须完成的行为，则保险人日后便不得以被保险人的这种作为或不作为为理由，而主张保险合同无效。适用禁止反言的法律后果是保险人不得以投保人或被保险人违反约定义务为由而主张保险合同无效、解除保险合同或对投保人、被保险人、受益人进行抗辩。

投保人或被保险人主张适用禁止反言时，须满足下列要件：第一，保险人曾就订立保险合同的有关事项向投保人作出了虚假陈述或行为；第二，该项虚假陈述或行为的目的是为了让投保人或被保险人信赖该项陈述或行为，或者投保人信赖该陈述或行为，并不违背保险人的意图；第三，投保人或被保险人信赖该项陈述或行为，并且在主观上出于善意；第四，投保人或被保险人因信赖该保险人而作出某种行为，因此而导致自己处于不利地位。

资料链接：弃权与禁止反言主要有以下区别：第一，弃权可以由单方行为作出，也可以合同方式作出；禁止反言则是以欺诈或容易导致错误的行为为基础，在本质上属于侵权行为。第二，弃权行为是根据弃权者的意思产生法律效力；而禁止反言则是基于公平观念，禁止按照当事人的意思产生法律效力。第三，合意方式的弃权，如果由保险代理人作出，该代理人必须得到授权或构成表见代理，否则弃权对保险人不产生效力；禁止反言则无论代理人是否经过保险人授权或者禁止，都对保险人产生效力。①

3. 近因原则。"近因"（Proximate Cause）是英美用语，但已经发展为各国保险法的基本原则之一。近因并不是时间上最接近损失的原因，而是在造成保险标的的损害的原因中，起主要的、决定性作用的原因。近因原则是指只有在导致保险事故的近因属于保险责任范围内时，保险人才应承担保险责任，保险人只对近因造成的损害承担保险责任。

资料链接：我国现行《保险法》虽未直接规定近因原则，但在司法实践中，近因原则已成为判断保险人是否应承担保险责任的一个重要标准。最高人民法院2003年12月公布的《关于审理保险纠纷案件若干问题的解释（征求意见稿）》第19条就体现了这一原则。该条规定，人民法院对保险人提出的其赔偿责任限于以承保风险为近因造成的损失的主张应当支持，近因是指造成承保损失起决定性、有效性的原因。

---

① 参见施文森：《保险法论文》（第一集），三民书局1985年版，第125页。

四、实验材料

(一) 案例材料

【案例 1】 原告郭某的父亲于 1999 年 8 月与被告人寿保险公司签订了终身人寿保险合同，以原告为受益人。合同签订后，被保险人（投保人）按约定及时交纳了保险费。2005 年 5 月，被保险人因病在家中死亡。按照保险合同约定，被保险人死亡，其受益人可获得基本保险金 3 倍的赔款。2005 年 5 月 13 日，原告向被告申请索赔，而被告以被保险人患有甲亢病史 5 年为由拒赔。事实上，被保险人在投保时从未隐瞒过自己曾怀疑有过甲亢病的情况，并向被告的业务员说明了这一情况。而该业务员明知被保险人可能患有甲亢，为了给公司赢得更多的客户，收取更多的保费，在代替其填写投保单时称其没有任何疾病。原告认为被告拒赔毫无道理，故诉至法院，要求法院判令被告按照合同的约定支付保险金。

【案例 2】 1995 年 10 月 30 日，被告中国人寿保险公司某 A 支公司（以下简称某 A 人保）为在其单位工作的原告王某之妻陈某投保妇科癌病普查保险，保期 3 年，保险金额 1 万元，保费每人 40 元，并且该保费已由中国人民保险公司某 A 支公司工会经费中出资一次性交清。1997 年 7 月，陈某调入中国平安保险公司另一分公司工作。同年 8 月 5 日，某 A 人保作出业务批单，以陈某不具有可保利益为由解除了保险合同，也未向其发出书面通知。1998 年，陈某患癌后，先后两次向被告提出索赔，被告却以陈某非本单位员工，可保利益已不存在为由拒绝给付保险金。1999 年，陈某在向县人民法院提起诉讼后病故，王某就本案继续诉讼。

【案例 3】 原告之父陈某于 1997 年 5 月 23 日，在被告保险公司投保，险种为简易人身保险，合同约定疾病死亡保险金额为 500 元，意外伤害死亡、残疾保险金额 4000 元，受益人：陈某。1999 年 8 月 22 日下午，陈某到本县乡信用社取钱途中摔倒，伤及头部，感觉头痛，吃饭时又饮酒二两，头痛加重，夜晚八九点钟发现晕倒在地，家人将其送往医院治疗。经诊断为脑出血，进行紧急治疗，当月 27 日出院，回家后 3 日死亡。经法医鉴定，陈某在受伤诱因下发生脑出血且饮酒加快了出血量。2001 年 7 月，原告才得知其父投有人寿险，于当月 3 日申请给付保险金，被告保险公司以原告死于疾病为由只同意支付 500 元保险金，原告不同意诉诸法院。原审法院认定上述事实，有双方当事人陈述、县人民医院病历、简易人身保险单（副本）、人身保险案件调查报告书、赔案审批表、县人民法院（2002）淅法医第 114 号法医技术鉴定书及证人的证言证实。

（二）法条材料

《保险法》第 16 条【投保人的告知义务】：订立保险合同，保险人就保险标的或者被保险人的有关情况提出询问的，投保人应当如实告知。

投保人故意或者因重大过失未履行前款规定的如实告知义务，足以影响保险人决定是否同意承保或者提高保险费率的，保险人有权解除合同。

前款规定的合同解除权，自保险人知道有解除事由之日起，超过 30 日不行使而消灭。自合同成立之日起超过 2 年的，保险人不得解除合同；发生保险事故的，保险人应当承担赔偿或者给付保险金的责任。

投保人故意不履行如实告知义务的，保险人对于合同解除前发生的保险事故，不承担赔偿或者给付保险金的责任，并不退还保险费。

投保人因重大过失未履行如实告知义务，对保险事故的发生有严重影响的，保险人对于合同解除前发生的保险事故，不承担赔偿或者给付保险金的责任，但应当退还保险费。

保险人在合同订立时已经知道投保人未如实告知的情况的，保险人不得解除合同；发生保险事故的，保险人应当承担赔偿或者给付保险金的责任。

保险事故是指保险合同约定的保险责任范围内的事故。

《保险法》第 12 条【保险利益原则】：人身保险的投保人在保险合同订立时，对被保险人应当具有保险利益。

财产保险的被保险人在保险事故发生时，对保险标的应当具有保险利益。

人身保险是以人的寿命和身体为保险标的的保险。

财产保险是以财产及其有关利益为保险标的的保险。

……

《保险法》第 31 条【人身保险合同中的保险利益】：投保人对下列人员具有保险利益：

（一）本人；

（二）配偶、子女、父母；

（三）前项以外与投保人有抚养、赡养或者扶养关系的家庭其他成员、近亲属；

（四）与投保人有劳动关系的劳动者。

除前款规定外，被保险人同意投保人为其订立合同的，视为投保人对被保险人具有保险利益。

订立合同时，投保人对被保险人不具有保险利益的，合同无效。

五、实验过程

（一）分析案例1

步骤一：简化材料，归纳争点。

本案是有关投保人告知义务的案件，争议焦点在于，被保险人郭某是否履行了投保人的如实告知义务。

步骤二：寻找依据。

依据我国《保险法》第16条的规定，订立保险合同，保险人就保险标的或者被保险人的有关情况提出询问的，投保人应当如实告知。投保人故意或者因重大过失未履行前款规定的如实告知义务，足以影响保险人决定是否同意承保或者提高保险费率的，保险人有权解除合同。

步骤三：分析材料。

通过证据反映，郭某并未经医院确诊证明曾患有甲亢病，只是出于自身的怀疑与猜测认为自己可能患有甲亢病，在投保时，被保险人也已向被告的业务员明确告知了其对自身是否患病的真实想法，在这种情况下，被告与其签订合同，应视为投保人已履行了如实告知义务，保险人并不享有合同解除权，其仍需履行给付保险金的义务。

（二）分析案例2

本案案情比较简单，争议焦点在于人身保险合同中，保险事故发生时，被保险人与投保人之间已无劳动关系，保险利益是否仍然存在。依据《保险法》第12条，人身保险的投保人在保险合同订立时，对被保险人应当具有保险利益。依据《保险法》第31条的规定，投保人对与其有劳动关系的劳动者具有保险利益。回到本案，保险合同订立时，被保险人是投保人的职工，投保人当然对其具有保险利益，即使保险事故发生时被保险人已调离保险公司，投保人对其已无保险利益，保险合同效力也不因此受到任何影响。

（三）分析案例3

步骤一：查明案件事实，找出争点。

第一，陈某在保险公司投保的险种为包括意外伤害死亡险和疾病死亡险的简易险；第二，陈某死因可以表述为喝酒 ⇨ 脑溢血+喝酒 ⇨ 加快出血量 ⇨

死亡；第三，保险公司只就疾病死亡险理赔。由此可见，案件的争议焦点在于，陈某死亡是否属于意外伤害险的保险事故范围。

步骤二：寻找依据。

第一，意外伤害险的保险事故只能是意外伤害，即由外来的、不可预料的原因突然引发的伤害。第二，依照近因原则，只有在导致保险事故的近因属于保险责任范围内时，保险人才应承担保险责任。实务中通常按以下方法来确定是否构成近因：第一，如果造成保险标的损害的原因只有一个，那么这个原因就是近因。第二，在多种原因同时发生造成保险标的损失的情况下，同时发生的多种原因都是近因，而且保险人只负责赔偿保险事故所造成的损失，对非保险事故所造成的损失不赔。如损失无法分别估算，则应按照公平原则分摊。第三，多种原因连续发生造成损害时，一般以最近的、有效原因（后因）为近因。但是当后因是前因直接的、必然的结果或者是前因的合理的连续及属于前因自然延长的结果时，则前因为近因。第四，多种原因间断发生造成损害时，即多种原因之间不相关联，则导致损害发生的独立原因为近因，如果该独立原因为可保危险，则保险人需对该独立原因造成的损害赔偿责任。

步骤三：分析案情，得出结论。

陈父是由摔跤导致的脑出血，其后虽有饮酒这一新因素介入，但该因素并未起到决定性、支配性作用，因为如果被保险人不是已有脑出血情况，饮酒不可能导致死亡。而意外伤害死亡险中，构成意外伤害必须是外来的、不可预料的、突然发生的原因造成的，摔跤显然在意外伤害险的承保责任范围内，保险公司应向原告给付意外伤害险保险金。

六、拓展思考

1. 股东对公司财产有无保险利益？

2. 案例2中，被告其后又提起上诉，其理由在于，某A人保既作为投保人又作为保险人，以作出终止对陈某保险责任的业务批单的形式，解除保险合同，被保险人死亡时，保险合同效力已经终止，保险人无须对其承担保险责任。对于某A人保自己同自己签订保险合同后又解除保险合同的行为，你怎么看？

七、课后训练

1. 以下不适用我国《保险法》的有（　　　）
   A. 海上保险　　　　B. 社会保险　　　　C. 财产保险　　　　D. 人身保险
2. 下列哪些当事人的投保行为无效（　　　）

　　A. 某甲为自己即将出生的女儿购买人寿险

　　B. 某乙为屋前的一棵国家一级保护树木投保

　　C. 某丁为自己与女友的恋爱关系投保

　　D. 某丁为自己购买的一注彩票投保

3. 下列表述正确的是（　　　）

　　A. 合同自由原则反映到保险法上就是保险当事人双方可以自由决定保险范围和保险费率

　　B. 保险利益原则的根本目的是有效弥补投保人的损失

　　C. 近因原则中的近因是造成保险标的损害的主要的、决定性的原因

　　D. 最大诚信原则对保险人的主要要求是及时全面地赔付保险金

　　4. 案例分析：1996 年 3 月，某厂 45 岁的机关干部龚某因患胃癌（亲属因害怕其情绪波动，未将真实病情告诉本人，）住院治疗，手术后出院，并正常参加工作。8 月 24 日，龚某经同事推荐，到保险公司办理了简易险，办妥有关手续。填写保险单时没有申报前述患病事实。1997 年 5 月，龚某旧病复发，经治疗无效死亡，龚某的妻子以受益人的身份，到保险公司请求给付保险金，保险公司在审核过程中，发现龚某的死亡病史上，载明其曾患癌症动过手术，于是拒绝给付保险金，龚某以丈夫不知患有何种病并未违反告知义务为由抗辩，双方因此发生纠纷。你认为保险公司是否应当承担给付保险金的责任。

第二节　保险合同总论

实验：保险合同一般规则

一、实验目标

　　本实验主要介绍保险合同的基础理论。内容包括：保险合同的概念、特征与分类，保险合同相关主体，保险合同的条款，保险合同的订立和成立，保险合同的有效和生效，保险合同的履行，保险合同的变更和转让，保险合同的解除等。

二、实验要求

　　了解保险合同的概念与分类、保险合同的形式；熟悉保险合同的特征及其在具体制度中的体现；掌握保险人与投保人在履行保险合同过程中的义务、保险合同的成立与生效、保险合同的转让、保险合同解除权的配置与效力。

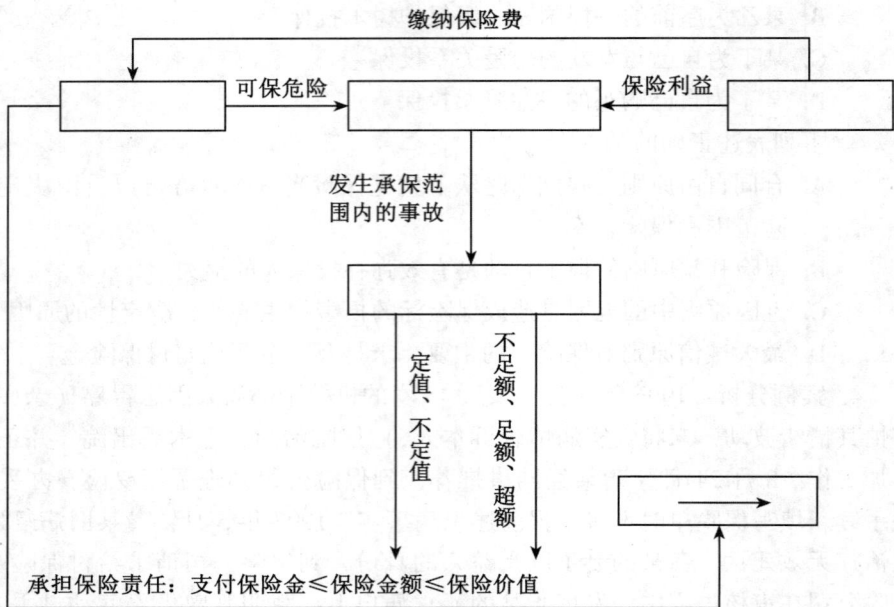

```
                            缴纳保险费
      ┌──────────────────────────────────────────────┐
      │                                              │
      ▼                                              │
  ┌───────┐      可保危险    ┌──────────┐  保险利益  ┌───────┐
  │       │───────────────▶│          │◀──────────│       │
  └───────┘                └──────────┘           └───────┘
      │                         │
      │                    发生承保范
      │                    围内的事故
      │                         │
      │                         ▼
      │                    ┌──────────┐
      │                    │          │
      │                    └──────────┘
      │               定      不
      │               值      足
      │               、      额
      │               不      、
      │               定      足        ┌──────────┐
      │               值      额        │    ────▶ │
      │                      、        └──────────┘
      │                      超              ▲
      │                      额              │
      │               ▼       ▼              │
      └──────────────────────────────────────┘
  承担保险责任：支付保险金≤保险金额≤保险价值
```

三、实验原理

（一）保险合同的概念与特征

保险合同，是指投保人与保险人达成的有关损失填补关系的协议，具体而言，即双方当事人约定，由一方（投保人）向另一方支付约定的保险费，另一方（保险人）于约定的保险事故发生或人身保险事故出现（包括合同约定的期限届满）时，履行给付保险金义务的双方法律行为。相较于其他民事合同，保险合同具有以下特征：

第一，保险合同是双务有偿合同。按照保险合同的约定，投保人负有向保险人缴纳保险费的义务，而保险人则在合同约定的整个保险期间内负有承担危险的义务，并于保险事故发生时或者在保险期限届满时，向投保人（或被保险人、受益人）支付赔偿金或保险金。

第二，保险合同是继续性合同。保险合同的内容并非一次给付即可完成，而须贯穿于整个保险期间，因而是典型的继续性合同，其继续期间的长短，因保险种类的不同而有差异。正是基于此特征，保险合同履行过程中有情势变更原则之适用，保险合同解除时原则上不具有溯及力。

第三，保险合同是射幸合同。射幸是指当事人因特定行为而受益或致损，在合同订立时尚不能加以确定。在保险合同中，投保人交付保险费的义务是确定的，而只有当特定的在保险合同订立时尚不确定的危险发生时，保险人才承担给付保险金的义务。可见，保险事故发生的偶然性，决定了保险合同的射幸性。①

第四，保险合同是附合合同。保险合同的技术性、保险经营的客观需要以及保险业的行业垄断性决定了保险合同的附合性特征，其一般由保险人备制和提供，投保人在申请保险时，只能决定是否接受保险人出具的保险条款，而无拟定或磋商保险条款的自由。

第五，保险合同为不要式合同。保险合同的成立取决于投保人与保险人之间的合意，即双方就合同条款内容达成一致后合同即为成立，而无须采用或履行特定方式，保险人签发保险单或者其他保险凭证的行为是履行合同的行为，而非合同成立的标志。

第六，保险合同是诺成性合同。保险合同的成立并不以保险费的交付为条件，只需当事人双方意思表示一致即可。

（二）保险合同的分类

1. 人身保险合同与财产保险合同。此种划分以保险标的的不同性质为标准，也是我国《保险法》对保险合同所采取的立法分类。人身保险合同，是以人的寿命或身体为保险标的的保险合同。其可进一步细分为人寿保险合同、健康保险合同和意外伤害保险合同等。财产保险合同是指以财产或其他财产利益为保险标的的保险合同。其又可进一步细分为财产损失保险合同、信用保险合同和保证保险合同等合同类别。

2. 定额给付保险合同与损失补偿保险合同。此种划分以保险人给付保险金的目的为标准。定额给付保险合同，是指当保险事故发生时保险公司按照合同约定的保险金额赔偿，既不得增减，也无须重新计算的保险合同。人寿保险合同即为典型的定额给付保险合同。损失补偿保险合同，又称评价保险合同，是指保险人承担的保险责任就是补偿被保险人的实际损失，并不得超过保险金

---

① 保险合同的射幸性，只是就单个保险合同而言。综合考察全体保险合同，则保险费与保险金数额由于依照精确数理和概率统计加以计算，两者应大体保持平衡。这与赌博这种纯系基于偶然事件发生的侥幸的射幸行为不同。

额的保险合同。财产保险合同都属于损失补偿保险合同。

3. 定值保险合同与不定值保险合同。此种划分以保险价值在订立保险合同时确定与否为标准，因而仅适用于财产保险合同，不适用于人身保险合同。定值保险合同，又称定价保险合同，是指当事人双方事先确定保险标的的保险价值并载明于合同中的保险合同。不定值保险合同，是指当事人双方在订立合同之际，不预先约定保险标的的保险价值，而一般仅约定保险金额，并在合同中载明，于保险事故发生后，再行估算保险标的的保险价值以确定其损失的保险合同。一般财产保险，尤其是火灾保险，多以不定值保险的方式来签订保险合同。

4. 单保险合同与复保险合同。单保险合同是指投保人以一个保险标的、一个保险利益、一个保险事故与一个保险人订立的保险合同。复保险合同，又称重复保险合同，是指投保人以同一保险标的、同一保险利益、同一保险事故分别与两个以上的保险人订立的保险合同。根据我国《保险法》的规定，重复保险的保险金额总和超过保险价值的，各保险人的赔偿金额的总和不得超过保险价值。

5. 不足额保险合同与足额保险合同、超额保险合同。此种划分以保险金额与保险价值二者之间的关系为标准，故仅适用于财产保险合同。不足额保险合同，又称低额保险合同或一部保险合同，是指保险金额低于保险价值的合同。在这种合同中，保险人对被保险人损失的赔偿责任仅以保险金额为限，超出保险金额以外的部分损失保险人不承担赔偿责任。足额保险合同是指保险金额等于保险价值的保险合同，保险事故发生时，若保险标的全部损失，保险人按保险金额全部赔偿，若部分损失，保险人按实际损失额赔偿。超额保险合同，即保险金额大于保险价值的保险合同。根据我国保险法的规定，保险金额不得超过保险价值，超过保险价值的，超过部分无效。

6. 原保险合同与再保险合同。此种划分以保险人责任次序的不同为标准。原保险合同，是再保险合同的对称，是指保险人与投保人原始订立的保险合同。再保险合同，又称分保险合同，第二次保险合同，是指原保险人将其所承保危险的一部分或全部转移给其他保险人而订立的保险合同。我国保险法只承认部分再保险，即只转移部分承保危险的再保险。订立再保险合同时，应再保险接受人的要求，再保险分出人应当将其自负责任及原保险的有关情况书面告知再保险接受人。

原保险合同与再保险合同在当事人及保险利益等方面均不相同，在法律上是各自独立的保险合同。因而，再保险接受人不得向原保险的投保人要求支付保险费，原保险的被保险人或者受益人不得向再保险接受人提出赔偿或者给付保险金的请求，再保险分出人不得以再保险接受人未履行再保险责任为由，拒绝履行或者迟延履行其原保险责任。

7. 强制保险合同与自愿保险合同。依据保险实施方式的不同，可将保险合同分为强制保险合同与自愿保险合同。强制保险合同，是指根据国家法律或行政命令，在投保人与保险人之间强制建立的保险合同。此种保险合同一般基于国家社会经济政策需要的目的而被强制推行，主要适用于诸如交通工具责任、产品责任、公共责任、雇工责任等领域。内容方面，法律对保险险种、保险责任范围、除外责任、保险期限、保险金额、保险费率、保险赔偿方式等都有统一规定，不容当事人协商。自愿保险合同，是指基于投保人自身意志与保险人缔结的保险合同。多数保险合同都属于此类。

8. 个别保险合同与集合保险合同。此种划分依保险标的是否单一为标准。个别保险合同，又称为单独保险合同，是指以单独一人或者一物为保险标的而缔结的保险合同。集合保险合同，是指以多数人或者多数物为保险标的而缔结的保险合同。

（三）保险合同的相关主体

1. 当事人。保险合同当事人，是指缔结保险合同，直接享有权利并承担义务的人，包括保险人和投保人。

（1）保险人（Insurer），又称为承保人，是指与投保人订立保险合同，享有收取保险费的权利，并于保险事故发生时或合同约定期限届满时，向被保险人或受益人履行给付保险金义务的人。依据我国《保险法》的规定，保险人须为依保险法设立的公司法人，且须经保险监督管理机构批准。

（2）投保人（Applicant），又称为要保人，是指与保险人订立保险合同，并负有支付保险费义务的人。投保人是保险人保险合同上的相对人，可以是被保险人本人，也可以是被保险人以外的第三人。但无论属于何种情形，其须具备民事权利能力和民事行为能力，并对保险标的具有保险利益。

2. 关系人。保险合同的关系人，是指因保险合同的成立，而享有合同所生的利益或承担义务的人，包括被保险人和受益人。

（1）被保险人（Insured），也称保户，是指其财产或者人身受保险合同保障，于保险事故发生或约定期限届满时，受有损失，从而享有保险金请求权的人。被保险人可以是投保人自己，也可以是投保人以外的第三人。在人身保险合同中，被保险人则为保险事故发生的对象。

（2）受益人（Beneficiary），也称保险金受领人，是由被保险人或者投保人指定的享有保险金请求权的人。受益人具有以下特征：其一，受益人由被保险人或投保人指定产生；其二，受益人享有保险金的请求权；其三，投保人、被保险人或者第三人均可以为受益人；其四，受益人不受有无行为能力及保险利益的限制；其五，受益人只存在于人身保险合同中。

3. 辅助人。保险合同的辅助人是协助保险合同当事人办理保险合同有关事项的人。保险合同的辅助人一般包括：

（1）保险代理人（Insurance Agent），即为在保险人授权范围内代为办理保险业务，并向其收取保险代理手续费的机构或个人。保险代理人既可以是法人，也可以是自然人。保险代理人依据与保险人签订的委托代理协议获得授权，并代为办理保险业务，行为后果由保险人承担。

（2）保险经纪人（Insurance Broker），是基于投保人的利益，为投保人与保险人订立保险合同提供中介服务，并依法收取佣金的机构。作为居间商，保险经纪人以自己名义从事中介活动，并承担由此产生的法律后果。

（3）保险公估人（Insurance Surveyor），是指专门从事保险标的的查验、评估及保险事故的认定、估损、理算等业务，并据此向当事人委托方收取合理费用的机构或个人。作为一种特殊的中介机构，保险公估人出具的公估报告书，一般是作为理赔的参考依据，并不具有法律权威性。

（四）保险合同的条款

保险合同的条款载明保险合同的内容，它是保险合同中规定保险责任的范围和确定合同当事人的权利义务及其他有关事项的合同条款。

1. 保险合同条款的种类。保险合同条款可以分为法定条款和任意条款。前者是指法律所规定的在保险合同中必须列入的条款；后者则是指根据保险当事人的需要而列入的条款。根据《保险法》的规定，投保人和保险人在法律规定的保险合同事项外，可以就与保险有关的其他事项作出约定。

保险合同条款还可分为基本条款和特约条款。前者是保险人依据法律规定，根据不同险种的规定，事先印制在保险单背面的关于保险合同当事人权利义务的基本事项，可以是法定条款，也可以是约定条款；后者又称单项条款，是指保险合同当事人双方在基本条款的基础上就具体事项展开个别商议，用以扩大或限制原基本条款中所规定的权利和义务的补充条款。它通过变更原保险单的合同内容，扩大基本条款的伸缩性，以适应投保人的特别需要。

2. 保险合同条款的必载事项。依据《保险法》第18条的规定，保险合同应当包括下列事项：

（1）主体的名称和住所。确定保险主体的名称和住所，不仅有利于保险合同的履行，在保险合同纠纷发生的情形下，对于明确诉讼管辖，法律的适用及文书的送达都具有重要意义。

（2）保险标的。保险标的是指作为保险对象的财产及其有关利益或者人的寿命和身体。作为保险利益的载体，保险标的既是保险合同所保障的对象，也是保险事故发生的对象。

（3）保险责任和除外责任。保险责任，是指保险合同约定的保险事故或事件发生后，保险人所应承担的保险金赔偿或给付责任。其法律意义在于确定保险人承担风险责任的范围。除外责任，是指保险人依照法律规定或合同约定，不承担保险责任的范围，是对保险责任的限制。除外责任条款的内容应以列举的方式规定。

（4）保险价值。保险价值是指在保险合同订立时，当事人所约定的保险标的的价值，或者于保险事故发生时，保险标的所具有的实际价值。对于人身保险合同，不存在保险价值这一概念，因为人的生命和身体是无法用金钱加以衡量的。

（5）保险金额。保险金额是指投保人就保险标的向保险人实际投保的金额，也是保险人给付保险金的最高限额。在人身保险合同中，保险金额就是保险事故发生或者合同约定的期限届满时，保险人实际应给付的保险金金额；在财产保险中，保险金额不得超过保险价值，也是承担给付保险金责任的最高限额。

（6）保险期间和保险责任开始时间。保险期间，也称保险期限，是指保险人承担保险责任的起讫期间。保险期间通常有两种计算方法——用一定时间段来表示或用一定事件的始末表示。保险责任开始时间，是指保险人承担保险责任的某一确定时间点，即从何时起，保险人始负保险责任。

（7）保险费及其支付办法。保险费是指投保人向保险人交付的，作为保险人承担保险责任的对价。保险费的多少取决于保险危险、保险金额、保险期间和保险费率等。保险费的支付办法可分为一次性支付或分期分批支付，可以选择现金支付或票据支付。

（8）保险金及其给付办法。保险金是指合同约定的保险事故发生或者合同约定的期限届满时，保险人所应给付的款额。保险金的多少，受保险价值、保险金额、损失程度等多种因素的制约。

（9）违约责任和争议处理。

（10）订立合同的年、月、日，即保险合同成立的日期。

3. 保险合同的解释。保险合同的解释首先须遵守合同解释的一般规则，即文义解释、目的解释、整体解释和习惯解释。更重要的是，如果保险合同是采用保险人事先制订的格式条款时（实务中通常是这种情况），当对合同条款有两种以上的解释时，出于维护公平的必要，人民法院或仲裁机构应当作出有利于被保险人和受益人的解释。

　　资料链接：值得注意的是，在对保险合同进行目的解释时，当保险合同的多种形式之间存在矛盾时，如何探求当事人的真意？普遍认为，此时应遵循五个优先原则，即书面约定内容优先于口头约定；保险单优先于投保单、暂保单等文件；特约条款优先于基本条款；后加的保险条款优先于原有的保险条款；手写保险条款优先于印刷的保险条款，打印的保险条款优先于贴上的保险条款，贴上的保险条款优先于保险单上印就的保险条款。①

（五）保险合同的形式

保险单证不但可以作为保险合同的证明文件，在特定条件下，它还具有类似证券的特性。受让人持有单据即可享有保险合同的现金价值。因此，我国《保险法》规定，保险人应当及时向投保人签发保险单或者其他保险凭证，并且保险单或者其他保险凭证应当载明当事人双方约定的合同内容。在我国，保险单证主要包括投保单、暂保单、保险单和保险凭证。

1. 投保单（Application Form），又称要保单、投保书，是投保人向保险人申请订立保险合同的书面要约。投保单一般由保险人准备的统一格式书据，它是缔结保险合同的基础性依据，一经保险人接受后，即成为保险合同的一部分。依据保险法的规定，如果保险合同采用保险人提供的格式条款的，保险人向投保人提供的投保单应当附格式条款。

2. 暂保单（Binding Slip），是保险人或其代理人在正式保险单签发之前出具给被保险人的临时保险凭证。暂保单上所载内容一般比较简单。从法律效力上看，其与保险单具有相同的效力，但正式保险单一经交付，暂保单自动失效。

3. 保险单（Insurance Policy），简称保单，又称保险证券，是保险人与投保人之间订立的保险合同的正式书面凭证，由保险人制作、签章并交付给投保人。保险单并不等于保险合同，只是其正式凭证而已。

4. 保险凭证（Insurance Certificate），又称小保单，是保险人出具给被保险人以证明保险合同已有效成立的文件。其实质是简化了的保险单，与保险单具有相同的效力。

---

① 参见覃有土：《保险法概论》，北京大学出版社 2001 年版，第 247 页。

（六）保险合同的订立和成立

与一般的合同订立一样，保险合同的订立也需要经过要约和承诺两个阶段。投保人向保险人提出订立保险合同的请求，也就是投保，即为要约；保险人同意承保，即为承诺。依最大诚信原则，在此过程中，保险人须就保险合同向投保人履行说明义务，投保人则须对保险人负如实告知义务，由于合同尚未成立，这两种义务均属先合同义务，如不能履行，其所承担的责任从性质上来说应为缔约过失责任。保险实务中，投保人提出要约，通常表现为投保人填写事先印制好的投保单，并送交保险人。值得注意的是，在人身保险合同中，投保文件的签名必须由投保人亲自完成，否则保险公司不得接受。

资料链接：《关于规范人身保险经营行为有关问题的通知》（保监发〔2000〕133号）

……

二、关于投保人、被保险人签名

（一）人身保险投保书、健康及财务告知书，以及其他表明投保意愿或申请变更保险合同的文件，应当由投保人亲自填写，由他人代填的，必须有投保人亲笔签名确认，不得由他人代签。

（二）按照《保险法》规定，凡是需要被保险人同意后投保人才能为其订立或变更保险合同的，以及投保人指定或变更受益人的，必须有被保险人亲笔签名确认，不得由他人代签。被保险人为无民事行为能力人或限制民事行为能力人的，由其监护人签字，不得由他人代签。

投保人、被保险人因残疾等身体原因不能签字的，由其指定的代理人签字。

（三）严禁保险公司工作人员和代理人替投保人、被保险人填写投保书和签名，或诱使他人代替填写和签名。保险公司及其代理人在销售保单时必须向投保人、被保险人说明（一）、（二）的要求，凡是不符合（一）、（二）要求的投保或变更申请，必须经投保人、被保险人进行补签名，否则保险公司不得接受。

根据《保险法》第13条第1款的规定，投保人提出保险要求，经保险人同意承保，保险合同即可成立。可见保险合同的成立与保险单证的有无以及保险费是否交付无关。

提示：新《保险法》明确保险合同为非要式合同；签发保险单是合同义务；保险单是保险合同内容的证明和载体；保险合同可以约定特别生效条件和期限。

（七）保险合同的有效

作为民事合同的一种，保险合同的有效首先必须满足一般合同的有效要件，即合同当事人（也就是投保人和保险人）须具有相应的缔约能力，当事人意思表示真实和保险合同内容合法三个要件。同时，基于保险合同的种种特性，保险合同有效还需要满足以下几个要件：第一，可保危险的存在，订立合同时被保险人如果已经知道或应当知道保险事故已经发生或不可能发生的，保险合同将归于无效。第二，保险利益的存在。第三，保险金额不得超过保险价值，否则超过部分归于无效。第四，在死亡保险的情形下，还需经被保险人书面同意并认可保险金额，如果被保险人是无民事行为能力人或者未成年人，则投保人须为其父母且保险金总额不得超过监管机构规定的限额。

如果上述条件得不到满足，保险合同将归于无效，自始不发生法律效力。其法律后果具体表现为：在发生保险合同约定的保险事故时，保险人不承担给付保险金的责任，退还保险费。

此外，如果保险合同中采用保险人提供的格式条款免除保险人依法应承担的义务或者加重投保人、被保险人责任的，或者排除投保人、被保险人或者受益人依法享有的权利的，这些条款将归于无效，但不影响合同中其他条款的效力。

（八）保险合同的生效

一般情形下，保险合同一旦成立并且满足保险合同的有效条件，即可生效。当然，由于当事人之间特别约定的存在，可能存在保险成立且有效却不生效的情形。值得注意的是，保险合同生效并不必然意味着保险责任开始。① 保险实务中，常有保险合同中规定自投保人第一次交付保险费之日起，保险责任开始。而保险费交付是保险合同生效后投保人履行其义务的一种表现，因此，保险责任开始可以后于保险合同生效。而在追溯保险中，保险责任开始则先于保险合同生效。

（九）保险合同的履行

1. 投保人的义务。

（1）交付保险费的义务。保险合同成立后，保险人应当按照合同约定的数额、期限、地点和方式向保险人交付保险费。保险费还可由有利害关系的第三人交付，但其并不因此成为交付义务人。保险费也并非是一成不变的，其应随危险程度的增减变化而不断变化。

（2）维护保险标的安全的义务。被保险人应遵守国家有关消防、安全、生产操作、劳动保护等方面的规定，维护保险标的的安全。依据保险合同约

---

① 有学者将保险合同生效称为保险合同的形式始点，将保险责任的开始称为保险合同的实质始点，并指出区分二者不但可以合理解释追溯保险的存在，而且可以使保险费的交付与保险合同的实质始点相结合，从而使得保险费的交付获得合理依据。参见温世扬：《保险法》，法律出版社2007年版，第99页。

定，保险人可对保险标的的安全状况进行检查，及时向投保人、被保险人提出消除不安全因素和隐患的书面建议。保险人为维护保险标的的安全，经被保险人同意，可以采取安全预防措施。如投保人、被保险人怠于履行其职责，保险人有权要求增加保险费甚至解除合同。

（3）危险增加的通知义务。在保险合同的有效期内，保险标的危险程度显著增加的，依照合同约定，投保人或被保险人负有及时通知保险人的义务。所谓危险增加，是指当事人在订约之际未曾预见，但在保险有效期间内，作为保险合同基础的原危险状况发生了变化，使保险标的的受损的可能性增加。被保险人未履行通知义务的，因保险标的的危险程度增加而发生的保险事故，保险人不承担赔偿责任。

（4）出险通知义务。投保人、被保险人或者受益人知道保险事故发生后，应当及时通知保险人，以便后者及时勘查现场、收集证据和确定事故性质。如果通知义务人因故意或重大过失而未履行出险通知义务，致使保险事故的性质、原因、损失程度等难以确定的，保险人对无法确定的部分有权拒绝赔偿，但如通过其他途径已经及时知道或者应当及时知道保险事故发生的除外。

（5）出险施救义务。保险事故发生时，投保人或被保险人有责任尽力采取必要的措施，防止或减少损失。为此所支付的必要的、合理的费用，由保险人承担；保险人所承担的费用数额在保险标的的损失赔偿金额以外另行计算，最高不超过保险金额的数额。如果被保险人怠于履行此项义务，其无权就扩大损失的部分请求保险人给予赔偿。

2. 保险人的义务。

（1）签发保险单。保险人应当及时向投保人签发保险单或者其他保险凭证。何谓"及时"，我国《保险法》也未将之具体化，一般认为，应指一个合理期限。在保险实务中，当事人可根据不同险种加以确定。

（2）给付保险金的义务。保险标的所受到的损失一经确定属于保险责任范围内，保险人则需承担给付保险金的责任。并且，依据保险法的规定，此项义务须在与被保险人或者受益人达成赔偿或者给付保险金的协议后 10 日内履行，保险合同有约定的依约定。如果保险金数额尚不能确定，保险人自收到赔偿或者给付保险金的请求和有关证明、资料之日起 60 日内，应根据已有证明和资料对可以确定的数额先予支付；保险人最终确定赔偿或者给付保险金的数额后，应支付相应的差额。保险人未及时履行前款规定义务的，除支付保险金外，应当赔偿被保险人或者受益人因此受到的损失。但是，被保险人或受益人的此种请求权，也须受到诉讼时效的限制。由于人寿保险的保险金具有储蓄性质，人寿保险的被保险人或者受益人向保险人请求给付保险金的诉讼时效期间为 5 年，自其知道或者应当知道保险事故发生之日起计算。但如果是除人寿保险以外的其他保险，被保险人或者受益人，向保险人请求赔偿或者给付保险金的诉讼时效期间为 2 年，自其知道或者应当知道保险事故发生之日起计算。保险人自收到赔偿或者给付保险金的请求和有关证明、资料之日起 60 日内，对其赔偿或者给付保险金的数额不能确定的，应当根据已有证明和资料可以确定的数额先予支付；保险人最终确定赔偿或者给付保险金的数额后，应当支付相应的差额。

（3）保密义务。《保险法》虽未在"保险合同"一章中直接规定保险人的保密义务，但仍在保险监管制度部分规定，保险人和保险代理人如违反保密义务将承担行政责任。

3. 索赔和理赔。索赔，是被保险人在保险标的出险后，按照保险合同的有关规定，向保险人要求支付赔偿金的行为。索赔按下列程序进行：第一，提出出险通知；第二，提供索赔证明；第三，提出索赔请求，自知道或应当知道发生保险事故时，被保险人或受益人应在诉讼时效期间内行使索赔权；第四，领取保险金。

理赔，是指保险人依据规定的工作程序处理被保险人所提出的索赔要求的行为。理赔按下列程序进行：第一，立案检验。第二，审核责任，保险人依照保险合同的约定，认为有关的证明和资料不完整的，应当一次性通知对方补充提供有关的证明和资料。第三，核算损失，给付赔偿金。保险人应当及时作出核定，情形复杂的，应当自收到被保险人或受益人赔偿请求 30 日内作出核定，但合同另有约定的除外，并将核定结果通知被保险人或者受益人，对属于保险责任的，应在保险法规定或合同约定的期限内履行给付保险金义务，对不属于保险责任的，应当自作出核定之日起 3 日内向被保险人或者受益人发出拒绝赔偿或者拒绝给付保险金通知书，并说明理由。第四，损余处理。

> 提示：新《保险法》对保险人理赔程序的规定进行了细化，进一步明确和规范了理赔程序和时限，保护被保险人和受益人索赔权利的实现。

（十）保险合同的变更和转让

在保险合同的有效期内，依据法律规定的条件和程序，经当事人双方协商一致，对除保险标的更替以外的保险合同的内容可予以修改或者补充。变更保险合同的，应当由保险人在保险单或者其他保险凭证上批注或者附贴批单，或者由投保人和保险人订立变更的书面协议。

保险合同的转让，是指保险合同一方当事人将其所享有的合同权利和承担的合同义务，全部或部分地让与给第三人的行为。

在财产保险中，保险合同的转让一般由保险标的转让而引起。保险标的在不同主体之间流转，其所面临的风险因素和危险程度必然随之发生变化，出于保护保险人利益的需要，被保险人或者受让人负有及时通知保险人的义务。如果其怠于履行此项通知义务，因转让导致保险标的危险程度显著增加而发生的保险事故，保险人不承担赔偿保险金的责任。

在货物运输保险中，一方面由于货物并不处于被保险人或者受让人的占有控制中，因而不存在被保险人管理货物的问题，另一方面保险责任开始后，很难确定具体行程与风险程度之间的比例关系，保险人所承担责任的变化也就更加无法评估，因此，在货物运输保险中，对被保险人也就无须加以选择，保险标的转让的，保险标的的受让人可直接承继被保险人的权利和义务。此外，依照意思自治原则，如果当事人对保险标的转让另有约定的，也不强制被保险人或受益人履行通知义务，而依照合同处理。

　　提示：新《保险法》放宽保险标的的转让条件，保险标的转让的，保险合同随之
　　转让，只需通知保险人即可。

由于人寿保险合同一般期限较长，并具有储蓄性，因此人寿保险合同转让的情形主要表现为：第一，因人寿保险单的转让而引起的人寿保险合同债权的让与，其实质就是受益人的变更（此问题详见本章"人身保险合同"部分）；第二，因保险人资格的消灭而引起人寿保险合同权利义务的概括承受，我国《保险法》第 92 条规定，经营有人寿保险业务的保险公司被依法撤销或者被依法宣告破产的，其持有的人寿保险合同及责任准备金，必须转让给其他经营有人寿保险业务的保险公司。

（十一）保险合同的解除

保险合同的解除是在保险合同成立后，有效期限尚未届满前，合同一方当事人依照法律或约定行使解除权，提前终止合同效力的单方法律行为。

1. 解除权行使的事由。由于保险合同当事人双方交易地位的不平等，立法者在解除权的配置上出于维护公平的目的而向投保人有所倾斜——赋予其解除合同的充分自由，即原则上投保人可以解除合同，只是在货物运输保险合同或运输工具保险合同中，保险责任开始以后，投保人无权解除合同。而保险人则与之相反，其原则上不可以解除合同，只是在保险法规定的下列几种情形中，可以行使解除权：第一，投保人违反如实告知义务，足以影响保险人决定是否承保的；第二，被保险人或者受益人意图骗取保险金的；第三，投保人、被保险人或受益人故意制造保险事故的；第四，人身保险合同中投保人误报年

龄且超过年龄限制的；第五，效力中止的人身保险合同逾期未复效的；第六，财产保险中保险标的危险程度显著增加的；第七，投保人、被保险人违反维护保险标的的安全义务的；第八，保险标的发生部分损失的。此外，除法定事由外，投保人和保险人还可通过协商解除保险合同。

2. 解除权行使的限制。

（1）除斥期间。从性质上看，解除权属于形成权，其当然受到除斥期间的限制，除斥期间经过，解除权也归于消灭。

（2）禁止反言。保险人在合同订立时已经知道投保人未如实告知的情况的，保险人不得解除合同；发生保险事故的，保险人应承担赔偿或给予保险金的责任。

（3）解除事由的限制。货物运输保险合同和运输工具航程保险合同，保险责任开始后，合同当事人不得解除合同。

3. 解除权行使的法律效力。由于保险合同自身具有继续性的特点，原则上，保险合同的解除不具有溯及力，而仅向将来发生效力，例外情况下，才赋予保险合同的解除以溯及既往的效力，即当事人双方就合同已经履行的部分，需要恢复到合同订立前的状态。具体而言，因解除权行使主体、保险合同的种类以及当事人的过错的不同而不同。

（1）投保人解除保险合同。人身保险合同中，投保人解除合同的，保险人应当自收到解除合同通知之日起 30 日内，按照合同约定退还保单的现金价值①。财产保险合同中，保险责任开始前，投保人要求解除合同的，应当按照合同约定向保险人支付手续费，保险人应当退还保险费。保险责任开始后，投保人要求解除合同的，保险人应当将已收取的保险费，按照合同约定扣除自保险责任开始之日起至合同解除之日止应收的部分后，退还投保人。

（2）保险人解除保险合同。保险人行使合同解除权的，原则上都不具有溯及力，即对于已收取的保险费，保险人按照合同约定扣除自保险责任开始之日起至合同解除之日止应收的部分后，退还投保人。并且，如果因投保人、被保险人或者受益人故意制造保险事故，保险人行使解除权的，保险人可以保留

---

① 保险单的现金价值，又称解约退还金或退保价值，因为投保人可以随时解除合同领取退保金，持有人身保险单相当于持有有价证券，所以称人身保险单具有现金价值。保险单的现金价值等于保险责任准备金减去退保手续费后的差额，由于保险期间内的不同时刻，保险责任准备金的金额不同，所以保险单现金价值可能多于已支付的全部保险费（人寿保险合同中较为多见），也可能少于已支付的全部保险费。

全额保险费（如果投保人故意造成被保险人死亡、伤残或者疾病的，并且其已交足 2 年以上保险费的，保险人应当按照合同约定向其他权利人退还保险单的现金价值）。只有在因投保人重大过失违反如实告知义务时，保险人解除合同的，其才须退还全额保险费。

四、实验材料

（一）案例材料

【案例 1】

王某之夫李某生前在张家村周某承保的采石场处打工。2004 年 2 月 17 日，被告某保险公司的业务员张某来周某处推销保险。同年 3 月 15 日，周某夫妇同意为其工人投保意外团体险，但是因现金不多，通过与张某协商，给保险公司出具了一张 6750 元的欠条。并保证等现金足够后一定及时补交。经办人张某在欠据上注明，此保费须在当年 3 月 20 日内交纳，保险合同有效，保险人自保险费交付之日起承担保险责任。过期不交保单作废。同时给周某出具了暂保单和收据凭证。同年 3 月 17 日，因周某承包的采石场垮塌，李某被石头压成重伤，后抢救无效死亡。3 月 19 日，周某向保险公司交纳拖欠的 6750 元保险费，遭到拒绝。

【案例 2】

张某为自己所有的一辆奥迪轿车投保了机动车辆损失险和第三者责任险，保险金额 100 万元，保险期限自 1999 年 1 月 1 日起至 2000 年 1 月 1 日止。2000 年 5 月 1 日，张某与李某达成协议，张某将奥迪轿车连同保险单一起转卖给李某。双方约定分 6 月 1 日、8 月 1 日、10 月 1 日三次支付价款。允许李某先将汽车开走。2000 年 8 月 11 日，李某驾车外出，途中与王某的汽车相撞，导致对方车辆损坏，驾驶员受伤。经市交通队裁决，李某应对该事故承担全部责任，赔偿他人修车费 7 万元、驾驶员医疗费和误工费 3 万元。李某持保单向保险公司索赔。

保险公司发现李某并非保险单上列明的被保险人，因而拒绝赔偿。李某持保单前来索赔，保险公司以该车已转让给李某，未到保险公司办理批改，擅自变更被保险人，张某对该车已无保险利益，违反了被保险人义务为由拒赔。双方为此争执不下，张某向法院起诉，要求保险公司履行保险合同，赔偿其损失。

对此，有两种意见：一种意见认为：因为张某和李某在买卖该车时未经过户，该车的所有权并未转移，保险合同继续有效，保险公司应承担保险责任。另一种意见认为：张某和李某在汽车交易场外达成买卖该车的协议，李某支付了部分车款且使用了该车，已形成了事实上的买卖关系。未因该起交通事故受到损失，应该拒绝李某的索赔请求。

（二）文书样本

保险单

[保单资料]	
合同号码：	投保单号：
币别：	投保人：
合同生效日期：	投保人客户号：
交费方式：	被保险人：
交费日期：	被保险人客户号：

[保险利益及保费表]

险种名称　保险金额　保险期间　交费期满日　保险费（标准）　加费主险保险单号

特别约定：

营业单位代码：　　　业务员：　　　复核：　　　制单：

（三）法条材料

《保险法》第13条【保险合同的成立和生效】：投保人提出保险要求，经保险人同意承保，保险合同成立。保险人应当及时向投保人签发保险单或者其他保险凭证。

保险单或者其他保险凭证应当载明当事人双方约定的合同内容。当事人也可以约定采用其他书面形式载明合同内容。

依法成立的保险合同，自成立时生效。投保人和保险人可以对合同的效力约定附条件或者附期限。

《保险法》第 14 条【保险责任的开始】：保险合同成立后，投保人按照约定交付保险费，保险人按照约定的时间开始承担保险责任。

《物权法》第 24 条【特殊动产的登记效力】：船舶、航空器和机动车等物权的设立、变更、转让和消灭，未经登记，不得对抗善意第三人。

《保险法》第 49 条【财产保险合同中保险标的的转让】：保险标的转让的，保险标的的受让人承继被保险人的权利和义务。

保险标的转让的，被保险人或者受让人应当及时通知保险人，但货物运输保险合同和另有约定的合同除外。

因保险标的转让导致危险程度显著增加的，保险人自收到前款规定的通知之日起 30 日内，可以按照合同约定增加保险费或者解除合同。保险人解除合同的，应当将已收取的保险费，按照合同约定扣除自保险责任开始之日起至合同解除之日止应收的部分后，退还投保人。

被保险人、受让人未履行本条第二款规定的通知义务的，因转让导致保险标的危险程度显著增加而发生的保险事故，保险人不承担赔偿保险金的责任。

五、实验过程

（一）分析案例 1

步骤一：简明案件材料，查明事实（如图所示）。

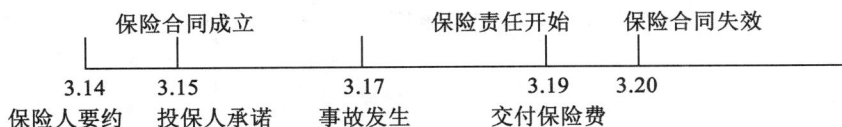

保险合同成立　　保险责任开始　保险合同失效

3.14　　3.15　　　　3.17　　　　3.19　　3.20
保险人要约　投保人承诺　事故发生　交付保险费

阅读案件材料时，如果案件冗长，可以借助图表加以分析，如涉案当事人较多，可借助框架图，时间点多的可借助数轴，有助于尽快理清材料，认清事实，找出焦点问题。在本案例中，主要焦点在于不同时间保险合同效力如何的问题，宜使用数轴帮助分析。

步骤二：寻找依据。

材料主要涉及保险合同效力阶段的问题。《保险法》第 13 条规定，投保人提出保险要求，经保险人同意承保，保险合同成立。因此，保险合同为不要式合同，保险单证之有无并不影响保险合同的成立与生效。虽然在一般情况下，依法成立的保险合同，自成立时生效。但是，依据意思自治原则，投保人和保险人仍可以对合同的效力约定附条件或者附期限。并且，《保险法》第14条规定，保险合同成立后，投保人按照约定交付保险费，保险人按照约定的时间开始承担保险责任。因此，保险责任的开始也并不等同于保险合同的生效。

步骤三：分析案情。

在本案中，3月17日，虽然周某因受到意外伤害而死亡，但是依照双方当事人保险合同的约定，保险责任自投保人交付保险费之日起开始，而投保人在3月19日方交付保险费，因此，保险人的保险责任自3月19日方开始，保险人无须对投保人承担保险责任。

（二）分析案例2

步骤一：通过查明事实，本案涉及三个法律关系（图示如下）。

（1）张某与保险公司之间的保险关系；（2）张某和李某之间的车辆买卖关系；（3）李某与保险公司之间的关系。本案争议的焦点在于：李某对该车是否享有保险利益，李某能否因轿车过户而概括承受张某在原保险合同上的地位。

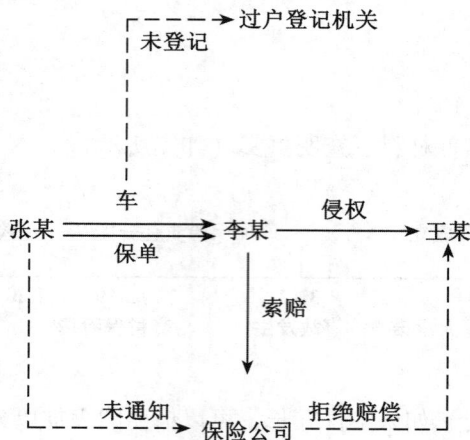

步骤二：根据案情，寻找法律依据。

第一，依据《保险法》第12条的规定，财产保险是以财产及其有关利益为保险标的的保险。而通常认为，财产保险的投保人对下列事项产生的经济利益具有经济利益：对保险标的享有物权；基于合同；依法应当承担民事赔偿责任。第二，依据我国《保险法》第49条的规定，保险标的转让的，被保险人或者受让人应当及时通知保险人，但货物运输保险合同和另有约定的合同除外。如果被保险人、受让人未履行本条第 2 款规定的通知义务的，因转让导致保险标的危险程度显著增加而发生的保险事故，保险人不承担赔偿保险金的责任。《保险法》并未对何谓显著增加作出规定，但一般认为，一项情势的变化能够构成"危险增加"，须具备显著性、持续性以及不可预见性三个要件，即该情势变化是保险人在订约当时所未能预见到的，并持续发生一段时间，最终导致了对价失衡的情况。

步骤三，分析案情，得出结论。

第一，虽然张某转让轿车时并未办理过户手续，但是李某仍然基于交付行为获得轿车的所有权，只是缺乏用以对抗善意第三人的公信力而已，显然保险公司不属于"善意第三人"范畴。所以，认定李某对该轿车不享有保险利益显然不能成立。第二，尽管《保险法》规定被保险人转让保险标的时须及时通知保险人，但并不代表如不履行通知义务，保险标的的受让人就不能成为保险合同中的当事人，因此，李某因保险标的的转让而承继张某成为保险合同中的投保人。而且，车主由张某改为李某，从给定资料来看，无法证明轿车的危险程度就会显著增加，保险人仍须承担赔偿保险金的责任。

六、拓展思考

保险标的和保险合同的标的的区别？

七、课后训练

1. 甲公司就其全部财产向保险公司投保企业财产保险，交纳保险费 5 万元，约定保险金 500 万元。当年夏天，洪水灾害致甲公司财产损失 700 万元。下列哪些表述是正确的？（　　）

    A. 甲公司与保险公司的保险合同自甲公司缴纳全部保险费时成立

    B. 保险公司应向甲公司赔付保险金 500 万元

    C. 保险公司应向甲公司赔付保险金 700 万元

    D. 因洪水为不可抗力，保险公司不承担赔付责任

2. 再保险合同在性质上属于（　　）

    A. 定值保险合同

    B. 给付保险合同

    C. 责任保险合同

    D. 强制保险合同

3. 刁某将自有轿车向保险公司投保，其保险合同中含有自燃险险种。一日，该车在行驶中起火，刁某情急之下将一农户晾在公路旁的棉被打湿灭火，但车辆仍有部分损失，棉被也被烧坏。保险公司对下列哪些费用应承担赔付责任？（　　　）

    A. 车辆修理费 500 元

    B. 刁某误工费 400 元

    C. 农户的棉被损失 200 元

    D. 刁某乘其他车辆返回的交通费 30 元

4. 案例分析：2005 年，李女士以丈夫刘某为被保险人，在保险公司投保了重大疾病保险与附加意外伤害保险，保险受益人是李女士。重大疾病保险规定："被保险人的违法犯罪行为导致的保险事故，保险人不承担保险责任。"附加意外伤害保险规定："被保险人的犯罪行为所致的伤残或死亡，保险人不承担保险责任。"对于两个免责条款，保险代理人仅指示给李某看，李某看后也并未提出疑问，并在"投保声明栏"内均已签名。保险期间自 2005 年 4 月 1 日至 2008 年 3 月 31 日。2005 年 5 月 1 日放假期间，李女士的丈夫刘某与 2 个朋友酗酒，酒后决定找徐某讨债。在徐某处，与徐某等数人发生口角，徐某的一个朋友突然拿出匕首，将每个人各捅一刀。刘某死亡，其余 2 人受伤。此后，刘某的同伙，被劳动教养。刘某死亡以后，受益人李女士向保险公司申请给付保险金。保险公司以刘某是在犯罪过程中死亡的，属于重大疾病保险与意外伤害保险合同条款规定的除外责任为由，拒绝承担给付保险金的责任。

假设你是李女士的律师，请起草一份起诉状。

（提示：（1）免责条款的有效性问题；（2）刘某讨债行为的定性；（3）对"违法犯罪行为"的理解，以及可否适用歧义不利解释原则）

第三节　人身保险合同

实验：人身保险合同特殊规则

一、实验要求

本实验包括：人身保险合同的概念和特点；人身保险合同的种类；人身保险合同的特有规定，包括：受益人条款，保险合同的中止与复效，年龄误报的后果，死亡保险，除外责任等。

二、实验目标

了解：人身保险合同的种类；理解：人身保险合同的概念和特点；掌握：人身保险合同的特有规定。

三、实验原理

（一）人身保险合同的概念和特点

人身保险合同是指投保人和保险人约定的，由投保人向保险人支付保险费，保险人在被保险人死亡、伤残、疾病或者达到合同约定的年龄期限时承担给付保险金责任的合同。较之财产保险合同，其具有以下几个特点：

1. 保险标的的人格化。人身保险合同的保险标的是被保险人的寿命或身体，因而其保险利益更多地表现为身份关系或信赖关系，不能以金钱价值予以衡量。

2. 保险金的定额给付性。保险利益的不可估价性，使得人身保险无价值标准，其保险金数额只能按照保险事故发生大小的可能性以及投保人的需要，由合同双方当事人商议决定。因此，适用于财产保险合同的一些规定就不能适用于人身保险合同。

第一，无损害补偿原则之适用。保险事故发生时，保险人一般无须根据保险标的的受损程度来决定保险金数额，而应依据合同约定数额来承担保险责任。

第二，无重复保险制度之适用。人身保险合同中无保险价值的概念，故不存在保险价值和保险金额的关系问题。因此，投保人就同一保险标的、同一保险利益、同一保险事故向两个以上投保人重复投保的，不论其投保金额大小，也不存在各保险人按比例分摊损失的问题。

第三，无保险代位求偿权之适用。即当被保险人因第三人行为而发生死亡、伤残或疾病等保险事故的，保险人向被保险人或者受益人给付保险金后，不得享有向第三人追偿的权利，被保险人或其继承人仍有权请求第三人进行侵权损害赔偿。

（二）人身保险合同的种类

1. 人寿保险合同。简称寿险，是指当事人约定，在被保险人于合同规定的年限内死亡，或者在合同规定的年限届至时仍然生存的，由保险人按照约定给付保险金的合同。人寿保险合同具有以下特点：

第一，保险标的为被保险人的生命，且仅以死生为保险事故。人寿保险承保被保险人的死亡或者生存两种不同类型的风险，且一般不问风险发生的原因。

第二，保险金只能为定额给付。人寿保险合同中，保险人承担的不是损失补偿责任，而是给被保险人或受益人提供物质上的帮助，不论人身损害程度如何，只能按照合同中约定的保险金额给付。

第三，保险期间一般较长。因此，保险人对被保险人一般有年龄上的限制，以此决定收保险费的差别。

第四，保险费支付的非强制性。人寿保险合同一般期限较长，具有长期投资性和高度社会公益性，如果在投保人收入较少，生活拮据的情况下，仍以诉讼手段强制其支付，违背了人寿保险合同安定居民生活的宗旨。因此，《保险法》第38条规定，保险人对人寿保险的保险费，不得用诉讼方式要求投保人支付。

第五，保险责任准备金①的储蓄性。受益人在保险期限届满时所获得的保险金实际上相当于保险费的总和加上一定比例的利息。投保人、被保险人和受益人可享有储蓄方面的权利，其可将人身保险的保险单转让、质押，以及时获取其现金价值。

资料链接：人寿保险合同是人身保险中产生的最早的一个险种，发展到现在，常见的属于人寿保险的险种包括：

（1）死亡保险。以被保险人在保险期限内的死亡为保险事故的保险。依保险期间不同，死亡保险可分为终身保险和定期保险。前者以被保险人的终身为保险期限，后者以投保人和保险人约定一定期限为保险期间。

（2）生存保险。以被保险人在保险期限内的生存为保险事故的保险。在保险人生存到保险期限届满时，保险人按照合同的约定给付保险金。否则，保险人不承担给付保险金的责任。

（3）生死两全保险。以被保险人在保险期间内的死亡、伤残，或者被保险人生存到保险期间届满为保险事故的保险。这种保险，或者以生存保险为基础而对保险金的给付附以死亡条件；或者以死亡保险为基础而对保险金的给付附以生存条件。如我国举办的儿童保险就是一种生死两全保险。

（4）简易人身保险。一般指保险金额小、保费低、交费期短、无体检的人寿保险合同。通常分为终身保险或生死两全保险。

（5）年金保险。简称年金，是指在被保险人的生存期间每年给付一定金额的生存保险。实务中，年金保险通常为生死两全保险。

---

① 保险责任准备金，是指保险公司为了承担未到期责任和处理未决赔款而从保险费收入中提存的一种资金准备。保险责任准备金不是保险公司的营业收入，而是保险公司的负债，因此保险公司应有与保险责任准备金等值的资产作为后盾，随时准备履行其保险责任。

2. 意外伤害保险合同。简称伤害保险合同，是指由投保人和保险人约定的，在被保险人遭受意外伤害或者由此而致残废、死亡时，由保险人承担给付保险金责任的人身保险合同。意外伤害保险合同具有以下特点：第一，保险事故是意外伤害，即源自于身体外部的、不可预见的原因突然造成的伤害，具有偶然性、外来性和急剧性的特点。第二，保险责任承担以定额给付为原则，以赔偿实际支出为例外。实务中，保险人也常按照实际医疗支出来支付赔偿金。但是，不论其给付是否已达到保险金额限度，保险人还应当以保险金额为限给付死亡保险金或伤残保险金。第三，保险期间较短，一般不超过 1 年。所以被保险人一般没有年龄上的限制，而有职业或工种的限制。

3. 健康保险合同。又称为疾病保险合同，是指保险人在被保险人发生疾病、分娩以及由此致残、死亡时，依据约定给付保险金的一种人身保险合同。

第一，保险事故必须由严格的身体内在原因引起，排除先天身体的不足，排除身体功能的自然减弱。第二，保险金具有一定的损害补偿性质。健康保险的保险标的虽为人的身体，保险价值无法衡量，但是其具有明显的身体损害保险性质。许多国家允许财产保险公司经营健康保险。第三，承保范围具有综合保险性质。健康保险合同不仅承保被保险人的疾病、分娩，还承保因此造成的伤残、死亡风险，从而构成综合保险合同。

（三）人身保险合同的特别规定

1. 受益人。受益人，即在保险合同中，被指定受领保险金的人。依据我国《保险法》的规定，受益人只存在于人身保险合同中。

（1）受益人的产生。受益人须经被保险人或投保人指定，由投保人指定的须经被保险人同意，如果被保险人是无民事行为能力人或者限制民事行为能力人的，可以由其监护人指定受益人。可见，受益人产生的最终决定权在被保险人手中。并且，投保人为与其有劳动关系的劳动者投保人身保险的，受益人只能是被保险人及其近亲属。法律如此规定的目的在于，最大可能地控制道德危险以保护被保险人的人身安全。

对于受益人的人数，法律上不作限制。受益人为数人时，被保险人或者投保人可以确定受益顺序和受益份额；未确定受益份额的，则推定受益人按照相等份额享有受益权。

（2）受益人的变更。保险合同成立后，被保险人或投保人可以变更或撤销受益人，但须书面通知保险人。投保人变更受益人的，还须经被保险人同意。保险人收到变更受益人的书面通知后，应当在保险单或者其他保险凭证上批注或者附贴批单。

（3）受益人受益权的消灭。如果受益人故意造成被保险人死亡、伤残、疾病的，或者故意杀害被保险人未遂，其将丧失受益权。

（4）受益人空缺的后果。如果被保险人死亡后，受益人空缺，保险金将作为被保险人的遗产，由保险人依照继承法的规定履行给付保险金的义务。受益人空缺的情形包括：没有指定受益人，或者受益人指定不明无法确定的；受益人先于被保险人死亡（包括受益人与被保险人在同一事件中死亡，且不能确定死亡先后顺序的情形），没有其他受益人的；受益人依法丧失受益权或者放弃受益权，没有其他受益人的。

2. 保险合同中止和复效。中止和复效是人身保险合同所特有的效力状态。投保人身险的目的就在于寻求长期保障，如果因其一时欠交保费而使保险合同效力终止，日后被保险人由于危险状态的增加将更加难以获得承保。因此，从保护投保人和被保险人利益的角度来看，保险合同的中止和复效制度实有存在之必要。

（1）保险合同的中止。保险合同中止是指在保险合同生效后，因某种特殊事由的出现使得保险合同的效力处于暂时停止的状态。

依照保险法的规定，保险合同中止必须满足一定的条件：第一，保险费支付方式为分期支付；第二，投保人在支付首期保险费后，逾期未交付后续到期保险费；第三，宽限期届满，即超过约定交付期限 60 日，或者自保险人催告之日起超过 30 日，投保人仍未交付。在保险合同中止期间，如果保险事故发生，保险人仍需承担保险责任，但可以扣减投保人拖欠的保费。

（2）保险合同的复效。保险合同复效，是指导致保险合同效力中止的事由消除后，经过一定的程序，合同效力即行恢复。

依据保险法，保险合同复效需要满足两个条件：第一，经保险人与投保人协商达成协议，并且投保人已补交保险费；第二，该协议须在合同效力中止之日起 2 年内达成，否则保险合同效力不自动恢复，保险人有权解除合同。保险人解除合同的，应当按照合同约定退还保险单的现金价值。

3. 年龄误报的后果。在人身保险合同中，被保险人的年龄与保险事故发生的可能性大小密切相关，是保险人决定是否承保和保险费确定的重要依据。因此，依据最大诚信原则，投保人须如实申报被保险人的年龄，如果申报不真实，将会导致如下的法律后果：

（1）合同解除。投保人申报的被保险人年龄不真实，并且其真实年龄不符合合同约定的年龄限制的，保险人可以解除合同，并按照合同约定退还保险单的现金价值。

（2）保险费数额变更。投保人申报的被保险人年龄不真实，致使投保人支付的保险费少于应付保险费的，保险人有权更正并要求投保人补交保险费，或者在给付保险金时按照实付保险费与应付保险费的比例支付。

（3）保险费退还。投保人申报的被保险人的年龄不真实，致使投保人实付保险费多于应付保险费的，保险人应当将多收的保险费退还投保人。

4. 死亡保险。生命权的保护具有最高性，因此以死亡为保险事故的人身保险合同中，在防止道德风险的发生方面，要比其他保险合同更为严格，主要表现在以下两个方面：

第一，投保人投保的限制。投保人投保须经被保险人同意并认可保险金额，父母为其未成年子女投保的人身保险除外，否则，保险合同无效；投保人不得为无民事行为能力人投保以死亡为给付保险金条件的人身保险，保险人也不得承保，父母为其未成年子女投保的人身保险不在此限，但是，因死亡给付的保险金总和不得超过国务院保险监督管理机构规定的限额。

第二，保险单流转的限制。以死亡为给付保险金条件的合同所签发的保险单，未经被保险人书面同意，不得转让或者质押。

5. 除外责任。为了防止道德危险的发生，保险法将几种保险合同主体故意引发保险事故发生的情形排除在保险责任范围之外，包括：

第一，投保人、受益人故意造成被保险人死亡、伤残或者疾病的，保险人不承担给付保险金的责任，但投保人已经交足 2 年以上保险费的，保险人应当按照合同约定向其他享有权利的人退还保险单的现金价值。

第二，因被保险人故意犯罪或者抗拒依法采取的刑事强制措施导致其伤残或者死亡的，保险人不承担给付保险金的责任，但投保人已经交足 2 年以上保险费的，保险人应当按照合同约定向其他享有权利的人退还保险单的现金价值。

第三，以被保险人死亡为给付保险金条件的合同，自保险合同成立或效力恢复之日起 2 年内，被保险人自杀的，保险人不承担给付保险金的责任，但对投保人已支付的保险费，保险人应当按照保险单退还其现金价值。

四、实验材料

（一）案例材料

【案例 1】

2002 年 4 月 1 日，李教授为自己购买了一份分红性终身寿险，指定其子为受益人。其后，李教授与儿媳不和，导致与儿子关系紧张，反目为仇，于是，到女儿家居住。2003年春节前夕，李教授病危，召集亲属及朋友，口头改变保险合同受益人：女儿代替儿子为受益人。但是，没有通知保险公司。其后，李教授去世，其儿子与女儿同时提出请求，要求取得保险金与红利。

【案例2】

投保人王某向某人寿保险公司投保投资连接保险、意外伤害保险和附加意外伤害保险等四份保险，该四项保险分别于2002年5月29日、6月4日、12月17日和12月21日生效。上述保险合同的保险责任条款约定，被保险人因意外事故身故，保险公司按保险金额给付身故保险金，保险责任终止。责任免除条款中约定，因被保险人故意犯罪导致被保险人身故的不在保险公司赔偿责任范围内。2003年9月19日，被保险人带领工人在工地调电焊机时，其随身携带的手枪走火，击中自己头部经抢救无效当晚死亡。公安机关认定，被保险人生前涉嫌非法持有枪支，但人已死亡，根据《刑事诉讼法》第15条的规定，此案侦查终结。2004年2月18日，受益人向保险公司提出索赔请求。同年4月29日，保险公司认为被保险人的死亡不属于保险责任范围，依据保险合同约定的责任免除条款和保险法的规定，不予给付保险金，解除保险合同并退还现金价值和未满期保险费。受益人认为被保险人系意外原因死亡，保险公司拒付无依据，向法院提起诉讼。

法院审理后认为，保险法规定，被保险人故意犯罪导致其自身伤残或者死亡的，保险人不承担赔偿责任。基于立法目的，该条规定"故意犯罪"并未特指经过人民法院刑事诉讼程序判决的故意犯罪，亦包括故意犯罪的客观事实。本案中，虽然被保险人王某已经死亡，无法按照刑事诉讼程序追究其刑事责任，但公安局的侦查结论表明，被保险人王某的行为属于故意犯罪范畴。该人寿保险公司依据保险合同的约定和《保险法》第67条的规定拒绝承担保险责任并无不当，判决驳回王某女儿的诉讼请求。

（二）法条材料

《保险法》第39条【受益人的指定】：人身保险的受益人由被保险人或者

投保人指定。

投保人指定受益人时须经被保险人同意。投保人为与其有劳动关系的劳动者投保人身保险，不得指定被保险人及其近亲属以外的人为受益人。

被保险人为无民事行为能力人或者限制民事行为能力人的，可以由其监护人指定受益人。

《保险法》第41条【受益人的变更】：被保险人或者投保人可以变更受益人并书面通知保险人。保险人收到变更受益人的书面通知后，应当在保险单或者其他保险凭证上批注或者附贴批单。

投保人变更受益人时须经被保险人同意。

《保险法》第45条【被害人故意犯罪导致的责任免除】：因被保险人故意犯罪或者抗拒依法采取的刑事强制措施导致其伤残或者死亡的，保险人不承担给付保险金的责任。投保人已交足2年以上保险费的，保险人应当按照合同约定退还保险单的现金价值。

中国保险监督管理委员会《关于保险条款中有关违法犯罪行为作为除外责任含义的批复》：

……

三、在保险条款中，如将一般违法行为作为除外责任，应当采用列举方式，如酒后驾车、无证驾驶等；如采用"违法犯罪行为"的表述方式，应理解为仅指故意犯罪行为。

四、对于犯罪行为，如果当事人尚生存，则应依据法院的判决来决定是否构成犯罪；如果当事人已经死亡，无法对其进行审判，则应理解为事实上明显已构成犯罪行为。

……

《北京市高级人民法院审理民商事案件若干问题的解答之五（试行）》：

……

29. 投保人、被保险人或受益人涉嫌犯罪但已死亡，没有生效裁判文书认定其构成犯罪的，是否适用保险合同中"违法犯罪行为"责任免除条款？

同时符合下列条件的，应适用"违法犯罪行为"责任免除条款：

（1）有充分的直接证据证明保险当事人是犯罪行为参与人，其行为触犯了刑事法律法规，即具有明显的犯罪嫌疑；

（2）涉嫌参与的犯罪行为是故意犯罪行为；

（3）涉嫌参与的犯罪行为与保险事故的发生有因果关系。

……

五、实验过程

（一）分析案例 1

步骤一：找出争点。

本案案情比较简单，争议焦点在于：既是投保人又是被保险人的李教授在未通知保险人的情况下，口头将保险合同受益人由儿子变更为女儿，是否产生效力。

步骤二：寻找依据。

根据我国《保险法》第 41 条的规定，被保险人或者投保人可以变更受益人并书面通知保险人。保险人收到变更受益人的书面通知后，应当在保险单或者其他保险凭证上批注或者附贴批单。但是仅从此条规定，也无法得出如未通知保险人则不产生变更效力的结论。虽然在保险法的其他制度中，违反通知义务并不直接导致行为无效，如财产保险合同中的保险标的转让规则。但是受益人的变更具有一定的特殊性，因为人寿保险合同中的保险单流通性强，具有类似证券的属性，保险人只向保险单上记载的受益人履行保险金给付义务。因而对于指定、撤销、变更受益人，没有通知保险人的，不能对抗保险人。

步骤三：分析案情，得出结论。

本案中，尽管李教授口头改变保险合同受益人，且为众人知晓，但是因其未向保险公司发出书面通知，因而保险单上的受益人并未变更，保险公司只能依据保险单向李教授的儿子履行给付保险金义务。

（二）分析案例 2

首先，理清案件材料，查明事实，作为上诉人的代理律师，最重要的是寻找依据，形成自己初步的思路。然后，查明一审过程中双方的争议焦点，找出对方可能遗漏的案件事实以获得突破口，并通过对一审法院的判决理由进行甄别，形成最终的思路。

依此步骤，总结出案件的两个焦点问题：第一，被保险人是否真的构成"故意犯罪"？第二，引起被保险人保险事故的近因是"故意犯罪"吗？（一审中争议双方遗漏的重要问题）。在此基础上，形成思路，拟定上诉状，如下：

民事上诉状

上诉人：

被上诉人：

上诉人因_____一案，不服_____人民法院___年___月___日（ ）字第 号，现提出上诉。

上诉请求：1. 请求判令撤销_____人民法院___年___月___日（ ）字第 号判决书。

2. 请求判决保险公司按保险合同支付保险金。

上诉理由：

原审法院依据保险法规定及保险合同约定的责任免除条款，认定被保险人故意犯罪导致其自身死亡因而保险人不承担赔偿责任是错误的。

首先，本案中，尽管客观上已查明被保险人有持有枪支的事实，实体上认定被保险人构成非法持有枪支罪似乎没有什么疑问。但是，依据刑事诉讼法的规定，人民法院并未对其作出有罪判决，被保险人此时仍然只是犯罪嫌疑人，公安机关作出的侦查终结的决定并不代表被保险人的行为就构成犯罪。因此，从程序法的角度来看，被保险人的行为并不构成非法持有枪支罪。

其次，即使王某的行为构成犯罪，也不适用除外责任条款。因为依该条规定，故意犯罪导致被保险人身故的，保险公司不承担责任。而公安机关立案时确定的罪名是非法持有枪支罪，该罪并不以行为人的主观故意为必要，而被保险人已死，因而无从认定王某故意犯罪的事实，因此，无论是从实体上还是程序上，王某的行为都不构成故意犯罪。

再次，引起被保险人死亡的近因不是携带枪支而应该是枪支走火。依照近因原则的规定，如果枪支走火是携带枪支的必然性结果或者合理性延续，那么即使枪支走火发生在后，也应以携带枪支认定为导致被保险人死亡的近因。很显然，携带枪支通常情况下都不会导致枪支走火。因此，被保险人死亡的近因应为枪支走火。而依该保险合同中的免责条款表述"被保险人故意犯罪导致被保险人身故的不在保险公司赔偿责任范围内"，显然故意犯罪是导致保险人身故的近因，因此本案中引起被保险人身故的近因不是"故意犯罪"。

综上所述，王某携带枪支的行为不应认定为故意犯罪，也不构成保险法规定及保险合同约定的责任免除事由，因此，保险人应当按照保险合同支付受益人保险金。一审法院在认定事实时存在错误，所作的判决有失公允。故此，上诉人为维护自身合法权益，依据《民事诉讼法》第147条之规定，向贵院提起上诉，望给予公正裁决。

此致 某某法院

上诉人：

年 月 日

六、拓展思考

案例 1 中，如果李教授是通过书面遗嘱的方式变更受益人，则其效力如何？

七、课后训练

1. 王某于 1994 年 8 月与保险公司签订一份意外伤害保险合同，被保险人为其 8 周岁的儿子王强，未指定受益人，1999 年 9 月，王强患病住院，由于医院的重大失误致使王强病情加重。依照法律规定，下列有关本案的表述中正确的是（　　　）

  A. 保险公司应向王某支付保险金，并且不得向医院追偿

  B. 如果保险公司给付的保险金已足够负担王强的一切经济损失，王强不可再请求医院赔偿。

  C. 若王强因误诊不幸身故，则受益人为王某及其配偶

  D. 若王强欠交保险费，保险公司可以用诉讼途径要求其补交

2. 叶某于 1998 年 8 月 3 日向某保险公司投保了终身寿险，保险金额 10 万元，指定受益人为其子胡某。保险合同签订后，叶某一直按月如期交纳保险费，后因下岗，不堪生活压力，于 2001 年 7 月 23 日跳楼自杀。事后，胡某持保单向保险公司索赔。保险公司应如何处理本案？

  A. 因叶某故意自杀，系故意制造保险事故，属保险欺诈，保险公司不予赔付

  B. 因叶某已支付保费近 3 年，保险公司按照保险单退还其现金价值

  C. 因保险合同成立满 2 年，保险人可以按照保险单给付保险金 10 万元

  D. 因叶某故意自杀，保险公司给付保险金额半数，即 5 万元。

3. 公民甲通过保险代理人乙为其 5 岁的儿子丙向丁保险公司投保一份幼儿平安成长险，下列有关本案例的哪些表示是不正确的？（　　　）

  A. 该份保险合同不得含有以丙的死亡为给付保险金条件的条款

  B. 受益人请求丁给付保险金的权利自其知道保险事故发生之日起 5 年内不行使而消灭

  C. 当保险事故发生时，乙与丁对给付保险金承担连带赔偿责任

  D. 保险代理人乙只能是依法成立的公司，不能是个人

4. 某保险公司开设一种人寿险：投保人逐年缴纳一定保费至 60 岁时可获

得 20 万元保险金，保费随起保年龄的增长而增加。41 岁的某甲精心计算后发现，若从 46 岁起投保，可最大限度降低保费，遂在向保险公司投保时谎称自己 46 岁。3 年后保险公司发现某甲申报年龄不实。对此，保险公司应如何处理？（　　）

  A. 因某甲谎报年龄，可以主张合同无效

  B. 解除与某甲的保险合同，所收保费不予退还

  C. 对某甲按 41 岁起保计算，对多收部分保费退还某甲或冲抵其以后的保费

  D. 解除与某甲的保险合同，所收保费扣除手续费后退还某甲

第四节　财产保险合同

实验：财产保险合同特殊规则

一、实验目标

本实验介绍财产保险合同。内容包括：财产保险合同的概念与分类；财产保险合同的种类；财产保险合同的特殊规定，包括重复保险制度和代位制度。

二、实验要求

了解：财产保险合同的种类；理解：财产保险合同的概念与特征；掌握：财产保险合同的重复保险制度和代位制度。

三、实验原理

（一）财产保险合同的概念和特征

财产保险合同是以投保人与保险人之间以某项财产或利益为保险标的而签订的保险合同。与人身保险合同相比，财产保险合同具有以下几个特征：

1. 保险标的是财产及其有关利益。财产保险合同的保险标的是投保人对其享有利益的物质财产以及与物质财产有关的利益。

2. 保险金的损失补偿性。当被保险人支付对价并遭受承保危险所造成的承保损失时，保险人负责补偿被保险人，使其恢复到损失前所处的经济状况。简言之，为了防止道德风险的发生，被保险人只能通过保险金补偿损失，而不

能获得额外利益。

财产保险合同的损失补偿性决定了以下几个制度的存在。第一，重复保险制度，保险人获得保险金额以保险价值为限，不能通过多次投保从多个保险人处累积获得超过保险价值的保险金；第二，保险代位制度，第三人造成被保险人损失时，保险人在赔偿保险金后，可代位向第三人求偿，可以避免被保险人得到双重利益，防止财产保险合同演变为获利工具。

（二）财产保险合同的种类

1. 财产损失保险。财产损失保险作为财产保险合同中最重要的组成部分，是指以补偿有形财产的直接毁损为目的的保险合同。

依据我国《保险法》的规定，财产保险承担的损失赔偿范围包括保险标的遭受的实际损失，施救费用和为查明和确定保险事故的性质、原因和保险标的的损失程度所支付的必要的、合理的费用。

2. 责任保险。责任保险是以被保险人依法对第三者应负的赔偿责任为保险标的的保险。所以，又称为第三者责任险。依照责任保险合同，投保人依照约定向保险人支付保险费，在被保险人应当向第三人承担赔偿责任时，保险人按照约定向被保险人给付保险金。责任保险，不仅可以保障被保险人因为履行损害赔偿责任所受到的利益减损，而且可以保护被保险人的侵权行为的直接受害者，使受害者可以获得及时的赔偿。

责任保险的特征表现为：

第一，保险标的是因被保险人的行为而意外发生的对第三人的赔偿责任。首先，这种责任应是赔偿责任，主要包括合同责任和侵权责任两种；其次，这种责任是过失或无过失的责任，因被保险人故意行为所致的赔偿责任，不能成为责任保险的标的。

第二，保险赔付具有替代性。首先，只要被保险人对第三者造成损害并且责任确定，经由被保险人或第三人请求，保险人应当直接向该第三人赔偿保险金。保险人也可不经请求，直接履行责任。其次，如果被保险人未向该第三者赔偿的，保险人不得向被保险人赔偿保险金。再次，被保险人因给第三人造成损害的保险事故而被提起仲裁或者诉讼的，除合同另有约定外，由被保险人支付的仲裁或者诉讼费用以及其他必要的、合理的费用，由保险人承担。

第三，明确约定赔偿的最高限额。由于保险事故所造成的损害具有不确定性，所以，在订立保险合同时，投保人和保险人不可能约定保险金额，只能约定保险责任的最高限额，而保险人给付保险金额均以合同约定的最高限额为限。

3. 信用保险。是指被保险人向债务人提供信用贷款或者借贷赊销，因债务人未能履行债务致使被保险人遭受损失时，由保险人向被保险人承担保险赔偿责任的保险合同。

信用保险是防范债权风险的一种重要途径，具有以下特征：以信用交易中债务人的信用作为保险标的；第二，其保险利益，是被保险人在信用贷款或信用赊销中因义务人不能如约履行债务而遭受的损失；其三，投保人只能是该债权合同中的权利人，且与被保险人为同一人。

4. 保证保险。保证保险是指保险人作为保证人向权利人提供担保，当被保证人的作为或者不作为致使权利人遭受经济损失时，保险人负责赔偿权利人损失的保险合同。保证保险其实是保险公司以保险合同方式经营的一种担保业务。

保证保险合同具有以下特征：第一，保险人具有双重身份，既是一般保险人，又是保证人。第二，被保险人的风险并未完全转移给保险人，只是附条件地将连带责任转移给保险人（保证人）。

（三）财产保险合同中的重复保险制度

重复保险概念有广义和狭义之分。广义上的重复保险是指投保人对同一保险标的、同一保险利益、同一保险事故分别与两个以上保险人订立保险合同的保险。我国《保险法》采用的是广义的重复保险概念。狭义的重复保险是指投保人对同一保险标的、同一保险利益、同一保险事故分别与两个以上保险人订立保险合同，且保险金额总额超过保险价值的保险。海商法中采用狭义。

1. 重复保险的构成要件。依据我国《保险法》，重复保险须满足以下四个要件：第一，应与数个保险人订立数个保险合同；第二，应是同一保险标的上的同一保险利益；第三，应为同一保险标的上的同一保险事故；第三，存在保险期间的重叠；全部重叠或部分重叠皆可。构成狭义上的重复保险，只需在上述要件基础上增加一个要件：数个合同的保险金额之和超过保险标的的保险价值，即数份保险合同共同形成了超额保险。

2. 重复保险的法律效力。依据损害补偿原理，被保险人获得的保险金额不得超过其受损害的保险价值的大小，因此，重复保险的各保险人赔偿保险金的总和也不得超过保险价值。依据《保险法》的规定，重复保险的各保险人按照其保险金额与保险金额总和的比例承担赔偿保险金的责任。这样，不仅不便于被保险人请求权的行使，徒增费用，而且存在被保险人无法获取全部补偿的可能性。即当保险人中有一人以上破产或丧失清偿能力导致给付不能时，由于各保险人所应负担的比例是固定的，因此，被保险人因为某一保险人给付不能而不能获取保险金，又无法转由其他有给付能力的保险人补偿。① 因此，建议立法者采纳《海商法》第 255 条的做法，由各保险人之间承担连带责任，即当被保险人可以向任何保险人提出赔偿请求时，被保险人获得的赔偿金额总和不得超过保险标的的受损价值。各保险人按照其承保的保险金额同保险金额总和的比例承担赔偿责任。任何一个保险人支付的赔偿金额超过其应当承担的赔偿责任的，有权向未按照其应当承担的赔偿责任支付赔偿金额的保险人追偿。

重复保险的投保人也可以选择就保险金额总和超过保险价值的部分，请求各保险人按比例返还保险费。

资料链接：对复保险法律效力的设置，许多国家均根据投保人的主观心理为善意还是恶意而为不同的法律评价。所谓恶意，系指要保人于订约之际，意图谋取不当得利，或在保险合同有效期内知悉复保险的存在而不为通知，或故意为虚假通知。对于恶意复保险，由于要保人企图谋取不法利益，破坏保险制度分散危险、填补损失的宗旨及功能，因此，多数立法例规定恶意复保险的各保险合同均无效。

所谓善意，指要保人因估计错误，或者因保险标的价格下跌，使保险金额总和超过保险标的的价值，或缔约之后方知晓存在复保险，且立即向各保险人通知复保险的有关情况。对于善意复保险，主要有三种立法例：第一，优先赔偿主义，按保险合同成立的先后顺序，依次负担保险金，后订立的保险合同超过保险标的价值的部分无效；第二，比例赔偿主义，保险人仅按照其所保金额与保险金额总和的比例分担保险责任；第三，不问各保险合同成立的先后，均属有效，各保险人在其保险金额限度内，负连带责任。

3. 投保人的复保险通知义务。重复保险的投保人负有将重复保险的有关情况通知各保险人的义务。通知内容通常包括保险人的名称、保险金额和保险责任范围，但应当以投保人已经知道或应当知道的范围为限。但是，如果复保险人怠于履行此项义务，保险法尚未作出规定，有待立法完善。

（四）财产保险合同中的代位制度

保险代位是指在财产保险中，保险人依约赔付被保险人的全部或部分损失

---

① 参见温世扬、黄军：《复保险的法律效力问题研析》，载《法商研究》2001 年第 4 期。

后，取代被保险人的地位，行使被保险人所有的对损失的一切权利与救济。保险代位包括物上代位和权利代位，物上代位是所有权的代位，权利代位是追偿权的代位，又称"代位求偿"。

1. 物上代位权。保险人赔偿全部损失后的残余物，如果没有作价在保险金中扣除，保险人对该物拥有所有权，即在保险标的受损后仍存在残值的情况下，保险人赔付后拥有对残值的权利。

物上代位权的取得须具备以下两个要件：第一，保险标的被推定全损，推定全损是指保险标的遭受保险事故尚未达到完全毁损或完全灭失状态但实际全损已不可避免；或者修复和施救费用将超过保险价值；或者失踪达一定期限；保险人按照全损处理的一种推定性损失。第二，保险人已支付全部保险赔偿金。

依我国《保险法》的规定，物上代位权的行使因保险价值与保险金额关系的不同而有所区别：如保险金额等于保险价值的，即保险合同为足额保险，保险人将享有受损保险标的的全部权利；如保险金额低于保险价值的，即保险合同为不足额保险，保险人按保险金额与保险价值的比例取得受损保险标的的部分权利。

2. 保险代位求偿权。在财产保险合同中，因第三人对保险标的的损害而造成保险事故的，保险人自向被保险人赔偿保险金之日起，在赔偿金额范围内代位行使被保险人对第三者请求赔偿的权利。保险代位求偿权的存在不仅可以防止第三人逃脱法律责任和被保险人不当得利的情况出现，更重要的是，它能减轻保险人赔付负担，有利于社会整体保费水平的降低。

保险代位求偿实为法定的债权转移，被保险人虽因保险人给付保险金而取得损害补偿，被保险人和第三人之间的债权债务关系并不因此消灭，而是由保险人取得被保险人对第三人的债权。而且，依照《海事诉讼特别程序法》第95条的规定，即使被保险人已经向造成保险事故的第三人提起诉讼，保险人仍可以向法院提出变更当事人的请求，代位行使被保险人对第三人请求赔偿的权利。由此可见，保险代位求偿也能够引起当事人诉讼程序上的权利义务的转让和承担。

（1）保险代位权取得的要件。第一，保险事故由第三人行为造成。该第三人不包括被保险人的家庭成员或者其组成人员，这是因为这些成员与被保险人对保险标的具有一致的利益。但是被保险人的家庭成员或者其组成人员故意引起保险事故的，则不能被排除在被追偿的范围之外。

第二，保险人已为保险金给付。保险人能突破债权的相对性，直接向第三人请求损害赔偿，必须以向被保险人履行保险金给付责任为前提。

（2）保险代位权的行使。第一，保险人须以自己名义行使代位权。如前所示，保险代位求偿实为法定的债权转移，被保险人转移债权后，已经不再有债权人的身份，而承受该债权的保险人当然能够以自己的名义行使权利，以弥补自己对被保险人支付保险金的损失。

第二，保险人行使代位权不得超过先行赔偿金额。即使第三人所应承担的赔偿数额超过保险人先行赔付的金额，保险人也无权就该部分行使代位权，而只能由被保险人向第三人提出请求。

（3）被保险人的义务。第一，不得妨碍保险人代位求偿权的行使。如果被保险人在保险事故发生后，保险人未赔偿保险金之前，放弃对第三者请求赔偿的权利的，保险人不承担赔偿保险金的责任；保险人向被保险人赔偿保险金后，被保险人未经保险人同意放弃对第三者请求赔偿的权利的，该行为无效；被保险人故意或者因重大过失致使保险人不能行使代位请求赔偿的权利的，保险人可以扣减或要求返还相应保险金。

第二，保险人向第三者行使代位请求赔偿的权利时，被保险人应当向保险人提供必要的文件和所知道的有关情况。如果被保险人怠于履行协助义务，致使保险人不能履行代位求偿权的，保险人可以相应扣减保险赔偿金。

四、实验材料

（一）案例材料

2002 年 12 月 23 日，某 A 感光材料有限责任公司（以下简称某 A 公司）为其小货车投保了车辆损失险和第三者责任险。2003 年 4 月 1 日，某 B 运输有限责任公司（以下简称某 B 公司）的大型卡车在运输途中，驶入逆行道上，与某 A 公司的小货车相撞，造成某 A 公司的小货车司机受伤，车辆和货物受到严重损失。经交通管理部门认定，某 B 公司应当负全责。在这次事故中，某 A 公司实际损失共计 10 万元。

某 A 公司请求某 B 公司赔偿，某 B 公司不予配合。于是，某 A 公司转请保险公司赔偿 10 万元的损失。保险公司审核之后，赔付了某 A 公司 8 万元保险金，某 A 公司向其出具了赔付收据，由于工作人员疏忽忘记开出权益转让书。其后，某 A 公司又找某 B 公司，要求赔偿 2 万元的余额。某 B 公司称：某 A 公司已经将全部权利转让给保险公司，而某 B 公司已经与保险公司协商，达成赔偿协议，并且履行了协议规定的义务，从而拒绝了某 A 公司的赔偿请求。此外，保险公司持某 A 感光材料有限公司出具的赔款收据向某 B 公司代位求偿，某 B 公司以其没有权益转让书为由，认为其并未享有代位求偿权而拒绝赔偿。

（二）法条材料

《保险法》第 60 条【保险代位求偿权的行使】：因第三者对保险标的的损害而造成保险事故的，保险人自向被保险人赔偿保险金之日起，在赔偿金额范围内代位行使被保险人对第三者请求赔偿的权利。

前款规定的保险事故发生后，被保险人已经从第三者取得损害赔偿的，保险人赔偿保险金时，可以相应扣减被保险人从第三者已取得的赔偿金额。

保险人依照本条第一款规定行使代位请求赔偿的权利，不影响被保险人就未取得赔偿的部分向第三者请求赔偿的权利。

《保险法》第 61 条【保险责任的免除】：保险事故发生后，保险人未赔偿保险金之前，被保险人放弃对第三者请求赔偿的权利的，保险人不承担赔偿保险金的责任。

保险人向被保险人赔偿保险金后，被保险人未经保险人同意放弃对第三者请求赔偿的权利的，该行为无效。

被保险人故意或者因重大过失致使保险人不能行使代位请求赔偿的权利的，保险人可以扣减或者要求返还相应的保险金。

五、实验过程

步骤一：从分析材料、理清本案当事人关系开始，进而寻找争议焦点。

首先，本案有两个法律关系，即某 A 公司与某 B 公司之间的损害赔偿关系和保险公司与某 B 公司之间的保险代位求偿关系。其次，本案的争议焦点有两个：一是被保险人在得到保险金后，是否还有权即未能弥补的损失向侵权第三人请求赔偿？二是保险代位求偿权的行使是否须以被保险人的权利转让书为必要条件？下面就两个焦点分别展开分析，进而得出各自结论。

步骤二：解决焦点一。

依据我国《保险法》第 60 条第 3 款的规定，保险人行使代位请求赔偿的权利，不影响被保险人就未取得赔偿的部分向第三者请求赔偿。而且，从理论上看，保险代位追偿权虽为被保险人对第三人债权的转移，但该债权仅限于保险金给付部分，被保险人仍然保有未能从保险金中受偿的那部分债权。由此，可以直接认定某 A 公司在得到保险金后，仍有权就未能弥补的 2 万元损失向某 B 公司请求赔偿。

步骤三：解决焦点二。

尽管在我国的保险实践中，保险人在支付赔款的同时，往往要求被保险人签发赔款收据和权益转让书，但依据我国《保险法》第 60 条的规定，因第三者对保险标的的损害而造成保险事故的，保险人自向被保险人赔偿保险金之日起，在赔偿金额范围内代位行使被保险人对第三人请求赔偿的权利。可见，我国采取的是当然代位主义，即只要保险人支付了保险赔偿金，就相应取得了向第三人请求赔偿的权利，而无须被保险人确认。因此，本案中，被保险人领取保险金后尽管没有按通常惯例向保险人出具权益转让书，但其依据出具的赔款收据也足以向某 B 公司证明，保险公司已给付保险金进而当然取得保险代位求偿权。

六、拓展思考

1. 试比较保证保险合同和信用保险合同、保证合同的区别。

2. 是否可以认为复保险人如怠于通知投保人将构成对如实告知义务的违反，进而适用《保险法》第 16 条的规定？

七、课后训练

1. 某企业投保财产保险 200 万元。在一次保险事故中，实际遭受损失 98 万元，为保护、抢救财产支出必要的合理费用 5 万元，为验明事故的性质支出人民币 1 万元，因发生事故，企业停产造成损失 50 万元。对于下列损失，保险公司应予赔偿的是（　　　）。

A. 实际损失 98 万元

B. 合理费用 5 万元

C. 检验费 1 万元

D. 因事故停产损失 50 万元

2. 王某将自己居住的房屋向某保险公司投保家庭财产保险。保险合同有效期内，该房屋因邻居家的小孩玩火而被部分毁损，损失 10 万元。下列哪些选项是错误的？（　　　）

A. 王某应当先向邻居索赔，在邻居无力赔偿的前提下才能向保险公司

索赔

　　B. 王某可以放弃对邻居的赔偿请求权，单独向保险公司索赔

　　C. 若王某已从邻居处得到 10 万元的赔偿，其仍可向保险公司索赔

　　D. 若王某从保险公司得到的赔偿不足 10 万元，其仍可向邻居索赔

　　3. 甲将自己的汽车向某保险公司投保财产损失险，附加盗抢险，保险金额按车辆价值确定为 20 万元。后该汽车被盗，在保险公司支付了全部保险金额之后，该车辆被公安机关追回。关于保险金和车辆的处置方法，下列哪一选项是正确的？（　　　）

　　A. 甲无须退还受领的保险金，但车辆归保险公司所有

　　B. 车辆归甲所有，但甲应退还受领的保险金

　　C. 甲无须退还保险金，车辆应归甲所有

　　D. 应由甲和保险公司协商处理保险金与车辆的归属

　　4. 代位求偿的例外，包括以下哪些内容？（　　　）

　　A. 保险事故发生后，保险人未赔偿保险金时，被保险人放弃对第三人的请求赔偿的权利的，保险人免除给付保险金的义务

　　B. 保险人向被保险人赔付保险金后，被保险人无权擅自放弃对第三人的求偿权

　　C. 由于被保险人的过错致使保险人不能行使代位求偿权的，保险人可以相应扣减保险赔偿金

　　D. 家庭财产保险中，保险人不得对被保险人的家庭成员或者其组成人员行使代位求偿权，除非这些成员是为了诈取保险金而故意造成保险事故

　　5. 案例分析：王某于 1996 年 2 月，向其所在地的甲保险公司投保了家庭财产保险及附加盗窃险，保险金额为 5000 元，保险期限为 1 年。其后，王妻所在单位用福利基金为全体职工在乙保险公司投保了家庭财产保险及附加盗窃险，王某的保险金额为 3000 元，保险期限为 1 年。在投保后的第三个月，王某家被盗。王某发现后立即向公安部门报案，并告知保险公司。经勘查现场发现王某损失 7000 元。3 个月后，公安机关未能破案，王某向保险公司索赔。甲保险公司接到索赔申请后，经审查认为属于保险责任范围，同意赔偿 5000 元；乙保险公司接到索赔申请后，得知王某已先向甲保险公司投保，是以同一财产进行重复保险，拒绝赔偿。

　　问题：

（1）本案是否属于重复保险？为什么？

（2）乙保险公司拒绝赔偿是否合理？为什么？

（3）本案应如何处理？

第七章　海　商　法

第一节　海商法概述

实验：海商法入门

一、实验目标

本节主要介绍海商法的基础理论，包括海商法的概念、性质；船舶与船舶物权；海上货物运输合同；海上旅客运输合同；船舶租用合同；船舶碰撞；海难救助；共同海损；海事赔偿责任限制；海事诉讼特别程序。

二、实验要求

了解海商法的起源与发展，理解海商法的性质、渊源，海商法对船舶的界定，船舶物权的内容；重点理解并掌握海上货物运输合同、船舶碰撞、海难救助、共同海损等知识点。

三、实验原理

（一）绪论

海商法，英文为 Maritime Law，是调整海上运输关系、船舶关系的法律规范的统称。海商法有广义和狭义之分，狭义上的海商法主要调整平等主体之间的海上运输关系、船舶关系，广义上的海商法既调整平等主体之间的海上运输关系、船舶关系，还调整非平等主体之间的纵向的海上运输关系、船舶关系。其中，根据《海商法》第 2 条，海上运输是指海上货物运输和海上旅客运输，包括海江之间、江海之间的直达运输，主要包括有关海上运输的合同关系、海上侵权关系、因海上特殊风险产生的社会关系。与船舶有关的法律关系包括船

283

舶的法律地位、船舶物权、船舶安全与管理。

中华人民共和国第一部海商法是 1992 年制定、1993 年 7 月 1 日起正式实施的《中华人民共和国海商法》，这部法律全文分为 15 章，共计 278 条。除此之外，我国先后颁布了一系列海商、海事法律、法规，如《海上交通安全法》、《中华人民共和国海船登记规则》、《中华人民共和国对外国籍船舶管理规则》、《海事诉讼特别程序法》。

海商法的渊源通常有：国内立法、国际公约、国际惯例、判例与学说等。其中，国内立法、国际公约、国际惯例是我国海商法的主要渊源。根据《海商法》的规定：①中华人民共和国缔结或者参加的国际条约同《海商法》有不同规定的，适用国际条约的规定；但是，中华人民共和国声明保留的条款除外。②中华人民共和国法律和中华人民共和国缔结或者参加的国际条约没有规定的，可以适用国际惯例。需要注意的是，作为海商法渊源之一的国际惯例，主要是指国际海运惯例，如《约克·安特卫普规则》，它是国际民间航运团体提出的建议性规则，当合同双方通过协商方式在合同中明确采用该项规则时，该规则即对当事人具有法律约束力。

关于海商法的性质，通说认为海商法隶属于民法或是商法，是民法的特别法。

（二）船舶与船舶物权

1. 船舶。我国海商法所称的船舶，是指"海船和其他海上移动式装置，但是用于军事的、政府公务的船舶和 20 总吨以下的小型船艇除外。前款所称船舶，包括船舶属具。"所谓"海船"，是指具有完全的海上航行能力并作为海船进行船舶登记的船舶。"海上移动式装置"，是指不具备船舶的外形和构造特点，但具有自航能力，可以在海上移动的装置，如用于海上石油开采的浮动平台等。

船舶只有通过登记，才能取得有关证书或执照。我国《海上交通安全法》第 5 条规定："船舶必须持有船舶国籍证书或船舶登记证书或船舶执照。"船舶登记使主管机关能够对其进行有效的监督管理，有利于海上航行安全。同时，船舶事项记载于相关证书和主管机关保存的登记簿上，方便查阅，有利于保护其他当事人的利益，维护交易安全。船舶登记（Ship Registry），是指船舶所有人向船舶登记机关申请，并提交相应文件，经船舶登记机关审查，对船舶国籍、自然状况和权利状况予以记载并颁发相应证书的制度。

船舶国籍是指船舶与特定国家在法律上的隶属关系。船舶只有经过登记，才能取得一国国籍，从而取得悬挂一国国旗的权利。悬挂国旗对船舶具有十分重要的意义。首先，它是船舶在公海上航行的前提条件，因为根据国际公约，没有悬挂旗帜的船舶不得在公海上航行，否则将作为海盗船被攻击。其次，取得一国国籍对船舶在国内法上也有重要意义。它是船舶享受国内航运经济政策优惠措施的前提条件，也是船舶在领海和内河自由航行的前提条件。

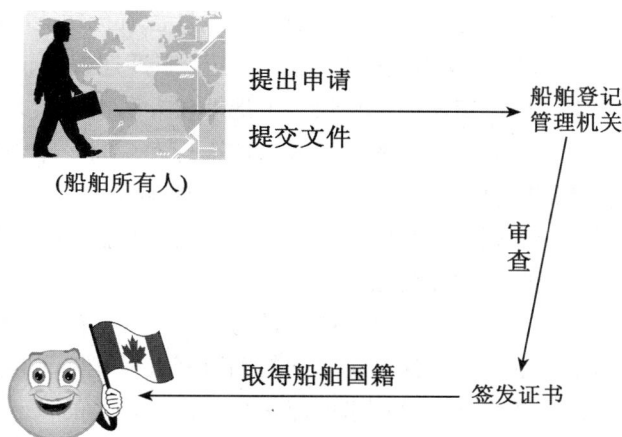

【方便旗问题】

　　方便旗（Flag of Convenience），是指船舶所悬挂的是开放登记国的船旗。在执行开放登记制度的国家，对船舶与本国之间的联系要求很宽松，甚至任何船舶只要提出申请并交注册费就予以登记，然后取得该国国籍，悬挂其国旗。为了逃避税收、规避严格的监督管理、减少人力成本开支，使得方便旗盛行起来。但方便旗船带来的后果是：由于缺乏有效的监督和管理，对船舶所有人本国、第三国以及国际社会公共利益带来了消极的影响。例如：方便旗船对于船舶状态和船员技术要求等方面不严格，导致引发海上事故的风险概率较高。

　　2. 船舶所有权。根据海商法的规定，船舶所有权，是指船舶所有人依法对其船舶享有占有、使用、收益和处分的权利。船舶所有权的取得、转让和消灭，应当向船舶登记机关登记；未经登记的，不得对抗第三人。船舶由两个以上的法人或者个人共有的，应当向船舶登记机关登记；未经登记的，不得对抗第三人。

3. 船舶担保物权。

（1）船舶抵押权，是指抵押权人对于抵押人提供的作为债务担保的船舶，在抵押人不履行债务时，可以依法拍卖，从卖得的价款中优先受偿的权利。船舶抵押权的标的物是船舶，包括旧船和正在建造中的船舶。需要注意的是，严格来讲，正在建造的船舶还不是船舶，因为其不具备航行功能。但是为了融资需要，此处对"船舶"的范围进行扩大。关于船舶抵押权登记，我国海商法采用登记对抗主义，即设定船舶抵押权，由抵押权人和抵押人共同向船舶登记机关办理抵押权登记；未经登记的，不得对抗第三人。同一船舶可以设定两个以上的抵押权，其顺序以登记的先后为准。同一船舶设定两个以上抵押权的，抵押权人按照抵押权登记的先后顺序，从船舶拍卖所得价款中依次受偿。同日登记的抵押权，按照同一顺序受偿。

（2）船舶优先权（Maritime Lien），是海商法上特有的一种法定担保物权，是指海事请求人依照海商法规定，向船舶所有人、光船承租人、船舶经营人提出海事请求，对产生该海事请求的船舶具有优先受偿的权利。该权利具有以下特点：一是法定性。即基于法律规定而产生，当事人不能通过约定创设船舶优先权。二是秘密性。虽然船舶优先权是一项法定担保物权，但其不以登记或占有为要件，无须任何公式方法，这是它与其他担保物权的最大区别所在。三是附随性。船舶优先权一经产生就附在标的物上，不因船舶所有权的转移、登记事项变更等受影响，只有当法定原因发生时，船舶优先权才消灭。如《海商法》第 26 条规定："船舶优先权不因船舶所有权的转让而消灭。但是，船舶转让时，船舶优先权自法院应受让人申请予以公告之日起满 60 日不行使的除外。"船舶优先权会因船舶灭失、怠于行使权利、司法拍卖等原因而消灭，也会因债权清偿、弃权、已经提供其他担保、主权豁免等原因而消灭。

（3）船舶留置权，特指船舶建造人、修船人在合同另一方未履行合同时，可以留置所占有的船舶，以保证造船费用或修船费用得以偿还的权利。船舶留置权也是一项法定担保物权，与一般留置权不同的是：海商法上的船舶留置权只限于造船人和修船人，其他人因其他原因占用船舶不能行使船舶留置权。

（三）海上货物运输合同

海上货物运输合同（Contract for Carriage of Goods by Sea），是指承运人收取运费，负责将托运人托运的货物经海路由一港运至另一港的合同。其主要有以下特征：①海上货物运输合同是诺成合同；②海上货物运输合同是双务有偿合同；③海上货物运输合同为承揽合同；④海上货物运输合同通常为涉他合同。

根据不同标准，海上货物运输合同可以分为不同种类：①国内海上货物运输合同与国际海上货物运输合同。在我国，两种合同使用的运输单据不同，适用的法律也有所不同。例如：我国《海商法》第2条规定，本法第四章海上货物运输合同的规定，不适用于中华人民共和国港口之间的海上货物运输。因此，《海商法》第四章的规定仅适用于国际海上货物运输，而国内海上货物运输主要适用《合同法》以及《水路货物运输规则》等。②班轮运输合同与航次租船合同。③海上货物联运合同与货物多式联运合同。前者是指承运人负责将货物自一港经两段或两段以上的海路运至另一港，而由托运人或收货人支付运费。货物由不属于同一船舶所有人的两艘或多艘船舶将货物从一港运至另一港，但承运人对全程货物运输负责。国际海上货物联运通常以海上联运提单作为运输证明。后者是指多式联运经营人负责将货物以包括海上运输在内的两种或多种运输方式，从一地运至另一地，而由托运人或收货人支付运费。只有包括海上运输方式在内的货物多式联运才受海商法调整。货物多式联运通常以多式联运单证或多式联运提单作为运输证明。④海上货物运输总合同，是指承运人负责将一定数量的货物，在约定时期内，分批经海路由一港运至另一港，而由托运人或收货人支付运费的合同。

根据海商法的规定，承运人对集装箱货运的责任期间，是指从装货港接收货物时起至卸货港交付货物时止，货物处于承运人掌管之下的全部期间。承运人对非集装箱货运的责任期间，是指从货物装上船时起至卸下船时止，货物处于承运人掌管之下的全部期间。在承运人的责任期间，货物发生灭失或者损坏，除另有规定外，承运人应当负赔偿责任。同时，不影响承运人就非集装箱装运的货物，在装船前和卸船后所承担的责任达成任何协议。

（四）海上旅客运输合同

海上旅客运输合同，是指承运人以适合运送旅客的船舶经海路将旅客及其行李从一港运送至另一港，由旅客支付票款的合同。通说认为，客运合同自承运人向旅客交付客票时起成立。但在实践中也存在特殊情形，如旅客先上船后补票，此时旅客登船为要约，承运人准其上船为承诺，合同自旅客登船时成立。

海上旅客运输合同一般是由承运人单方制作的格式合同，常常含有过分维护承运人利益的不公平条款。为了保护旅客的合法利益，各国立法对运输合同中的责任免除和限制条款都进行了合理限制。我国海商法规定，海上旅客运输合同中含有下列内容的条款无效：①免除承运人对旅客应当承担的法定责任；②降低《海商法》第五章规定的承运人责任限额；③对《海商法》第五章规定的举证责任作出相反的约定；④限制旅客提出赔偿请求的权利。前述四类条款的无效，不影响合同其他条款的效力。

承运人对旅客的人身伤亡或行李的灭失、损坏负有赔偿责任时，可依法限制赔偿责任。我国现行法律对国际海上旅客运输与国内沿海旅客运输的责任限制不同，我国国内沿海旅客运输的责任限额远低于国际公约和海商法的规定。就海上旅客运输向承运人要求赔偿的请求权，诉讼时效期间为 2 年，分别依照下列规定计算：①有关旅客人身伤害的请求权，自旅客离船或者应当离船之日起计算；②有关旅客死亡的请求权，发生在运送期间的，自旅客应当离船之日起计算；因运送期间内的伤害而导致旅客离船后死亡的，自旅客死亡之日起计算，但是此期限自离船之日起不得超过 3 年；③有关行李灭失或者损坏的请求权，自旅客离船或者应当离船之日起计算。

（五）船舶租用合同

1. 定期租船合同（Time Charter），是指船舶出租人向承租人提供约定的由出租人配备船员的船舶，由承租人在约定的期间内按照约定的用途使用，并支付租金的合同。定期租船合同具有以下特征：①出租人负责配备船长和船员，负责船舶的航行和内部管理事务，并负担船舶固定费用和船员工资、伙食以及其他相关费用；②承租人负责船舶的营运和使用，并负担船舶营运费用；③承租人按使用船舶的时间和约定租金率支付费用。

2. 光船租赁合同（Bareboat Charterparty），是指船舶出租人向承租人提供不配备船员的船舶，在约定的期间内由承租人占有、使用和营运，并向出租人支付租金的合同。光船租赁合同的特点是：①出租人只负责提供船舶本身，船长和船员由承租人配备，船舶由承租人占有和经营。光船租赁期间船舶的占有权和使用权转移给承租人，但处分权仍然属于出租人；②在租期内，未经出租人书面同意，承租人不得转让合同的权利义务，或以光船租赁的方式将船舶进行转租；③承租人根据光船租赁合同取得的光船租赁权具有物权性。光船租赁权的设定、转移和消灭，应当向船舶登记机关申请登记；未经登记的，不得对抗第三人。

（六） 船舶碰撞

船舶碰撞（Collision of Ships），是指船舶在海上或者与海相通的可航水域发生接触造成损害的事故。从该定义可以看出，成立船舶碰撞必须具备如下条件：①碰撞必须发生在船舶之间。此处的船舶，包括《海商法》第 3 条规定的船舶。②船舶必须发生接触。如果船舶间没有接触，即使发生损坏，也不构成船舶碰撞。但是，船舶因操纵不当或者不遵守航行规章，虽然实际上没有同其他船舶发生碰撞，但是使其他船舶以及船上的人员、货物或者其他财产遭受损失的，适用《海商法》第八章"船舶碰撞"的规定。③碰撞必须发生在海上或其他与海相通的可航水域。④碰撞须有损害，损害是船舶碰撞索赔诉讼成立的理由。

我国对船舶碰撞的损害赔偿采用的是过错责任原则，即碰撞当事方只对因其故意或过失引起的不法损害承担赔偿责任。海商法对过失引起的船舶碰撞分别规定了处理办法：①各方均无过失的碰撞。船舶发生碰撞，是由于不可抗力或者其他不能归责于任何一方的原因或者无法查明的原因造成的，碰撞各方互相不负赔偿责任，损失由受害者自行承担。②单方存在过失的碰撞。船舶发生碰撞，是由于一船的过失造成的，由有过失的船舶负赔偿责任。③互有过失的碰撞。船舶发生碰撞，互有过失的，则各船按照过失程度的比例负赔偿责任；过失程度相当或者过失程度的比例无法判定的，平均负赔偿责任。互有过失的船舶，对碰撞造成的船舶以及船上货物和其他财产的损失，依照前述的比例负赔偿责任。碰撞造成第三人财产损失的，各船的赔偿责任均不超过其应当承担的比例。船舶碰撞造成第三方人身伤亡的，由过失方承担连带赔偿责任。

有关船舶碰撞的请求权，时效期间为 2 年，自碰撞事故发生之日起计算。互有过失的船舶碰撞中，对第三方的人身伤亡，一船连带支付的赔偿超过其过失比例的，有权向其他过失方追偿。这种追偿请求权的时效期间为 1 年，自当事人连带支付损害赔偿之日起计算。

（七） 海难救助

海难救助（Salvage at Sea），是指在海上或者与海相通的可航水域，对遇险船舶和其他财产进行的救助。海难救助的构成要件：①须存在海上危险。海难救助必须发生在海上或与海相通的可航水域；而且被救助的船舶或其他财产必须处于真实的危险之中。②救助标的是法律所认可的。首先，海难救助的对象仅限于财产，对人命进行救助是人道主义行为，对海上人命的救助不应适用海难救助的相关法律制度。其次，救助标的是法律所承认的。如海商法对海难救助的规定不适用于海上已经就位的从事海底矿物资源的勘探、开发或生产的固定式、浮动式和移动式近海钻井装置。③救助行为是自愿的行为，即救助方或被救助方在发生救助法律关系时，其作为或不作为完全是出于自愿的。④救助需要有效果。救助人在救助成功后有权获得救助报酬，请求救助报酬的前提是：实施了海难救助，而且救助有成果。"无救助，无报酬"（no cure，no pay）是海难救助的一项基本原则，其旨在鼓励救助人奋力抢救海上遇险船舶或其他财产，体现了海上救助的精神实质。确定救助报酬时应综合考虑各方面因素，如：船舶和其他财产的获救的价值、救助方在防止或者减少环境污染损害方面的技能和努力、救助方的救助成效等。救助报酬不得超过船舶和其他财产的获救价值。

（八）共同海损

共同海损（General Average），是指在同一海上航程中，船舶、货物和其他财产遭遇共同危险，为了共同安全，有意地、合理地采取措施所直接造成的特殊牺牲和支付的特殊费用。其核心思想是：为大家共同作出的牺牲应当由大家来补偿。根据公平原则，只有那些属于共同海损的损失才能由受益各方分摊。因此，共同海损必须具备以下要件：①船舶、货物和其他财产必须遭遇共同危险；②采取的措施必须是有益的、合理的；③损失和费用的支出必须是特殊的；④措施必须要有效果。共同海损的牺牲是指共同海损行为造成的有形的物质损失或灭失，主要包括：船舶的牺牲、货物的牺牲、运费的牺牲；共同海损的费用是指共同海损行为造成的金钱上的支出，其范围主要包括：避难港费用、救助费用、代替费用及其他费用。

（九）海事赔偿责任限制

海事赔偿责任限制（Limitation of Liability for Maritime Claims），是指在发生重大海损事故造成财产损失或人身伤亡时，作为责任人的船舶所有人、船舶承运人、船舶经营人、救助人和责任保险人等，可依据法律规定将其赔偿责任限制在一定限度内的赔偿责任。这是海商法中特有的赔偿制度。承运人的责任限制与海事赔偿责任限制制度虽名称类似，但二者是不同的。前者是承运人针对某件或某单位货物的最高赔偿额，或对每位旅客或每件行李的最高赔偿额；而后者是责任限制主体针对某次事故引起的全部赔偿请求的最高赔偿限额。我国海事赔偿责任限制的主体包括：船舶所有人（包括船舶承租人和船舶经营人）、救助人、责任保险人、船舶所有人和救助人对其行为、过失负有责任的人（主要是指船长、船员和其他受雇人员）。

【海事赔偿责任限制】

	限制性债权	非限制性债权
	无论责任基础有何不同，均可请求责任限制	海事赔偿请求不适用责任限制
1	在船上发生的或与船舶营运、救助作业直接相关的人身伤亡或财产的灭失、损坏，包括对港口工程、港池、航道和助航设施造成的损坏，以及由此引起相应损失的赔偿请求	对救助款项或者共同海损分摊的请求
2	海上货物运输因迟延交付或者旅客及其行李运输因迟延到达造成损失的赔偿请求	中国参加的国际油污损害民事责任公约规定的油污损害的赔偿请求
3	与船舶营运或救助作业直接相关的，侵犯非合同权利的行为造成其他损失的赔偿请求	中国参加的国际核能损害责任限制公约规定的核能损害的赔偿请求
4	责任人以外的其他人，为避免或者减少责任依照海商法规定可以限制赔偿责任的损失而采取措施的赔偿请求，以及因此项措施造成进一步损失的赔偿请求	船舶所有人或者救助人的受雇人提出的赔偿请求，根据调整劳务合同的法律，船舶所有人或者救助人对该类赔偿请求无权限制赔偿责任，或者该项法律作了高于海商法规定的赔偿限额的规定
5		核动力船舶造成的核能损害赔偿请求

四、课后训练

1. 下列各项，哪些不适用海商法的规定？（　　　　）

　　A. 上海至广州的海上货物运输

　　B. 中国至俄罗斯的公路和铁路多式联运

　　C. 上海至温哥华的海上货物运输

　　D. 广州至新加坡的活动物运输

2. 以下哪些是我国海商法所指的船舶？（　　　　）

　　A. "太子号"万吨客轮　　　　B. 浮船坞

　　C. 船锚　　　　　　　　　D. "海鹰号"缉私艇

3. 根据我国海商法的规定，下列运输方式中哪些属于多式联运？（　　　　）

　　A. 空—海　　B. 陆—空　　C. 陆—海　　D. 陆—海—空

4. 某轮船所有人拖欠船员的工资，在船只进入某港口时又拖欠港务费，该船舶所有人向银行贷款时办理了抵押该轮的手续并进行了登记，在发生了工资和港务费的债项后，该轮遇难。为救助该轮又发生了一笔救助费。下列哪些选项不符合海商法的规定？（　　　）

    A. 港务费应排在第一位优先受偿

    B. 如该轮的船舶所有人将该轮转让，则上述优先权消灭

    C. 发生在工资债项之后的救助费应在船员工资之前受偿

    D. 船舶灭失，则船舶优先权消灭

5. 下列各项海事请求中，不适用海商法所规定的海事赔偿责任限制的情况有（　　　）。

    A. 核动力造成的核能损害的赔偿请求

    B. 对救助款项或者共同海损分摊的请求

    C. 海上货物运输因迟延交付造成损失的赔偿请求

    D. 国际油污损害民事责任限制公约规定的油污损害的赔偿请求

6. 关于定期租船合同与航次租船合同的比较，下列说法正确的有哪些？（　　　）

    A. 航次租船时，营运全部由出租人负责；定期租船合同，承租人在约定期限内享有船舶的经营权、指挥权

    B. 航次租船的出租人实质上是承运人，对完成该航次的承租人仅负责提供一艘适航船舶

    C. 航次租船合同的承租人一般是货主或托运人；定期租船合同的承租人不一定是货主，可能是班轮公司或船舶经营人

    D. 航次租船合同按租用时间、租金率计算租金；而定期租船合同则按若干舱位或货物每吨若干金额及船舶载重吨计算运费

7. 中国甲公司与美国乙公司于 1995 年 10 月签订了购买 4500 吨化肥的合同，由某航运公司的 "NEWSWAY" 号将该批货物从美国的新奥尔良港运至大连。"NEWSWAY" 号在途中遇小雨，因货舱舱盖不严使部分货物湿损。下列关于货物责任的选项哪个是正确的？（　　　）

    A. 承运人应赔偿货物湿损的损失

    B. 承运人可依海商法的规定主张免责，但应承担举证责任

    C. 乙公司应自行承担此项损失

    D. 甲公司应赔偿乙公司的损失

第二节　海上货物运输合同

实验一：海上货物运输合同主体的识别

一、实验目标

了解海上货物运输合同的概念、特征与种类，理解国内海上货物运输合同与国际海上货物运输合同法律适用之不同，重点掌握如何正确识别海上货物运输合同主体的法律地位。

二、实验要求

通过本节实验，达到能够正确识别国际海上货物运输合同的主体的效果。

三、实验原理

海上货物运输合同的主体有当事人和关系人之分，当事人包括承运人和托运人，还可能有实际承运人；关系人主要包括收货人、提单持有人等其他参与海上货物运输合同的主体。在实务中，往往会涉及许多主体，主体之间的法律关系错综复杂，而法律地位的不同将带来法律责任的差异。因此，在实践中需要综合考虑合同条款、收费方式、单证记载、当事人行为等各方面因素，来界定各主体的法律地位，以实现法律责任的公正分配。

根据海商法的规定，承运人是指本人或者委托他人以本人名义与托运人订立海上货物运输合同的人；实际承运人是指接受承运人委托，从事货物运输或者部分运输的人，包括接受转委托从事此项运输的其他人；托运人是指本人或者委托他人以本人名义或者委托他人为本人与承运人订立海上货物运输合同的人，或本人或者委托他人以本人名义或者委托他人为本人将货物交给与海上货物运输合同有关的承运人的人；收货人是指有权提取货物的人。其中，承运人作为国际海上货物运输合同的一方当事人，在航运实践中是海上货物运输业务的主要履行者之一，在海事审判过程中又是无单放货、货损货差等纠纷案件的必要诉讼主体之一，其地位和重要性不言而喻。在海事审判实践中，经常会碰到有争议的特殊情形，确定国际海上货物运输合同的主体时可参照以下规则：

1. 当运输合同法律关系体现的承运人与提单表面记载的承运人不一致时，应当通过对运输合同法律关系体现出的承运人与提单记载的承运人进行分析比较，并结合运输合同磋商、订立的实际情况，弄清二者之间的转承关系，并认定运输合同法律关系中体现出的承运人为最终承担责任的承运人，而不能单纯地依据提单的记载来识别和判定承运人。

2. 当提单抬头印制的承运人名称与提单签发人名称不一致，而提单签发人以承运人的名义在提单上签章时，一般可以直接认定提单签发人为承运人。

3. 当提单抬头印制的承运人名称与提单签发人名称不一致，而提单签发人是以代理人的名义在提单上签章，且未注明被代理的承运人名称时，承运人的识别问题一般应综合考虑以下情况予以判定：首先，提单签发人应当证明提单上记载的承运人在其签发提单时真实存在；其次，提单签发人应当证明其代理签发提单的行为，是按照法律的明确规定进行的或得到了承运人的明确授权或者事后得到了承运人的追认。否则，提单签发人的行为构成无权代理，法院可以直接判定其为承运人，由其承担相关责任。

4. 对于船长或其委托的人签发提单，而上面有关承运人的记载不明确时，对于承运人的识别问题，应该具体问题具体分析。当托运人持有提单时，他应该通过运输合同来确定承运人。首先应该查清船舶所有人是否为实际从事运输的承运人，如果不是，便不能仅凭提单是船长或其委托的人签发的就认定船舶所有人为承运人。因为，从本质上说，船长签发提单毕竟是代表承运人而不是代表船舶所有人签发的，船长在签发提单时听从的是承运人而不是船舶所有人的指示。因无法正确识别和判定承运人的风险只能让托运人自己承担。当提单流转至托运人之外的第三人，如收货人手中时，提单便成了第三方提单持有人识别和确定承运人的唯一依据。此时，如果船长或其委托的人不能证明被代理的承运人名称，则可以初步认定船舶所有人为承运人，除非船舶所有人在抗辩中能够举证证明真正的承运人。①

四、实验材料

（一）案例材料

某甲株式会社诉中某乙国际货运有限公司、中国物资储运某丁公司案②

原告：某甲株式会社；被告：中国物资储运某丁公司、某乙国际货运

---

① 参见曲涛：《论国际海上货物运输中承运人的识别》，载《中国海商法年刊》2007年第17卷。

② 案例来源于刘小娜：《关于海上货物运输合同纠纷的几点法律思考——从一起海上货物运输纠纷谈起》，载《山东审判》2005年第4期。

有限公司。

原告某甲株式会社与某丙机械进出口集团公司订立了一份来料加工合同，合同载明：（1）某甲株式会社向某丙机械进出口公司免费提供原料，运输、保险等费用均由某甲株式会社负担；（2）某丙机械进出口公司向某甲株式会社提供成品尼龙包共计23000个。成品装运期为2003年3月7日，付款方式为信用证付款，成品交付目的港为日本大阪。

2003年2月28日，原告某甲株式会社致函青岛某A皮革制品有限公司："根据我公司与机械进出口集团公司订立的来料加工合同，我公司负责租船订舱，现特委托贵公司代为办理租船订舱事宜。"3月4日，青岛某A皮革制品公司向被告某乙国际货运有限公司发出订舱，提单显示目的港为大阪，最晚入货时间为3月7日，开船日为3月8日。3月8日，某乙国际货运有限公司作为中国物资储运某丁公司（以下简称物资储运）的代理，签发了编号为HYSC030309的已装船提单，提单上记载托运人为某丙机械进出口公司。

事实上，3月8日，ONTOSTAR轮并没有抵达青岛港，货物并没有装船。之后，原告将货物退关，并将退关后的货物分成两部分，其中10000个尼龙包于2003年3月13日向青岛大港海关报关，原告仍然向某乙国际货运有限公司订舱，某乙国际货运有限公司接受订舱后出具了物资储运的电放提单，电放提单中显示的目的港为日本下关港。之后，这部分货物经由海运运至下关；另外的13000个尼龙包，原告称均已空运出口，但原告提供的证据无法证明13000个尼龙包已空运出口及空运出口的具体时间。

原告某甲株式会社诉称，提单项下货物并未在3月8日出运，被告严重违反了其在运输合同下应负的承运人义务。由于原告与日本买方签订合同的最晚交货日期为3月12日，为了履行向日本买方的交货义务，该集装箱的部分货物采用空运，部分货物采用海运，为此额外支出费用99793元。被告应为违约行为造成的损失承担赔偿责任。

两被告辩称：（1）原告的授权委托应经过公证、认证，这样才能一并证明原告及其授权的合法性。（2）两被告与原告之间没有任何法律关系，某乙国际货运有限公司接受的是某丙机械进出口公司的指示处理事务，物资储运也没有与原告发生任何关系。（3）原告在青岛开设的公司青岛某A皮革制品公司曾起诉至贵院，由贵院审理并裁定驳回起诉，针对同一事实，原告又进行了起诉。（4）原告诉称的另外两个法律关系即原告与日方的买卖合同、与某丙机械进出口公司的来料加工合同与本案没有关系，两被告在处理事务时并不知道该法律关系的存在。为此请求法院驳回原告的诉讼请求。

（二）法条材料

《民事诉讼法》第 22 条：对公民提起的民事诉讼，由被告住所地人民法院管辖；被告住所地与经常居住地不一致的，由经常居住地人民法院管辖。

对法人或者其他组织提起的民事诉讼，由被告住所地人民法院管辖。

同一诉讼的几个被告住所地、经常居住地在两个以上人民法院辖区的，各该人民法院都有管辖权。

《民事诉讼法》第 28 条：因铁路、公路、水上、航空运输和联合运输合同纠纷提起的诉讼，由运输始发地、目的地或者被告住所地人民法院管辖。

《海事诉讼特别程序法》第 6 条：海事诉讼的地域管辖，依照《中华人民共和国民事诉讼法》的有关规定。

下列海事诉讼的地域管辖，依照以下规定：

……

（二）因海上运输合同纠纷提起的诉讼，除依照《中华人民共和国民事诉讼法》第二十八条的规定以外，还可以由转运港所在地海事法院管辖。

……

《海商法》第 41 条：海上货物运输合同，是指承运人收取运费，负责将托运人托运的货物经海路由一港运至另一港的合同。

《海商法》第 42 条：本章下列用语的含义：

（一）"承运人"，是指本人或者委托他人以本人名义与托运人订立海上货物运输合同的人。

（二）"实际承运人"，是指接受承运人委托，从事货物运输或者部分运输的人，包括接受转委托从事此项运输的其他人。

（三）"托运人"，是指：

1. 本人或者委托他人以本人名义或者委托他人为本人与承运人订立海上货物运输合同的人；

2. 本人或者委托他人以本人名义或者委托他人为本人将货物交给与海上货物运输合同有关的承运人的人。

（四）"收货人"，是指有权提取货物的人。

（五）"货物"，包括活动物和由托运人提供的用于集装货物的集装箱、货盘或者类似的装运器具。

《海商法》第 269 条：合同当事人可以选择合同适用的法律，法律另有规定的除外。合同当事人没有选择的，适用与合同有最密切联系的国家的法律。

五、实验过程

步骤一：理清案情（见图一）。

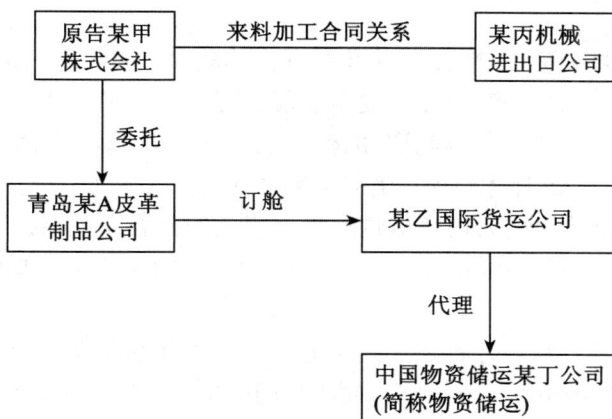

首先，将所涉及案情的主体都用图示表示出来，不要漏掉任何主体；其次，将各个主体之间的法律关系在连线上标示出来，例如：合同关系、担保关系、代理关系等；再次，可以在附近标注出法律行为发生的时间以及案件的关键点。这样，通过图示方法，复杂、繁琐的案情就立刻清晰地展现出来，有助于迅速发现案件的焦点，正确地制定解决方案。

步骤二：认定案件的性质，确定适用的法律和案件管辖权。

本案属于国际海上货物运输合同纠纷。国际海上货物运输合同，是指承运人负责将托运人托运的货物经海路由一国的某一港口运至另一国的某一港口，而由托运人或者收货人支付运费的合同。而国内海上货物运输合同，是指承运人负责将托运人托运的货物经海路由国内一港运至国内另一港，而由托运人或者收货人支付运费的合同。本案中，运输始发地为青岛，目的地为日本大阪，属于典型的国际海上货物运输。

根据《民事诉讼法》第 22 条、第 28 条及《海事诉讼特别程序法》第 6 条的规定，结合本案的具体案情，青岛海事法院对该案拥有管辖权。同时，根据《海商法》第 269 条的规定，在当事人没有对合同应适用的法律作出明示选择的情况下，可以根据最密切联系原则来确定适用的法律，如：缔约地法、合同履行地法、旗国法、当事人的住所地法、当事人的共同本国法等。本案中，合同双方当事人没有选择适用的法律，合同缔结地、主要履行地、被告住所地均在我国，因此我国是与该合同有最密切联系的国家，本案应该适用中国相关的法律。

步骤三：正确识别海上货物运输合同的主体，理清各主体之间的法律关系。

本案法律关系复杂，涉及的法律关系主体较多，主要有：某甲株式会社、某丙机械进出口公司、青岛某 A 皮革制品公司、某乙国际货运有限公司、中国物资储运某丁公司（简称物资储运）。首先要理清这些主体之间的法律关系，确定其身份，这样才能为正确制定解决方案打下基础。

1. 某甲株式会社与某丙机械进出口公司之间是合同关系，二者签订来料加工合同，受《联合国国际货物销售合同公约》、国际惯例以及相关国家的民事法律调整。

2. 某甲株式会社与青岛某 A 皮革制品公司之间存在委托合同关系，前者委托后者代其办理租船订舱事宜。而某乙国际货运公司作为物资储运的代理，在与青岛某 A 皮革制品公司订立运输合同时不知道某甲株式会社与青岛某 A 皮革制品公司之间存在委托合同关系。我国《合同法》第 403 条规定："受托人以自己的名义与第三人订立合同时，第三人不知道受托人与委托人之间的代理关系的，受托人因第三人的原因对委托人不履行义务，受托人应当向委托人披露第三人，委托人因此可以行使受托人对第三人的权利，但第三人与受托人订立合同时如果知道该委托人就不会订立合同的除外。"当青岛某 A 皮革制品公司披露了自己的委托人某甲株式会社后，原告即享有合同介入权，其可以以自己的名义向第三人主张权利。

3. 某乙国际货运公司以自己的名义接受托运人的订舱，确认船名、航次、提单号，并发出人货通知的行为，看似承运人，实际上，某乙国际货运公司签发的提单并非自己的提单，而是作为物资储运的代理人实施签发行为，并且物资储运对这种代签提单行为予以认可，因此，本案中物资储运是国际海上货物运输合同的承运人，而某乙国际货运公司是物资储运的代理人。

4. 青岛某 A 皮革制品公司向某乙国际货运公司订舱，某乙国际货运公司代理物资储运接受订舱并签发提单，实际上是在青岛某 A 皮革制品公司与物资储运之间成立海上货物运输合同关系，物资储运是合同的承运人，而青岛某

A 皮革制品公司为托运人。值得注意的是：某丙机械进出口公司是将货物直接交于承运人的交货托运人，尽管提单上托运人一栏填写为进出口公司，但其并不是该海上货物运输合同的托运人。

步骤四：制定解决方案。

（请写出你的方案，即本案中的责任应当如何划分，并阐述理由）

六、拓展思考

基本案情：2006 年 6 月 30 日，韩国一纺织公司与中国某甲化工集团公司签订了一份半年的购销合同，约定每月供应货物约 50 吨。同年 9 月，韩国纺织公司向中国某甲化工集团公司购买了 46.351 吨货物，货物被装入两个集装箱内。同时，韩国纺织公司通过其代理人王某，委托中国某甲化工集团公司将该货物从上海港运至广州黄埔港，托运委托书上记载着：托运人为王某，收货人为韩国纺织公司，并约定运费共计人民币 14400 元。尔后，中国某甲化工集团公司又委托上海 A 海运有限公司运输，其托运委托书上记载着托运人、收货人均为中国某甲化工集团公司。A 海运有限公司再委托 B 海运有限公司运输，相应的托运委托书记载托运人为 A 海运有限公司，收货人为中国某甲化工集团公司。2006 年 9 月 24 日，货物在运输途中落海全损。涉案货物的运费，韩国纺织公司未向中国某甲化工集团公司支付。韩国纺织公司向法院提起诉讼。

1. 思考：在本案中，中国某甲化工集团公司的法律地位是什么？是货运代理人，或是承运人？是否应当承担责任及应承担何种责任？

2. 角色讨论：每七人组成一个小组，其中三人组成合议庭，剩下四人分为原告、被告方，组成模拟法庭进行讨论、辩论。

实验二：无正本提单放货实务操作

一、实验要求

了解无正本提单放货的内涵和特征，理解无正本提单放货的责任属性，重点掌握对无单放货的责任承担，无单放货案件纠纷的诉讼程序性问题，如诉讼当事人的确定、案件的法律适用、诉讼时效等。

二、实验目标

通过本实验操作，达到能够正确处理无正本提单放货的各项实体性和程序性问题的效果。

三、实验原理

所谓无正本提单放货（Delivery of the Goods Without Production of Bill of Lading），是指承运人未凭正本提单将货物交给有权提货的人。在当今国际海上货物运输中，无单放货现象相当普遍，导致这一现象出现的主要原因是：提单的流转速度相当缓慢。随着国际航运事业的发展，船舶航行速度显著提高；然而提单依旧采取邮寄的方式进行流转，致使货物已经运抵目的港，但提单尚未达到收货人手中，故收货人不能及时凭提单提货。

四、实验材料

（一）案例材料

AB 电子有限公司诉招商局仓码运输有限公司等
无正本提单交货提货纠纷案①

AB 公司的子公司香港 ACD 公司与 EF 公司先后于 1989 年 1 月 3 日、2 月 21 日签订两份售货合同，将 AB 公司从韩国购买的 1 万套电冰箱组装件分两批卖给 EF 公司，每批 5000 套。1 月 10 日，ACD 公司根据 EF 公司的委托，书面委托 AB 公司代 EF 公司办理 1 万台电冰箱由香港至深圳赤湾港的全程运输。AB 公司接受 ACD 公司的委托，代 EF 公司把 1 万台电冰箱分两批交 JK 公司承运。1 月 26 日，JK 公司承运 5000 台电冰箱，向 AB 公司签发了两套正本提单；2 月 22 日，JK 公司又承运了 5000 台电冰箱，也签发了两套正本提单。上述四套正本提单均记载：托运人为 AB 公司代 EF 公司，收货人为 AB 公司，装货港为香港，卸货港为赤湾。货物运抵赤湾港后，由赤湾港集装箱公司接卸。GH 船舶运输有限公司受 EF 公司委托，代办货物的拆箱和仓储业务，并以 GH 船舶运输有限公司代 EF 公司的名义将货物存放于赤湾港集装箱公司。

1 月 26 日，叶某以 LM 公司的名义向中国外轮代理公司某甲公司出具保函，请求其对前 5000 台冰箱先行放货，保证在 1 个月内提交正本

---

① 案例来源于广东海商海事律师网，http：//www. chinamaritimelawyer. com，案件主体名称及事实均作了改动。

提单，并承诺负责处理和赔偿由此而发生的任何纠纷或经济责任。该保函没有盖具 LM 公司的公章。中国外轮代理公司某甲公司接受保函，将一份盖有进口货物提货章的提单副本交予叶某，以作为前 5000 台电冰箱箱体的提货单。

3 月 21 日，EF 公司的代表在 AB 公司起草的"确认书"中签字，并承诺分期付清全部货款和其他费用。后由于 EF 公司未付清货款，AB 公司没有将提单交付给 EF 公司。5 月 3 日，LM 公司的下属公司深圳某乙公司向海关支付前 5000 台电冰箱的关税款，海关放行。10 月 23 日，EF 公司与某乙公司达成协议，提取了 3000 台电冰箱，其余 2000 台抵押给中国人民建设银行蛇口支行，由蛇口建行代为垫付关税。

1989 年 2 月 22 日，后 5000 台电冰箱箱体运抵赤湾港。9 月 30 日，PT 公司受 EF 公司委托，持进口货物许可证、报关单等报关文件，就该批电冰箱箱体及附件报关进口，但因未缴纳关税，海关未予放行。后因拖欠海关关税及在仓库长期存放而引发仓储纠纷，后 5000 台电冰箱被法院及海关联合拍卖。

1990 年 7 月 9 日，AB 公司以 JK 公司无正本提单放货为由，向海事法院提起诉讼，请求判令 JK 公司赔偿其 215 万美元的货款及利息损失 55 万美元。12 月 31 日，JK 公司以某甲公司、EF 公司、LM 公司和 PT 公司无正本提单交货、提货为由提起诉讼。海事法院认为两案是基于同一事实、同一诉讼标的的共同侵权纠纷案，后案的被告与前案有利害关系，是共同诉讼当事人，故追加其为前案的被告，将两案合并审理。

(二) 法条材料

《民法通则》第 63 条规定：公民、法人可以通过代理人实施民事法律行为。

代理人在代理权限内，以被代理人的名义实施民事法律行为。被代理人对代理人的代理行为，承担民事责任。

依照法律规定或者按照双方当事人约定，应当由本人实施的民事法律行为，不得代理。

《民法通则》第 66 条规定：没有代理权、超越代理权或者代理权终止后的行为，只有经过被代理人的追认，被代理人才承担民事责任。未经追认的行为，由行为人承担民事责任。本人知道他人以本人名义实施民事行为而不作否认表示的，视为同意。

代理人不履行职责而给被代理人造成损害的，应当承担民事责任。

代理人和第三人串通，损害被代理人的利益的，由代理人和第三人负连带责任。

第三人知道行为人没有代理权、超越代理权或者代理权已终止还与行为人实施民事行为给他人造成损害的，由第三人和行为人负连带责任。

五、实验过程

步骤一：无正本提单放货所引发的提单物权性质之争论。

承运人要不要承担无单放货的责任，承担什么样的责任——侵权或违约？对此问题的司法实践和理论争论，始终围绕着提单是否具有物权功能而展开。承运人必须凭正本提单提货是建立在提单具有物权凭证性质的基础上的，而对提单是否物权凭证，学者之间还存在争论。有学者认为，提单不是物权凭证，只能将提单视为承运人提取货物的凭证，其只是一种可转让的权利凭证，据以向承运人提取货物的凭证。提单签发人并不具有确认货物物权的功能，货物的归属应依货物买卖合同和调整货物买卖合同的法律来确定。提单持有人持有提单意味着对货物的拟制占有，他有权向承运人提取货物。主流观点则认为，提单的流通性决定了提单具有物权凭证的特性。提单物权凭证的效力并不是与生俱来的，是随着国际贸易和远洋运输的发展而产生的，并得到了多数国家的立法支持。远洋运输的时间长，提单持有人为了资金的需要，往往在货物运输途中将提单项下的货物出卖，这时提单原持有人不可能向受让人交付运输途中的货物。依商业惯例，提单的转让一般即表明了货物所有权的转移。如果承运人向非提单持有人交付货物，则要承担相应的赔偿责任。①

步骤二：无正本提单放货的责任属性。

理论上，对无正本提单放货的责任属性存在两种争论：一种观点认为，持有人是运输合同的第三方，与承运人没有合同关系，因此无正本提单放货的问题属于侵权责任，因为承运人有义务将货物交给有权占有货物的人，承运人将货物交给非提单持有人，实际上是侵犯了所有人的财产权或占有权。另一种观点则认为，无正本提单放货应承担违约责任，因为提单是提单的合法持有人与

---

① 参见张丽英：《海商法　原理·规则·案例》，清华大学出版社 2006 年版，第 64 页。

承运人之间的合同，提单要求凭正本提单交货，当承运人凭副本提单放货时应承担违反合同的责任。①

在审判实践中，有学者将对无正本提单放货的认识划分为以下三个阶段：第一阶段（20 世纪 80 年代末—90 年代初）：此阶段将提单视为绝对物权凭证，凡无正本提单放货便构成侵权。通俗而言："只认单不认人，且此单为物权单。"在这一阶段，海事法院的判决是一面倒的，只要是无正本提单放货，提单持有人就可以胜诉，且承运人承担侵权的责任，其理论根据在于提单是物权凭证。第二阶段（1993—1997 年）：此阶段仍视提单为物权凭证，但不是绝对的物权凭证。通俗而言，"既认单又认人，提单仍是物权单证"。这一阶段的主要特征表现在两个方面：一是海事法院将提单视做物权的形式要件，而把提单持有人拥有货物的所有权作为实质要件。仅有形式要件（持有提单），不具有实质要件，仍不能提取货物；相反如果具有物权的实质要件，而没有形式要件，也无法提货。但一旦从承运人处提起了货物，承运人并不承担因无正本提单放货的责任。二是当提单持有人的行为构成对无正本提单放货的认可，或构成对凭单提货权利之放弃时，承运人不承担赔偿责任。第三阶段（1997—2000 年），此阶段的重要特点是：将无单放货的性质由侵权改为违约或兼采侵权说和违约说，表明了海事法院开始放弃提单在运输领域中的物权性观点。实验材料所选用的案例便是这一阶段的典型案例。②

本案中，一审法院认为：提单是货物的物权凭证，AB 公司作为提单的记名收货人和正本提单持有人，对提单项下的货物具有所有权。当提单项下货物遭受损害时，其有权对侵权行为人提起侵权损害赔偿之诉。AB 公司因为有关侵权行为人无正本提单交货、提货所造成的损失有权获得赔偿，赔偿价格应按货物的到岸价格计算。二审法院认为，EF 公司并未按合同的约定支付货款，货物运到交货地后也未发生合法的交付行为，AB 公司仍持有正本提单。因此，AB 公司仍对本案争议的货物拥有所有权，并享有正本提单持有人的其他权益，对于其合法拥有的所有权及持正本提单提取货物的权利应给予保护。LM 公司与 PT 公司不是提单持有人，也没有合法地取得货物的所有权，其行为属构成侵权行为，应分别承担赔偿责任。最后，最高人民法院推翻了一、二审判决，

---

① 参见张丽英：《海商法　原理·规则·案例》，清华大学出版社 2006 年版，第 57 页。

② 参见司玉琢、汪杰、祝默泉、沈晓平：《关于无单放货的理论与实践——兼论提单的物权性问题》，载《中国海商法年刊》2000 年。

将无单放货认定为违约行为。此外，2000 年 8 月 11 日，最高人民法院在给福建省高级人民法院的复函中，认为无单放货"侵犯了提单持有人的担保物权，违反我国法律和国际航运惯例，应承担违约赔偿责任"。

步骤三：无正本提单放货纠纷案件的法律适用。

法律适用的选择是无正本提单放货案件审理的关键。对于无正本提单放货行为的定性，即是属于侵权行为还是违约行为，直接关系到案件的法律适用。最高人民法院将本案中的无正本提单放货行为定性为违约行为。在合同领域，当事人意思自治原则是首选的法律选择方法，因此，在无正本提单放货纠纷案件的审理中，应当优先适用当事人约定之法律。一般来说，提单背面均载有法律选择条款。如果当事人没有对适用法律作出约定，则根据最密切联系原则选择适用的法律。我国《海商法》第 269 条规定："合同当事人可以选择合同适用的法律，法律另有规定的除外。合同当事人没有选择的，适用与合同有最密切联系的国家的法律。"

值得注意的是，在此类案件中，承运人往往以其无单放货符合无单放货地的有关法律、法规或港口惯例为抗辩，并获得成功，这在我国的海事审判实践中已有先例。

在本案中，尽管二审法院认为，本案是涉港民事侵权损害赔偿纠纷，依据民法通则第八章之规定，应适用侵权行为地法律。而本案的侵权行为地在我国境内，应依据我国法律处理本案。最高人民法院则推翻了二审法院的意见，根据当事人意思自治原则选择适用的法律，认为"根据提单背面条款的规定，有关本提单的一切纠纷依中国法律在中国法院解决；有关承运人的责任、权利、义务、免责等，应适用 1924 年海牙规则"。

步骤四：无正本提单放货纠纷案件的诉讼时效。

本案中，在一审、二审阶段虽有当事人提及诉讼时效问题，但不是争议焦点，原因在于：一、二审法院均将无正本提单交货纠纷定性为侵权纠纷，认为应适用侵权行为地法，即我国法律。根据我国民法通则，诉讼时效为 2 年，AB 公司起诉没有超过 2 年时效。在申诉阶段，有当事人提及诉讼时效问题，随后最高人民法院以 AB 公司起诉超过诉讼时效为理由，驳回 AB 公司的诉讼请求。其理由是：无正本提单交货纠纷属合同纠纷，有关承运人的权利、义务、责任和免责应适用提单背面条款援用的海牙规则，诉讼时效为 1 年，AB 公司的起诉已超过 1 年时效，其权利失去了法律保护。法院在这一问题上产生分歧的根源在于对无正本提单放货行为的定性不同。

步骤五：无正本提单放货纠纷案件的责任承担。①

1. 承运人的责任。在国际海上货物运输中，承运人凭提单交付货物是其法定义务。具体来说，在记名提单的情况下，承运人应向提单上记名的收货人交付货物；在指示提单的情况下，承运人应向提单的被背书人交付货物；在不记名提单的情况下，承运人应向合法的提单持有人交付货物。无正本提单放货本身就构成一种违法行为。因而，承运人须对无正本提单放货造成的损害承担赔偿责任，除非其赔偿责任依法得以免除。根据我国法院的有关案例和学术观点，承运人对无正本提单放货的免责事由包括：提单持有人同意承运人无单放货；提单持有人作为货物的买方，已经与卖方解决损害赔偿事宜，或已经根据货物买卖合同向卖方索赔；索赔已过诉讼时效。

2. 承运人的代理人之责任。在实践中，承运人通常委托其在目的港的代理人代其凭提单向收货人交付货物。无正本提单放货经常表现为承运人的代理人根据承运人的指示，或者根据自己的意愿，不凭正本提单，而是凭副本提单加提货人或者第三人出具的保函，签发提货单给提货人，提货人凭该提货单到码头仓库或者其他地点提取货物。根据民法通则的规定，被代理人对代理人的行为承担民事责任，但是前提是代理行为须为合法行为。而无正本提单放货构成违法行为，故承运人的代理人应当对合法提单持有人因无单放货所遭受的损失承担侵权责任。

3. 港口经营人的责任。港口经营人根据承运人或其代理人签发的提货单，或者根据实际承运人或其代理人签发的提货单，将货物交给提货单上记名的人。因而，当港口经营人知道或者应当知道承运人或其代理人在实施无正本提单放货的行为，或者实际承运人或其代理人在实施促成无正本提单放货的行为时，仍然将货物交付给非提单持有人时，其行为就具有过错，应对行为造成的损失承担侵权责任。

我国《民法通则》第 63 条和第 66 条规定，代理人在代理权限内以被代理人的名义实施民事法律行为，被代理人对代理人的代理行为承担民事责任；没有代理权、超越代理权或者代理权终止后的行为，只有经过被代理人的追认，被代理人才承担民事责任，未经追认的行为，由行为人承担民事责任。因此，如果代理人是经承运人授权进行无单放货的，则由承运人承担责任；如果代理人超越承运人的授权范围，擅自无单放货，事后承运人又没有进行追认

① 参见胡正良：《论无单放货损害赔偿的责任主体》，载《中国海商法年刊》2006 年1 月第 16 卷。

的，则由代理人承担责任。但是，如果代理人知道被委托代理的事项违法仍然进行代理活动的，或者被代理人知道代理人的代理行为违法不表示反对的，则被代理人与代理人均需承担责任。在本案中，承运人 JK 公司没有授权代理人某甲公司无单放货，事后也没有追认代理人的无单放货行为。一审法院以无单放货属侵权责任为前提，判决 JK 公司不承担责任，某甲公司承担责任，是符合民法通则规定的。二审法院在同样的前提下，判决 JK 公司和某甲公司对 AB 公司承担连带责任，似乎存在不妥。最高人民法院以无单放货属违约责任为前提，认为应由 JK 公司对 AB 公司承担责任，再由某甲公司对 JK 公司承担责任。

六、拓展思考

当老师讲完无正本提单放货纠纷的诉讼时效问题后，王、李、张三名同学针对此类案件的诉讼时效的起算时间，在课堂上激烈地争论起来。王同学主张诉讼时效的起算时间应当以交货时间为准；李同学认为应当以承运人推定交货的时间为起算点；张同学则认为，既不应从卸货时起算，也不应从放货时起算，而只能从应当交货之日起算。对于这三位同学的观点，你赞同哪一种？请说出你的理由。

七、课后训练

1. 依照我国海商法的规定，下列哪项是正确的？（　　）
   A. 承运人对集装箱装运的货物的责任期间是从货物装上船起至卸下船止
   B. 上海至广州的货物运输应当适用海商法
   C. 天津至韩国釜山的货物运输应当适用海商法
   D. 海商法与民法规定不同时，适用民法的规定

2. 甲公司委托乙海运公司运送一批食品和一台大型设备到欧洲，并约定设备可装载于舱门。甲公司要求乙海运公司即日起航，乙海运公司告知：可以起航，但来不及进行适航检查。随即便起航出海。乙海运公司应对本航行中产生的哪一些损失承担责任？（　　）
   A. 因遭受暴风雨致使装载于舱门的大型设备跌落大海
   B. 因途中救助人命耽误了航行，迟延交货致使甲公司受损
   C. 海运公司的工作人员在卸载货物时因操作不慎，使两箱食品落水
   D. 因船舱螺丝松动，在遭遇暴风雨时货舱进水淹没了 2/3 的食品

3. 根据《海牙规则》第 4 条的规定，下列哪些情形属于承运人的免责事由？（　　）

    A. 公敌行为

    B. 承运人的实际过失引发的火灾

    C. 在海上救助人命和财产

    D. 恪尽职责不能发现的潜在缺点

4. 甲船在海上运输货物期间，由于船员驾驶船舶中的过失导致乙托运人的货物灭失，后甲船遭遇火灾，导致丙托运人的货物损坏。在救助甲船的过程中，将丁托运人的货物予以丢弃，同时，由于承运人未按照戊托运人的要求包装货物导致其托运的货物湿损。以下说法正确的是：（　　）

    A. 甲船承运人可以不赔偿乙托运人的货物损失，但是要承担举证责任

    B. 甲船承运人可以不赔偿丙托运人的货物损失，但是要承担举证责任

    C. 甲船承运人可以不赔偿丁托运人的货物损失，但是要承担举证责任

    D 甲船承运人可以不赔偿戊托运人的货物损失，但是要承担举证责任

5. A 公司委托 B 海运公司运送一批货物，B 公司在责任期间对下列哪些损失须承担赔偿责任？（　　）

    A. 因 B 公司过失迟延交货而造成 A 公司在商业上的经济损失

    B. 因船长在驾驶船舶中的过失致使货物损坏

    C. 船舶在正常航线上发生意外致使货物灭失

    D. 船舶航行中为救助他船而使货物部分受损

6. 以下关于海上货物运输合同解除的表述哪些是正确的？（　　）

    A. 船舶一旦开航后，托运人不能解除合同

    B. 托运人可以在船舶开航后要求解除合同，并向承运人支付约定运费的一半

    C. 托运人可以在船舶开航前要求解除合同，但应向承运人支付约定运费的一半

    D. 船舶在装货港开航前，因不可抗力使合同不能履行，双方都有权解除合同

7. 2006 年 10 月 5 日，中国甲公司与加拿大乙公司以 FOB 青岛价格条件，签订了从中国向加拿大出口一批华人所需春节用品的合同，乙公司通过银行开出信用证规定的装船日期为 2006 年 12 月 10 日至 31 日青岛装运。乙公司所订船舶在来青岛的途中与他船相撞，经修理于 2007 年 1 月 20 日才完成装船。甲公司在出具保函的情况下换取了承运人签发的注明 2006 年 12 月 31 日装船的提单。船舶延迟到达目的港纽约，造成收货人丙公司与一系列需方签订的供货合同均延迟履行，并导致一些需方公司向丙公司提出了索赔。丙公司赔偿了提

出索赔要求的需方，随后转而向承运人提出了索赔。

问题：

（1）本案中承运人签发的提单是否属于倒签提单？

（2）承运人应否赔偿收货人丙公司的损失？为什么？

（3）本案货物的风险自何时由卖方转移给买方？

第三节　船　舶　碰　撞

实验：船舶碰撞案件的实务操作

一、实验目标

通过本节实验的学习，了解关于船舶碰撞的国际、国内规范，掌握船舶碰撞损害赔偿的认定，以及责任承担的确定，重点掌握实务中关于船舶碰撞案件处理的基本规则。

二、实验要求

通过本节实验，达到对于船舶碰撞纠纷案件，能够正确认定双方的过失程度，据此确定碰撞责任承担之效果。

三、实验原理

过失碰撞在船舶碰撞事故中最为常见。对船舶碰撞中过失的确定，是计算船舶碰撞损害赔偿的前提，也是构成船舶碰撞损害赔偿的要件之一。在船舶碰撞中，过失可分为实际过失和推定过失；其中，推定过失又可分为法律推定过失和事实推定过失。

实际过失，是指通过举证证明一方在驾驶船舶或管理船舶方面犯有某种或某些具体的过失。驾驶船舶的过失是指海员违反良好船艺或避碰规则所引起的碰撞；而管理船舶方面的过失是指作为一名合格的船员，未尽合理谨慎义务或未能发挥应有的技能，以及船舶所有人未提供良好船舶，并保持船舶处于良好状态，因此碰撞他船。推定过失，是指从已经确立的基本事实推断出假定事实的存在，直至这一推定遭到相反证据的反驳或否认。法律推定过失原则，是指如一船违反法定航行规则，除非该船能够证明在当时情况下，背离航行规则是必要的，或违反规则在当时条件下不可能导致船舶碰撞损害的发生，否则，法律便推定违反航行规则的船舶犯有造成碰撞损害的过失。事实推定原则，是指船舶发生碰撞，如果受损一方能够证明其遭受损害的事实以及其他符合一定要求的基本事实，法庭就可以从这种基本事实推断出另一方犯有过失的假定事实。除非另一方能够证明损害是不可避免的，或自身没有过失，或有过失但没有造成损害结果，否则便应当承担损害赔偿责任。

确定船舶碰撞过失需遵循一般原则和特殊原则。确定碰撞过失的一般原则是：首先，一起船舶碰撞案件，是否存在驾驶船舶的过失，需要把碰撞的全过程分为几个不同航行阶段，即会遇—构成碰撞危险—形成紧迫局面—出现紧迫危险—碰撞，在每一阶段中均以合格船员的良好船艺和国际或地方的航行避碰规则为尺度，来分析、判定是否构成碰撞过失。其次，确定因管船过失造成的碰撞，应包括船员管船过失造成的碰撞和船舶所有人管船过失造成的碰撞。衡量船员管船是否存在过失，其标准是：作为一名合格船员在管船中是否已尽合理谨慎义务和发挥良好技能。而判断船舶所有人管理船舶是否存在过失，其主要依据是国际公约或国内法。确定碰撞过失的特殊原则有：最后机会原则、宾夕法尼亚规则、双方疏忽等效规则。在不同国家，确定碰撞过失的原则适用情况有所不同。①

四、实验材料

(一) 案例材料

新加坡某甲船务公司诉厦门某乙轮船公司船舶碰撞案②

原告（反诉被告）：新加坡某甲船务有限公司

被告（反诉原告）：厦门某乙轮船有限公司

2007 年 3 月 20 日，原告所属的 1 号轮从新加坡港口运载钢材开往宁波港口，28 日晚航行至宁波象山海域时，与被告所属的 2 号轮船左舷前部发生碰撞，造成 2 号轮左舷前部凹陷，1 号轮尖部也受损，并导致 1 号轮所载 3000 吨左右钢材沉没。事故发生后，双方检查确认无人员伤亡，船体损坏部位均在吃水线以上，双方船长签字确认了事故记录，两船即各自续航目的港。3 月 31 日，原告向宁波海事法院提起了诉讼，认为碰撞

---

① 参见司玉琢：《海商法》（第二版），法律出版社 2007 年版，第 265～269 页。

② 案例来源于宁波海事法院网，http://www.nbhsfy.cn。案例主体及案例事实有改动。

事故完全是由于 2 号轮船违反航行规则造成的，应对事故负全部责任，故诉请判令被告赔偿原告经济损失 850 万元，该债权对 2 号轮船具有船舶优先权，并由被告承担诉前扣船费用及本案的诉讼费用。被告答辩并提出反诉认为，碰撞事故是由于 1 号轮航行中疏忽瞭望，未使用安全航速，未谨慎驾驶，在紧迫情况下采取的避碰措施不当所致，因此 1 号应负主要责任，请求驳回原告的诉讼请求，判令原告赔偿 2 号轮船因碰撞事故遭受经济损失共计 697100 元，并由原告承担本案的诉讼费用。

（二）法条材料

《海商法》第 165 条：船舶碰撞，是指船舶在海上或者与海相通的可航水域发生接触造成损害的事故。

前款所称船舶，包括与本法第三条所指船舶碰撞的任何其他非用于军事的或者政府公务的船艇。

《海商法》第 166 条：船舶发生碰撞，当事船舶的船长在不严重危及本船和船上人员安全的情况下，对于相碰的船舶和船上人员必须尽力施救。

碰撞船舶的船长应当尽可能将其船舶名称、船籍港、出发港和目的港通知对方。

《海商法》第 167 条：船舶发生碰撞，是由于不可抗力或者其他不能归责于任何一方的原因或者无法查明的原因造成的，碰撞各方互相不负赔偿责任。

《海商法》第 168 条：船舶发生碰撞，是由于一船的过失造成的，由有过失的船舶负赔偿责任。

《海商法》第 169 条：船舶发生碰撞，碰撞的船舶互有过失的，各船按照过失程度的比例负赔偿责任；过失程度相当或者过失程度的比例无法判定的，平均负赔偿责任。

互有过失的船舶，对碰撞造成的船舶以及船上货物和其他财产的损失，依照前款规定的比例负赔偿责任。碰撞造成第三人财产损失的，各船的赔偿责任均不超过其应当承担的比例。

互有过失的船舶，对造成的第三人的人身伤亡，负连带赔偿责任。一船连带支付的赔偿超过本条第一款规定的比例的，有权向其他有过失的船舶追偿。

五、实验过程

步骤一：确定案件的管辖权和适用的法律。

当船舶碰撞事故发生后，由于碰撞双方都会选择对自己有利的地点进行诉讼，极易引起案件的管辖权冲突，会出现同一个案件在两个或两个以上的法院同时审理，导致不同国家的法院对同一个案件作出不同的判决。而根据国家主权原则，一国法院不能宣布另一国法院的判决无效，也不会因另一国法院已对案件作出判决而终止该案件在本国的诉讼。因此，当船舶碰撞事故发生后，首先应当确定案件管辖权的归属，其次再进一步确定准据法。

根据《1952 年船舶碰撞民事管辖权方面某些规则的国际公约》的规定，关于海船与海船或海船与内河船舶发生的碰撞，原告只能向下列法院提起诉讼：①被告经常居住地或营业所所在地的法院；②被扣船或可依法扣留的属于被告的任何其他船舶的法院，或本可进行扣留并已提出保证金或其他保全地点的法院；③碰撞发生于港口或内河水域以内时，碰撞发生地点的法院具有管辖权。同时，原告有权选择法院进行诉讼，但不得在未撤销原有诉讼之前，就同一事实对同一被告在另一管辖区域内提起诉讼。

我国尚未加入该公约，此时应查询我国国内相关立法的规定。我国《民事诉讼法》第 29 条规定："因侵权行为提起的诉讼，由侵权行为地或者被告住所地人民法院管辖。"第 31 条规定："因船舶碰撞或者其他海事损害事故请求损害赔偿提起的诉讼，由碰撞发生地、碰撞船舶最先到达地、加害船舶被扣留地或者被告住所地人民法院管辖。"《海事诉讼特别程序法》第 6 条规定，因海事侵权行为提起的诉讼，除依照《民事诉讼法》第 29 条至第 31 条的规定以外，还可以由船籍港所在地海事法院管辖。在本案中，船舶碰撞事故发生在我国宁波象山海域，事故发生后，原告新加坡某甲船务有限公司向我国宁波海事法院提起诉讼，因此宁波法院作为侵权行为地法院、被告住所地法院、碰撞船舶最先到达地法院，对本案享有管辖权。

我国海事法院自成立以来，受理并审结了许多船舶碰撞案件，在管辖实践中积累了相当多的经验且形成了一些管辖原则，即在处理发生在我国领海内和其他管辖海域的船舶碰撞案件时，对以下三种案件坚决行使管辖权：（1）发生碰撞的船舶，只要一方是本国船；（2）碰撞船舶都是外国船，但给我国造成损害；（3）碰撞船舶都是外国船，但只要有一方或双方向我国法院起诉。①

依据国际私法中的最密切联系原则，有关船舶碰撞的准据法主要有以下几种：侵权行为地法、法院地法、船旗国法。《海商法》第 273 条规定："船舶碰撞的损害赔偿，适用侵权行为地法律。船舶在公海上发生碰撞的损害赔偿，

---

① 参见陈宪民：《海商法理论与司法实践》，北京大学出版社 2006 年版，第 241 页。

适用受理案件的法院所在地法律。同一国籍的船舶，不论碰撞发生于何地，碰撞船舶之间的损害赔偿适用船旗国法律。"因此，该案件应该适用侵权行为地法（中国法律）来进行审理。

步骤二：对双方过失的认定。

我国政府于 1980 年 1 月 7 日正式加入《1972 年国际海上避碰规则》，但是作出了保留："属于中华人民共和国的非机动船舶不受海上避碰规则的约束。""避碰规则"主要是关于船舶航行时应遵守的各种规则，在碰撞事故发生后，法院往往依据该规则来判断双方对碰撞事故发生应承担的责任。这一避碰规则中关于船舶驾驶和航行规则的规定有：①船舶应保持正规瞭望，及时发现来船或其他物体，避免发生碰撞。②船舶在任何时候均应用安全航速行驶，以便能采取适当而有效的避碰行动，并能在适合当时环境和情况的距离以内把船停住。③避免碰撞的行动。为避免碰撞而作的航向或航速的任何变动，如当时环境许可，应大得足以使他船用视觉或雷达观察时容易察觉到；应避免对航向或航速作一连串的小变动。④两船相遇时，各船应向右转向。船舶沿狭水道或航道行驶时，只要安全可行，应尽量靠近本船右舷的该水道或航道的外缘行驶。

经调查发现，被告 2 号轮的过失是，没有保持正规瞭望，在航行中未使用安全航速，造成了紧迫局面；同时，在为避免碰撞而采取措施时，没有充分估计与原告 1 号轮之间的安全距离，最终导致两船舶碰撞。被告 2 号轮的过失是造成碰撞的主要原因，应当负主要责任。而原告 1 号轮的过失在于，没有保持正规瞭望，违反了安全航速的规定，在港内逆水航行且航速过高，在紧迫局面形成后，未能运用良好船艺来有效地避免碰撞的发生。因此，原告 1 号轮对碰撞事故应承担次要责任。

步骤三：损害赔偿原则。

结合我国《民法通则》、《海商法》、《最高人民法院关于审理船舶碰撞和触碰案件财产损害赔偿的规定》（以下简称《损害赔偿规定》），船舶碰撞损害赔偿的原则有：①恢复原状原则，即承担碰撞损害责任的一方应当尽量使该损害达到事故前的状况，赔偿应当尽量达到恢复原状的效果，不能恢复原状的折价赔偿。虽然恢复原状原则已得到普遍适用，但实际处理船舶碰撞事故时仍然存在一定难度。②赔偿实际损失原则。《损害赔偿规定》第 1 条第 1 款规定："请求人可以请求赔偿对船舶碰撞或者触碰所造成的财产损失，船舶碰撞或者触碰后相继发生的有关费用和损失，为避免或者减少损害而产生的合理费用和损失，以及预期可得利益的损失。"据此，实际损失是指船舶发生碰撞事故后引起的直接后果与延伸后果所造成的直接或间接损失。③尽量减少损失原则。船舶碰撞事故发生后，受害方应当尽量减少损失，使损失不致进一步扩大。此外，因请求人的过错造成的损失或者使损失扩大的部分，不予赔偿。需要注意的是，《损害赔偿规定》不包括对船舶碰撞或者触碰责任的确定，不影响船舶所有人或者承运人依法享受免责和责任限制的权利。

步骤四：船舶碰撞案件的证据规则。

海上船舶碰撞的证据具有秘密性、流动性，如果不及时进行证据保全，将不利于对船舶碰撞责任的确定和船舶碰撞纠纷的正确处理。《海事诉讼特别程序法》第五章对海事证据保全制度作出了专门规定。海事证据保全是指海事法院根据海事请求人的申请，对有关海事请求的证据予以提取、保存或者封存的强制措施。采取海事证据保全，应当具备下列条件：①请求人是海事请求的当事人；②请求保全的证据对该海事请求具有证明作用；③被请求人是与请求保全的证据有关的人；④情况紧急，不立即采取证据保全就会使该海事请求的证据灭失或者难以取得。海事法院进行海事证据保全，根据具体情况，可以对证据予以封存，也可以提取复制件、副本，或者进行拍照、录像，制作节录本、调查笔录等；确有必要的，也可以提取证据原件。

我国《海事诉讼特别程序法》第82条规定，审理船舶碰撞案件时，"原告在起诉时、被告在答辩时，应当如实填写《海事事故调查表》"。第84条规定："当事人应当在开庭审理前完成举证。当事人完成举证并向海事法院出具完成举证说明书后，可以申请查阅有关船舶碰撞的事实证据材料。"这是对船舶碰撞案件中证据固定和保密的要求。具体来说，主要表现在以下几方面：（1）双方当事人应当严格按照法律规定的举证时限提供证据，如实填写《海事事故调查表》等，在当事人不提供或者逾期提供证据时认定其举证不能；（2）海事法院向当事人送达起诉状或者答辩状时，不附送有关证据材料；（3）当事人完成举证并向海事法院出具完成举证说明书后，才可以申请查阅他人提供的有关船舶碰撞的事实证据材料，而不适用庭前证据交换或证据披露等一般民事诉讼证据规则；（4）除有新的证据并有充分理由说明该证据不能在举证期间内提交的以外，当事人不能推翻其在《海事事故调查表》中的陈述和已经完成的举证。

船舶碰撞案件中，原、被告应当填写和提交《海事事故调查表》，并提交有关证据加以证明。同时，原、被告还应提交下列证据：当事人的船舶所有权证书和船舶国籍证书；当事船舶的船舶检验证书和适航证书；当事船舶的航行签证簿和营运许可证或类似文件；当事船舶在航行中的航行日志、甲板、轮机、车钟、电台、雷达等原始记录或类似文件；当事船舶罗经差表和碰撞时所使用的原始海图及自动航向记录；当事船舶的船长值班驾驶员、轮机员的适任证书、船员人数、名单、地址及相应的职务证书；海事事故发生水域的气象、水文情况等证明材料；当事船舶的海事报告或海事声明；当事船舶的海损检验报告；当事船舶发生海事事故时在场证人的证言等。

这些证据规则具有重要意义：首先，有利于防止当事人滥用诉讼权利，故意不提供证据拖延诉讼，或者采取向对方当事人突然提出新证据等"诉讼突袭"行为；第二，有利于防止当事人查阅了对方资料后，资料所有方又篡改或伪造书证，这不利于案件的公正审判。进行证据固定，有利于查清船舶碰撞的事实真相，使纠纷得以公正、正确的解决。

步骤五：案件的审理结果。

法院依据双方的过失行为与构成紧迫局面进而导致碰撞发生的因果关系，以及各原因的主次关系，判断碰撞双方的过失程度，认为：被告2号轮轮应负55%的碰撞责任，而原告1号轮应承担45%的碰撞责任。在本案中，法院确定船舶碰撞过失的一般原则是，将确定过失的客观标准具体化，重点审查碰撞船舶是否存在驾驶及管理的过失，尤其是紧迫局面形成前有无违章、疏忽行为，紧迫局面形成后避碰行动是否适时有效等。①

六、拓展思考

2005年3月27日，被告某客运有限公司所有的A船，与被告某养殖公司所有的B船，在大连市长海县海域发生碰撞，造成B船上的水手王某死亡。经查明，两船在碰撞事故中均存在过失。由于王某与养殖公司之间存在劳动合同关系，而养殖公司参加了工伤保险，因此，王某死亡后，其家属从县社保机构获得了9万余元的工伤保险赔付。但家属认为工伤保险赔付金额过低，随后又向法院提起了民事侵权损害赔偿诉讼，要求养殖公司和客运公司作为共同侵权人，连带承担人身损害赔偿责任共计30余万元。

思考：在双方互有过失的船舶碰撞中，如果造成船员人身损害，那么工伤保险赔偿与民事侵权损害赔偿之间的关系如何？

---

① 参见张丽英：《海商法原理·规则·案例》，清华大学出版社2006年版，第138页。

七、课后训练

1. 悬挂不同国旗的甲、乙两船在公海上相撞后，先后驶入我国港口，并在我国海事法院提起索赔诉讼。根据我国海商法，我国法院审理该案应适用什么法律？

  A. 甲船先到达港口，应适用甲船船旗国法律

  B. 乙船是被告，应适用乙船船旗国法律

  C. 应适用我国法律

  D. 应适用有关船舶碰撞的国际公约

2. 甲船与乙船在公海上相撞，以下说法不正确的是（　　　）

  A. 如果无法查明碰撞原因，则互相不负赔偿责任

  B. 如果双方互有过失，但是过失比例无法确定，则互相不负赔偿责任

  C. 如果造成第三人财产损失，则双方向第三人承担按份责任

  D. 如果造成第三人人身伤害，则双方向第三人承担连带责任

3. 根据我国海商法的规定，有关船舶碰撞的请求权，时效期间为（　　　），自碰撞事故发生之日起计算。

  A. 1 年　　　B. 2 年　　　C. 3 年　　　D. 4 年

4. 根据我国海商法对船舶碰撞请求权诉讼时效的相关规定，在当事人承担连带责任时，如连带支付的赔偿额超过应承担的比例的，其追偿时效期间为（　　　），从当事人连带支付之日起计算。

  A. 3 个月　　　B. 半年　　　C. 1 年　　　D. 2 年

5. 海上人身伤亡损害赔偿的最高限额为每人（　　　）万元人民币。

  A. 50　　　B. 60　　　C. 70　　　D. 80

6. 翻译（英译汉）：

The compensation liability resulted from ship collision shall be borne by ship owners, or shall be borne by the bareboat charterer if the ship collision occurs during the bareboat charter period and the bareboat charter is registered according to law.

Neither of the parties shall be liable to the other if the collision is caused by *force majeure* or other causes not attributable to the fault of either party or if the cause thereof is left in doubt. If the collision is caused by the fault of one of the ships, the one in fault shall be liable therefor. If the colliding ships are all in fault, each ship shall be liable in proportion to the extent of its fault; if

315

the respective faults are equal in proportion or it is impossible to determine the extent of the proportion of the respective faults, the liability of the colliding ships shall be apportioned equally.

7. 试述 1910 年《碰撞公约》对碰撞责任的划分原则。

第四节　海　难　救　助

实验：海难救助报酬

一、实验目标

了解救助合同的订立，理解海难救助的构成要件以及救助人取得救助报酬的要件，掌握救助报酬的担保、确定及分摊。

二、实验要求

通过本节实验操作，达到能够准确地判断是否构成海难救助，以及确定救助报酬的数额与分摊的效果。

三、实验原理

海难救助合同，是指救助人与被救助人在救助开始前或进行中达成的，由救助方对被救助方遇难的船舶或其他财产进行救助，而由被救助方支付救助报酬或救助费用的协议。通常而言，海难救助发生时情况紧急，救助合同双方无法就海难救助合同的具体内容进行协商，因此各国法律和国际公约对海难救助合同的订立、成立与内容，都没有作出严格的规定。我国海商法规定，救助方与被救助方就海难救助达成协议，救助合同成立。遇险船舶的船长有权代表船舶所有人订立救助合同。遇险船舶的船长或者船舶所有人有权代表船上财产所有人订立救助合同。

救助方的基本权利和义务有：（1）以应有的谨慎进行救助；（2）以应有的谨慎防止或者减少环境污染损害；（3）在合理需要的情况下，寻求其他救助方援助；（4）当被救助方合理地要求其他救助方参与救助作业时，接受此种要求，但是要求不合理，原救助方的救助报酬金额不受影响。被救助方的基本权利和义务有：（1）与救助方通力合作；（2）以应有的谨慎防止或者减少环境污染损害；（3）当获救的船舶或者其他财产已经被送至安全地点时，及时接受救助方提出的合理的移交要求。

海难救助合同一经成立，即为有效，任何一方不得变更、解除、终止合同或者宣告合同无效。有下列情形之一的：（1）合同在不正当的或者危险情况的影响下订立，合同条款显失公平的；（2）根据合同支付的救助款项明显高于或者低于实际提供的救助服务的，经一方当事人起诉或者双方当事人协议仲裁，受理争议的法院或者仲裁机构可以判决或者裁决变更救助合同。因此，海难救助合同只能依法进行变更，而不存在合同无效与合同解除的情形。

四、实验材料

（一）案例材料

1号轮海难救助报酬纠纷案①

原告：某 A 海上救助打捞局

被告：某 B 油品销售中心

1999 年 2 月 21 日 4 时，承运被告所有的汽油 1500 吨的 1 号轮，在距钦州港进港航道 1 号标 0.4 海里处慢速航行。5 时左右，值班水手发现艏甲板锚机处有小火花，立即向大副报告，大副交代水手把定航向并停航，前往查看。20 分钟后 1 号轮发生爆炸，船员救火未果而弃船。同日 6 时，钦州港务局在得知有一艘船在钦州港航道起火后，向钦州港务监督局报告，钦州港务监督局立即成立了救助指挥小组。8 时，钦州市消防支队官兵乘钦州港务局所属"钦兴"轮赶赴现场。"钦兴"轮仔细观察火情后，使用桅杆上的消防枪灭火，但因灭火设备功能有限，灭火效果不理想。由于 1 号轮的锚设备和系缆设备均被炸毁，"钦兴"轮无法通过拖带改变难船方向以便灭火。18 时，难船已漂移到距钦州港进港航道 1 号标 16.5 海里的海面，情况危急。交通部值班室接到报告后，立即指令广西交通厅和广西港务监督局采取措施，调动救助力量，防止事故损失进一步扩大。指挥小组奉命又调派了防城港务局的"防港拖 6"轮和"钦兴"轮一起实施救助。23 时，两艘拖轮追上了 1 号轮，但由于火势太大，无法施救，只能在周围监视。

---

① 案例来源于中国海事海商网，http://www.haishangfa.com/index.htm。

同日 13 时，交通部电话通知原告予以施救。于是，原告通知其北海救助站，要求"穗救拖 9"轮及其所属的"德顺"轮立即赶赴现场。当"德顺"轮抵达难船附近，钦州港务监督局通知其不要开往难船现场，等候交通部指示。随后，钦州港务监督局传达交通部指示："德顺"继续守护，其余船舶退离现场。"德顺"轮向原告报告称：难船不再爆炸，但有浓烟冒出。于是，"德顺"轮靠近 1 号轮，用消防水枪对其进行灭火。"德顺"与难船接拖完毕开往钦州港，但是由于难船没有舵效，"德顺"轮未能将难船拖至钦州港。

24 日，1 号轮船东代表、钦州港务监督局与"德顺"轮对 1 号轮进行交接。交接时难船上的状况为：艉楼被炸、第一货油舱盖被撤掉、辅机损坏、大副脑颅崩裂死亡、船舶倾斜。25 日，钦州港务监督局与 1 号轮船东办理了船货交接手续。钦州港务监督局考虑到船货及港口的安全，要求 1 号轮将船载汽油卸于码头。2 月 26 日，1 号轮实卸被告所有的 1420 吨汽油于某码头仓储有限公司的油库。本案获救货物的价值为 2840000 元。

双方争议的主要焦点是：（1）原告认为其对 1 号轮灭火及安全拖抵港口交给被告的行为构成了海难救助，被告应向原告支付救助报酬 840000 元。为此，请求法院判令被告支付上述救助报酬及其利息。（2）被告辩称，原告的救助虽然有效果，但原告实施的是行政救助，原告不应请求救助报酬。原告即使请求救助报酬，该报酬不应超过获救价值的 5.4%。本案事故是由于 1 号轮不适航造成的，原告请求的救助报酬应由 1 号轮的船东支付。

（二）法条材料

《海商法》第 171 条：本章规定适用于在海上或者与海相通的可航水域，对遇险的船舶和其他财产进行的救助。

《海商法》第 174 条：船长在不严重危及本船和船上人员安全的情况下，有义务尽力救助海上人命。

《海商法》第 175 条：救助方与被救助方就海难救助达成协议，救助合同成立。

遇险船舶的船长有权代表船舶所有人订立救助合同。遇险船舶的船长或者船舶所有人有权代表船上财产所有人订立救助合同。

《海商法》第 179 条：救助方对遇险的船舶和其他财产的救助，取得效果的，有权获得救助报酬；救助未取得效果的，除本法第一百八十二条或者其他法律另有规定或者合同另有约定外，无权获得救助款项。

《海商法》第 180 条：确定救助报酬，应当体现对救助作业的鼓励，并综合考虑下列各项因素：

（一）船舶和其他财产的获救的价值；

（二）救助方在防止或者减少环境污染损害方面的技能和努力；

（三）救助方的救助成效；

（四）危险的性质和程度；

（五）救助方在救助船舶、其他财产和人命方面的技能和努力；

（六）救助方所用的时间、支出的费用和遭受的损失；

（七）救助方或者救助设备所冒的责任风险和其他风险；

（八）救助方提供救助服务的及时性；

（九）用于救助作业的船舶和其他设备的可用性和使用情况；

（十）救助设备的备用状况、效能和设备的价值。

救助报酬不得超过船舶和其他财产的获救价值。

《海商法》第 183 条：救助报酬的金额，应当由获救的船舶和其他财产的各所有人，按照船舶和其他各项财产各自的获救价值占全部获救价值的比例承担。

五、实验过程

步骤一：判断原告的行为是否构成海难救助。

海难救助的构成必须符合以下条件：

（1）救助标的必须是法律所承认的。为法律所认可的救助标的必须在法律规定范围之内，否则不构成救助行为。在国际救助业务中，船舶和船载货物是最常见的法律认可标的物。随着海上财产的多样化，海难救助的标的范围逐步扩大，但各国海商法都对救助对象作了限制性或排除性规定。我国《海商法》第 172 条规定，"船舶"是指《海商法》第 3 条所称的船舶和与其发生救助关系的任何其他非用于军事的或者政府公务的船艇。"财产"是指非永久地和非有意地依附于海岸线的任何财产，包括有风险的运费。第 173 条规定将"海上已经就位的从事海底矿物资源的勘探、开发或者生产的固定式、浮动式平台和移动式近海钻井装置"排除在救助标的范围之外。第 181 条排除了船员获救的私人物品和旅客获救的自带行李。根据我国海商法的规定，其并没有排除军舰和公务船作为救助人的法律资格，但却排除了其作为被救助对象的资格。

（2）被救财产处于真正的危险之中。海难的存在是产生海难救助行为前提条件。至于海难发生后，被救物处于何种危险才构成海难救助的危险，国际公约和我国海商法都没作出统一规定。在学理上，对于危险是否存在有两个标准：一是主观标准，即只要被救助船的船员不拒绝外来救助，危险就存在；一是客观标准，即船舶是否处于真正的危险，不能完全依赖船长的判断，还应借助于各种仪器或证据进行客观的认定。① 但在司法实务中，真实危险的判断标准有二：一是船货或其他海上财产和人员合理地丧失自行脱离危险的能力，且危险已经发生或尚在继续，正在或即将发生。二是合格船长在当时的情况下，能合理断定如不施救，船货即有可能发生重大损失或继续发生损失，人命将丧失。危险是客观存在的，不是臆想的。②

（3）救助行为必须是自愿的行为。自愿救助有两种情形：一是救助人主观自愿行为。如果救助人的救助没有被明确和合理地拒绝，则视为被救助人默示同意，救助人可享有救助报酬请求权。在这种自愿救助中，救助人不负有任何法律义务，其救助行为只是一种见义勇为行为。我国海商法赋予被救助方是否接受救助的自由选择权，该权利可在救助作业开始前或开始后的任何时间行使。二是遇难船舶的船员对本船的自救行为。我国《海商法》第 174 条规定："船长在不严重危及本船和船上人员安全的情况下，有义务尽力救助海上人命。"这种救助行为对于遇难船舶的船长和船员来说，属于法定义务，救助人不得请求支付救助报酬。

（4）救助行为必须有效果。国际公约和各国海商法均普遍接受"无效果，无报酬"原则。1910 年《统一海上救助若干法律规则的国际公约》第 2 条规定，"凡已取得有益成果的每一项救助活动，都有权获得公平的报酬。如果所提供的服务并未产生有益的成果，便不应付与报酬。在任何情况下，所付报酬的金额都不得超过获救财物的价值。"我国《海商法》第 179 条规定："救助方对遇险的船舶和其他财产的救助，取得效果的，有权获得救助报酬；救助未取得效果的，除本法第一百八十二条或其他法律另有规定或合同另有约定外，无权获取救助款项。"

---

① 参见金正佳：《海商法专题研究》，中山大学出版社 2004 年版，第 181 页。
② 参见张湘兰主编：《海商法》，武汉大学出版社 2008 年版，第 234 页。

在本案中，原告的救助行为构成海难救助。原因在于：首先，本案的被救物为船舶和船载货物，是法律承认的救助标的。其次，本案发生爆炸事故的船舶失去动力而漂流于海上，如不及时施救，不但会发生沉没事故，而且还可能发生油污事故。可见本案的船舶及货物正处于危险之中。再次，本案的救助行为是自愿行为。救助人的自愿行为表现在其听从了交通部的指令对难船实施了救助（这里出现了强制救助和自愿救助的竞合），并根据难船船东的委托将船舶拖航至目的港。被救助人的自愿行为表现在两方面：一方面是救助人在实施灭火的救助行为时，被救助人并未作明确而合理的禁止救助的意思表示，已默认了救助人的救助行为，属于默示自愿行为；另一方面，当意识到灭火后的难船尚处于危险状态之中后，难船船东书面委托原告将难船拖回钦州港。最后，本案的救助行为取得了效果。本案救助取得的效果是非常明显的，船舶及货物均被安全地拖航至安全港。由此可见，原告的救助行为取得了一定的效果，可以主张救助报酬。

步骤二：海难救助的类型。

根据不同的分类标准，对于财产的海难救助可以划分为不同类型：首先，按救助行为的实施有无法律上的强制性，海难救助可分为强制救助与自愿救助。前者是一国行使其国家主权的具体表现，属于公法上的权力，只能由法定的主管机关来行使，其他任何法人或个人不具有此项权力。而后者是指救助方在他船危难时，既无法律规定的义务也无合同上的义务，而自愿对遇险船舶实施海难救助的行为。其次，依据救助行为的产生是基于合同约定或法律规定，海难救助可以分为契约救助与义务救助。再次，依据救助主体是否为行政机关，海难救助可分为商业救助和行政救助。前者是指行政机关以外的单位、企业和人员对海难实施的救助。商业救助可以获得救助报酬，在实践中已无争议。后者的实施主体是行政机关，其实施救助行为后是否享有海难救助报酬请求权？在实践中存在争议。一种观点认为行政机关不能索赔，原因在于其是国家授权的从事救助事务的单位，对遇难人员、船舶及船载货物等实施救助是其应尽的义务，不得请求报酬；另一种观点则认为，为了体现"鼓励社会参与海难救助"的基本思想，应当对行政机关的海难救助报酬请求权予以认可，但基于职责范围内的海难救助，不得主张海难报酬。

本案中，二审法院将原告实施救助的行为定性为商业救助，理由是：原告所属的救助船舶受交通部的指令，在由钦州港务监督局等部门组成的指挥小组的组织协调和指挥下对难船实施救助。该救助遵守了《海上交通安全法》第38条"主管机关接到求救报告后，应当立即组织救助。有关单位和在事故现场附近的船舶、设施，必须听从主管机关的统一指挥"的规定。原告虽然为交通部下属的专业救助机构，但同时又是一个企业法人，原告为国有企业，其依法经营管理国有的施救船舶及其他设备，进行国内外船舶救助等经营活动，其救助行为同时又是经营行为，并非基于行政职责或法律上的义务。二审法院未支持被告所认为的此次救助为行政救助的上诉主张。

步骤三：救助报酬的确认。

在海难救助报酬纠纷中，救助报酬数额的确定是一项极为复杂的工作，没有绝对的准则和固定的数额、比例可以遵循。在实务中，各国立法都倾向于赋予法院或仲裁人以自由裁量权。我国海商法也仅仅确定了救助报酬的三个原则：一是鼓励救助作业原则。二是救助报酬确定应综合考虑十项因素原则，即船舶和其他财产的获救价值；救助方在防止或者减少环境污染损害方面的技能和努力；救助方的救助成效；危险的性质和程度；救助方在救助船舶、其他财产和人命方面的技能和努力；救助方所用的时间、支出的费用和遭受的损失；救助方或者救助设备所冒的责任风险和其他风险；救助方提供救助服务的及时性；用于救助作业的船舶和其他设备的可用性和使用情况；救助设备的备用状况、效能和设备的价值。三是救助报酬不得超过获救财产价值原则。

根据现行法律的规定，由被救助船舶所有人，货物、运费所有人或其他海上获救财产所有人支付救助报酬。因此，在本案中，救助报酬应当由获救财产的所有人，即原告某 B 油品销售中心支付救助报酬。

在本案中，一审法院与二审法院在救助报酬确定问题上产生了分歧。一审法院以获救财产的价值为基准，根据自由裁量权按获救财产的 15% 确定救助报酬，而没有支持原告按照获救财产的 30% 计算救助报酬的主张，于是判决被告向原告支付救助报酬 426000 元。而二审法院认为一审法院在救助报酬的确定上没有依据，而采用 1991 年颁布的《中华人民共和国交通部国内航线海上救助打捞收费办法》中所规定的费率表和拖轮功率、救助时间等参数计算出基本救助报酬，再参考救助过程中出现的各种因素，酌情增加救助报酬。其依照《海商法》第 180 条的规定，体现对救助作业的鼓励，在 59325.408 元基本救助费的基础上，二审法院将救助报酬酌情提高到约基本救助费的 3 倍即 178000 元。

步骤四：法院对本案的审理意见。

一审法院认为，首先，1 号轮在钦州港航道起火爆炸，船员弃船，船舶处于危险之中，原告对其进行施救，其救助行为符合海商法中关于海难救助的规定，原、被告之间的纠纷是一宗海难救助报酬纠纷。虽然原告是在交通部的协调下进行施救，但某 A 海上救助打捞局是一个企业法人，交通部的协调不影响其施救的性质。其次，1 号轮是一艘油船，起火爆炸后，全部船员弃船逃生，船舶在海面随风漂流，船舶处于极度危险之中，原告灭火时危险程度较大；灭火后，由于 1 号轮所装载的是易燃易爆物品，本身没有动力，其舾楼和系缆设备均已炸毁，原告船舶对其进行尾拖也存在一定的危险，需要一定的技能。原告成功地将难船的火灾扑灭，安全地将其拖到钦州港，避免了船货全损和环境污染，因此，原告有权按获救财产、价值的一定比例向被告请求救助报酬及其利息。本案获救货物的价值为 2840000 元，双方对此没有异议，利息从救助结束、船货处于安全状态之次日即 1999 年 2 月 27 日开始，按中国人民银行同期流动资金贷款利率计算。被告认为救助报酬不应超过获救财产价值的5.4% 的主张没有依据，不予支持。至于 1 号轮起火爆炸是否由于该轮不适航造成，其船舶所有人是否应支付被告分摊的救助报酬的问题，不属本案审理范围，不予考虑。一审法院判决：被告某 B 油品销售中心向原告支付救助报酬426000 元。

二审法院在救助报酬确定的问题上，与一审法院产生了分歧。他们认为：原审法院确定的救助报酬为 426000 元，但该救助报酬的认定缺乏基本依据。交通部海上救助打捞局曾于 1993 年 10 月对《中华人民共和国交通部国内航线海上救助打捞收费办法》作出调整，并适用至今，该办法并未排斥商业性救助，而且与海商法的规定没有冲突，因此被告主张适用该办法来确定救助报酬可以采纳。依照《海商法》第 180 条的规定，为体现对救助作业的鼓励，在59325.408 元基本救助费的基础上，二审法院将救助报酬酌情提高到约基本救助费的 3 倍即 178000 元。

讨论：对于一审法院与二审法院的审理意见，你支持哪方？请说出你的理由。

六、拓展思考

为顺应国际海上救助实践和国际海事法律的发展，1989 年《国际救助公约》第 14 条正式确立了特别补偿制度，作为对"无效果，无报酬"原则之补充。所谓特别补偿条款，是指当船舶或船上货物对环境构成污损威胁时，救助人对其进行救助作业，即使救助无效果或效果不明显，且未能防止或减轻环境污染，根据 1989 年《国际救助公约》第 13 条"评定报酬的标准"条款确定的救助报酬少于其所花费用时，救助人有权获得相当于该费用的特别补偿。如果救助作业同时防止或减轻环境污染，特别补偿可增加到救助人所支付费用的130%，在特别情况下，法院或仲裁机构可根据公平、合理的原则，将此项补偿增至 200%。

然而随着海运事业的发展，特别补偿制度在实践中逐渐暴露出不足。例如：1992 年的 The Nagasaki Spirit 案件对特别补偿制度提出了挑战。其基本案情是：1992 年 9 月 19 日，装载 4 万吨原油的 Nagasaki Spirit 轮（下称 NS 轮）与另一艘集装箱轮 Ocean Blessing（下称 OB 轮）在马来西亚北部马六甲海峡发生碰撞，并造成两船起火。原本 S 救助公司同意救助 NS 轮及船上货油，双方签署 LOF1990。同日，S 救助公司亦与 OB 轮达成协议，并随即派船开始救助作业。马来西亚政府恐怕 NS 船造成污染，下令 S 公司将 NS 轮拖离马来西亚水域。印度尼西亚政府同意 NS 船将其船上剩余货油转卸他船。NS 轮被拖往新加坡修理，并在新加坡交船给船东。案件的争议焦点在于"公平费率"的含义和计算方法以及计算特别补偿的起讫期间。案件经过仲裁、上诉仲裁、英国高等法院海事庭的一审、英国上诉法院的上诉审理、英国上议院的终审，最终英国在海难救助法中确立特别补偿制度中的所谓"Nagasaki Spirit 原则"。该原则包含两方面内容：（1）"公平费率"不包括利润因素在内，仅视实际发生的救助费用来定，而且该费率应考虑救助设备等管理费和闲置期间等因素；（2）特别补偿可请求的救助期间应指整个作业期间，不论对环境损害的威胁在完成救助作业之前是否存在。然而，由于特别补偿制度本身存在缺陷以及在实践中遇到越来越多的挑战，学者们开始探讨这一制度的发展与完善。

思考：你认为海上救助特别补偿制度存在哪些缺陷？应当如何完善？请对我国海上救助补偿制度的完善提出你的设想与建议。

七、课后训练

1. 下列选择中哪些属于海难救助的对象？（　　　）

　　A. 到付运费　　　B. 海船　　　C. 浮动式平台　　　D. 军事用船艇

2. 根据 1989 年《国际救助公约》的规定，以下哪些是法院确定救助报酬的依据：（　　　）

　　A. 获得效果的程度　　　　　B. 救助人的努力和业绩

　　C. 救助工作所用时间　　　　D. 被救助财产的价值

3. 根据我国海商法的规定，获救满（　　　）的船舶和其他财产，如果被救助方不支付救助款项也不提供满意的担保，救助方可以申请法院裁定强制拍卖。

　　A. 30 日　　　　B. 60 日　　　　C. 90 日　　　　　D. 120 日

4. 根据我国海商法的规定，有关海难救助的请求权，时效期间是（　　　）年，自救助作用终止之日起计算。

A. 半年　　　　　B. 1 年　　　C. 2 年　　　　　　　D. 3 年

5. 一艘油轮在进入我国某海港时因受海浪影响而触礁，部分原油泄漏，我国某救助公司立即对其进行了救助，将其安全带到港口并防止了原油的进一步泄漏。关于此次海难救助，下列说法哪些是正确的？（　　　）

　A. 救助报酬不得超过船舶和其他财产的获救价值

　B. 获救船舶的船舶所有人和船上所载原油的所有人应就救助报酬承担连带责任

　C. 救助费用可作为共同海损费用由利益各方分担

　D. 有关救助报酬请求权的时效期间是 2 年，自救助作业终止之日起计算

6. 中国某甲号远洋货轮从伦敦港装载了 2000 吨货后，于 1999 年 5 月 8 日离港到法国马赛港加载。当日晚 19 点 45 分，当船航行至直布罗陀海峡附近时，突然发现船舶上层建筑起火。事后查证：失火原因是由于一船员在房间使用电炉，电炉过热着火而引起火灾。由于发现起火时间晚，火势蔓延迅速，船员无法扑灭大火，船长决定发出 SOS 求救信号，同时船长命令本船船员和部分随船家属撤离船舶，在法国海军和渔民的救助下，除 3 名船员外，所有船员和家属都被救出，部分船员送进医院治疗烟熏和烧伤。法国某救助公司在获悉中国某甲号货轮失火的消息后，主动派了 4 条救助拖船、一架直升机和消防人员奔赴现场，进行灭火救助，至 5 月 9 日 11 点船上大火被扑灭。11 日某甲号残骸被拖到马赛港。

问题：（1）承运人对某甲号货物的损失，是否负赔偿责任？为什么？

（2）法国救助公司进行救助后是否有权获得救助报酬？为什么？

第五节　共 同 海 损

实验：英文检索工具的操作

一、实验目标

理解共同海损的构成要件，能够正确区分共同海损与单独海损，重点掌握共同海损的理算规则。

二、实验要求

通过本节实验，能够熟练地运用英文检索工具，如 Westlaw、Lexis 等英文

数据库，查找、收集共同海损的国际惯例以及国外案例。

三、实验原理

【共同海损与单独海损的区别】

	共 同 海 损	单 独 海 损
定义	船舶在海上运输中，遭遇自然灾害、意外事故或其他特殊情形，为使船舶、货物、运费避免共同危险，有意采取合理措施而引起的特殊损失或支出的额外费用，应由各受益方共同分摊。	因自然灾害、意外事故或驾驶人员等的航海过失直接造成的船舶或货物的损失，这部分损失只能由各受害方自行承担，或按照运输合同的有关规定进行处理。
损失发生原因	为了共同安全，有意地、合理地采取措施所直接造成的特殊牺牲、支付的特殊费用。	由于自然灾害、意外事故或一方可免责的过失等原因直接造成的损失。
承担损失责任	由受益方按照受益财产的比例进行分摊。	由各受害方自行承担；如果是因一方不可免责的过失造成的，则损失由责任方承担

共同海损理算（Adjustment of General Average），是指具有一定专业水平的机构和人员，按照理算规则，对共同海损损失的费用和金额进行确定，对各受益方应分摊的价值以及各受益方应分摊的共同海损金额进行的审核和计算工作。根据我国《海商法》第 203 条的规定，进行共同海损理算时，应当遵循以下原则：（1）如果合同双方约定了理算规则，则按照其约定的理算规则进行理算。（2）如果合同没有约定理算规则，则依照我国《海商法》第十章的规定进行理算。其中，对于海商法未规定事项或规定不明确的，可以在合同中予以约定。（3）如果合同没有约定，海商法也未作出规定，则依照其他相关法律，或国际惯例——《约克·安特卫普规则》进行理算。

依据我国海商法之规定，船舶因发生意外、牺牲或者其他特殊情况而损坏时，为了安全完成本航程，驶入避难港口、避难地点或者驶回装货港口、装货地点进行必要的修理，在该港口或者地点额外停留期间所支付的港口费，船员工资、给养，船舶所消耗的燃料、物料，为修理而卸载、储存、重装或者搬移船上货物、燃料、物料以及其他财产所造成的损失、支付的费用，应当列入共同海损。同时，提出共同海损分摊请求的一方应当负举证责任，证明其损失应当列入共同海损。引起共同海损特殊牺牲、特殊费用的事故，可能是由航程中一方的过失造成的，不影响该方要求分摊共同海损的权利；但是，非过失方或者过失方可以就此项过失提出赔偿请求或者进行抗辩。此外，未申报的货物或者谎报的货物，应当参加共同海损分摊；其遭受的特殊牺牲，不得列入共同海损。对于共同海损理算应当适用理算地法律进行审理。

《北京理算规则》，全称为《中国国际贸易促进委员会共同海损理算暂行规则》，由中国国际贸易促进委员会制定，于 1975 年 1 月 1 日正式公布实施。该规则共包括前言和 8 条规则，其中前言规定了《北京理算规则》的宗旨，8 条规则是：共同海损的范围；共同海损的理算原则；共同海损损失金额的计算；共同海损的分担；利息和手续；共同海损担保；共同海损时限；共同海损理算的简化。《约克·安特卫普规则》（*The York Antwerp Rules*）是由国际海事委员会（International Maritime Committee）制定的。虽然是一项民间规则，但实际上它已经成为国际海损理算领域的一个重要规则，它的作用已超出任何一部法律。该规则经过数次修订，产生了 1890 年规则、1924 年规则、1950 年规则、1974 年规则、1994 年规则、2004 年规则，目前普遍使用的是 1974 年规则、1994 年规则和 2004 年规则。《约克·安特卫普规则》由解释规则、首要规则、字母规则和数字规则四部分组成。

四、实验材料

数据库材料（Westlaw International）

简介：包括美国、英国、加拿大、澳大利亚、欧盟等的成文法、判例法，国际条约，美国法院卷宗，1000 余种法学专著、教材、词典和百科全书，法律格式文书范本和实务指南。

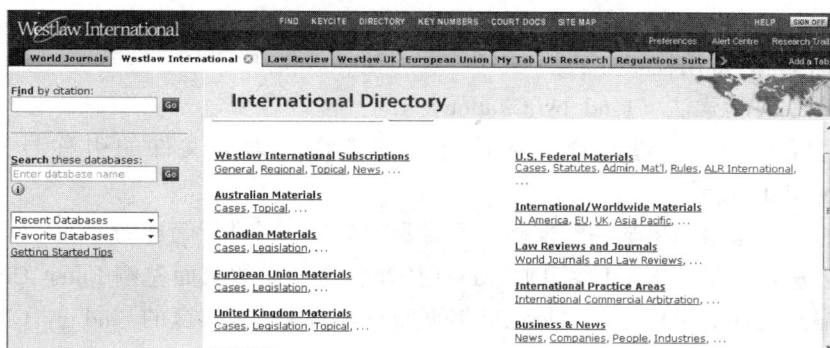

五、实验过程（以 Westlaw International 为例）

步骤一：检索有关共同海损的期刊文章。

检索期刊文章，最常用的有两类数据库：World Journals and Law Review（WORLD-JLR）和 Journals & Law Review（JLR），前者是 Westlaw 中收录期刊最全的一个综合库，囊括了 1000 余种法学期刊；后者包含了 Westlaw 中收录的所有美国和加拿大出版的法律期刊。例如：检索关于《约克·安特卫普规则》的文章，步骤如下：

1. 进入该刊物的数据库检索页面，如 World Journals and Law Review。

2. 选择"Natural Language"，在检索框中输入"The York Antwerp Rules"。

3. 点击 Search 执行。

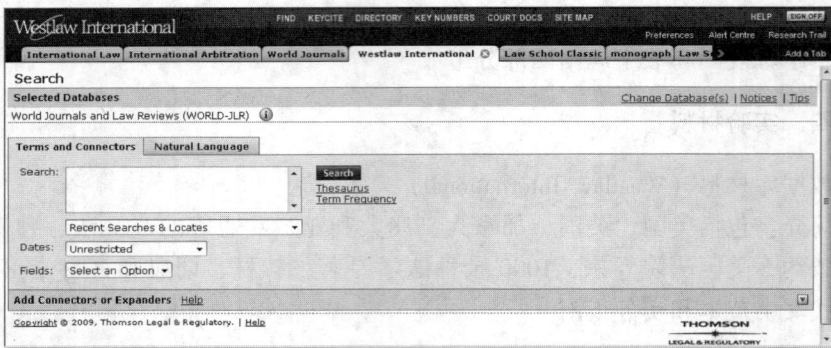

Westlaw 常用检索方法：

1. 引称检索法（Find by Citation）。

适用情况：通过注释等途径已经知悉欲检索的文件的引称号，如：121HVLR2041。

特点：检索结果唯一、准确，不需要对众多结果进行筛选。

方法：一是点击工具栏中的 FIND 按钮，在弹出的页面左侧 Enter Citation 框中输入文件的引称号。二是在标签页面左侧的快捷检索区的 Find by Citation 框中输入文件的引称号。

2. 目录浏览法（Table of Contents）。

适用情况：需要浏览法学著作和成文法全文。

特点：模拟纸本书籍，按照章节目录形式收录了法学专著和成文法，只要点击层级目录，便可直接进行阅读，不需要检索。

方法：（1）点击工具栏中的 SITE MAP；（2）点击 Browse Westlaw International 中的 Table of Contents（Legislation & Treatises），然后选择国家；（3）选择资料类型，如 State Court Rules；（4）选择具体的专著或成文法，点击层级目录浏览。

3. 主目录检索法（Directory）。

适用情况：不熟悉具体的数据库，需要检索某个地域或部门法的判例、成文法、行政资料等。

特点：资源整合简单清晰，适合新手使用。

方法：见步骤二（查找美国有关共同海损纠纷的案例）。

4. 数据库唤出法（Search These Databases/ Search for a Database）。

适用情况：经常使用某个数据库，已经熟悉该数据库的识别号或名称。

特点：快速进入某数据库的检索页面。

方法：（1）任意选择一个标签；（2）在左侧的快捷检索区 Search These Databases 框中输入某个数据库的识别号或名称，如 World Journals and Law Review；（3）点击 GO 执行。

5. 钥匙码检索法（Key Number）。

适用情况：需要检索某个具体的法律领域的判例、学术专著或期刊文章。

特点：利用已有的钥匙码在某个具体领域进行检索，结果的相关度高。

方法：（1）点击工具栏中的 KEY NUMBER 按钮；（2）点击 Key Search，按照专业方向挑选文件夹，逐级点击选择法律内容（Legal Concept），进入某文摘检索页面；（3）选择资料类型和管辖权；（4）在 Add Search Terms 检索框中输入补充检索词；（5）点击 Search 执行。

步骤二：查找美国有关共同海损纠纷的案例（主目录检索法）。

1. 点击工具栏的 DIRECTORY 按钮后，进入下列界面。

然后有两种使用方法，一是逐级点击数据库集合，进入某个数据库；二是在顶端的 Search the Westlaw Directory 中输入要进入的数据库的全称或是部分关键词，Directory 就会列出查询清单，选择要进入的数据库。例如：点击 U. S. Federal Materials，然后选择 Federal Cases & Judicial Materials，在新的界面中选择 All Federal Cases。

2. 选择 Natural Language，在检索框中输入"Adjustment of General Average"（共同海损理算）。

3. 点击 Search 执行。

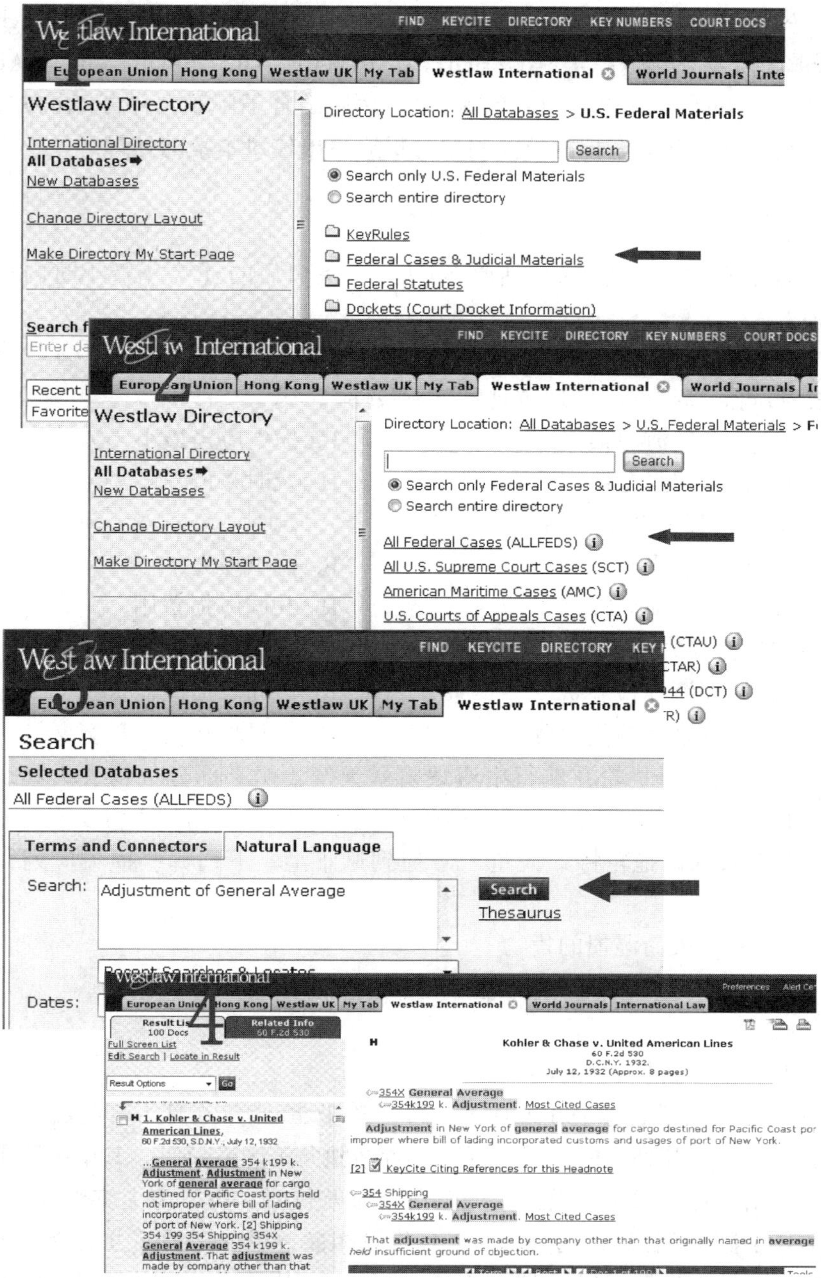

六、拓展思考

首先从 Westlaw International 上查找出"中国广州海运局与美国 Hughes 公司共同海损纠纷案（GUANGZHOU MARITIME TRANSPORT BUREAU OF CHINA v. Hughes Drilling FLUIDS）"，然后结合国际私法中相关的知识点，分析本案中有关共同海损的争议问题，最后写出你对本案的处理意见。

七、课后训练

1. 船舶在海上发生事故，应在到达第一港口后的（　　）小时内宣布共同海损？

    A. 12　　　　　　B. 24　　　　　　C. 48　　　　　　D. 64

2. 共同海损措施的合理应具备以下条件：（　　）

    A. 符合航海习惯　　　　　　　　B. 损失应当最小

    C. 措施应当有效　　　　　　　　D. 及时采取

3. 共同海损的范围包括：（　　）

    A. 船期损失　　　　　　　　　　B. 行市损失

    C. 共同海损牺牲　　　　　　　　D. 共同海损费用

4. 共同海损的杂项费用是指处理事故时所发生的费用，主要包括：（　　）

    A. 共同海损检验费　　　　　　　B. 共同海损保险费

    C. 在避难港的代理费　　　　　　D. 人员住宿费、理算费

5. "大鱼"号货轮在航行中遭遇雷暴天气，船上部分货物失火燃烧，大火蔓延到机舱。船长为灭火，命令船员向舱中灌水。因船舶主机受损，不能继续航行，船长求助拖轮将"大鱼"号拖到避难港。下列哪些损失应列入共同海损。（　　）

    A. 为灭火而湿损的货物

    B. 为将"大鱼"号拖至避难港而发生的拖航费用

    C. 失火烧毁的货物

    D. 在避难港发生的港口费

6. 美国某远洋运输公司所属的 1 号货轮于 2005 年 6 月 1 日装载中国甲公司、日本乙公司和韩国丙公司的货物从青岛驶向美国洛杉矶，其中中国甲公司的货物根据约定装载于舱面上。货轮在公海航行时，由于海上突然大雾弥漫，1 号货轮与中国某远洋运输公司的 2 号货轮相撞，甲公司的部分货物由于相撞落入海中，经尽力捕捞仍然湿损严重。两船双方均认为这是由于对方的过错而

导致相撞。1 号货轮继续前行的过程中，突遇暴风雨，船舶随时有倾覆的可能，船长不得已命令抛弃甲公司的剩余货物。由于海浪冲进船舱，日本乙公司的货物湿损。船舶出现故障，为了安全，该船就近驶入新加坡的某港口进行维修，维修过程中支付港口费、维修费、装卸货物费用、船员工资若干。该船最后到达洛杉矶港时，韩国丙公司的货物也由于迟延到达而市价大跌。后当 1 号货轮号返回青岛时，各方当事人发生争议向青岛海事法院提起诉讼。

问题：（1）青岛海事法院应当适用哪个国家的法律审理 1 号和 2 号货轮的船舶碰撞纠纷？

（2）如果青岛海事法院无法查明 1 号和 2 号货轮相撞的原因，法院应当如何审理？

（3）本案中属于共同海损的损失有哪些？

（4）假设本案中的共同海损在德国汉堡进行理算，青岛海事法院在审理中对当事人就共同海损的争议应适用哪一国家的法律？